MOUNTAIN

登自己的山

All This Wild Hope

四千年秩序

秩序

The Rule of Laws

［英］
费尔南达·皮里
Fernanda Pirie 著

李立丰 译

A 4,000-YEAR QUEST TO ORDER THE WORLD
人类如何运用法律缔造文明

GUANGXI NORMAL UNIVERSITY PRESS
广西师范大学出版社

· 桂林 ·

图书在版编目(CIP)数据

秩序四千年：人类如何运用法律缔造文明 / (英) 费尔南达·皮里 (Fernanda Pirie) 著；
李立丰译. -- 桂林：广西师范大学出版社, 2024.9（2024.12重印）
　书名原文: The Rule of Laws：A 4,000-Year Quest to Order the World
　ISBN 978-7-5598-5982-2

　Ⅰ.①秩… Ⅱ.①费…②李… Ⅲ.①法制史－世界
Ⅳ.①D909.9

中国国家版本馆CIP数据核字(2023)第063035号

著作权合同登记号桂图登字：20-2023-021号

ZHIXU SI QIAN NIAN:RENLEI RUHE YUNYONG FALÜ DIZAO WENMING
秩序四千年：人类如何运用法律缔造文明

作　　者：（英）费尔南达·皮里
责任编辑：谭宇墨凡
封面设计：杨和唐
内文制作：燕　红

广西师范大学出版社出版发行

广西桂林市五里店路 9 号　邮政编码：541004
网址：www.bbtpress.com

出 版 人：黄轩庄
全国新华书店经销
发行热线：010-64284815
北京华联印刷有限公司印刷
开本：635mm×965mm　1/16
印张：29　插页：8　字数：372千
2024年9月第1版　2024年12月第2次印刷
定价：138.00元

如发现印装质量问题，影响阅读，请与出版社发行部门联系调换。

目　录

引言

法之应许

　　1497 年，葡萄牙探险家瓦斯科·达·伽马绕过好望角进入印度洋。他奉命开辟海上通道，打通连接富庶东半球的贸易网络。借由这趟冒险之旅，欧洲人大开眼界，终得窥见亚细亚大陆的丰饶与富庶，领略其完备的商业网络和技术成就，以及严密的治理结构和法律体系。葡萄牙探险者在印度西海岸的卡利卡特下锚。这座港口每天吞吐着大量谷物、糖、香料、咖啡、布匹、金属和马匹。往返于"香料群岛"、印度平原、东非乃至阿拉伯湾各个港口的商船在此中转。希望开展贸易的达·伽马迫不及待地前往当地统治者的宫廷觐见。扎莫林王室对欧洲人奉上的礼物不屑一顾，想让他们卷铺盖走人。但葡萄牙人决心已下，一番威逼利诱之后，他们终于得以在印度海岸建立起贸易据点。[1]

　　步达·伽马后尘纷至沓来的欧洲商人和冒险家，被中国商人贩运而来的精美商品惊得目瞪口呆，被伊斯法罕和德里等地穆斯林的奢华宫廷迷得神魂颠倒，对古代亚洲律法的种种传说也颇感兴趣。在遥远的都城北京，中国统治者所推行的法律制度甚至可以上溯至公元前 3

世纪。卡利卡特的扎莫林王室和其他印度统治者一样，对婆罗门言听计从，而这些宗教学者的建言，往往参考了法论（Dharmashastra）。这些有着数百年历史的法律文本，起源于印度吠陀时期的哲学仪轨。穆斯林中的法律专家们参考的，则是 7 世纪前后出现的、以安拉使者穆罕默德所作圣训为基础、内容涵盖甚广的法理文本。在苏丹的法庭上，训练有素的法官主持司法活动，学者发表法律意见，法学家们就古代法律文本展开深奥的辩论。在法律成熟度方面，欧洲人相形见绌。他们所遵从的，充其量只不过是些混杂着罗马法理残余的地方习惯和个案判决的大杂烩。

　　18 世纪初，一切都开始改变。清政府建立起了强大的王朝。莫卧儿皇帝沙·贾汗修建了泰姬陵，并在印度各地砌筑四通八达的道路网络。奥斯曼帝国剑锋直指维也纳。但此时，亚洲的政治体制亦已显露颓势。法国哲学家孟德斯鸠虽然仍对中国成熟稳定的法律体系表示钦佩，但他同样谴责其君主专制。启蒙思想家试图说服欧洲统治者，让他们相信自身奉行的政治制度遵循最为理性的原则，法律制度则有力地保障了私有财产制度。而且，随着自身工业和军事成就超越亚洲，欧洲统治者愈发相信，欧洲的政治、教育和法律体系独步全球，领先世界。在他们看来，伊斯兰教法学家的复杂学术、印度婆罗门的学问以及中国的浩瀚法典，尽是些缺乏理性、腐朽不堪的东方糟粕。

　　如今，世界各国的法律体系，几乎皆以 18、19 世纪欧洲国家的法律体系为蓝本。在二百余年的殖民统治中，它们向全世界输出和强加了自己的法律制度，形塑了一个由边界分明的国家组成的全新国际秩序。时至今日，人们已然认为，在联合国占据一席之地的各国领导人，应该捍卫独立自主的立法与司法体系，维护民主、人权和法治。但在漫长的人类文明史中，国家及国家制定的法律体系崛起并占据主导地位，不过是晚近才成形的局势。欧洲法律所取代的，是达·伽马到访印度时早已存在，甚至还曾被罗马人仿效的古老律法。当今世界大多数法律体系的形成，绝非历史的必然。

历史上的大多数法律，都与人们眼中现代国家的法律标准范式相去甚远。它们并不总是以固定的领土边界为界限，而是经常与商人或宗教学者一道前往新的天地，并与当地的习惯和规则共存、混同适用。更重要的是，法律和宗教往往没有区别。特别是在印度教、犹太教和伊斯兰教传统中，法律规则已经不知不觉地化为道德与宗教指南。许多古老的乃至某些直到最近依然适用的法律，根本无视效率、权威和效力等基本要求。历史上，许多法官视统治者制定的法律为无物，大量立法从未得到执行。然而，那些高度不切实际的法律规定，仍被无比仔细地抄写在价格不菲的羊皮纸卷上，或者被一笔一画镌刻在石板和泥板之上，即便它们实际上无助于社会的平稳运行。历史学家们一再猜测古代法律的创设意图。有时，这些法律似乎只是在试图复制某个更古老或更伟大的文明，然而，达·伽马遇到的中国商人、印度国王和穆斯林苏丹，都对古代法律制度所设定的规则敬畏有加。他们所奉行的法律，也只是自四千多年前首次出现以来屡试不爽的统治术的最新示例。

最古老的法典出自美索不达米亚，那是一片夹在底格里斯河和幼发拉底河之间的沃土，大体位于今伊拉克境内。公元前 3000 年，乌尔王命令书记官在一块泥板上刻下法典，并借此昭告四方，应许其民，施以正义。几个世纪之后，位于中原地区的华夏领袖在竹简和青铜器上刻下表意的象形文字，列出一长串严刑峻法。他们的继任者采取了同样的方法，以训诫人数不断膨胀的臣民。与此同时，在恒河平原，印度学者正在根据吠陀的古老智慧制定宗教仪轨。公元早期，婆罗门将梵文字符刻在贝叶上，创造了印度教法的基础文本，也就是法论。后来的印度教领袖们走遍整个南亚，努力说服像卡利卡特的扎莫林王室这样的统治者遵循印度教仪轨，推行印度教法，希望借此引导一众信徒走上道德之路。

　　美索不达米亚、中国和印度的基本法律体系，在语言、逻辑和目的上各不相同。美索不达米亚国王承诺为人民伸张正义，制定了普通人至少在理论上可以参照适用的行为规则。中国统治者通过设立刑罚制度，维持开疆拓土后的社会秩序。印度婆罗门则试图引导普通人信奉教法，也就是印度教传统所捍卫的宇宙秩序。尽管上述三大法律体系都堪称独树一帜，但如果综合来看，它们为后续出现的各种法律提供了某种共同的范式。可以说，现代国家的最高成就，便是在当今主导世界的法律体系中融入这三大传统法律体系的要素，但这一切直到好多个世纪后才得以发生。这些传统法律体系形成的同时，立法技术也传播开来，它们鼓舞着志向迥异的国王和统治者，也为更基层的地方领主、村镇乃至宗族成员所接受。

　　最早的法律相当实用且世俗。从表面来看，立法服务于试图管理复杂社会的统治者，法律中有相当一部分涉及人们的共同生活，比如杀戮、伤害、盗窃和通奸等情形所引发的各种紧张关系。就像人类历史上大多数时期那样，这一时期的法律还规范了财产的使用，以及产权、继承、家庭关系和对儿童的责任。在很长的一段时间里，法律会被用来应付奴隶制所导致的恶果，也会制定用赌咒发誓、酷刑试炼等方式解决争端的规则。千百年来，统治者逐渐意识到，法律是管理海量国民的有效工具。中国皇帝、印度王公和伊斯兰哈里发都曾进行人口普查，测绘田地牧场，并使用法律对家庭进行分类、征收赋税，以及组建军队。村民或宗族会议往往也会制定乡约，以规范社会行为，解决争端。

　　然而，早期法律创制者的目标却并非仅限于实用。美索不达米亚国王将立法包装在宏伟的宣言中，向人民承诺践行社会正义的同时，也在祈求诸神的恩惠。古代中国皇帝宣称他们通过执行法律来维持寰宇秩序。印度的婆罗门解释说，他们建立规则，旨在引导人们按照印度教法的要求行事，而这正是世界的理想秩序。其他一些受人尊崇的法律往往也以相当令人费解的方式脱离实际，包括从《旧约》衍生而来的教法原则。尽管受到美索不达米亚传统的启发，即立法乃是世俗统治者的工作，但以色列的祭司所追求的，显然是宗教目标。

《摩西五经》，或称《妥拉》，系《圣经》的前五卷。其为我们所熟知的文本形式，大概形成于公元前 9 世纪到前 5 世纪之间。[2] 它描述了摩西带领人民走出险地后，如何设定关于敬拜、献祭和祭祀的规范，以及一套极其复杂的饮食规则。这些规定禁止以色列人吃"可憎恶"的东西，即不洁的牲畜鱼鸟，由此产生了一系列问题，此后一直困扰着教法学者。[3] 希腊哲学家怀疑这些规定是出于医疗目的而制定的，意在防止犹太人食用不安全的肉类。但是，为什么打着健康甚至口味的旗号，就可以要求以色列人避免进食蜥蜴、鼹鼠、鳄鱼和大多数带翅膀的昆虫（尽管不是全部）？食用野兔又招谁惹谁了？伟大的犹太神学家迈蒙尼德对寻找其意义感到绝望，宣称"那些费尽心机为这些详细规则寻找理由的行为，在我看来，是毫无意义的"。另一些人则认为，这些教法条文当属早期规则的混合体，起初带有卫生、审美或宗教目的，甚至可能只是一套规训体系，要求虔诚的犹太教徒遵守纪律、不假思索地服从。但《利未记》的作者显然热衷于推动建立一个有序的社会，那么，他们为什么要制定这样一份不合逻辑的言行条目呢？答案只有从更为宏观的立法目的中才能觅得。例如，不少犹太教法规则都提倡身体的完美，所以残疾人不能担任祭司。这些规则还要求信仰的纯洁性。比如犹太人必须以正确的方式吃饭、睡觉、穿衣乃至做爱；又比如战士营地必须与军事工程分开，以避免被污染、影响；还比如犹太人被告知，他们不应该把牛和驴拴在一处，也不应该把羊毛和亚麻织在一起。这都是为了避免混淆不同的类别。也就是说，法律告诉以色列人如何通过分门别类，从物质和精神层面区分洁净和不洁，从而过上神圣的生活。

从宏观目标的角度，就可以理解犹太教法对洁净与不洁的区分。

在犹太人生活的地区，作为基本食材的肉牛、绵羊和山羊，都属于反刍类偶蹄动物，因此，它们的特征被犹太祭司作为定义动物洁净与否的分类标准。于是，一些野生动物也被列入洁净的范畴，比如羚羊和山羊。但不是所有家畜都能获此待遇，其中最重要的例外便是猪。祭司还宣称，没有鳞鳍的鱼，会飞的四足动物，用手一般的肢体行走的动物，以及任何成群结队的动物，都是可憎恶的。在他们看来，牲畜就应该行走，鱼儿就应该游水，禽鸟就应该飞翔；跳跃近似于行走，因此蚱蜢、蟋蟀和某些蝗虫是洁净的，但成群飞舞的虫类基本是不洁的。无论上述决定背后的理由是什么，对于规则制定者而言，区分洁净与不洁，远比避免犹太教徒进食不洁之物重要得多。借此，可以将犹太人作为遵行神圣立法的族群，与非犹太的外邦人区分开来。在这些区分背后，是一个自视为被上帝选中的民族的宗教愿景。

在发展自身宗教传统时，印度教、犹太教、伊斯兰教和基督教学者均制定了详细且广泛的教法。在中世纪的欧洲，政教之间存在裂痕，结果是将现代法律与宗教律法区别开来。但对于这些世界主要宗教的早期立法者（early lawmaker）来说，这种区分显然毫无意义。

受到上述文明的启发，其他一味追求政治目标的立法者，在一系列似乎同样不切实际的法律中，提出了建构社会秩序的愿景。在7、8世纪，居住在中国西部广阔高原上的吐蕃，尚处于动辄彼此交恶的部族割据状态，后来，松赞干布横空出世，统一各部，远交近攻，最终开创了吐蕃帝国，并设立了司法及行政机关。几乎可以肯定，在制定法律时，松赞干布和他的继任者都深受中原帝王治国理政之策的启发。我们对这一时期的了解，很大程度上要归功于敦煌藏经洞里保存的文件。敦煌是丝绸之路南线的重要驿站，而这座藏经洞从11世纪开始一直保持封闭状态，直到20世纪才被当地的学者发现。1907年，原籍匈牙利的英国探险家奥雷尔·斯坦因抵达敦煌藏经洞，发现了近4万份用汉语、藏语和亚洲其他语言书写的档案文献。[5] 这位英国人欺骗了当地的看守，从而获准进洞。他花了好几天时间在灯笼与火把下翻阅书卷，最后将其中最重要的文献洗劫一空。流落他乡的敦煌文书如今大多收藏在巴黎和伦敦的博物馆。在这些珍贵的文化宝藏中，历史学家发现了一些古老的吐蕃法律。

有两条吐蕃律令规定了某人在猎场受伤时应被支付的赔偿金，包括一长串根据犯罪者和受害者的身份进行分级的赔偿条目。[6] 在犯罪者和受害者身份等级相差不大的前提下，杀死大尚论，需要支付赔命价一万两；杀死佩戴玉告身者，需要支付赔命价六千两；杀死佩戴金告身者，需要支付赔命价五千两；杀死佩戴颇罗弥告身者，需要支付赔命价四千两；杀死佩戴银告身者，需要支付赔命价三千两；杀死佩戴黄铜或红铜告身者，分别需要支付赔命价二千两和一千两；而杀死两类平民，则只需要支付赔命价三百两和二百两。但是，如果你杀死了地位显著高于自己的人，或者对方只是受了伤（尽管伤势的严重程度似乎没有影响），又或者如果你能证明这一切纯属意外，情况就大不相同了。身份区分的逻辑显而易见：贵族的生命比奴仆的生命更有价值。但需要注意的是，这些赔命价的差异似乎过大，细节更复杂到不切实际的地步。尽管吐蕃的国王们都希望效仿他们的中原邻居，但吐蕃社会显然无法按照如此森严的等级来划分。在辽阔的高原上，统治者只能依靠部族头领来管理人口，并通过骑兵的接力传递，远距离传达命令和收发信件。由此，这些法律只象征着吐蕃人想要建立的等级制度，以及他们想象中的治理模式。借助立法，他们描绘出一个更为宏大、更为统一的文明。但这只不过是未来文明的愿景，而非现存秩序的白描。[7]

在法律表面功用的背后，往往隐藏着更为宏大的愿景，古代如此，现代亦然。美国宪法最初的目标仅仅是在各州之间建立一套切实可行的协调和治理体系，但它很快就被涂抹上神话色彩，成为美国梦的象征。有时，它被描述为"公民宗教"的根基，其原稿被小心翼翼地保存在华盛顿的恢宏建筑中供人瞻仰，后者甚至被一些人形容为"圣所"。[8]美国宪法所象征的，是美国的基础和秩序，而它也启发了世界各地的仿效者。在成功争取独立之后，大多数后殖民国家为了保护羽翼未丰的民主，也制定了全新的宪法。每一部新宪法，都在彰显新政府的合法性及其参与重塑当今世界秩序的主张。这些新兴国家往往缺乏法院系统、专业资源和执行宪法条款的政治意愿，然而，他们所拟订的法律文本，却清楚无误地展现出国家在政治层面的成熟、主权层面的独立，也表明其领导人可以成为联合国的座上宾。这样一来，宪法制定，与古代国王在石板上凿刻冗长的法律条目（似乎名存实亡）昭告四方并无太大区别，实质上也与中世纪统治者的做法类似——后者在百姓普遍大字不识且纸张昂贵的情况下，特意委托专人誊写抄本列出不切实际的详细赔偿条目。所有人，都在渴望建构某种更为宏大的秩序。

即使是为应对社会现实问题而制定的当代法律，也并非总是像政府试图让我们相信的那样就事论事。当枪击事件或恶犬伤人等悲剧发生时，或者当媒体对逃脱制裁的罪犯表现得过度亢奋时，政客们就会争相立法。但新法律往往不切实际或无法执行。例如，许多学者认为，作为当前英国议会辩论热点之一的禁止仇恨言论的立法，即使有可能制定完成，也几乎无法推行。[9]但关键在于，必须让大家看到政府有所作为。通过立法，政府可以给选民一种印象，即政治人物仍然掌控大局。以不那么愤世嫉俗的立场来看，立法起码也表达了整个社会的某种道德上的厌恶情绪。法律规定了文明社会的道德标准，而统治者声称他们可以创造这些道德标准，这是他们对恪守正义、捍卫秩序的承诺。

并非所有社会都制定了法律。历史上，曾有人结成社会团体，管理社群成员，并在没有任何法律的情况下解决争端。成群结队的狩猎者和采集者会采取回避而非对抗的策略；部落宗族有仇必报，联合起来对抗敌人，但又允许调停人通过补偿来处置对手；同质化社群内部倾向于和解了事，试图找到令各方都满意的妥协方案；那些临危受命的领导人则更习惯大权独揽，发布号令，党同伐异。情势变幻莫测、循环往复，但这些社群都在缺乏明确立法的情况下，维持着稳定且持久的秩序形态。

其至一些复杂且成熟的社会也缺乏成文法典。古埃及、中美洲的阿兹特克帝国、南美洲的印加帝国，以及撒哈拉沙漠以南盛极一时的非洲王国，都曾秩序井然，而据考古学家考察，这些文明并没有创造出成文法体系，也未将判决记录下来作为判例。留存于世的古埃及铭文表明，两千年来，法老统治着复杂的财政系统；官员保存着关于财产的归属、神庙、财政基础和收入的详细记录；书记官记录下王室发表的敕令；法官审理案件，判决犯人服劳役，而这些都是在没有制定任何一般性法律规则的前提下进行的。[10]古埃及历经古王国、中王国和新王国等不同时期，从公元前 3000 年中期到公元前 600 年持续繁荣发展，其官僚机构却规模有限，效率低下，软弱松散。[11]高级官员通过捐买或世袭获得职位，同时必须应法老的要求履行各种各样的职责。一则存世铭文描述了维齐尔的职责，让人感觉法老更像是仁慈的师长，正在将个人智慧传授给他的学生一般。想必古埃及存在某种为各方所接受的行事方式乃至断案原则，但历史记录显然强调的是法官个人的自由裁量权。直到公元前 6 世纪，波斯皇帝大流士一世才下令在埃及进行法律编纂工作。

最早的立法者所做的事情多少不同以往。虽然他们所制定的法律可能仅仅涉及简单的惩罚条目、赔偿金，以及关于契约和离婚的基本规则，但它们不再仅仅是一种管理技术或审判案件的手段。美索不达米亚国王承诺伸张正义，中国的历代君主宣告要维护寰宇秩序，印度婆罗门则孜孜不倦地描述自身的教法体系。创制之初，他们的法律就代表着文明的世界秩序。与不识字群体的习惯、部族冲突的调停，以及埃及法老发布的敕令不同，这些新生的法律设置了客观标准，明确规定了普通人可以参考和引用的规则。这些法律可能自有其生命力。美索不达米亚的早期立法者曾把他们所制定的法律镌刻在石板和泥板上，只为让其永存于世。然而，即使泥板破损，铜器熔化，贝叶变质，人们也能记住规则并再次将其书写出来。这样的法律是永久性的，而且确实比立法者的权威更为持久。

法律为统治者提供了维持秩序、控制社会的工具，也为普通人提供了寻求正义、抵制滥权的权利根据。一旦法律变成白纸黑字，任何人都有机会阅读参考。中国统治者制定法律，将其作为管理公务、临民治事的实用工具。然而，在书写着法律条文的竹简被公开展示之后，即使是普通人也可以援引法条来抗辩官员滥权，或对不公判决提起申诉。显然，这会让某些地方官员如坐针毡。在印度，学者、法官和诉讼当事人会在审理案件时查阅法律文本，并就如何分配财产进行辩论。法官必须遵守规则，不能简单决定何为不法、何为正义。这样一来，法律便具有客观性与权威性。

这就是为什么看似简单的立法技术，可以为普通人提供有力的论据。行走各国的商人早早地认识到，在实践层面，法律引导言行方式，让复杂的关系变得更容易预测。法律定义阶级、职业和社会关系，并将行为归类为允许或禁止、有效或无效。法律为道德行为提供规则支撑，法律为人们提供可以参考的标准和决策方法。根据法律，法官和律师可以对案件发表意见。他们可以对争端的应然结果十分笃定，阐释从先前裁判中总结出来的原则，从而创造出一套以普通法为核心的判例制度。成文法和判例法都可以在缺乏现成执法手段的情况下，确立层次分明的规则体系。立法从概念和事实两个方面建构了世界秩序。本质上，这是所有法律都要完成的任务。一旦成为明确的条文，被写在贝叶或刻在泥板之上，法律就会获得客观性，它们可以是行使权力的工具，也可以是使权力合法化的手段，以及抵抗滥权的依据。

君主或政府一向利用法律巩固权力，扩大领地，约束人民。美索不达米亚法律中频繁提及死刑；中国的皇帝则利用法律认可的徭役组建起一支召之即来的军队；婆罗门支持印度国王推行的政治议程；哈里发强制推行严刑峻法，声称这与伊斯兰教法并行不悖。法律帮助统治者征收赋税、穷兵黩武、征用土地、攫取资源、开疆扩土。利用法律建构复杂的官僚机构并管理不断扩大的疆域，并非中国历代统治者的专利。欧洲列强也将法律置于其殖民计划的核心。当波斯、莫卧儿和奥斯曼帝国在 18 世纪和 19 世纪走向崩溃，法、英等国军队推翻穆斯林苏丹和印度皇帝统治之时，殖民地管理者宣称他们的法律将把文明带到"专制"的东方。是法律，给他们的征服企图罩上了一层"正当"的遮羞布。

但法律从来不仅仅是权贵手中把玩的工具。普罗大众也会引用法律条款挑战政府决策，抵制权力滥用，寻求公平正义。4000 年来，人们一次又一次地相信，法律能让世界变得更加美好。神职人员、乡绅族长和部族领袖，以及改革者和活动家，在寻求维护道德秩序、解决冲突或满足追求正义的雄心壮志时，都制定了法律。美索不达米亚国王、中国皇帝和印度婆罗门的创新之处，在于他们创造了自有生命力的法律规则。一旦这些法律落笔成文并被公布于世，人们就可以借此寻求正义。孤注一掷的独裁者可能会撕毁白纸黑字的立法，但也只能背人耳目，免得引发公愤。当代人权法，只是一系列旨在遏制不当使用权力的法律文本中的最新篇章，并的确在某些情况下达成所愿。这就是和法律本身一样古老的法治。

法律从来就不是简单的规则。法律创造了复杂的文明图景。它们远非就事论事，从不局限于世俗生活，而是在其发展历程中，呈现出一定的社会愿景，承诺践行正义，贯彻宗教规范所指引的道德规范，确立民主和人权原则。法律虽然确实属于权力的工具，但也常常被用作制衡权力的手段。然而，法治既不普遍，也非必然；千百年来，统治者从不甘受法律的约束。法治自有其流变过程。如果想了解法律是什么，法律的作用是什么，以及如何更好或更坏地治理我们所生活的这个世界，都需要对这段历史有所了解。

16世纪的卡利卡特。对于过去与伊斯兰帝国和中华帝国贸易往来的欧洲商人来说，它是最重要的港口之一。

为了在900年后重新开启的敦煌考察当地所藏的数千卷写本，法国学者保罗·伯希和于1908年前往中国西部。

西藏编年史《巴协》的一页残卷，发现于敦煌。

约公元前 700 年为古巴比伦国王汉穆拉比所制的玄武岩法典石柱。这位国王站在太阳神沙玛什面前，石柱的正反面覆盖着用楔形文字刻写的法条。

亚述国王亚述巴尼拔（公元前 669—约公元前 631 年在位）搜集了一整个图书馆刻写在泥板上的文献。同时代图像所描绘的他，即使在与一头狮子搏斗时，腰带中仍插着刻笔。

楼陀罗达曼，2 世纪西印度塞迦族的统治者。他曾命人以梵语写作了一部长篇铭文，这帮助婆罗门维护了他们及其法律文献的权威性。

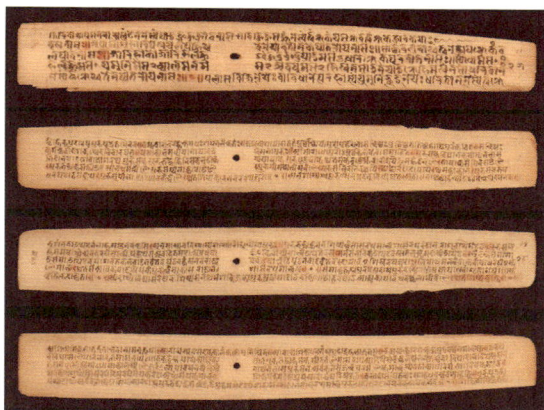

《那罗陀法论》的一部 15 世纪抄本。该法论文献聚焦于法律事务，这部抄本是为喜马拉雅马拉王朝诸王所制。

17 世纪的拉杰普特军事酋领希瓦吉为确证自己的王室地位，不得不委托一位著名的婆罗门提供法律意见。

《步辇图》，描绘了唐太宗（626—649 年在位）于朝廷之上接见吐蕃帝国使节噶尔·东赞域松的场景。图为摹本，原作绘于 641 年。

一张发现于吐鲁番或敦煌的唐代试卷，它被改制成一只寿鞋。

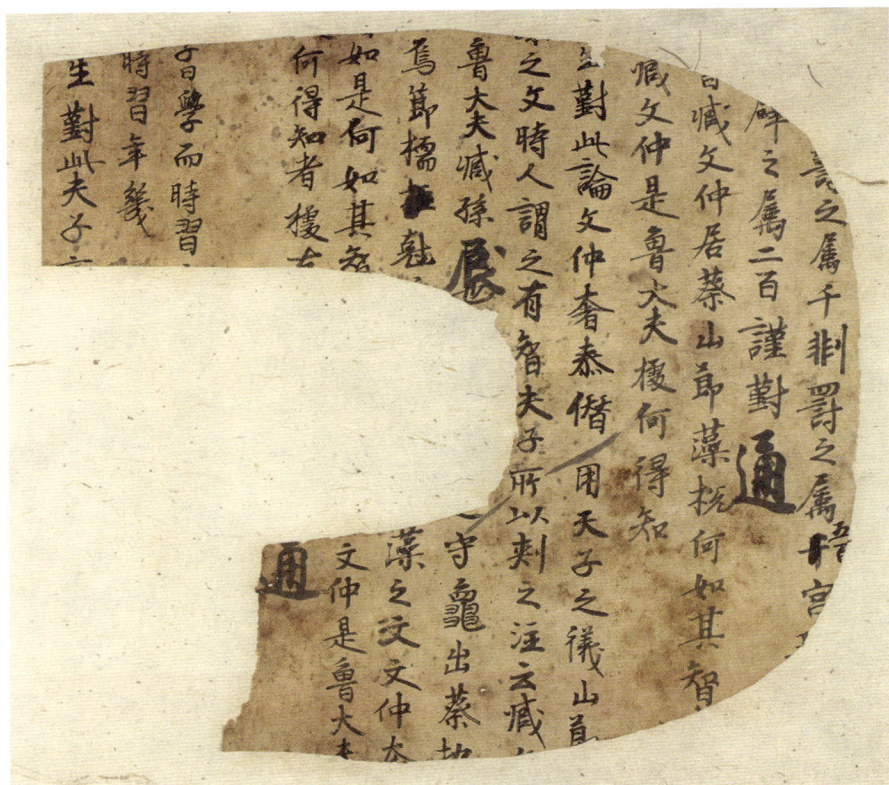

罗马的上流人士在饰有湿壁画的乡间雅居生活工作。图中这些庞贝妇女在鼓励一名女孩进行阅读。

马尔库斯·图利乌斯·西塞罗，伟大的法学家与演说家。

写在纸莎草纸上的财产登记记录，它是为 127 年罗马对阿拉比亚行省的审查而准备的。一名在巴尔·柯赫巴起义后逃离罗马人的犹太妇女将这份记录藏在一个洞穴中。（右下图）

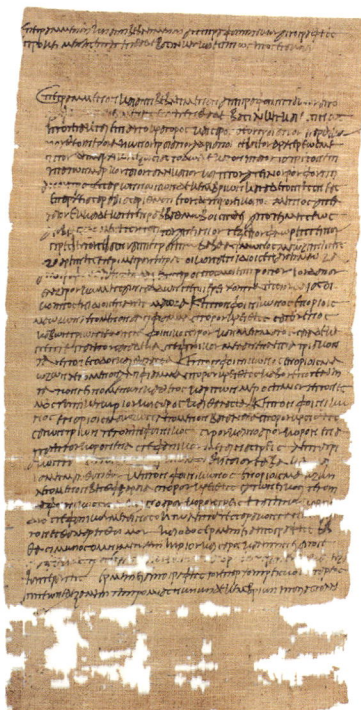

在阿拔斯哈里发治下，学问与文化兴旺发达。这幅 13 世纪写本的插图上，是巴格达一座图书馆中的学者。

年长的犹太学者也将巴格达当作做学问的中心，他们直至 20 世纪都还居留在此。照片摄于 1910 年。

受到查士丁尼《民法大全》的启发，卡斯蒂利亚国王阿方索十世命人编写了被称作《七法全书》的法典。

刻有查理曼头像的第纳里乌斯银币。800年，查理曼大帝加冕为"罗马人的皇帝"。

盎格鲁—撒克逊国王埃塞尔斯坦在 10 世纪颁布的法令，它们反映了王室统治边界的扩展。图片出自手抄本《英格兰法》(*Leges Angliae*)。

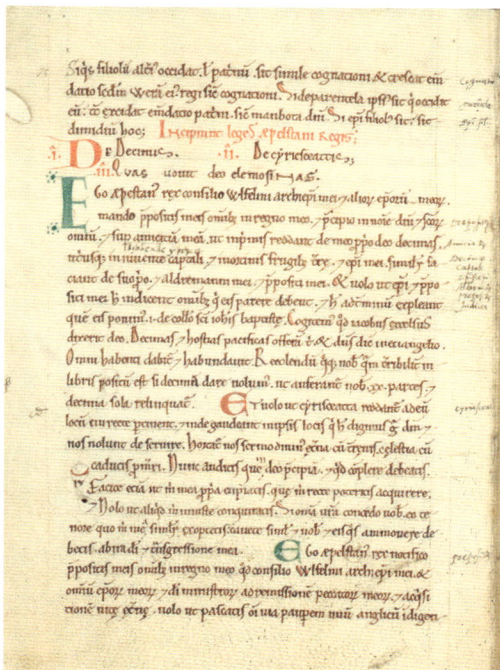

该指书针（aestal）由威塞克斯国王阿尔弗雷德下令制作，它旨在帮助读者指读这位国王于 9 世纪在其王国内分发的《教牧法规》写本。

冰岛阿尔庭会议旧址辛格维勒，过去冰岛人每年都会在此集会，听取公告并颁布新的法规。

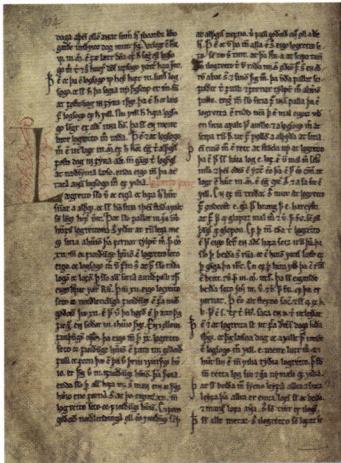

冰岛的《灰雁法典》，编写于 12 世纪。

图片描绘了 10 世纪留里克大公弗拉基米尔的受洗情形，这一事件标志着罗斯立法时代的开端。该图片来自基辅罗斯史书《古史纪年》的 15 世纪抄本。

1184 年，亚美尼亚神父、教士密克西塔·高斯在开始编写《亚美尼亚法典》。这一年，亚美尼亚的塔特夫修道院已有 3 个世纪的历史。

埃及福斯塔特一座犹太会堂的"藏经窟"（geniza）中发现的法律文献，可追溯至 11 或 12 世纪。图上是关于债务协议的条款。

图亚特的村民保存着数千份使用伊斯兰教法形式的文件。图上是一处位于阿尔及利亚中部、图亚特地区以北的绿洲的灌溉渠。

19 世纪 90 年代末，达吉斯坦的廷迪村。

《文会图》（节选），宋代皇帝曾为朝中文士举办雅集，图中描绘的是宋徽宗（1082—1135）召集的宴会。

北宋时期（960—1127），中国人实现了许多技术创新，其中包括水力驱动的磨坊。

过去，英格兰的法学生使用摘记簿来抄录重要的法律文献和判决。这本 15 或 16 世纪的摘记簿抄录了《令状选编》，后者是一部令状评论。

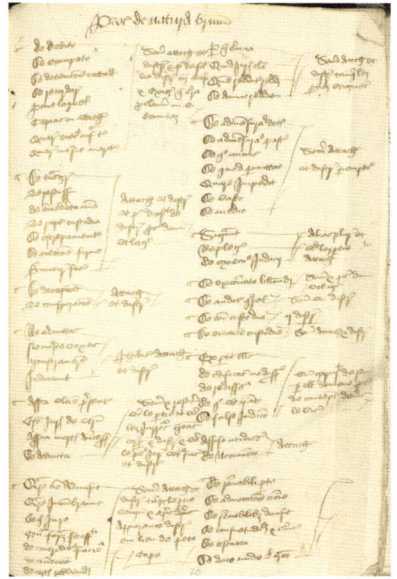

1621—1622 年布莱克本小邑道纳姆庄园的阿什顿家族的庄园法庭卷宗。

坐落于康沃尔的洛斯特威西尔宫，它由数代康沃尔伯爵为管理锡矿区而合力建成，可以追溯到 13 世纪末。它包含了一座议事厅、若干冶炼所、一座质检抽税厅、几所锡矿区法庭，以及一所矿区监狱。图为 18 世纪版画。

1470 年，一名叫作汉斯·赫根海姆的男孩被判偷窃罪。作为惩罚，他被一根绳捆着抛入了罗伊斯河，还有一艘船在前拖曳，但他活了下来。人们据此认为他已赎清罪孽。后来他度过了长寿的一生。

大约在 1010 年，神圣罗马帝国皇帝亨利二世之妻，卢森堡的库尼贡德被指通奸。为自证清白，她踩着烧得滚烫的犁铧行走。班贝格大教堂的浅浮雕描绘了她受审的场景。

12 世纪欧洲写本插图中的烙刑场景。

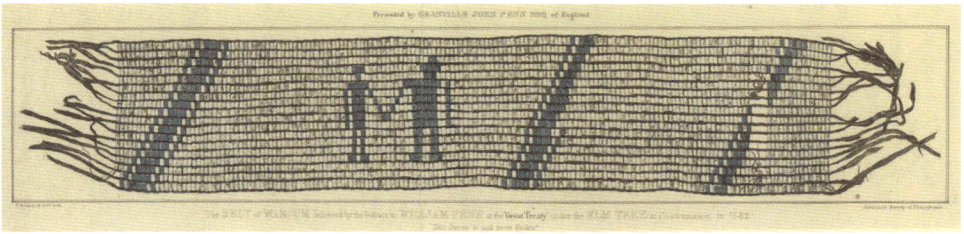

1682 年，威廉·佩恩与莱纳佩人缔结了《夏卡玛逊条约》，后者赠予他一条贝壳串珠带。这种富有象征意义的物件通常被美洲原住民用于确认重要协议。

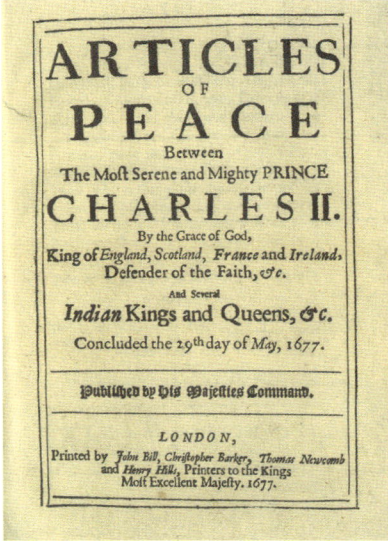

英国国王的代表们以他们自己的方式确认并记录其条约。

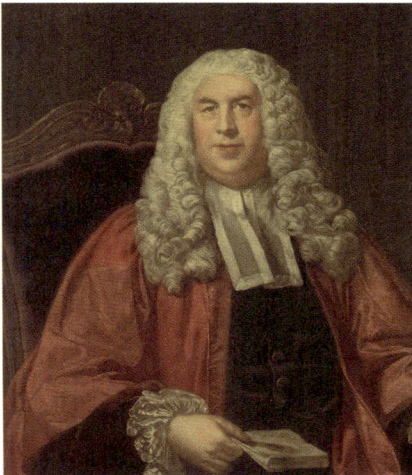

威廉·布莱克斯通爵士的肖像。他的《英国法释义》第一卷在 1765 年出版。

到 19 世纪末，法律和执法者已成了《笨拙》杂志等出版物的讽刺对象。

英国殖民事务管理者沃伦·黑斯廷斯（1732—1818）的肖像，由约书亚·雷诺兹爵士绘制。黑斯廷斯被认为是大英帝国在印度统治的缔造者之一。在这张肖像画中，与他一起出现的，是一沓纸和一枚带有波斯文字的印章。

这幅漫画的主题是1884年的柏林会议。在画上，比利时国王利奥波德二世正在切割代表刚果的南瓜。他的两侧分别是德意志皇帝威廉一世，以及代表俄罗斯帝国的、头戴冠冕的熊。

照片上是一名被信使围绕的尼日利亚法庭书记员。英国的殖民管理者允许尼日利亚本地人担任当地官吏。照片摄于1914年10月。

阿布·沙特是奥斯曼帝国最重要的神学家之一。这幅 16 世纪写本的插图描绘了他教授法律的情景。

1960 年的阿富汗,一名卡迪和一名穆夫提(左)在工作间隙享用人们供应的茶点。

2021 年 3 月,90 岁的大阿亚图拉阿里·西斯塔尼与教皇方济各在伊拉克会面。

1957 年,希腊罗德岛的穆夫提,谢赫苏莱曼·卡斯里奥格鲁。

即便在 21 世纪，一些山区的村民们也常常置法律和法律记录于不顾。

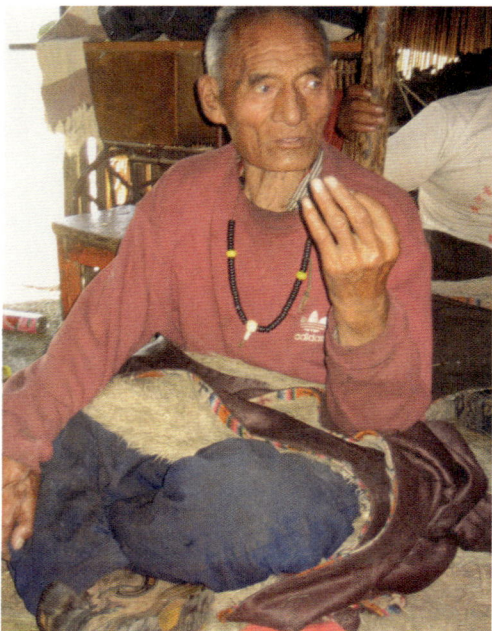

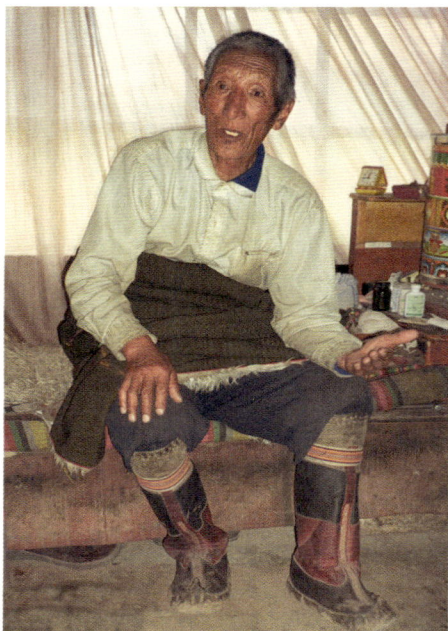

安多是一位受人尊敬的调解人，他长期从事化解不和的工作。

第一部分

秩序的诸种愿景

第一章

美索不达米亚与神圣之所

公元前 2112 年，雄心勃勃的军事将领乌尔纳姆在美索不达米亚南部城邦乌尔夺取了政权。在推翻了前任，一位军功卓著但残忍暴戾的战争狂人后，这位新国王励精图治，推行新政以改善农民、苦力与工匠的困顿生活，同时承诺纠正社会不公。他慨然宣称："我没有将孤儿交给富人。我没有把寡妇赐给勇士。我没有令身价一舍客勒（shekel）之人屈从身价一米纳（mina，约六十舍客勒）之人。我没有让只拥有一只羊的人归属拥有一头牛的人……是我，消弭了敌意、暴力，以及渴求正义的哭喊。"[1]

和前任国王一样，乌尔纳姆命令书记官在泥板上刻下自己关于正义的宏图大志。但不同的是，这位新国王践行的是一套可被称为"规则"的全新事物。从今天的角度来看，这些规则似乎相当普通，只不过是一些关于赔偿金和刑罚的务实指引。但在考古学家眼中，这算得上世界范围内迄今为止发现的最早的法律规范。以此为发端的法律传统，在接下来的 2000 年里不断发展，为生活在不同国家、追求不同秩序愿景的立法者提供了可供效仿的榜样。即使在美索不达米亚文明最终被波斯侵略者征服之后，其法律传统依然生生不息，潜移默化地影响着当今世界的主流法律体系。

没人知道乌尔纳姆是否创制了人类历史上最早的法律。他也可能是在效仿此前某位君主的做法。然而，可以肯定的是，在底格里斯河和幼发拉底河之间的那片膏肥之地，干燥的气候让最早的文字遗迹得以保存。这些刻在石头上或印在泥板上的楔形文字，明确无误地证明，公元前 3000 年左右，美索不达米亚的统治者就已经在着手制定成文法。

* * *

公元前 4000 年，灌溉让新月沃地盛极一时。流经今伊拉克境内的底格里斯河和幼发拉底河的涛涛活水，被引入两河间的平原地带，农民得以大面积种植大麦和小麦，并将丰硕的收成碾碎、煮熟、烘烤，制成被当地人作为主食的面包，甚至还有余粮用来酿制啤酒。耕地尽头的牧场上，豢养的牲畜为人们提供牛奶、肉食和皮毛。妇女们把羊毛纺成细布，织成华服，其中最精致的作品会被运到安纳托利亚换成白银。这段面向西北的易货之旅，动辄为期数周之久。发达的农业和繁荣的贸易使城镇得以发展。工匠们熟练地制作陶器和金属制品，使用精美的珠宝和繁复的镶嵌工艺来装饰寺庙和宫殿。截至公元前 4000 年左右，仅乌鲁克一城便汇聚了 2.5 万人之众。民居鳞次栉比，围绕着中央神庙，最外圈则是绵延十公里的坚固城墙。[2]

可能是神职人员率先发明了楔形文字，以此来记录对女神伊南娜的大量献祭明细。人们带着牲畜、黄油和谷物等祭品从各地赶来，为祭司在寺庙里举行的复杂祭祀献上供奉。商人则掌握了用硬笔在泥板上刻勒标记的技艺，以登记库存，并记录下与远方商人的交易安排。这座城市的统治者意识到，可以用同样的方法来管理装饰公共建筑的匠人和加固城墙的劳力，并记载需要提供的报酬。不同的符号，被用来表示铁匠、织工、陶工、商人，以及分配给他们的粮饷。

在美索不达米亚的大部分早期城市，祭司结成了精英阶层，但在公元前2900年左右，苏美尔城邦拉格什的某个望族自立为王，并宣称自己可以为了人民的利益与神交涉。很快，盘踞在美索不达米亚各个主要城邦的野心家纷纷有样学样。为了确立在人民心目中的合法性，新统治者往往会对自己将要做出的贡献、取得的成就许下宏愿。他们在神庙刻下精心题写的祭文，以此向诸神及其后代致意。除了记录寺庙建设和灌溉工程，新统治者还承诺伸张正义。一块可以上溯至公元前2450年左右的、来自拉格什城邦的锥形泥板上，记录着国王乌鲁卡基那推行的改革。这位国王意识到普通百姓时常遭到贪腐官员的鱼肉荼毒，这些官员横征暴敛，就连葬礼都要抽取重税。国王决定打击腐败现象，减少赋税，杜绝官吏对穷人的盘剥——至少他是这么说的。国王向诸神承诺，"决不会任由强者蹂躏孤儿寡母"。[4] 可见，书写已经成为国王发表关于公平正义的宏伟宣言的一种手段。

为了争夺土地和水源的控制权，美索不达米亚的各个城邦之间经常爆发战争。乌鲁克和拉格什衰落后，乌尔崛起，留下了令人惊叹的恢宏王陵；同样借由征伐，阿卡德的萨尔贡称雄，先后征服了一个又一个城邦，建立起规模空前的新兴王国。这里的商人与阿拉伯半岛乃至遥远的印度河流域的合作伙伴进行贸易，进口铜矿石、红玛瑙和青金石。大量的牲畜和原料通过船只运出。随着萨尔贡行政管辖范围的扩大，大量书记官在政府机构找到了工作。他们在那里开具税务收据，登录人口普查数据，记载粮饷分配，书写王朝敕令。城市在扩张，职业则日趋专门化，因为缺乏再分配制度，陷入困境的穷人不得不靠借贷粮食或其他食物才能勉强糊口。债务和信贷业务的发展，使富人获得攫取穷人财物的良机。正是这些做法导致贫富差距悬殊。拉格什国王声称要缩小阶层差距。实际上，所有新上台的统治者都会试图通过赦免债务等方式来纠偏。代表诸神的先知甚至直接指示国王，无论是谁请求他们做出判断，都必须秉公行事。[5]

公元前的第三个千年之末，乌尔纳姆征服了乌尔，并"解放"了周围的城镇。他控制了前阿卡德帝国的大部分地区，引入了税收制度，统一了度量衡，并承诺为人民主持公道。他命令书记官在泥板上刻下自己关于实现正义的方针，随后是一套法律规则。这些规则使用决疑的形式（casuistic form），规定了不当行为的处理方法。例如，其中一条规定，"如果一个人（错误地）限制另一个人的自由，则其将被监禁，同时需要称量并交付十五舍客勒的银币"。这些规则旨在规范未来可能出现的人际关系问题：乌尔纳姆试图建立持续有效的行为规范，而不是简单地为提出请求的苦主伸张正义。

乌尔纳姆所立之法，存世共计三十七条。这些立法远远够不上全面，而且以后世的标准来看，肯定也算不上成熟。这些法律对谋杀、伤害、非法监禁和各种性犯罪直接规定了惩罚或赔偿的处理措施，详细说明了应该如何处理与奴隶主发生关系的奴隶或行为恶劣的奴隶。除此之外，离婚和结婚、宣誓与指控，以及农业纠纷，均有条文加以规范。这都是法官可以直接在法庭上应用的规则，但没有任何证据表明曾经有法官这样做过，这使得我们很难察觉它们是如何被实践的。乌尔设立过法院，且存世的泥板记录了法院的判决，然而没有迹象表明有谁曾援引过乌尔纳姆的相关立法。不过，这些法律可能确实反映了当时的做法，即人们向法官提出哪些问题以及解决这些问题的方法。在任何复杂的社会形态中，人们想要形成社会和职业关系，都需要某种争端解决机制，尤其是与那些不太熟悉的人交往时。乌尔的法官很可能是调停人和仲裁者，他们或哄骗或施压，敦促人们按照已知的风俗习惯和约定俗成的做法来达成一致。国王可能任命专门的法官来决定对不法分子的惩罚，并令其他手握实权的官员强制执行。在编纂法律时，乌尔纳姆可能试图规范上述常见的做法，或干脆创造更为公正的全新习俗。但无论如何，这些立法更像是一种原则声明或某种良好实践的范例，而不是需要执行的规则。

然而，这并不意味着这些法律尽是些空洞的承诺。在乌尔纳姆立法之后，拥有神圣制裁权的国王，即使依靠战争，掠夺和奴役上位，仍然必须确保为自己的子民伸张正义。通过制定成文法，乌尔纳姆承诺，任何被错误监禁或因为欠债而被剥夺自由的人，都应该得到救济。他试图为其治下的乌尔社会奠定一种全新的基础。通过向举国上下宣传其所创制的法律，他可以确保国民更加容易地追究各级官员的责任。任何人都可以援引国王颁行的法律。这的确可被视为法治的开端。

假设乌尔纳姆就是人类历史上的首位立法者，他的创新之处就在于以决疑的形式创建了一系列规则，而这也成为后来美索不达米亚地区所有立法的通用模式。在现代人看来，这种做法可能并不起眼，毕竟这是大多数当代立法的起草形式。即便是如今的刑法，也规定了对犯罪者的惩罚，而不是简单地要求人们不要犯罪。但在美索不达米亚，这的确称得上是一大创新。即使只是某种态度宣示，人类历史上的首部法典也的确建构起了一种立法规范。在接下来的漫长岁月中，这种规范被反复采用，并被赋予了许多不同的用途。乌尔纳姆立法中关于离婚和农业纠纷的规定似乎并不重要，但披上法律外衣后，它们便自带权威的光环。法律规则可能被引用或曲解，可能被统治者作为政绩挂在嘴边，也可能成为正义诉求的核心。法律决定了人际关系的正反两面。

千年之交，乌尔惨遭埃兰人入侵，政权灰飞烟灭。美索不达米亚自此群雄割据，再无一家独大。在接下来的几个世纪里，不同城邦的统治者合纵连横，争权夺利。冲突不时爆发，自然也少不了领土入侵与烧杀掳掠。但在大多数情况下，人们只是日复一日地过着农民、牧民、商人、祭司、工匠、水手和劳工的生活。你方唱罢我登场的新国王们，纷纷效仿乌尔纳姆制定法律。例如，伊辛王朝的统治者里皮特·伊什塔在公元前 1930 年左右制定了一部新的法典，内容涉及的主题与乌尔纳姆法典类似，但更为详细。在结语中，里皮特·伊什塔表达了对恪守祖宗之法的后世国王的祝福。显然，他打算让这部法律一直沿用下去。

其他国王肯定也效仿了乌尔纳姆，因为在可追溯的公元前 1800 年左右，供书记员练习用的泥板碎片上还记录着有关赔偿金的详细规定。书记员在练习刻勒技艺时以法律为模仿文本，尽管仍有不足，他们仍然将自己的努力奉献给心中敬奉的诸神。考古学家还发现了供书记员起草契约时使用手册的残余部分。此时，随着识字率显著提高，生活在美索不达米亚地区的先民，已然习惯于使用书面协议委托建筑施工、解决家庭纠纷、安排婚姻继承、商定农业租金、组织航行和船只使用，以及完成牲畜的销售质押。这份手册列出了一些有用的短语及其语法变化，比如"针对""针对他""他针对他提起诉讼"和"任何人都不得针对他提起诉讼"。起草者显然正在努力实现概念的标准化，借此确保商人，甚至普通人，在调节彼此的关系时能够做得更为明确具体。与统治者之前颁布的法律相同，书记官的做法有助于为复杂的社会带来秩序。

这一时期，阿摩利人抵达美索不达米亚。这群牧民来自如今的巴勒斯坦和叙利亚境内，他们逐水草而居，逐渐向东跨越幼发拉底河，利用该地区的政治分裂占据新的牧场。一部分人卖掉了牛群，建立了城镇。其中最重要的一个城镇，后来发展为巴比伦城。大约在公元前 1880 年，巴比伦人建立了自己的世袭王朝，加强了城市的防御，建造了宏伟的宫殿，并将运河和灌溉沟渠延伸到了沙漠深处。

此后凡百余年，巴比伦人一直过着稳定、繁荣和安全的生活。但在公元前 1793 年，先王驾崩后，一位名叫汉穆拉比的年轻王子决定追求更为宏大的抱负。他采取远攻近交的战略，与邻国国王结盟，突袭距离自己更远的对手。汉穆拉比击败了埃兰人，也就是当时美索不达米亚地区最为强悍的军事力量，并继续挥师征服埃什南纳。此后，他剑锋一转，直指南方，将繁盛一时的拉尔萨城并入帝国版图。最后，他御驾亲征，率领雄师向北进攻马里，这座当地最为宏大、最为繁荣的城市，也是他的前盟友兹姆里利姆的宫廷所在地。汉穆拉比的军队势如破竹，大肆掠夺财富，纵火焚毁宫殿，多国臣民悉数为奴。凯旋巴比伦后的汉穆拉比，已是美索不达米亚无可匹敌的王中之王。之后他开始大兴土木，用宏伟的宫殿和华丽的神庙装点这座城市。他还问政于民，制定《汉穆拉比法典》，庄严宣告将借法律确保国之正义，千秋万代，永世不灭。

上溯几代，汉穆拉比的先祖可能就是外来移民，但他自诩美索不达米亚传统的捍卫者。在其所制定的法律序言中，汉穆拉比将自己描绘成一位受神灵启发的统治者，同时将自己在军事上的胜利归于诸神的恩惠。[6]他将自己描述成仁慈的君主，体恤子民，维护正义。事实上，与前任一样，汉穆拉比已数次下令豁免债务，以缩小破坏社会稳定的贫富差距。[7]汉穆拉比下令，将自己制定的法律勒石刻碑，竖立在疆域各处。在其中最为宏伟的玄武岩碑上，石匠雕刻了一幅画像。画中的国王站在太阳神沙玛什面前，这显示其已获得了神圣的权威。图像下方的石板上覆盖着精美的楔形文字标记，计有近300条法规。[*]

《汉穆拉比法典》有一段长长的结尾，国王对其法律的效力做出了重大承诺：

> 以上是国王汉穆拉比所做出的公正裁决，指引着这片土地朝向真理的道路、正义的秩序……倘若有涉入诉讼的受害自由民，

---

[*] 下引《汉穆拉比法典》译文引自《汉穆拉比法典》，世界著名法典汉译丛书编委会主编，北京：法律出版社，2000年。部分内容有改动。（如无说明，正文脚注均为编者注）

务必让他来到我这公正之王的肖像前，诵读我石柱上的铭刻，这样他就会理解我珍贵的建议；让我的石柱阐释他的处境，这样他就会理解他的讼案，获得心灵的平静……我是汉穆拉比，高贵的国王。正义之王把人类子民交付给我照护，沙玛什神把人类子民交付给我带领，而我悉心关怀，不曾轻忽。[8]

这些法规远比乌尔纳姆所制定的法律详细丰富，却采取了与之相同的决疑形式。法规的条文也清楚地反映了在巴比伦社会中可能引起争端的各种问题。虽然巴比伦的大部分财富来源于朝贡和贸易，但它仍然停留在农业社会，因而法规需要处理由耕种、灌溉和其他农业活动引起的纠纷。还有一些关于牧场和果园的规定。例如，自由民在灌溉时，不慎淹没其邻居已经播种的田地，那么他应当赔偿邻居受损的作物。许多规则简单明了：

倘自由民不通知园主而砍伐自由民园中之树木，则应赔偿银三十舍客勒。

倘自由民把果园交于种园者种植椰枣树，而种园者培植果园，将于四年中将果园培成，则至第五年，园主和种园者均分，园主应选取其自己的一份。[9]

上述做法可能已经在当地社群推行开来，但将其以文字形式记录下来，可以给普通人提供一定程度的保护，让他们不被别有用心者欺骗。而且，引用这位伟大君主所刻法典中的一条规则，肯定比简单地抱怨邻居的无心之失要有力得多。

很明显，在这一时期，农民的土地已经变成可以买卖、出租或抵押的商业资产，而这导致了新的问题。比如一些法律规则明确规定了租种王室土地的佃农的相关义务——显然，国王在城中拥有大量财产；另一些则涉及私人租赁和租金等问题。汉穆拉比还试图为负债累累、被迫举债借贷的农民提供一定程度的保护："若有人因借贷欠了债，而风神亚达特又毁坏了他的田地，或洪水冲毁了他的庄稼，或五谷因缺水而不长，那一年他不必给债主一分粮食。他可以中止合同，并且不必支付当年的利息。"[10] 除了债务恩赦，这些法律还将有助于确保基本食品的供应不会因受到无情放债人的追索而受到干扰。

因大量民众参与商业贸易活动，《汉穆拉比法典》还纳入了一系列关于利率、收益、债务以及货物扣押和保管的规则。很明显，此时的商人在从事复杂的交易活动，使用复杂的支付工具，因此法律规则对试图欺骗交易伙伴者规定了严厉的处罚。商业活动产生的利润和税收会为巴比伦的基础设施和辉煌建筑提供充沛资金，但掠夺也会带来收益，而战争本身同样引发了问题。在制定法典时，汉穆拉比的远征刚刚结束不久。战争让男丁远离故乡与家人，且耗时甚久，动辄数月甚至数年，其间很可能缺乏简便易行的沟通手段。为此，《汉穆拉比法典》专门设立了一套法规，以处理士兵意外返回时可能面对的情况。例如："倘自由民被捕为俘，而其家并无养活资料，于是妻入他人之家，且生有子女，而后其夫回来，觅得其妻，则此妇应返其前夫处；子女则属其父。"[11] 家庭关系和继承的问题同样复杂，因此，《汉穆拉比法典》对嫁妆聘礼、对寡妇的支持和子女的继承也做出了详细规定。

《汉穆拉比法典》反映了当时社会阶层等级之森严。民众本就属于不同的职业群体，如士兵、公职人员、医生、法官和商人，而他们又被法律分为三类——自由民、无公民权的自由民和奴隶，分别拥有不同的权利和特权，在受到伤害时有权获得不同数额的赔偿。这对于融入巴比伦社会的奴隶，尤其是女奴，造成了特别的困难。奴隶和自由民之间的联姻，虽然没有被禁止，但在一方死亡或离婚时可能会带来麻烦。法律强调孩子需要得到精心照顾："倘自由民之配偶为其生有子女，其女奴亦为其生有子女，且父在世之日，称女奴所生之子女为'我之子女'，视之与配偶子女同列，那么父死之后，配偶之子女与女奴之子女应均分父之家产，但配偶之子可以优先选择其应得之份。"[12]

《汉穆拉比法典》旨在解决一个复杂社会中可能出现的各种问题，其中，并非所有问题都可以通过面对面的调停来解决。这些法律规范不仅为法官提供了指导，还划定了社会关系的结构，具体规定了人们可能归属的不同阶层和职业，及不同群体成员可为或者应为的相互关系。在这个意义上，《汉穆拉比法典》为巴比伦公民制定了一套完整的权利、义务、行为和社会结构体系。

那么，《汉穆拉比法典》真的能给巴比伦社会带来和平与正义吗？无论是从前任统治者处汲取灵感，还是咨询手下法官的意见，汉穆拉比似乎真的试图制定让治下公民得以寻求正义的规则。但是，就像乌尔纳姆所立之法那样，《汉穆拉比法典》所设定的法律规则，从未真正付诸司法实践。法律纠纷之后的协议和安排的现存记录从未直接提及相关的法律；事实上，这些实际的案例几乎不包括能直接对应到法律规定的内容。[13]《汉穆拉比法典》的规定也不够全面，例如，尽管畜牧活动与种植和收获作物同等重要，并可能同样引发争端，但法典中与农业相关的条文远远多于与畜牧业有关的规定。毫无疑问，这显示畜牧业相关问题主要通过由来已久的不成文调停程序加以解决。《汉穆拉比法典》不同条文所规定的伤害赔偿金额并不一致。其中一些惩罚更是严苛得令人难以置信。谋杀和盗窃的虚假指控者、绑架贵族子女者和通奸者，均被判处死刑。[14] 还有其他残酷的惩罚：倘子殴其父，则应断其指；倘自由民损毁任何自由民之子之眼，则应毁其眼；倘自由民击落与之同等之自由民之齿，则应击落其齿。[15] 但是，如果盗窃受害者找不到任何人来证明自己的财产权属，或者在关键时刻被恶意的邻居栽赃陷害，又该如何是好？如果古巴比伦的裁判者以我们期望的现代司法的那种精确性来适用这些法律，那就会出现一种极其严厉的司法形式。难道巴比伦的公民不会对这种严酷的"正义"感到愤怒吗？

我们应该认真对待汉穆拉比声称要为他的人民伸张正义的说法，而不是让这部法典沦为佐证，为指挥奴隶大军发动血腥战争的暴君形象提供注解。法律可能旨在明确哪些罪行被认为是最严重的。通过明确死刑的适用范围，汉穆拉比将绑架罪和诬告罪等同于谋杀和盗窃罪。法律告诉巴比伦人，对盗窃行为进行虚假指控和实施盗窃行为一样糟糕，毕竟，诬告、陷害可能导致无辜的男女死亡。毫无疑问，凶手、小偷、人贩和其他恶棍有时可能会被处以极刑。在一个各国军队动辄掠夺乃至洗劫他国城市而战败者被掳为奴的社会里，掌握权力的官员可能确实需要严刑峻法。但是，对被征服的人民实施的残暴肉刑，如果适用于巴比伦自己的公民，就会破坏社会的稳定。无论如何我们都没有办法相信，在所有依法应判死刑的案件中，法官都会做出死刑判决，或者汉穆拉比希望他们这样做。这位国王很可能是在通过立法表明，在哪些情况下实施这些法律可能是正确的，以及在一个和平、公正的社会中，哪些行为最不受欢迎。法律反映了过去的情况，告诉巴比伦人正义是如何得到伸张的；但他们也用乌尔纳姆式的决疑术，为未来确立了行为准则。《汉穆拉比法典》提供了案例、具体的限制和明确的例外，而所有这些的前提是，所有人都知道正义的基本原则。

汉穆拉比提供了参考规则，帮助人们在被划分为不同阶层和职业的社会中处理复杂的社会关系。他在法典的结语中声称，这些规则是"公正的裁决"，显然这说明它们是实际案件的记录。很明显，他（或他的谋臣）选择了能够证明特定原则的例子。例如，巴比伦公民的三种身份之间存在区别。一组相当令人感慨的法律规定：倘医生以青铜刀为人施行重大手术，而治愈其病者，应当得到嘉奖；倘病者为自由民，则彼应得银十舍客勒；倘病者为穆什钦努（依附于王室经济的自

由民），则彼应得银五舍客勒；倘病者为自由民之奴隶，则奴隶之主
人应给医生银二舍客勒。[16] 这些规定不可能在任何时候都被不打折扣
地贯彻落实，毕竟货币价值的波动很快就会使以上规则过时。但它们
仍象征着三类公民之间的差异：一个自由民的价值是一个穆什钦努的
两倍，而一个奴隶的价值不到后者的一半，且他的主人有责任偿还债
务，因为奴隶是主人的财产。另一组法律规定了疏忽大意的医生必须
支付的赔偿，并根据受害病人的身份阶层做出了类似的区分。[17] 这些
法律体现出等级的差异，这似乎与明确医疗过失案件的惩罚同样重要。
因此，这些规则必然为法官和调停人提供了起点，使他们能够在完全
不同的案件中协商适当的赔偿。《汉穆拉比法典》表达了关于地位和
对等的一般原则，以及关于补偿的具体规则。

　　《汉穆拉比法典》中的另一项法律规定："倘自由民购买奴婢，未
满月而该奴即患癫痫，则买者得将其退还卖者而收回其所付之银。"[18]
这可能反映出某个实际案例，但如果这一原则只适用于癫痫，那就太
奇怪了。这条法律表达的是一个普遍原则：卖家应该保证他们的奴隶
在合理的时间内身体健康。另外，上文引用的与医生相关的法规只规
定了使用青铜刀进行治疗的情况，但同样的原则肯定也适用于其他成
功的治疗。在关于致人受伤者应受到的惩罚和支付的赔偿的法规中，
有一条规定："倘自由民在争执之中殴打自由民使之受伤，而此自由
民发誓自己并非故意为之，那么他只需赔偿医药费。"[19] 这条法规确
认了一项重要原则，即法官和调停人应认为过失伤害的危害程度低于
故意伤害。另一组法律规定："倘牧人不慎，致主人的牲畜资产受损，
则牧人应以牛羊赔偿主人。倘畜栏与神发生关系（即牲畜无原因暴
毙），或狮子噬食动物，则牧人应对神剖白其事，畜栏之主对彼应
加宽恕。"[20] 这些法律非常具体，反映了实际案例中的决定，并指出
了威胁巴比伦牧羊人的捕食者的种类。但这些规定展示了基本原则：
应当区别对待非故意伤害和故意伤害，不可避免的损失和过失损害同

理。几乎可以肯定的是，汉穆拉比并不打算让他的法官按照我们对当代立法的期望那样，严格依据法律裁决案件。

在实践中，大多数法律纠纷可能都在当地通过调停或公职人员、地方长官乃至受人尊敬的长者的干预来加以解决。[21]农民如果觉得放债人收取的利息太高，就会向当地官员提出申诉；城里的自由民可以请求政府官员帮助其找回逃跑的奴隶；工匠可能会召集朋友和邻居，说服调停人相信自己被不公平地指控诈骗。调停人会根据不同方面的事实来处理具体案件，但无论如何，都会参考《汉穆拉比法典》所表达的一般原则。

在当地传统司法习惯的背景下，每个人都可能知道的事情并不需要详加说明。没有人会否认杀人、伤害或偷窃的错误性，施害者也应当对受害人做出赔偿。法律需要做的，是确认这些案件的最佳解决办法，特别是在出现疑难情况时，例如证人提供相互矛盾的证据，犯罪方声称自己的所作所为纯属意外，或者小偷被愤怒的房主当场抓获并杀害。还比如，每个人都知道父亲应该把他的财产留给孩子，但如果逝者还有一位情妇，或者和被他释放的奴隶生下了孩子呢？《汉穆拉比法典》预设了一些基本的原则，但它涵盖的是更疑难的案件。这就可以解释，为什么法典中似乎存在许多漏洞或矛盾之处。

在《汉穆拉比法典》的结语中，这位国王要求，法律应该对一位"富有洞察力，能够为他所统治的疆域提供公正的救济途径"的统治者有所启发。未来的国王应该以其为榜样，像汉穆拉比那样为臣民伸张正义。他还对任何不尊重《汉穆拉比法典》的后世君主写下了一系列可怕的诅咒。他所制定的法律，均是用日常语言写就，不仅识文断字者均能理解，一般大众也都能清楚无误地听个明白，并对其加以引用，以对抗任何试图欺骗或压迫自己的人。法律规范承诺为所有人伸张正义，理应永垂不朽。汉穆拉比所承诺的，是法治的实行。

美索不达米亚及其周边地区的其他统治者，很快就意识到了这种全新立法技术所蕴藏的伟力。就在汉穆拉比和他的继任者在巴比伦巩固政权的同时，这种立法实践开始悄然传播到安纳托利亚，在那里，它为史跨公元前 17 世纪至前 12 世纪的强国赫梯的统治者所采用。后者所立之法，尽管不像美索不达米亚国王的立法那样巨细靡遗，仍延续了好几代。[22] 汉穆拉比自己的立法，在美索不达米亚地区有着悠久的历史传统，并在很大程度上为他的继任者所续用，也启发了后来的王朝。公元前 1595 年，汉穆拉比王朝灭亡，而亚述人从东方入侵，于公元前 1400 年在巴比伦定居并建立了自己的帝国。建国之后，亚述人做的第一件事，就是制定成文法，且法条同样采用了决疑的形式，类似于更早的美索不达米亚法律。毫无疑问，亚述人的新法律是对被征服者做法的复制。入侵者所创立的帝国一直延续到公元前 950 年左右，在此期间，亚述人一直在沿袭此前的律法。[23] 自始至终，《汉穆拉比法典》均被用于刻勒练习，成为书记官练习手艺的摹写素材。早期美索不达米亚国王们永垂不朽的目标，在一千年后由其沿用者实现。

公元前 538 年，崛起的波斯军队在居鲁士大帝的领导下入侵美索不达米亚。像美索不达米亚国王对待敌国那样，波斯铁蹄所到之处，大部分文明灰飞烟灭。城市夷为平地，宫殿化为齑粉，大多数人沦为奴隶。但没有哪位征服者能仅靠武力实现统治。居鲁士很快宣称，将为巴比伦人主持公道，修复断壁残垣和被毁损的纪念碑。这位外来的统治者并没有制定新的法律，而是命令用埃兰侵略者带到波斯西部的石碑复刻《汉穆拉比法典》，并将其陈列在巴比伦附近的一个图书馆里。他还保留了任命王室法官的传统。当他的儿子冈比西斯想要迎娶亲妹妹时，居鲁士大帝认为应当首先征求法官的同意，而法官对此明确表示反对，至少一个世纪后希腊历史学家希罗多德如是说。冈比西斯最终并没有理睬法官的意见，但同时他也承认法官享有的权威。

冈比西斯的继任者大流士，更加认同自己作为立法者的身份，并根据自己的目的修改了美索不达米亚的法律形式。[24] 在励精图治的同时，他更关心的是如何确保地方诸侯效忠自己，并对自己表现出必要的尊重。和美索不达米亚的前任统治者一样，大流士也想保护普通人。他解释说，人们应该敬畏法律，如此一来，强者就不会攻击弱者。他意识到被征服的人民需要保留自己的传统，便命令他的书记官将基本上不成文的埃及习惯修撰成法律。有记录表明，他的继任者曾命令法官向以色列人聚居的耶胡德地区的居民教授犹太律法，这令后者得以保存，最终成为世界上的主要教法之一。

与此同时，美索不达米亚的立法技术声名远播。自公元前 1770 年汉穆拉比时代以来，巴比伦一直是世界贸易和商业中心，来自印度、中亚、波斯、阿拉伯、埃及、亚美尼亚和希腊的商旅不绝于途。商人自然熟谙使用法律形式交易的好处，他们也将法律思想带到了自己的故土。大约公元前 7 世纪和前 6 世纪之交，雅典发生了动乱，在一次反对暴政的民众起义中，公民要求制定成文法，保护自己免受暴君的荼毒。[25] 然而，雅典立法者德拉古制定的法律似乎过于严厉，未能缓和富人和穷人之间的紧张关系。这促使他的继任者，受到民众拥戴的梭伦，承诺制定一部更优秀的根本大法。梭伦下令免除穷人的债务，几乎彻底废除了德拉古的严刑峻法，并另立仁法，承诺缓解农业贫困状况并解决债务问题。这部新法的内容可能是为了解决雅典人的问题而专门设计的，但在立法形式上，梭伦采用的却是决疑术的形式。几乎可以肯定，此举受到了美索不达米亚式立法的启发。这种立法技术，与奢侈品、装饰艺术和字母表一道，向西广为传播。[26]

后世的希腊人在立法方面不甚热衷（虽然的确也在石板上刻下了一些法律条文），但他们为自己的法律传统深感自豪。一个半世纪后，同样的法律传统，启发了一群来自意大利半岛小城罗马的书记官。在经历了类似的动荡和民众起义后，他们开始了宪法改革，而其所制定的法律，后来被视为这个世界上最具影响力的法律之一。

与此同时，美索不达米亚的法律传统，也让另外一个与众不同的族群，即在如今以色列和巴勒斯坦的土地上放牧的以色列部族醍醐灌顶。

＊ ＊ ＊

就在美索不达米亚各大城邦的统治者忙于砌筑华丽的宫殿、开凿复杂的运河系统、建立繁杂的官僚机构的同时，向西 600 英里处的各色牧民，正在东地中海沿岸的草原上放牧牛羊。公元前 2000 年前后，根据《旧约》记载，这群人逐渐结成了总计 12 个不同的部族，尽管随着不同群体的扩张、收缩、合并和消失，实际数量有所出入。一些部族坚持游牧传统，另外一些人则选择定居，在田地和果园旁建造房屋，种植谷物、葡萄和橄榄。[27]

在国王扫罗、大卫和所罗门于公元前 1000 年前后统一以色列各部之前，这里并无任何关于统治者的记录。根据《旧约》记载，在摩西的领导下从埃及回归故土后，以色列人在这片旷野漂泊了很多年。关于这一伟大旅程的历史和考古证据屈指可数，而几乎可以肯定，我们在《圣经》等早期典籍中找到的记载，是在几个世纪后编纂的。可能直到列王统治的时代，《出埃及记》等故事才最终被记录下来，但作者很可能使用了更古老的资料，沿用了已有的书面和口头叙述。书中包括法律在内的许多细节，很可能确实起源于以色列部族的生活方式和社会组织。[28]

《摩西五经》，或称《妥拉》，记述了关于崇拜、献祭和祭祀的教法。＊其所给予的道德指导，大多以法谚的形式出现，并为人们的

＊　以下《摩西五经》中律法译文，引自《摩西五经》，冯象译注，北京：生活·读书·新知三联书店，2013 年。

良好行为提供了内生动力。《利未记》中详尽的饮食规则举世闻名。在《出埃及记》中，我们听到摩西如何登山接受神的指示，然后带回了"十诫"和一套实用的律法。[29] 诫命确认以色列人只能敬拜唯一的神，并列举了他们应该遵守的最重要的道德准则。随后的律法向他们讲述了社会关系，具体规定了部族成员应如何处理谋杀和袭击、任性的牲畜造成的伤害、偷盗、奸淫等。还有其他一些规范农业和基本贸易形式的规则，以及一些告诉以色列人如何安排他们的奴隶的做法。事实上，上帝是从奴隶开始向摩西阐明规则的："这些律例，你去给他们颁布：若你买希伯来人做奴仆，他须服侍你六年，第七年他可以自由离去，不付赎金。若主人给他娶妻，生了儿女，妻儿均属于主人，他只可独自离去。"[30] 律法的前十一节涉及奴隶制，实际上便是债务奴（debt bondage），然后才谈到攻击和伤害。

《出埃及记》二十一节前后记载的律法，远比巴比伦的法律简短。[31] 前者只涉及少数基本问题，更不像巴比伦相关立法那样充斥着细微差别和例外条款。大可以认为，从前述以色列王统治时期开始，大多数争端都只是就地调解了事。当时耶路撒冷和其他城镇的长老"在城门口"，即城门内的市场上定分止争。[32] 以色列法律中包含的只是贯穿上述实践的一些最重要的原则。与《汉穆拉比法典》一样，以色列教法也容忍了奴隶制、死刑的频繁使用，以及暴力复仇。[33]

以色列部族所处的世界，与巴比伦社会大不相同。汉穆拉比作为权势熏天的统治者，领导着一个知书达礼的社会，有着稳定的官僚政府、复杂的财政安排和繁荣的商业活动，而在扫罗和大卫于公元前11世纪至前10世纪建立王国之前，以色列人从未有过中央集权的政府。考古学甚至几乎没有发现任何来自以色列建国时期的、类似城市的基础设施遗迹。在扫罗与大卫建国之前，部族头领更像是调停人，而不是国家元首。他们可能在争吵之后，或者在争斗威胁到自身部族的稳定时，被要求媾和促谈；又或是主动召开会议，就游牧活动和牧场使用做出决策。法律提及的各种纠纷、小规模战斗造成的伤害、放牧和流浪牲畜引发的争论、盗窃和通奸指控，以及对放牛者的投诉，所有这些都必须就地通过口头方式加以解决。

以色列人的法律采用了与美索不达米亚人类似的决疑形式，其中许多条款处理的问题十分类似，比如如何对待奴隶，伤害和盗窃应受到的惩罚，通奸或引诱处女的后果。当然，个中细节不尽相同。例如，法律规定，"伤人致死者，死。若非伏击，而上帝使其失手者，可到我制定的处所躲避"，"两人吵架，甲掷石或出拳伤乙，不致命，但使乙卧床不起。若乙后来能够起床，拄杖出门，则甲可免罪，但须赔偿乙务工歇业的损失并负责治愈"，"盗牛羊宰杀或贩卖者，五牛赔一牛，四羊偿一羊"，"诱奸尚未订婚之姑娘者，须出聘礼，娶她为妻，若女方之父拒绝嫁女，则那人应赔偿银钱，数额与姑娘的聘礼相当"。当以色列人还是游牧部族的时候，这些实践和原则很可能塑造了他们的生活。

《摩西五经》中的法律，相当重视报复。关于在争斗中造成的伤害，它有一个著名的结论："以眼还眼，以牙还牙，以手赔手，以脚偿脚，以烙还烙，以伤还伤，以疤抵疤。"[34] 同态复仇原则，在现代世界看来可能十分野蛮，而在汉穆拉比时代的法律中，这一原则也并不突出，因为《汉穆拉比法典》毕竟是为一个更加中央集权和城市化的社会而设计的。但在游牧部族中，同态复仇极为常见。在中亚的大草原和北非的沙漠中，甚至在青藏高原东部的开阔草场，复仇的做法仍然不无道理。在这些地方，潜入游牧营地，趁着毫无戒备的主人在帐篷里熟睡，偷偷赶走几头牛或一群羊，算不上什么困难。动物不像耕地那样固定。急于防止劫掠的牧民需要让所有人都清楚，报复将来得又快又狠，而且报复者不仅有受害者，还有与之联合的、他的所有亲属。复仇，或者说复仇的威胁，是一种防御方式，这要求部族成员无论如何都要忠于他们的领导人，随时准备放下活计，一呼百应实施报复。在《摩西五经》中，上帝和摩西都经常谈到以色列部族的忠诚，以及他们可以或必须对陌生人和敌人所犯下的错误进行报复。《民数记》详细描述了以色列的不同部族及其所占据的土地，但上帝也命令各部族联合起来，向他们的仇敌米甸人开战，以报复其过去犯下的恶行。只有从敌人那里才可能获取真正的奴仆。[35]

但是，任何一个由复仇关系塑造的社会，也都不会容忍不分青红皂白的报复。复仇必须始终是适度的，这样它才不会升级，进而给双方都带来可怕的后果。几乎可以肯定，这才是摩西（按照上帝的指示）在宣布"以命偿命"时的本意。这是一条用来限制报复的法律，而不是要求人民为自己所遭受的错误行为进行复仇的命令。它的真正目的是确保冲突不会失控。无论是东非、中东，还是地中海沿岸，存在复仇实践的地方也都存在精心设计的调停机制。驾轻就熟的调停人在交战各方之间斡旋，通过支付和接受赔偿金来实现和平：对于死者家属需要支付死亡赔偿金，对于伤者则是支付诊疗费。这就解释了摩西不断宣称"以眼还眼，以牙还牙"的目的。他的用意在于制定一项对等规则，一个谈判的起点。这一做法可能是长期不和的混乱后果。在这种情况下，摩西的法律是完全合乎逻辑的，强调了在一个经常爆发争斗的地区实现和平的正确途径。几个世纪后，当耶稣宣布"爱你的邻人"时，他宣扬的是以色列社会潮流风向的巨大转变。

然而，在耶稣掀起的革命浪潮席卷中东和世界其他地区之前，以色列和犹大王国其实已经悄然发生了巨大的变化。最早写下法律的以色列人可能是公元前8世纪的专业人员，他们承袭了大卫和所罗门王以降的宫廷誊写工作。彼时，人口增长，城镇兴起，国王周围汇聚了某种意义上的城市精英阶层，国王开始实行中央集权。以色列和犹大王国北南对峙，分庭抗礼。《出埃及记》中的法律并没有提到国王，但的确谈及由法官来决定适当的惩罚，这表明出现了一些专业人士，可以帮助人们处理棘手的案件。在《民数记》和《申命记》中，上帝命令以色列人建造城市，作为逃避复仇者的避难所，在城市中，后者的案件可以得到适当的审判。如果他们要利用法律规定的意外杀人不应偿命的规定，就需要有受保护的空间。《申命记》中，关于债务奴的法律规定得比《出埃及记》更为详细，因此这项法律很可能可以追溯到这个时期。就像在美索不达米亚的城市一样，以色列人发现，更集中的社会、金钱和借贷方式将带来更多的债务和债役。但是，尽管《申命记》告诉以色列人选择一位国王来统治他们，但部族治理的方式几乎肯定一直延续到了这个时代，人们一定会继续效忠自己所属的旧宗氏。复仇的本能可能挥之不去，而在部族忠诚至高无上的族群当中，伤害赔偿的基本模式也必须得到维持。

在这一时期，《出埃及记》所记载的律法，可能已经被分阶段地记载成文，继而不断地修订、合并和补充。但是，当制定者最终把法律变成他们在《旧约》中所采用的形式时，他们选择的词语和表达与勒刻在石碑之上的《汉穆拉比法典》惊人地相似，后者是这样的：

> 倘自由民毁损任何自由民之子之眼，则应毁其眼。
> 倘彼折断自由民之骨，则应折其骨。
> ……
> 倘自由民击落与之同等之自由民之齿，则应击落其齿。[36]

《出埃及记》中，一些关于奴隶制的律法也与巴比伦国王制定的法律规则非常相似，《圣经》研究者注意到了这种微妙的对应关系。[37]以色列人的生活方式与聚居于城市的巴比伦人截然不同，彼此连对方的语言都无法理解。《汉穆拉比法典》石碑上的楔形文字，在第一个千年里对大多数以色列人有如天书。然而，以色列人既采用了美索不达米亚人的立法技巧，也照搬了《汉穆拉比法典》的许多实质内容。[38]当然，有些问题几乎必然会出现在人类的聚居地。像是每个社会都必须决定如何应对意外杀人，如何处理关于财产损失的相互矛盾的证据，以及对强奸适用何种惩罚。假如不同的人会提出相似的解决方案，我们也不应该感到惊讶，但有些细节太过具体，不可能是巧合。几个世纪以来，商人和士兵长途跋涉，携带着奴隶、家眷和仆役。其中的美索不达米亚人可能在新的地方引用重要的口头规则，其他人接受了这些规则，又以此为基础形成了自己的规则。同样，频繁流动的以色列人，可能见证了几个世纪以来《汉穆拉比法典》被复刻到一块又一块的石碑之上，并且对他们朗读或听到的内容印象深刻，就像是希腊立法者那样。无论借由何种机制，美索不达米亚的法律进入了一个相当不同的语境，一个仍然由部落塑造的社会。其中的宗教领袖采纳了这些法律，而他们首要的目的，便是将自己的子民与周围的外邦人区分开来。

　　在长达数个世纪的时间里，亚述国王统治着以色列和犹大王国的土地。有观点认为，是极少数有文化的以色列精英分子，在亚述统治下写下了《出埃及记》中的律法段落。这在一定程度上是为了抵制统治者的霸道行径，后者作为异族，对以色列人的历史和传统毫不尊重。制定成文法，是为了向外来的征服者以及自己的人民展示以色列作为独立部族所拥有的悠久历史。这些以色列精英将原始故事、叙事谚语和古代智慧，以及部族的法律和习俗汇集在一起，开始创造一个关于他们是谁的永久性书面记录。当这些博学的以色列人在亚述人统治的土地上四处游历时，他们很可能已经看到或听到了《汉穆拉比法典》的应用实例，而在创建自己的法律时，他们决定将其作为榜样。在对摩西领受上帝诫命的描述中，他们从复制《汉穆拉比法典》这部著名法律的部分内容开始，并相应地对这些法律规则加以简化、改进和调整，以适应自身情况和实践需要。[39] 这样做，既是对古巴比伦文明的尊重，也是对压在以色列人头上的异族统治者的反抗。

　　早期《圣经》章节大部分都散佚在时间的迷雾中。学者仍在争论不同文本的来源和发端。在这一时期或更早，创作者是否收集了随着时间的推移而发展、变化的传统文本和口头传统，添加了一些新的短语和诫命，以《汉穆拉比法典》为灵感创造了某种形式的立法？这一切出自亚述国王统治下的城市文人之手，还是在尼布甲尼撒国王拿下巴比伦，进而派兵围困耶路撒冷并俘虏以色列人后，才由以色列精英荟萃而成？

很难确定《摩西五经》所记的法律何时制定，由谁制定，更不用说它们实际上是如何使用的了。不过，它们似乎根植于以色列人眼中的社会组织基本原则，即平等与公正补偿的概念。对于生活在部族当中的人来说，这些原则可谓根本大法。他们的生计和社会结构不断变化，但仍对正义抱持共同的看法。报复应该是适度的，非故意杀人不应该以死亡来报复，伤害应该得到适当的补偿，妇女和儿童应该得到尊重和保护，奴隶应该受到公平对待。这就是法律规则应当承诺的，并在现实中可能帮助实现的目标。作为智慧的象征，上述原则在若干代的时间里不断重复，最终由某个帝国统治下的博学的书记官记录下来。这个时候的立法者对于职业裁判者的实践更为熟悉。面对所处时代的债务奴问题，他们能够将自身古老的司法传统和实践，与美索不达米亚统治者制定的法律，以及后者创制的立法技术结合起来。由此创制出来的法律，逐渐在当地赢得了声望和口碑。

无论在历史上到底经历过什么，以色列的立法者都在使用法律技巧以强化对自我身份的认同：崇尚独立的人民，忠于自己的部族，为家园感到自豪，体谅穷人，唯独尊崇他们的耶和华。

* * *

法律最初被用来践行正义。最早的立法者，在发表关于自身所取得的成就、对宗教的虔诚，以及对实现社会公平正义的承诺的鸿篇大论时，往往会制定规则。在富人可以强迫负债的穷人卖身为奴，官员可以对普通大众横征暴敛的社会当中，乌鲁卡基那等秉持民粹主义的统治者，显然有资格以改革者自居。但当乌尔纳姆制定旨在遏制错误行为、定义公正赔偿的规则时，他是在向未来发出应许之约，承诺自己的改革和威名会持续下去，而其所留下的法律文本，是为了给后人和诸神留下更为深刻的印象。

美索不达米亚历代国王都很欣赏成文的规则，并利用这些规则来规范治下的社会，为商人提供可预测性，并解决社会问题。法律的内容可能通常很普通，具体规定了基本罪行的惩罚、伤害的赔偿，以及契约和家庭关系的规则，但法律借此创造了一种新的秩序形式。通过定义阶级和职业、权利和义务，就像为商业关系制定标准表格的誊写员一样，美索不达米亚的立法者为规则和类别创造了秩序。他们正在对人和物进行分类，明确彼此之间的关系，并为社会提供一个更为持久的框架。美索不达米亚法律所采用的简明决疑形式，创造了任何人都可以参考的客观标准。

最早的法律，不仅仅是规范城市生活和解决原告个体问题的实用工具。裁判者和调停人不需要法律来解决争端，而国王的主要目标，也不是通过立法赋予官员增加赋税、镇压犯罪乃至禁止不受欢迎的人抛头露面的权力。恰恰是民众需要将法律作为寻求正义的依靠，并以此为根据反对任何试图压迫自己的人，而这也正是汉穆拉比声称要赋予他们的一切。在漫长的结语中，这位国王描述了将要降临在任何不尊重其法律的未来统治者头上的可怕诅咒和不幸。他不惜笔墨，用一条条诅咒召唤神灵来惩罚违背法律的后代："砸碎他的权杖""诅咒他的命运""饥荒和匮乏摧毁他的土地""破坏他的武器"，以及"击败他的士卒"。汉穆拉比希望昭告天下，不仅他本人是一位受众神青睐的王者，而且他所制定的法律将确保正义得到彰显。这就是法治。

在遥远苍茫的大地上，其他族群同样有了建构社会秩序、规划通向正义之路的可能。志向迥异的宗教领袖，采用了美索不达米亚的立法技术。以色列祭司试图把分散的部族聚集在一起，形成统一的民族。他们所设立的教法，关注如何才能过上良好的、符合宗教仪轨的正确生活，不仅规定了权利，还规定了责任和义务，旨在告诉以色列人如何在强大的国王和敌对部族面前保全自己和所信仰的宗教。

决疑形式的立法规范始创于美索不达米亚，后来被罗马采纳与改良，拥有悠久的历史。但与此同时，遥远的东方也独立孕育出了属于自己的立法技术。印度婆罗门和中国统治者也渴望统治世界，但因为愿景迥然不同，他们所制定的法律，具有与西方截然不同的形式。

第二章

印度婆罗门

宇宙的秩序

在辽阔的印度平原，宗教专家婆罗门起草法律，而他们的使命，正是维护以古代梵文写就的《吠陀经》所阐发的宇宙秩序。婆罗门规定的义务多于权利，如果要维护世界的理想秩序，即达摩（"法"，dharma），那么这些义务是世人皆需履行的。在印度教传统中，法律和宗教之间从来就没有明确的界限。法律文本，即前文提到的"法论"，其内容多为日常规则，规定人们应该如何按照种姓制度生活，还有关于宗教献祭、血统纯洁、商业活动和证据规则的说明。婆罗门始终是最高的法律权威，声称其所秉持之法律，即便国王也应遵从。几个世纪以来，婆罗门阶层都在向强大的统治者寻求保护和支持，但至少在理论上，贤明的国王应该遵守婆罗门所制定的法律。国王可以颁布法律，但不能制定法律。

* * *

公元 2 世纪，婆罗门制定了首部法律文本，但相关规范和原则植根于传统，可以追溯到 1000 多年前的吠陀时代。彼时的宗教专家创建了一套口头文本和知识体系，并代代相传。

雅利安部族席卷印度北部之时，南亚第一大文明哈拉帕帝国颓势已现。这些横空出世、能征善战的马背民族的起源问题，已经争论了几十年，但纷扬的铁蹄，似乎暗示着与中亚的某种关联。大约在公元前 1500 年到前 1300 年之间，雅利安人抵达恒河平原，驱散当地原住民，迫使其流落至周围的森林和沼泽。[1] 雅利安人动辄兴兵，掠夺牲畜。他们的首领，即罗阇，更像是军阀，而非君主。雅利安人驱乘的两轮战车迅疾如风，并且善使弓箭、嗜酒如命、行为诡谲。雅利安人以豢养的牲畜为主食，利用动物的皮毛制作家用物品，但他们也会使用金、银、铜和青铜等金属，用其制作装饰品、祭祀品，以及锋利的武器。

罗阇乐于在盛大的献祭仪式上慷慨地分发赠礼，通常包括精心制作的动物祭品。与声称直接承蒙神恩的美索不达米亚国王不同，雅利安统治者选择任用特定阶层来主持祭祀。这些人最初可能只是所谓先知、通灵者、声称能够与人消灾的流浪巫师，或者仅仅是负责战前祈福或旱时求雨的本地祭司。可以认为，无论出身为何，这个群体都给人们一种感觉，即存在某种正确的为人处世之道。这个群体可能还谈论来世，而且几乎可以肯定，他们会承诺应付自然灾害的威胁。在罗阇的支持下，他们建立了一套口口相传的咒语和真言（mantra），同时对外宣称，个中奥义只有学问深厚者在冥思苦想后才能恍然顿悟。这便是最原始的吠陀经。

大约在公元前 1000 年，雅利安人向东迁移到多阿布（Doab），即恒河和贾木纳河之间的沼泽地及邻近的季风区林地。在这里，雅利安人找到了可以使用当时刚刚出现的铁制农具耕种的土地，其中一部分人结束游牧，选择定居，开始了刀耕火种的生活。他们播种水稻，发展灌溉。一般来说，发达的农耕文明多有盈余，会使少数人得以积累财富，进而化为普罗大众的统治者和保护人。雅利安人自然也是如此。此前人们很可能需要通过抽签的方式分配使用公共牧场，如今慢慢有了土地所有权的概念，而土地所有权的份额可以累积、出租、买卖。后世文献提到，这一时期已经出现了占地100英亩的农场，配备超过500架耕犁，畜养4万头牛。[3] 这些数字可能有所夸大，但农业的规模不容小觑。部族头人积累了多余的牲畜、大米和酥油。自给自足的农人，则可以利用余财从事贸易，购买带有花卉和几何图案的精美陶器。

雅利安人最终选择聚居，形成了城镇，这些城镇又逐渐发展出城市文明的特征，尽管在很大程度上仍然处于农业文明阶段，但已经开始出现职业分工，如士兵、商人、店主、工匠、驯兽师，且罗阇举行献祭所需要的祭台管理者也由专人担任。商业网络可能向西延伸到巴比伦，向南直达如今的斯里兰卡。伴随着贸易而来的是货币、借贷和文字。与1000多年前的美索不达米亚一样，复杂的贸易关系促进了文字的发展。这些文字首先被用于记账。到了公元前6世纪左右，出现了可以用来书写记录、传递信息、起草合同的文字。

这一时期最为成功的统治者统治着城镇，而人们从四面八方聚集至此。随着财富的积累，罗阇随从甚众，妻妾成群，战将如云，出有车夫驭手，入享美食歌赋。他们的家庭祭司（purohita）享受与其同乘一辆战车的殊荣，负责吟诵咒语，以保证其在战斗中的安全。罗阇们如今已经称得上是国王，他们是特定领土的统治者，而不再是传统的宗族领袖，王权开始世袭，罗阇传位于子。他们宣扬，若无王治，世必大乱，生灵涂炭。每一位新统治者登基时，都需要祭司的加持。国王也需要他们的祝福。

日积月累，雅利安社会的分层也愈发明显。历史上作战优于务农的传统优越感，已固化为一种阶级分野，一端是刹帝利，即罗阇和掌权之人，另一端是吠舍，即农民、商人和工匠。罗阇的宗族，自古至今都保持忠诚，认为自己高人一等。成功的农商阶层也开始使奴唤婢，而这些仆从逐渐形成了地位更为低贱的阶层，即首陀罗。首陀罗还包括无地农民、受雇帮工、亡国之奴，以及卖身抵债的苦人。

随着社会分层的加剧，祭司们开始坚持认为唯有自己才可食用献祭后残余的动物骨肉，而后，首陀罗被彻底禁止参与上述宗教献祭仪式。祭司们逐渐组成了世袭的阶层，自称婆罗门。他们洞悉宗教仪轨的诀窍，担负保存吠陀经精髓的职责。如今，吠陀经的奥义主要由古老梵语写就的咒语和真言组成，普通人再也无法理解。与此同时，复杂的献祭变得愈发繁冗，而罗阇对此不惜挥金如土，以彰显自身的权力及合法性。

随着时间的推移，上述诸阶层形成了强调仪式纯洁性的等级制度，从作为精英阶层的婆罗门，到刹帝利，再到吠舍，最后才是最不纯洁的首陀罗。这便是四大种姓。按照吠陀教义的解释，种姓像是人体的各个部分，每一个都有自己独立的特质。在实践中，这些区别使来自不同种族、从事不同职业的不同群体，形成了一个单一的社会和仪轨结构。这便是印度种姓制度的基础，并一直延续到了今天。

这一时期，即公元前 1000 年中期前后，被称为"印度文化的形成阶段"。[5] 婆罗门曾以口述的方式，用真言和契经（sutra，宗教仪轨）传递智慧，而现在他们将其书写下来，表述也逐渐变得复杂深奥。所有这些最终结成了四部吠陀本集、梵书（关于祭祀仪轨的评论），以及奥义书（内容更为深奥晦涩的哲学辩经）。婆罗门更关心的是献祭方式的正确性，而不是日常生活中的行为准则，更遑论政治和行政事务了。然而，婆罗门借由祭祀为普通人提供了一种秩序感。他们提倡的观念是，整个生命都受一条神秘而不变的法支配，这种法就是达摩，人们需要遵守达摩，才能维持世界的理想状态。达摩为道德行为、社会行为和司法程序提供了标准。后来，达摩的要求，在作为印度教法文本的法论中得到了进一步的解释。[6]

到了公元前 6 世纪中叶，恒河平原上出现了诸多小国，其中最强大的罗阇们开始巩固城防。[7]城市经济不断发展，货币得到普遍使用。统治者统一了度量衡。陶器烧造技艺突飞猛进。随着水稻种植面积的不断扩大，人口持续增加，一些规模较小的群体为了寻找新的土地选择外迁。由婆罗门主导的种姓制度，扩展到这片平原上的各个城市，并逐渐延伸至周边地区。

凭借着宗教地位，许多婆罗门富可敌国，影响力如日中天。然而，到了公元前 5 世纪，在一些新近涌现出来的城市，改革者开始向婆罗门的统治地位发起挑战。[8]释迦牟尼和与其同时代的耆那教创始人筏驮摩那发起了一系列针对婆罗门的口诛笔伐。他们摒弃了传统的婆罗门祭祀仪轨，提倡更严格的宗教实践形式、非暴力原则和献祭纯洁的理念。耆那教提倡极端的禁欲主义，而释迦牟尼提倡"中道"，强调日常的道德实践和消除业障的必由之路。佛陀宣称，无论贵贱高低，凡笃信佛法者，皆可解脱灭苦。尽管佛教徒和耆那教徒所提倡的道德与宗教实践略有不同，但他们都坚决反对种姓制度。

在接下来的若干世纪，不同的统治者为争夺权力而相互挞伐，同时资助不同的宗教权威。婆罗门、佛教徒和耆那教徒各成一统，渐行渐远，并各自建构了完全有可能主导印度大陆的教法体系。疆域范围大体位于今天比哈尔邦的摩揭陀统治者向邻国宣战，并借助披挂装甲的战车和投石机，吞并了邻国大片领土。接下来，昙花一现的难陀王朝的统治者摩诃帕德摩，统帅 20 万步兵、2 万骑兵、2000 辆战车和 3000 头大象组成的雄师，征服了印度北部的大部分地区。这一壮观场景，至少符合当时正在迁入印度西北部地区的希腊人的记载。即使希腊人有所夸张，但毫无疑问，摩诃帕德摩的统治疆域的确不小。但这位国王开创的伟业，很快便在其子嗣手中败得精光，被旃陀罗笈多吃干抹净。旃陀罗笈多来自西方，并曾在那里抵抗马其顿王国亚历山大大帝撤退的前锋部队。他于公元前 320 年夺取了摩揭陀的王位，并征服了印度北部的大片地区，建立了持续 150 年的孔雀王朝。

为了维持对庞大帝国的统治，孔雀王朝的统治者亟需全新的管理技巧，这促使旃陀罗笈多的首席顾问考底利耶为他制定了全新的治国方略，[9]这也成为《政事论》（*Arthashastra*）的基础。《政事论》开创了一种全新模式，即大臣建议国王如何增加权力，削弱敌人，并保持帝国的繁荣。考底利耶告诉国王需要增加赋税，但他同时意识到，统治者必须照顾人民的福祉。考底利耶也为司法程序提供指导，建议由专门的法官负责裁判，同时建立证人及证据制度。《政事论》虽然最初并没有落笔成文，但依旧影响了后来的法律编撰。[10]与美索不达米亚的国王一样，孔雀王朝的统治者在石板和石柱上篆刻铭文，来记录自己的赫赫战功。但其中最著名的、从公元前 268 年左右开始执掌权力的阿育王，戏剧性地宣布终止一切战争。为了说服大臣们支持停战的新政策，阿育王下令在整个帝国竖起一系列石柱，指示人们避免吃荤，并向所有外邦人表达善意。后来，佛教徒声称阿育王是其所信仰的宗教的最伟大的王室供养人，尽管后者也为婆罗门提供支持。不过，阿育王禁止使用动物祭祀的决定的确威胁到了婆罗门的地位，毕竟后者掌管着重要的王室献马供奉权。[11]国王还鼓励新的佛教信徒捐建寺院，以容纳越来越多的追随者，这既吸引了人才，也吸引了资源。

目前尚不清楚这个时期是否有宗教权威把持朝纲，甚至都没有办法确认是否制定了宗教律法。公元前 185 年，孔雀王朝的最后一位统治者在阅兵时为部将所杀，权力再次易手，新政权登上历史舞台。大约在公历元年，贵霜统治者在北方崛起，建立了一个从中亚一直延伸到恒河的帝国。在他们的资助下，商业、艺术和高雅文化持续繁荣，贸易网络蓬勃发展；来自远方的商旅相互交换思想文化和手工艺品，新的手工业技术从波斯源源不断地涌入。正是在这一时期，印度作家将伟大的史诗《罗摩衍那》和《摩诃婆罗多》与这个英雄时代发生的故事结合起来。他们还改编了世俗诗歌和戏剧，并得到王室的青睐。[12] 但就像孔雀王朝的统治者那样，贵霜的统治者们不是雅利安人，他们对婆罗门充满警惕，更愿意接受相对容易理解的佛教思想和仪轨。这显然对婆罗门构成了威胁，进而激励了其中的一些人将自己的知识汇总起来，撰写新的经文典籍。[13] 借此，他们发展出了一种明显以婆罗门为中心的、阐释达摩的理论，以此重申种姓制度的重要性。和以色列祭司一样，他们的指导范围从宗教献祭扩展到世俗生活，从生到死，婚丧嫁娶，吃喝拉撒，无一不包。这便是婆罗门所创造的法律的发端。

此前，婆罗门学者故步自封，深居简出，对于接连涌现的城市中心，以及佛教徒奉行的众生平等思潮深感不安。如今他们开始走向联合。他们逐渐发展出自己关于达摩的阐释理论，建立了一整套思想与实践体系。这种努力旨在创造一种理论，即无论身处何处，印度教徒都应该遵循同样的行为规范。这些学者所做的，便是为如今的"印度教"奠定基础，如今的印度教是一套围绕着共同的宗教仪轨，以及对古代梵文经典的崇拜建构起来的多元的信仰和实践体系。婆罗门还创造了一套新的献祭规范，也就是法经（Dharmasutra）。[14] 法经使用格言警句，即简短且往往含糊的语句，呈现达摩关于意义与哲理的判断，以此表达正义与正确的行为范式。

法经为每个人提供了过上符合宗教仪轨的生活所需遵守的规则。例如，一旦涉足祭祀献祭衰落或异端邪说兴隆之地，身体就会遭到污染，需要净化。同时，法经也为日常生活提供了指导，但仅限于精英阶层，即婆罗门本身。根据教义，年轻人要在成年前潜心向学，研究吠陀经的奥义，学习正确仪轨的意义和实践方式，以及正确行为的原则与规范。尔后，他们应该结婚并建立自己的家庭，并对组建的家庭乃至仆从承担一系列形式上的和实质的义务，履行相关的职责。在生命的尾声,婆罗门应该退出世俗社会,归隐山林,回归流浪的苦行生活。当然,在实践中,并非所有的婆罗门最终都会遁入洞穴,但上述指导描绘了一种理想图景。这些经典被认为植根于古代吠陀典籍,从而获得了永恒的权威。事实上,经典的大部分内容可能来自当时的习惯做法。它们意在用更高的道德标准重新描述上层阶级的行为,从而建构起在未来几个世纪主导印度社会思想的意识形态。[15]

尽管主要讨论宗教仪式,但这些新生的法经也开始涉及政治和作为统治阶级的刹帝利。相关经文宣称,国王的职责在于保护人民不受敌人和惹是生非者(即社会意义上的"刺头")的伤害。婆罗门可以为不良行为规定正确的忏悔方式,但国王要确保罪犯受到惩罚。可能是在 2 世纪末,某位或某些自信的学者决定撰写文献,阐述造物主本人的思想。这就是《摩奴法论》,它被归于创世神婆罗门梵天之子摩奴之手,也被视为最初的法论。此前的相关经典更多属于学术著作,类似于现代法律从业者所编写的教科书,而法论规定了具体的规则,它包含着"法律",也就是以规则的形式存在的吠陀的智慧。

《摩奴法论》宣称书中所记的法律乃是不朽的主神梵天之作。它总共包含 2694 颂[*],其中大部分规定都是指导日常生活的规则。[16] 和法经一样,《摩奴法论》的规则虽然更为具体,但仍只适用于上层阶级。其第一部分包含了婆罗门在人生各个阶段的行为准则,从孩童、生徒、人夫、父母,直至最后的苦行阶段(至少对于那些选择实践的人来说存在这一阶段)。它告诉婆罗门如何过一种不断追求智慧、献祭和纯洁的生活。接下来的部分包含适用于国王,或者说刹帝利的规则。国王应该支持婆罗门,保护他的人民。其中有一长段内容,详细地阐明了国王应如何断案决狱,针对不同的罪行给予适当的惩罚,建立法律程序规则。关于吠舍应该如何行事,《摩奴法论》用非常简短的文字,

---

[*]　古印度诗体单位,两行一句。

规定其应当勤奋好学，做好本职工作。至于最末等的首陀罗，只有寥寥数笔带过，明确他们的职责唯有尽到婆罗门仆从的本分。显然，低种姓的人应该希望在来生获得更高的社会地位。

《摩奴法论》中压倒一切的重点，是个人应根据其种姓、家庭和生活状况，做出正确的行为。它规定了人们的义务，而不是界定其权利。[17] 这反映并强调了一个事实，即个体出生在一个充满社会关系和相关义务的网络之中。年轻的婆罗门需要对自己的老师承担学生的义务，对父亲承担儿子的义务，同时还需要承担向众神献祭的义务。人的一生可能会扮演更多的角色，如商业伙伴、财产所有者、抵押权人、行会成员、丈夫或父亲。不同的地位和角色意味着不同的义务。最重要的是，《摩奴法论》强调了婆罗门家庭的重要性，以及一家之主需要承担的角色，尤其是在成员死亡或离婚时。种种教义让人感到，从吃饭、洗澡到睡觉、结婚，又或者做爱、经商，以及求学，几乎所有事情，都存在一定之规。

法律规则，即行为的一般指导，分散在《摩奴法论》中给出的更一般的建议和示例中。其中最具法律色彩的，便是告知国王应如何处理司法案件的章节。该章总计十八个部分，包括国王应该如何实施惩罚、规范商业活动，以及处理有关婚姻和其他家庭关系的纠纷。前八个部分涉及商业事务，包括未偿还债务、销售的合同、合伙的形式、薪酬的水平，以及行会的执行规则。两个部分关注放牧活动和村庄财产分配可能产生的各种纠纷。还有六个部分描述如今可能被视为犯罪的行为，比如袭击、盗窃、侮辱和通奸。还有关于婚姻、遗产和赌博的内容。这些话题本身并不令人惊讶，与汉穆拉比在近千年前为巴比伦人制定规则时所关心的主题没有太大区别。此时的印度和昔日的巴比伦都可算作城市化社会，在这里，贸易、财产和家庭关系必然会引发纠纷，而人们也可能会为了自己的利益而挑起冲突。

《摩奴法论》提供的规则相当具体，包括如何处理有争议的债务，

如何确定利息，如何做出承诺和担保，如何管理合作关系，如何解决
边界争端，以及法官如何处理盗窃。[18] 有些条款采取了决疑形式，* 例如：
"如果（欠债人）有能够生利的抵押品，那么他（放债人）就不得收
取贷款的利金。" 无论编纂者到底是谁，通常都会以命令的形式表达
自己的规则。本条继续写道："典押品不得强行使用，强行使用者必
须放弃利息。"[19] 为了与文本的其余部分保持一致，该条款关注的也
是义务而非权利。

在孔雀王朝以及贵霜人统治时期，大多数冲突应当是通过谈判
和协商就地解决，但《摩奴法论》规定，更棘手的争端需要由王室法
庭依据正式的程序处理。孔雀王朝的君主已经开始采取措施来保障人
民的福祉，而且几乎可以肯定，他们还设立了司法系统。[20] 到了 4、5
世纪，司法实践愈发正式且受规则约束，原告可以从行会或基层法庭
向国王设立的最高法庭提出上诉。[21] 在最高法庭，双方都必须根据可
追溯至《政事论》中的规则陈述自己的情况。[22] 庭审过程显然具有对
抗性，正如后来一位印度教学者所评论的那样，"在法律程序中，一
方胜诉，一方败诉"[23]。这背后所蕴含的便是，国王应该运用法论中
记载的、关于达摩的至高法则，来决定什么是正当的和正确的。

《摩奴法论》的婆罗门编撰者，显然热衷于捍卫自身的社会和宗
教特权，同时强调婆罗门和刹帝利之间的特殊关系。正如一位当代学
者所评论的那样，他们的目的，是告诉婆罗门如何作为真正的婆罗门
行事，并告诉身为刹帝利的国王如何作为真正的国王行事。前者致力
于学习吠陀和美德，而后者致力于服务婆罗门和公正地统治他们的人
民。[24] 在印度北部竞争激烈的宗教环境中，婆罗门声称只有自己掌握
更高的永恒真理，可以为国王及其子嗣提供相关解读，并解答关于法

---

* 下引《摩奴法论》译文，见《摩奴法论》，蒋忠新译，北京：中国社会科学出版社，
  1986 年。

律的疑惑。国王和官员应该颁布法律，而不是制定法律，他们只不过是达摩的仆人而已。

贵霜统治者一直资助佛教，他们的国王迦腻色伽一世（127—150年间在位）更是大肆兴建佛塔。但在150年左右，统治贵霜以南地区的赛迦王朝国王卢陀罗达曼一世走出了关键性的一步，证明了自己对婆罗门思想的虔诚笃信。他下令用梵文在一块巨石上刻下诗篇，歌颂自己的丰功伟绩，声称自己深谙文法、音乐、论典和逻辑，更是优秀的剑客、拳击手、骑手，长于驾驭战车、驱使战象，擅长撰写华丽的诗篇。[25] 梵文此前是专属于婆罗门阶层的古老献祭语言，此时却成为王权的象征。随后不久，印度各地的统治者纷纷效仿，努力使用复杂的梵文优雅地表达自己的观点。是否精通梵文，成为判断国王能否秉公治国的标志。[26] 这也证实了婆罗门的权威，婆罗门开始更加热情地编撰新的文本、文集与评论。

学者认为印度学者创作了至少上百种法论，但留存于世的不足十分之一。对于历史学家来说，有一个令人沮丧的事实：在印度热带气候的影响下，写在布或棕榈叶上，甚至铜板上的文稿，很快就会模糊不清。只有那些最流行的，即在几个世纪中被反复重抄或改写的文本，才能留存下来。但从8、9世纪起，学者们开始评注早期文献，并摘要抄录他们认为最重要的部分，这有助于保存传统及相关的学问。中世纪的印度国王很有可能下令资助这些编撰活动，而从10世纪开始入侵印度的穆斯林征服者，也激励了印度教法学者巩固和弘扬其历史法律传统。

作为法论的创造者和解释者，婆罗门得以在强大的国王面前维护宗教权威。但在16世纪莫卧儿帝国建立之前，印度并未在政治上统一，且并非所有国王都愿意让婆罗门不受约束地行使他们的宗教权威。[27] 因此，一些婆罗门开始远赴他乡，寻找新的资助人。从4世纪开始，当笈多王朝的势力覆盖印度北方大部时，许多婆罗门向南迁徙，越过帝国边界，沿途传播自己的教义律法。到了 6 世纪，他们跟随富有冒险精神的工匠来到喀拉拉邦。喀拉拉邦是位于印度西海岸的一块富饶土地，其范围包括后来的卡利卡特。在这里，婆罗门向当地统治者介绍了自己所带来的全新思想。毫无疑问，当地的国王和强大的宗族领袖，对婆罗门精心设计的献祭、崇拜的神灵的品质，以及按照教法规则生活所带来的好处的承诺印象深刻。统治者可能还希望通过为这些声名远播的宗教专家提供资助来提高自己的地位。婆罗门通过让当地居民及其统治者皈依印度教，确立了自己的宗教权威，兴建了恢宏的神庙，积累了海量的财富。

6 世纪末，笈多王朝分崩离析，新近崛起的穆斯林领袖率军入侵印度北部，建立了一系列苏丹政权。但大多数统治者允许信仰印度教的国王保留权力，继续管理自己的领土和人民，以换取他们的效忠。人们更加虔诚地尊重婆罗门的权威和法论文本，并接受法论传统的指导。

法论的规则适用范围相对有限，但后来的学者，以及当地统治者、行会和议会，制定了更详细的社会规则和法律程序。在此过程中，他们遵循了法论中关于司法程序的规则，以及关于如何证明债务债权等具体问题的指导。这些规则明确了不同证明文件的效力，可以传唤哪些人作为证人，应该如何讯问证人，应该如何评估他们的证据，法官应该何时并如何使用宣誓和酷刑等手段，以及应该对作伪证施加何种惩罚措施等内容。[28]

根据法论，法律由婆罗门颁布，由国王执行。事实上，统治者肯定更加关心如何维护权力、排除异己，以及建立稳定的经济基础以提高税收和社会保障服务水平。更强大、更好战、更无情的国王可能不管当地婆罗门作何建议，都会发布专制的敕令，指示手下官员镇压任何胆敢作对之人。但在其书写的编年史，以及勒刻在石头柱子上的铭文中，印度教国王几乎无一例外，均信誓旦旦要颁行法律，听诉决案，根据达摩的要求主持公道。

几乎没有任何审判记录留存下来，但中世纪史诗歌谣的作者依旧为我们描述了国王处理纠纷的情况。在实践中，国王们可以就文本和法律解释的难点，咨询由婆罗门组成的委员会"瑜伽姆"（yogam），而且他们经常如此。到了16世纪，卡利卡特由扎莫林王室统治，但当地的婆罗门还是成立了瑜伽姆[29]，负责在重大法律纠纷中做出判决，听取对最严重罪行的指控，并将其决定和判决提交给扎莫林王室设立的法院以确定惩罚措施。通过这些方式，婆罗门维持了他们作为法律传统卫士的地位，负责解释传统文本，并使其思想适应新的环境。正如法论所规定的那样，婆罗门宣布教法的内容，而统治者负责落实。

几个世纪以来，在印度不同地区，婆罗门委员会负责管理地方法规，并以文本和评论的方式，对其做出新的解释。例如，在18世纪的喀拉拉邦，性行为不端似乎已成为一个特别令人担忧的问题。这里的婆罗门制定了详细的法律文本，指导国王如何处理通奸指控。他们指出，怀疑妻子通奸的男子必须直接向国王提出控诉，恳求国王"保护和维护达摩"。国王应该任命一位婆罗门代其参与调查，而调查的实际执行者，是另一位专精法典的婆罗门。将有四名调查人员向这位法典专家作简要汇报，他们很可能是作为原告的代表。听取汇报后，专家将和代表国王的婆罗门一起去原告住所，且二人均藏身于墙后。专家会在墙后讯问被告的妻子。代表国王的婆罗门则必须蒙着面纱，静静地聆听整个过程，如果专家出了纰漏，听取讯问的婆罗门就应该把面纱摘下来。调查结束后，专家将向国王报告情况。与此同时，代表国王的婆罗门将继续监督这一过程，并在必要时通过摘掉面纱的方式表示不同意见。法论文本中描述的过程，似乎详细得有些不切实际，但婆罗门的核心地位毋庸置疑。这一戏剧化的过程很可能是为了让每个人都深刻认识到指控的严重性，以及所指控的罪行和任何撒谎或妨碍司法公正的企图将要引发的严重的道德和精神后果。这便是印度对处理性行为不端指控这一普遍问题所给出的答案。

即便进入殖民地时期，印度教国王依旧继续遵循婆罗门的建议和法论中规定的法律程序。例如，18世纪，在弥梯罗，即今天印度东北部的比哈尔邦，曾有两名富人同时主张拥有一名女奴及其后代的所有权。案件提交给了由当地罗阇玛杜·辛召集的法庭，裁判者在指导如何陈述诉求、如何予以否认，以及法庭允许休庭和收集证据的时间时，反复提到了法论的内容。他们通过法论来解释自己是如何权衡由原告的另一名奴隶为其提供的证据与被告实际占有的证据，二者的相对证明效力。最后，正如书记官在案件报告中所记录的那样，法院毫不犹豫地驳回了原告的要求，而在编写报告时，书记官同样仔细遵循了法论的指导。[31]

国王、婆罗门和地方团体之间的关系，取决于当地的实际形势，以及特定家族和个人的相对实力。在许多情况下，婆罗门会担任法官，审理谋杀、盗窃、纵火，以及宗教犯罪案件。有时，强大的婆罗门家族可以直接负责法律和秩序。12世纪，马尔瓦尔，即今天拉贾斯坦邦焦特布尔的大君（maharaja），召集了来自其治下8个地区的婆罗门，以及当地的放贷者和买卖人，要求他们调查吟游诗人、演说家、国王护卫、朝圣者和搬运工遭遇的抢劫案。这似乎是国王为保护自己的随从而采取的一项举措，他甚至还为案件的调查提供了相应的物质支持。婆罗门同意指示案发地的婆罗门委员会调查此事，并表示他们将"按照该地区的习俗"审理。如果有辱使命，他们会根据规定，"像狗一样死去"。[32]在实践中，许多情况下，婆罗门比国王更有能力执行法律、维护秩序，尽管他们也不得不依靠强大的本地家族、职业团体和种姓阶层来调查、识别和惩罚不法分子。

在地方罗阇的庇护下，一些婆罗门家族成为强大的地主。在喀拉拉邦，一些婆罗门定居在西海岸的马拉巴尔地区。一条长长的山脉将该地区与南亚次大陆的其他地区分隔开来，令此处形成了独特的地方传统。直到 16 世纪，信奉印度教的卡利卡特扎莫林王室，以及该地区一些关心海上贸易的地方统治者，向在沿海城镇定居的葡萄牙和荷兰商人敞开了大门。这些婆罗门把法论和其他教法文本带到了马拉巴尔，后来的学者则对其加以研究并翻译成当地语言。例如，一些当地学者在自己的版本中，融入了马拉巴尔地区的规则和习俗，如认可当地的母系传统。当地人则逐渐将这些复合教法视为规范自身言行的标准。

在该地区南部，婆罗门出身的万杰里（Vanjeri）家族，受托掌管当地一座重要的湿婆神殿，他们实际上统治着这片几乎自治的地区。[33] 除了就宗教献祭提供建议，家族领导人还要求人们在合法交易中遵循标准形式，尤其是在商业账簿中，以及购买、出售和抵押土地时。[34] 这些标准形式所采用的许多短语和术语，与法论的表述密切相关。例如，如果人们需要筹集资金，他们不仅可以抵押土地，还可以抵押该土地上的产出，其中可能包括大米、椰子、芒果、酥油或胡椒，且佃农应缴纳的税费也应被计算在内，这使用的就是法论对抵押的描述。又比如，当土地被出售时，双方可能会通过倒水来表示成交，这在古代文献中是赠予的象征，也是规避土地买卖禁令的一种手段。通过这些方式，源自法论的法律形式在该地区传播开来。但婆罗门也要求人们对当地习俗提出建议，例如决定一块田地、一座花园、一栋房子或一头牲畜的合理价格。此外，他们还负责调查和裁决本地区的犯罪。在一个案件中，根据该地区的律法，万杰里家族的首领甚至获得了扎莫林王室的许可，得以召集一个委员会来审判被控谋杀的人。但一般来说，他们会按照法论的规定，将罪犯交给当地的王公惩罚。

通过这些方式，婆罗门关于祭祀义务和纯洁性的思想、法论规定的法律形式，以及经典中对等级制度的构想，从祭祀专家的小圈子渗透到了日常生活的实践中。通过规定人们处理土地的方式和将案件提交法庭的形式，婆罗门控制着法论的解释和当地不成文法的实践。法论中用来指代规则、惯例、法令、法律行为（宗教捐赠）和王室指令的术语，都被纳入地方性的法律和典籍中。

一些婆罗门在国王的宫廷里过着世俗的生活，负责在那里发表长长的颂歌，赞美自己的王室资助人。他们事无巨细地描述着王族显赫的家谱、吉祥的婚姻和战场上的英雄事迹。但并非所有的婆罗门都追求荣华富贵。与这些浮夸的诗人相比，许多著名的婆罗门转向了更为禁欲主义的生活方式。[35]11 世纪，印度南部的遮娄其王朝统治者接见了一位名叫维吉尼亚内什瓦拉（Vijnyaneshvara）的圣人。这位圣人曾耗费数十年光阴，对一部重要的法论做了增补评论。这位婆罗门很可能身形瘦削，拿着乞食用的饭碗和一根用三根芦苇捆成的棍子，在印度教国王的华丽宫廷中营造出一个多少显得格格不入的形象。与之形成鲜明对照的是，国王的左右侍从擎伞持扇，近前挤满了将士臣工、嫔妃子嗣、商会代表，以及来自远方的外国使臣。和其他苦行僧一样，维吉尼亚内什瓦拉被尊为印度社会的道德楷模。

至少在理论上，所有这些宗教专家都是永恒吠陀传统的守护者和解释者，国王有义务执行被其声称拥有最高权威的法律。但这引发了紧张局势，尤其是婆罗门的影响力开始外溢，逐渐超出了雅利安人统治的中心地带，不断有新的人群被吸引到印度教的文化轨道之上。对于如何将强大的非雅利安族裔酋长和军事酋领纳入种姓体系，学者们展开了辩论，而其中一些人毫不妥协。严格来说，外来者只能是首陀罗。因此有婆罗门声称，即使是拉杰普特人，即印度西部强大而好战的宗族领袖，也是混血人种，只能被视为首陀罗。

这一观点没有削弱拉杰普特人的实力，但确实给他们带来了麻烦。17 世纪中叶，拉杰普特军事酋领之一希瓦吉异军突起。[36]通过战争征服、稳扎稳打、合纵连横，他逐渐获得了与统治该地区的穆斯林酋长分庭抗礼的实力。1674 年，他决定自立为王。然而，拉杰普特人的身份却变成了挡在这位野心家面前的一个难题，甚至可能会让其登上王位的梦想化为泡影。除了军事和政治实力，他还需要刹帝利的身份，这样他才能赢得当地顽固守旧的婆罗门阶层的尊重，并与莫卧儿皇帝奥朗则布平起平坐。因此，希瓦吉只好求助于一位著名的婆罗门。这位印度教法专家的叔叔此前起草了关于拉杰普特人地位问题的重要法律意见。着急上位的准国王把他从几英里外的贝那勒斯召来，明确表示希望能够拥有一份证明自己属于刹帝利后人的家谱。这位婆罗门依命行事，并发表了意见，大意是希瓦吉出身某个地位很高的拉杰普特氏族，而该氏族的成员都可以算作真正的刹帝利。

因为出自这样一位婆罗门专家之手，对希瓦吉种姓的鉴定意见几乎容不得半点质疑，而希瓦吉报之以李，给了婆罗门一笔令人叹为观止的报酬（但这位婆罗门后来宣称，自己从不关心物质生活）。随后，为了恢复希瓦吉不幸失去的刹帝利身份，双方组织了一场壮观的献祭仪式。希瓦吉还依照吠陀仪式，与妻子（或多个妻子）重新结婚，并获得王室象征，成为"手持黄罗伞盖的君主"。在七天的时间里，朝臣、祭司、乐手、来访的政要和众多的观众参加了加冕典礼、登基献祭和凯旋游行。其中的活动包括沐浴和国宴。来自各地的人们前来向新国王赠送牛、马、大象、珠宝和丝绸，而婆罗门用梵语诵念真言。史官为后代记录了这些事件。国王新任命的大臣和将军们聚集在他周围，表示忠诚和支持。仪式结束后，国王开始巡游，分发礼物，并盛情款待参加典礼的众人。尽管普通民众后来不得不为国王的慷慨付出代价，但他们几乎无一不为这热烈的气氛所感染。所有这些仪式，都是为了向全世界展示自己的财富和权力。但首先，希瓦吉必须证明，自己在法律上有权享有这一切，而这需要一位显赫的婆罗门来为其背书。

婆罗门的种姓观念根深蒂固。他们坚持认为，每个人在社会上都有自己的位置，即使相关的种姓地位可能会因为不道德行为，尤其是因为杀戮、酗酒、偷窃和性行为不端而丧失。[37] 但是，即使在第一批法论被编纂出来时，职业的种类就在激增，而新的子种姓也在不断形成。职业和种姓之间的匹配从来都不是完美的，但职业逐渐成为世袭。这些新的职业团体形成了属于自己的一套献祭和经济等级制度，在许多方面一直延续至今。[38] 与强调众生平等的佛陀不同，婆罗门将他们所有的法律都与种姓、人生阶段、性别、家庭状况和职业联系起来。通过这些方式，法论强调真言、禁食、冥想和食物供奉，以及各阶层成员应该遵循的理想生活方式，这些都巩固和强化了僵化的种姓制度。[39] 该体系还对女性持严重怀疑的态度，认为其极易腐化堕落，如酗酒无度、结交异性、四处游荡、夜不归宿。[40]

毫不奇怪，许多低种姓的人试图挑战种姓分类或质疑其含义，一些人引发了复杂而纠结的案件，特别是在印度南部，那里的婆罗门阶层必须与历史更为悠久的家族、更为细分的职业和地区差异共存。[41] 12 世纪，由于寺庙建筑的繁荣，坎马拉地区的工匠群体得到了长足发展。[42] 有些人收入可观，最终勇气十足地声称自己属于地位更高的拉塔卡拉（Rathakara）种姓。拉塔卡拉人建造战车和马车，从事木工、制造金属制品、建造房屋的工作，并掌握相关手艺，已经成为一个地位很高的群体，有时甚至可以与婆罗门相匹敌。这一切让印度教专家很是担心。他们召集委员会审议此事，邀请学者参加辩论，并翻阅深奥的经卷文本，而这并不总能带来一致的意见。最后，两个不同的委员会得出了类似的结论，他们用石刻为后代记录了这些结论。双方达成妥协。他们决定，主要从事低端卑微工作的坎马拉人，无权采用拉塔卡拉人的手艺，无权从事专业施工活动，但那些能够合理地主张正在从事更熟练的工作的人可以继续他们的行当。不过，由于人们无法改变自己的种姓，工匠阶层与婆罗门之间的分歧一直没有弥合。一个委员会确认，工匠可以从事雕塑和工程；制造科学仪器；建造雕像、宫殿、大厅和被称为瞿布罗的纪念塔门；为皇宫制作皇冠、手镯和棉线；制作雕塑和画像。

鉴于这些挑战，婆罗门撰写了更多教法释义，确认了首陀罗身份永远不能改变的基本原则，在不断威胁其权威的现实、经济和道德力量面前，巩固了种姓制度及自身的地位。

在印度，王国兴衰更迭，穆斯林入侵者来了又走，欧洲商人在印度东南部建立据点，婆罗门持续解读、注释、复制、评论和整理印度教法。特别是当教派关系紧张时，从事更具学术性质活动的人会相互协商，并征求远方同仁的意见。马哈拉施特拉地区的婆罗门委员会和个人就与贝那勒斯的同行往来信件、交流法律判决和意见，从而建立了广泛的学习网络。在这期间，这些婆罗门一直在宣扬婆罗门持家人的理念，即像法论的规则所解释的那样，按照达摩的理想模式过着宗教意义上的纯洁生活。即使下层种姓不能遵循同样的规则，他们也可以向着在来生获得更高地位的目标而努力。通过上述方式，对法论和其他印度教经文的学习，为教徒们营造了一种共同感，即使他们从未团结在一个印度教国王之下。

很大程度上，是国王和规模更小的社会团体的委员会来制定实际规则，以规范日常生活、伸张正义和解决争端。法论明确了哪些社群可以制定以及何时自行制定规则，甚至给予"异端"——佛教徒和耆那教徒——某种法律自治待遇。植根于传统的地方法律，将农民、工匠和商人群体团结在一起，为其成员预设了行为方式，但法论提供了社会结构和关系的共同愿景。正如一位学者所说，法论是一种元法律，是印度人可以在迥然不同的地方以不同方式使用的理念和行动的来源。[43] 因此，在构成前现代印度的各个王国和社区中，那些处于顶层种姓等级的人保持着一套相对统一的思想和规则。

法论为印度教徒的生活方式以及国王如何维护社会秩序制定了详细的规则。所有这些都是根据种姓等级制度制定的，但从来都未能形成有效运转的法律体系。更重要的是，这些规则提供了令法律实践统一的概念，以及指导裁判者司法的理念和原则。法论证明了印度教法律的性质以及那些负责执行法律之人的职责。最终，分散在不同城镇、村庄、行会和寺庙的印度人，即使他们的生计和传统截然不同，但都开始认为自己需要承担做好印度教徒的义务，而其角色、职责和责任符合法论中对不同种姓的规定。

婆罗门的思想和著作，还为东南亚不同地区的立法者提供了镜鉴，虽然那里的国王和民众皈依的宗教不尽相同。例如，大约在印度教婆罗门创造《摩奴法论》的700年后，在面对国王的立法要求时，生活在如今缅甸地区的孟族上师就选择以印度教法为参考摹本。[44] 当地的国王接受了佛教，并在首都蒲甘建造了精美恢宏的佛塔。但是，在孟加拉湾对岸印度复杂文明的启发下，他们指示学者创建自己的法律文本。孟族上师用东南亚通行的佛教语言巴利语写作，创造了他们称之为教法（Dhammasattha）的经文。这些法律遵循法论的形式，同样将法律纠纷分为18个类别，只不过孟族必须创造一个不同的法律起源故事。根据他们的说法，人民选择了第一位信奉佛教的国王，以结束国家出现的内乱，这位国王转向隐士摩奴求助，让他背诵他在天界学到的律法。在实践中，孟族学者在律法文本中引入了许多当地习俗，但就像印度婆罗门同行一样，他们同样创造了一个受普遍法律管辖的理想社会的形象。并且，佛教国王也只应该解释教法，而不是制定法律。教法的智慧渗透到地方后，被大规模修改以适应那里的习俗和实践，但这些文本在这个繁荣的王国中是一股重要的统一力量。两个世纪后，孟族编纂的教法文本已然超过百部。

几个世纪后，这部教法传入信仰佛教的泰国，影响力一路覆盖柬埔寨和爪哇。泰国版本的教法被分成了更多的部分，但在许多细节上，与蒲甘版本的教法十分相似，编撰者明显照搬了相关规定。理论上，国王可以颁布法令，但他们不能正式地制定新法。泰国国王被认为应当推行法律，或者，就像一位现代学者所说的那样，"君主的命令，如果是正当的，就应当是对法律的具体表达"[45]。国王有责任通过惩罚惹是生非者来维护社会秩序，但统治者本人和其他人一样，也受达摩的约束。这是印度教婆罗门在几个世纪前就规定的、国王和神职人员之间关系的本质。这是一种法治形式。当然，泰国和缅甸的许多统治者，像印度国王一样，都是专断的、威权的，很容易背离法律文本中规定的义务和原则。但是，至少在理论上，法律限制了他们的权力，并塑造了他们的行为。

* * *

印度教法自始至终都是一个植根于永恒传统的宗教问题，而非政治问题。它所体现的，是其背后古老而晦涩的《吠陀经》的启示中所阐述的宇宙秩序的思想。所有人的责任，都要通过遵守达摩以维持秩序，达摩规定了人们应该如何行事，而这也是婆罗门在其法律文本中所规定的。关于义务以及事件和活动后果的简单朴素的陈述，创造了规则和类别的秩序，和美索不达米亚地区的律法一样，具有固定性。但是，当美索不达米亚国王通过律法规制社会正义时，婆罗门却在考虑宇宙秩序，明确个人需要为此承担的义务。

从实然角度来看，印度教传统建立并巩固了世界上最严格的社会等级制度，但总是给人一种教法压制了政治权力的感觉。毕竟，婆罗门甚至可以告诉国王应如何行事。

第三章

中国的帝王

法典、刑罚与官僚制度

　　此时，人类第三个伟大的法律体系，正在中华大地逐渐成形。这里同样依靠分门别类的规则建构秩序，但更为强调伦常纲纪，而非单纯的义务职责或简单的社会正义。2000 多年来，中国的律法制度强调惩罚、规训和灵活。尽管每个新王朝都会修订旧法，施行新规，但历史形成的法律传统却历久弥新，传承有序。而且同样引人注目的是，到了 20 世纪，延续千年的传统律法却戛然而止。

　　在中国，法律一直是行使权力和实施控制的工具。最初将林林总总的刑法条文刻在竹简上的勃勃雄心的统治者，与几个世纪前美索不达米亚的国王何其相似；而在某些方面，东方君主的律法辞章背后所蕴藏的寰宇一统之感，亦与印度婆罗门的思想如出一辙。但在中国产生的法律体系，却与美索不达米亚国王或印度教法专家所建构的范式截然不同。华夏之君从不允许僧道术士或任何其他方面的有识之士挑战自己立法者的权威，而他们也借此避免了法的束缚。在中国传统社会的统治者看来，秩序就是规训与惩戒。

＊　＊　＊

公元前 7000 年左右，生活在华北地区的农耕部族，就已经着手在黄河流域兴修水利。[1]沿岸淤积的沃土，成为上好的良田，华夏先民在这里种粟养豚。随着聚落的发展，人们开始用玉石雕刻饰物，制作青铜工具。统治者还使用甲骨来预测未来，最终发展出复杂的丧葬仪式。大约在公元前 2000 年，越来越多的人开始有了共同的信仰和实践，这为最初一批小国的出现奠定了基础。人们对最早的王朝"夏"的统治者知之甚少，但有一件事例外，这便是公元前 1600 年，夏朝最后的君主被商汤推翻。

商朝必须管理由不同部族组成的庞大人口。这些部族都声称族人同宗同源。一些部族逐水草而居，而另一些选择刀耕火种。随着时间的推移，人们开始走向聚居，建起小型城池。商王的国库充盈，他们建造了带有大型储藏坑的宫殿和宗庙。在接下来的 500 余年里，商朝各地的作坊生产青铜器、玉石器，以及陶器、漆器、武器和乐器。贝币成为商业交易使用的货币。每个聚落都有卜官，负责用龟壳和牛骨预测未来，确定重要事件的良辰吉日。商王也会亲自占问，并以军队领导者的身份向先祖神明献祭庞大的牺牲和精美的贡品。这种统治者将祭祀身份与政治权力集于一身的模式，自此在中国历史中延续千年。

就这样，商朝在现如今华北地区的统治，相对太平地维持了几个世纪之久，但在公元前 1046 年，周从西方起兵入侵，席卷中原，一举推翻了商，史称"武王伐纣"。通过一系列攻伐，周将大量人口及众多土地置于自己的控制之下。为了管理各部人马，周的统治者建立了一个与中世纪欧洲封建模式差别不大的分封体系。周王用土地奖励忠诚的将领和官员，并派遣儿子、兄弟和其他亲属前往战略要地和边塞驻扎。周公旦在任命弟弟康叔治理殷商旧地民众时作《康诰》，这篇文章传颂至今。[3]文中，周公指示弟弟要了解此前殷商圣明的君主如何治国，向他们学习如何保护和管理封地的百姓。周王说，如果是殷商遗民发起诉讼，那么案件应当交给熟悉殷商法律并能够正确适用的官员，特别是在案件涉及死刑或肉刑时；如果犯罪的是周人，那么统治者应该亲自宣判。与此同时，统治者应该采取宽大和审慎的态度，区分应该受到更严厉惩罚的故意和持续的犯罪，以及那些无意或偶发的犯罪。统治者应该特别严肃地对待家庭伦理。如果儿子不尊重他的父亲，弟弟不尊重哥哥，那么"天惟与我民彝大泯乱"，意思就是"上天赋予百姓的常法就会大乱"。周王想当然地认为，刑罚是维持秩序的方式，于是经常抱怨手下的官员没有适当地履行职责，没有给予正确的惩罚。就像生活在印度平原上的雅利安人一样，中国的统治者也强调寰宇秩序，并将其作为一种需要尊重的神圣理想，如果要实现社会繁荣，国王就应该支持这种理想。

周王决狱，任命司寇，即专门的司法官员，裁决案件。[4] 诸侯臣属可就土地转让、商业交易，以及盗窃或伪证的指控向司寇上诉。许多人将判决结果以铭文的形式刻录在宗族献祭中用于盛放祭祀食物的青铜器上。这些青铜器被保存在宗庙中，上面还刻有对重要会盟和军事行动的记载。公元前 10 世纪至前 8 世纪，周人西逃，此时被埋入地下的青铜器铭文为我们揭示了上述过程的形式仪轨。法官经常要求诉讼当事人宣誓结案。例如，被判侵占土地的男子必须发誓，自己将归还土地，如果食言，就甘受天谴。根据曶鼎铭文的记载，匡氏的自由民和奴隶抢走了曶的一大笔粮食，曶将匡告上东宫，东宫令匡查捕掠粮者并赔偿粮食，但匡无法找到全部掠夺者，也无法偿清被抢走的粮食。经过一系列后续的诉讼，匡不得不赔偿更多的田地、农民和奴隶，却仍然无法满足固执的曶。在这个案例中，执法者就是在严格地依法办事。

周朝还制定了有关货币的规定。除了贝币，商人们还经常使用丝线、玉片、鹿皮和虎皮，甚至奴仆，作为支付手段。不过，在另一个案例中，一名债权人曾声称，他无法支付用来换取劳动力的马匹和丝，因为这违反了新的规定。上述判决已经开始体现出特定的模式，这都为周朝政权走向衰落时出现的中国第一部成文法埋下了伏笔。

公元前771年，蛮人犬戎袭击了周朝首都，杀死周幽王，迫使其继任者向东迁移到成周。即便如此，周天子仍声称对现在华中的大部分地区拥有管辖权。周王祭天会盟，偶尔还会召集军队攻击"违抗天子"的诸侯国。接下来的几个世纪，被称为春秋时期。尽管周王对民众几乎没有什么控制权，还将许多活动委托给地方诸侯，但这一时期的科学和技术取得了巨大的进步。在发明冶铁技术之后，周人还改良了农业技术，铸造铜币，扩大贸易，制作装饰用的奢侈品。人们开始更认同自己的家族而非氏族，尤其是在城镇中。学者认为，这样一来，人们开始形成作为中国人的身份认同。[5]

春秋时期，周王仍在召集大型会盟，各路诸侯歃血载书，宣誓效忠，并将盟书与献祭的牺牲一起埋葬。[6]换句话说，统治者试图利用法律文书，维系一个正在土崩瓦解的王国。与此同时，诸侯国为了维持和平与稳定，也在加强统治，强化刑罚。公元前7世纪，在齐国拜相的管仲上书，劝说齐桓公推行新政。他宣称，统治者应该促进人口的增长，垄断盐、铁和酒类的买卖，并统一税收制度。同时，强大的君主可以通过强大的军队和有力的规则来实现和平。他的论述为我们描述了一个可以规范各种行为的政治体系。其他诸侯国也纷纷建立了自己的官僚机构，并开始制定法律。公元前621年，赵盾成为晋国的中军帅，并主持国政。他制定了一整套行政改革计划，"制事典，正法罪。辟狱刑，董逋逃。由质要，治旧污，本秩礼，续常职，出滞淹"。也就是说制定章程，修订律令，清理诉讼，追捕逃亡案犯，使用契约，治理政事中的弊端，恢复被破坏的等级制度，重建已废官职，提拔屈居下位的贤能。后来，他将自己的计划提交给晋国的太傅阳子和太师贾佗，以便这个计划能够在整个晋国推行。我们现在对当时起草的文件或法律知之甚少，但很明显，赵盾的计划，包括引入一系列新法律，使惩罚制度化，并借此施发号令。

这是一种自下而上的变法，即官员建议诸侯整饬法律。清晰的法律体系被视为治国经世的基础。其他诸侯也纷纷效仿，命人在仅有一个字宽的细长竹简上写下律法规则，并将其钉在大木板上，供普通民众查阅。写有律法的简牍还被陈列在城镇、驿站、集市、城门等人流密集之地。但众所周知，竹简容易腐烂，遇火即燃，因此，有能力者会将其内容阴刻在青铜釜鼎的内壁，以创造出虽然不能说更轻便，但无疑更持久的律法文本。公元前 536 年，郑国执政子产将郑国的法律条文铸在青铜鼎上，并向全社会公布，史称"铸刑书"。随后，在公元前 513 年，晋国赵鞅也将刑书条文刻铸在鼎上，公之于众，史称"铸刑鼎"。由此可知，这种做法可能很快得到普及。

这一时期的法律鲜有原本存世。但有证据表明，当时的刑律已经开始针对不同罪行和不同身份的罪犯来制定不同的刑罚，如对贵族的赐死、流放与囚禁。[7]与印度教婆罗门一样，中国的官僚阶层十分清楚地意识到，适当的行为方式对维护社会秩序非常重要，为了将无序的社会转变为有序的社会，人、行为和犯罪都应该被分类对待。中国的君主坚持依靠法律的力量来描绘其所统治的社会愿景，但他们也认为需要通过刑罚制度，而不是对祭祀仪式纯洁性的规定来维持国家秩序。尽管所统治的地区并非政治大一统的状态，但此时的中国统治者远比同时期的印度和以色列的国王更加雄心勃勃，对法律的力量更有信心。尽管许多诸侯国因派系斗争和叛乱而分裂，诸侯们仍然希望通过制定法律来维持整个社会的秩序。

然而，并不是每个人都对诸侯的活动感到满意。许多有影响力的思想家对于法家治国的理念持保留态度，其中包括儒家思想的创始人孔子。生活在公元前 551 年至前 479 年之间的孔子，提出了一种全新的国家观。[8]他认为，社会稳定不需要一个强大而专制的国王，而是取决于君臣、父子、兄弟、朋友和夫妻之间的基本关系。孔子强调有修养和德性的人，也就是"君子"的重要性。君子依靠自己的能力和努力来决定自己的命运，这是最适合当统治者的人。社会秩序不是从君主强加的法律和惩罚中来，而是源于个人的行为。人们需要遵守道德准则，正确地祭祀，追求教育，最重要的是，孝顺自己的父母。他描述的国家在很多方面都像核心家庭的延伸扩展，这与婆罗门坚持家主的中心地位没有什么不同。孔子对颁布法律的做法提出了严厉的批判，认为这会扰乱社会等级制度。对晋铸刑鼎的做法，孔子痛心疾首，认为："晋其亡乎，失其度矣！夫晋国将守唐叔之所受法度，以经纬其民，卿大夫以序守之，民是以能尊其贵，贵是以能守其业。贵贱不愆，所谓度也。……今弃是度也，而为刑鼎，民在鼎矣，何以尊贵？贵何业之守？贵贱无序，何以为国？"在他看来，秩序应该来自稳定的社会等级制度，而不是统治者强加于每个人的法律。

　　孔子的思想吸引了许多同时期学者的注意力。《左传》记录了叔向对郑铸刑鼎的长篇抨击。叔向指出："往昔先王议事以制，不为刑辟，俱民之有争心也。"也就是说，从前先王衡量事情的轻重来断定罪行，不制定刑法，这是害怕百姓有争夺之心。[10] 相反，他们"闲之以义，纠之以政，行之以礼，守之以信，奉之以仁"，也就是对待百姓，要用道义来防范，用政令来约束，用礼仪来奉行，用信用来保持，用仁爱来奉养。叔向并非反对一切形式的刑罚，但他认为惩罚和奖励应该人性化地、坚定地执行，而不是仅仅依靠成文的法令。君主应该成为向导和榜样，而聪明贤能的卿相、明白事理的官员、忠诚守信的乡长、慈祥和蔼的老师应能确保统治秩序。叔向强调，当百姓意识到成文法的存在，他们将失去对官长的尊敬，变得锱铢必较，刑书的一字一句，都要争个明白。这样一来，国家就无法管理百姓。诉讼会更加频繁，贿赂也将成风。叔向总结说，一个国家，只有到了行将灭亡的时候，才会制定律法。

　　这大体上反映了儒家对待法律的立场。对于孔子这位伟大的哲学家及其追随者来说，奖惩制度本身并无太大问题。像《左传》的作者，也并没有明确批评强有力甚至独裁专断的统治者，或偏向权贵的等级制度。相反，其所批判的反倒是立法并公开的行为。刚刚发生的历史，显然让这位儒生失去了对法律的信心。但结果是，他拒绝了法治的理念，即法律应该独立于掌权者而存在，其实施亦然。儒家学者虽然痛感于新兴权贵的集权，但显然不相信法律有能力约束权力的恣意专断，也不认为其能够阻止官员结党营私。

　　无论出于何种原因，《左传》的作者虽然对成文法的危险性明确持谨慎态度，但他确实认识到，有时统治者可能不得不制定成文法以促进和平与稳定，特别是在社会变革时期。就连他也不完全反对，统治者需要通过一套规则和刑罚制度来控制臣民、维护社会秩序，而这在中国的官僚看来是显而易见的。

　　尽管周朝统治者想尽办法威慑潜在的犯上作乱者不要轻举妄动，但自公元前403年起，连年战火还是被一举引燃，所谓的战国时期到来了。在很多诸侯国，权势熏天的重臣把持朝纲，结党营私，甚至谋权篡位。统治者借助道德榜样的力量来维持和平的想法，似乎已成泡影。设法保住权位的当政者，迫切需要全新的统治方式。为了维护统治秩序和加强中央集权，他们更愿意相信明晰、普遍且一贯适用的法律。

　　在说服地方诸侯相信并接受自身的思想方面，儒生可能并没有取得多大成功，但学者阶层总归赢得了政权领导人的重视。偏居周朝腹地以西的秦国，经历了几十年的权力斗争，政府一度陷入瘫痪。公元前361年，刚刚即位的秦孝公广招天下贤士，许以高官厚禄，宣称"宾客群臣有能出奇计强秦者，吾且尊官，与之分土"。一时百家争鸣，竞相争夺秦王垂青，无不宣称，只要贯彻他们所鼓吹的思想，统治者就将获得财富和权力。这时，商鞅自魏入秦，向秦王自荐，并在多次面谈后说服了秦孝公。[11] 商鞅认为，社会问题源于法律和现实之间的差距，这导致了政策反复、政治腐败和官僚失职。因此，明确一致的法律规范至关重要。商鞅建议秦国"当时而立法"，用奖惩来确保农民辛勤耕作，士兵忠诚无畏，并将其作为兴国的唯一方法。商鞅蔑视商人、艺术家和手工艺者，以及诗、书、礼、乐等学问。他认为，人们曾经生活在和平之中，不需要任何政府。但在当今这个混乱动荡的社会，学者必须制定带有严厉惩罚的成文法，以帮助国王有效地统治国家。如果对所有阶级都一视同仁，那么刑罚就会阻止犯罪。在商鞅看来，法律是一个完全务实的问题，正义与此几乎没有关系，遵循古代传统也没有任何好处。

一些儒家学者批评商鞅变法的各项政策，警告集权可能导致的危险，但秦孝公无情地打压反对意见，并根据商鞅的建议改革吏治，废除旧世卿世禄制，建立权力和职责由中央政府界定和控制而官员依靠俸禄生活的职业官僚体系。同时，要求官吏编订户口并进行人口普查，民众按照什伍制组织起来，每个家庭的家主都必须在户籍中登记家庭成员，以便响应官府战时征召，以及在平时履行徭役。秦国国民被禁止在未经允许的情况下改变住所，甚至不得随便迁徙。

在此后大约一个半世纪的时间里，秦国统治者逐步推行变法改革。他们还通过立法整顿吏治，要求官员严格贯彻落实律法，并命令上级惩戒有悖于此的下级。秦王将最重要的命令刻在金属器上，如与征兵相关的虎符；相对次要的律和令则被写在竹简上。竹简用绳线编联，以便运输。秦国还统一了度量衡，甚至颁布了官方认可的名物称谓列表，借此控制国家的行政语言。

通过这种严密的控制体系，秦国国力迅速增强，最终灭亡六国。公元前 221 年，秦帝国作为中国历史上首个统一的封建王朝建立了。

秦帝国继承并发展了秦国的法律制度，一直到公元前 207 年王朝突然崩溃。如今，我们对秦朝法律制度的了解，大多来自当时官吏墓葬中发现的文献。[12] 这些秦代墓葬中出土了历谱、《日书》、算术著作以及公务指南，但大部分都是法律文件。[13] 其中，睡虎地十一号墓的主人名叫喜。公元前 244 年，喜 19 岁，开始担任"史"职，也就是负责文书工作的小吏。9 年后，喜在鄢地治狱，参与案件审理。与喜一起埋葬的秦简表明，他需要每天查阅数十种不同的律令 [14]，大多数与行政事务相关，如管理官方粮仓、保护帝国禁苑、修筑道路、监督马匹和牛群的饲养，以及记录作物产量。其他律令则涉及货币、市场、边塞、徭役登记、官员任命、军功爵位、传食的供应、以及文书的传送。喜还查阅了与刑罚相关的法律条文及相关的解释，并记录了涉及调查和审讯过程的案例。岳麓书院所藏秦简中也有一则案例，涉及对某个叫暨的、多次未能正确履行职责的县丞的处罚。[15] 其罪行包括：未传达戍令；因为省察失职，导致治下一人本应在橘官种地，却误被安排守边；所在县下某乡粮仓的天窗有洞，以至于飞鸟可以闯入觅食；要求还未被正式登记职务的县史开始工作；因为失误，导致对县库弓弩数量的勘劾出错；等等。

这些记录都表明，秦朝通过广泛的刑罚制度来维持秩序。当出现问题时，一个人通常会向官府告发另一个人实施了不当行为，案件会交给担任调查员的县丞或令史。调查者随后向县廷提交报告，后者再根据罪行的严重程度决定正确的惩罚。在秦代的刑罚体系中，最轻的是财产刑，如赀。[16] 更重一些的是流刑，如迁。然后是较轻的徒刑，如候、司寇或隶臣妾，同时可能还需要并处剃去头发或胡子的耻辱刑（髡、耐、完）。在此之后，是更加严厉的徒刑，分成适用于男性囚犯的鬼薪，即为祠祀进山伐薪（柴），以及适用于女犯的白粲，即为祠祀择米。之后是最严厉的劳役形式，即城旦、舂。城旦是从事修城筑墙的劳役，适用于男犯；舂是舂米的劳役，适用于女犯。城旦和舂都可能伴随着残酷的肉刑，如"黥劓以为城旦"，即在服城旦刑的同时被割掉鼻子，同时在面上刺字。最后是死刑。当然，以上诸刑，拥有高爵位者可以用罚金替代，如"赎死""赎黥""赎迁"。实践中，法官经常根据罪犯的身份来减轻处罚，尤其是在涉及肉刑时。但总体而言，法官必须运用一套复杂的量刑系统，根据不同的犯罪类别和杀人情节等因素，来确定正确的刑罚。比如对于那些只协助或共谋犯罪的人，惩罚要轻一些。如果罪犯自首，即所谓"自出"，也需要减轻处罚。另外，秦律在定罪量刑时经常提到"六尺"或"不盈六尺"，凡不盈六尺者不负刑事责任，这可以被理解为一种变相的刑事责任年龄规定。在商鞅的建议下，秦国引入了集体责任制，即所谓"连坐"，这意味着家庭成员，或与案犯同属一伍者，也可能受到惩罚，尽管程度要比主犯更轻。

在所有的法律事务中，秦代官员都必须遵循正确的程序，从接收和审议报告，到逮捕嫌疑人，再到评估和没收罪犯的财产。对于审问嫌疑人，还有进一步规定，官员在施加酷刑时必须特别小心，以免获得虚假的供词。如果无法确定正确的审讯程序、证据的评估或定罪处刑，基层审理者可以将案件提交给更高级别的官员裁判。睡虎地秦墓出土的竹简上记载了许多这样的案例。无一例外，县级裁判者都会先向同事咨询，如果出现意见分歧，再向上级官员报告事实、证据和不同的意见。但该做法存在风险，因为上级官员可能会认定此前的裁决存在错误，从而惩罚下级法官。使用秦律断案的官员并非独立的专业人士，而是朝廷的命官，其主要职责是执行上级的命令。政府和司法机构之间并不分权。

至少在现代人眼中，秦律最令人震惊的一点，是整个法律体系都建立在犯罪和惩罚的基础之上。其中一些案件如今可能被视为民事纠纷，例如关于继承或财产所有权的纠纷，但在当时仍被评定为刑事罪案。岳麓书院所藏秦简记录了一个案件，大夫沛让一名女奴侍寝，此后沛的妻子死去，他便上报官方，将这个女奴登记为放免奴隶，令她成为庶人。后来，沛又把女奴立为妻子，让她进入宗族，但并未告知官府此事。沛死后，这名女奴本应向官府如实上报他的全部财产，但她为自己的子女隐瞒了部分产业。此后，由于担心被他人举报，女奴主动投案。此时，法官们需要处理的是如何量刑的问题。向官府隐瞒财产是重罪，如果这个女奴只是普通的放免奴隶，她将被判为舂，但如果她是大夫之妻，那么她只需成为白粲。此外，她主动投案，这也能让她减刑。然而，由于沛生前并未向官府报告他娶女奴为妻的行为，此时的法官们无法确定是否应当将这名女奴的身份定为大夫的妻子。沛的做法并非全无道理，虽然在这一时期，官府掌握着认证婚姻关系的权力，仍有许多人在结婚时只向宗人提出申请。问题还没完。沛的仆人中又有一个叫识的，他声称沛在生前许诺分给自己财产，尽管沛的遗嘱中没有记录，但自己仍然应当分到应得的份额。女奴则指控识不过是在敲诈。在第一轮讯问后，面对彼此矛盾的证言，官员们再次审讯识，告知他女奴的证言，识也认罪了。然而官员们仍然无法确定，证据是否足以证明识的行为属于敲诈，因此他们向上级报告了这桩案件，请求裁断。这个案例的实质是女奴和识就沛的财产分配起了争执，但在秦法的体系内，这就成了一桩事关合法申报和贿赂的罪案。最终，女奴和识都被惩罚。

有秦一代，所有诉讼当事人，包括存在商业纠纷的商人，以及就土地使用问题争论不休的农民，都不得不将他们的主张纳入刑法的范畴。对于将案件诉诸官府的人来说，肯定一直存在着因被认定违反秦律而受到惩罚的风险，因此大多数争议可能从未提交给地方官吏。那些关于财产、债务、契约，以及小规模争斗和袭击案件的分歧，可能就在同村或邻里间按照惯例处理，或由宗族成员解决，这种模式一直延续到现代。但一旦见官，它们就需要根据秦律中大量的犯罪和刑罚来处理。

陪葬在喜和其他秦国官吏墓葬中的文书案例，展示了秦朝对公共事务的细密控制。官员不仅管理军队、边境、道路和水道，还管理仓廪和市场。他们也需要追捕流民和逃避正当工作者，以及控制婚姻和继承制度。政府伸出的长臂，已经深入大多数人的日常生活。今天，关于秦国的大部分记忆，是被埋葬在西安秦始皇陵附近规模庞大的兵马俑。但秦朝的劳动人民同样承担了其他公共工程，比如修建帝国北部的长城，以及四通八达的秦直道系统。所有这些都需要大量的强迫劳动。这给农民带来了巨大的压力，也解释了秦律中为什么存在如此之多有关征兵、劳役、流民和潜逃的惩戒规定。王权系统地将权力集中在少数精英手中，削弱了地方贵族的地位和权威。最终，少数贵族煽动大量不满的农民反抗统治者。公元前 207 年，也就是秦始皇建立帝国不到 20 年的时候，起义军利用始皇帝去世的机会，攻陷首都咸阳，推翻了秦朝的统治。

　　雄心勃勃的起义领袖刘邦建立了汉朝，史称汉高祖。[18] 尽管他强烈批评秦及其政府制度，尤其是严刑酷法，但他仍然继承了秦政，具体措施包括维持国家的大一统、扩充政府结构，以及沿用大部分的秦法。汉高祖在今天的西安附近建立起新的都城，修筑市场，发展与西域诸国的贸易，并实行官员选举考试。受儒家影响，高祖及其继任者自称"天子"，他们祭天、占卜，并继续敬拜祖先。在汉代，儒家学者不再遭受迫害，他们注解经典，并说服皇帝相信良好的教育对任何政府职位的遴选都至关重要。然而，这些观念与法律制度和官僚制度相冲突，且大多数官员认为没有理由改变后两者。在汉代余下的时间里，争论从未停歇。一部分人同情儒家思想，警告腐败日益严重、贫富差距正在不断扩大，提倡领导以身作则。另一部分人则寻求加强政府垄断、控制人口和实施严刑峻法。

　　汉朝皇帝强调自己的政权统治与法律制度较前朝更加仁慈、简明，但他们不过是逐渐放松了那些最严厉的秦朝法律。汉代照搬或者沿用了许多秦朝法令，包括农业、计校、文书传送、公共服务的提供、官职设立、粮饷分配与市场交易的法律规定。与前朝一样，汉代利用法律制度管理经济、控制官员、维持重要信息的流通、征用劳动力、控制意识形态和宗教习俗、监控家庭结构，以及管理继承和财产关系。希望反抗国家控制的个人，或隐姓埋名被迫潜逃，或从事贩卖私盐等非法活动，或组织叛乱，或者钻法律制度本身的空子。

在汉代，基层的司法官员继续行使相当大的权力。他们很早就开始接受训练，熟悉诸多法律规定、艰涩的专业术语和烦冗的公文类型。如果有人提出申诉，会有专人进行初步调查、记录指控、讯问和盘问当事人和证人，甚至在其认为有必要逼供的情况下实施或监督酷刑。最后，这些人将证据整理完毕，并汇编案卷，呈交地方官吏裁决。和秦朝时一样，汉代地方官员遵循精确的程序，记录裁判的案件，尤其是他们转呈上级的案件。这些档案被仔细记录在竹简之上，建立了一套与英国普通法有些相似的判例体系。湖北省的张家山汉墓中发现的、被称为《奏谳书》的案卷合集中，约有一半案例涉及官员失职、伪造文书、犯下盗窃或贿赂的罪行，或使用酷刑造成冤案。[19] 其他案例则与潜逃、获释或被殴打致死的俘虏和罪犯有关。其中一个案件的内容是，一名齐国田氏家族的妇女被遣送至国都长安，却在路上与负责遣送她的御史私奔。在另一起案件中，某男子无意中娶了潜逃的奴婢。一般来说，案情可能涉及多个罪名时，就会引发如何正确定刑的问题。

张家山汉墓中《奏谳书》记录的四起案件，为我们提供了四出生动的法庭戏剧。这些故事的记录和编纂，可能同时具有文学和法律上的目的。其中一份记录可以追溯到秦国，它记录了公元前 241 年，也就是秦王政六年发生的一桩案件。[20] 当年六月，蝗灾爆发，官吏要求百姓都到田里扑杀害虫，街市因而空旷少人。一个投机的强盗趁机用刀刺伤了一名女子，抢走她提在手中的一千二百钱，然后逃走，但他不慎在现场遗落了一枚券书。事后查明，该券书是在交易丝织品时使用的。根据文书的记录，这起暴力犯罪发生在光天化日之下，城中居民因此相当恐慌。起初，官府的调查一无所获，他们因而又派出一名狱史负责此案，后者在这起案件中呈现出英雄的形象。狱史详细地盘问可能了解这枚券书的丝织品商人，然而他们并不知情。他因此转向所谓的"社会底层"，包括少年犯、商人的仆役、男性奴隶、债奴，以及从外县来的雇佣劳力。狱史详细地调查这些人的行为，寻找可疑的迹象，却仍然没有发现什么。于是他开始调查"灰色地带"，也就是黑市商人、流浪汉，以及贫困潦倒者，最终找到了一个嫌疑人。这是一个叫孔的男子，每天只在市集游荡。通过反复盘问，狱史摧毁了孔矛盾而不可信的陈述，并找到了决定性的证据：那把用来袭击女子的刀，和孔曾经拥有的刀鞘正好匹配。如今，犯人已经认罪，狱史也因此案而获得了"高效、廉洁、尽职、端正"（无害，廉洁敦愨，守吏也，平端）的评价，并获得晋升。这个案例的记录者似乎更重视呈现主角的英雄事迹，而不是案件本身的法律细节。

另一份记录描述了女子与情人通奸的案件。更侮辱人的是，此时女子亡夫丁的棺材仍然停放在家中，亡夫的母亲还在守丧哭泣，而女子就这么和情人一同到棺材后的室内通奸。官府判决女子犯有对婆婆不孝的罪名，这看上去似乎不容置疑，但在正式下达判决前，一名外出返回的廷史质疑上级的判决，他驳斥了对女子的指控，提出此前官员判案的逻辑有误，最终证明女子对她亡夫的母亲不再有孝顺的义务。几乎可以肯定，在编撰这些案例时，记录者美化了故事情节，以增加戏剧性，并颂扬同事的英雄主义。

《奏谳书》还记录了君主与一位高级司法官员的对话。官员向君主提交判结的案件，以申请批准。在具体的案卷中，官员总是从法令和案件事实的摘录开始，进而做出相应的判决，而统治者每次都表现得十分错愕并坚决反对。官员据理力争，条分缕析，最终让统治者别无选择，只能批准法官做出的决定。编纂这些记录，可能是为了留下具有教育意义的先例，或以此教育实习官员，但有些记录显然更像是文学作品，且它们倾向于将司法官员塑造成英雄形象。之所以将这样的简牍陪葬，或许是因为死者家属希望它们能为往生的司法官吏提供某种娱乐和心理满足。

在接下来的 400 年里，汉朝政府在受儒家思想启发的仁政与似乎更适合乱世的严刑峻法之间不断摇摆。[22] 与此同时，不断有新的律令和条例通过。到公元 94 年，法律总共规定了 610 项应判死刑的罪行、1698 项应判耐罪的罪行和 2681 项应判赎罪的罪行。甚至连皇帝都抱怨司法制度烦冗，罪名多如牛毛。[23] 尽管如此，也许是因为儒家学者的批评，汉代统治者从未制定出一套精简、协调的法律法规，而且随着律令数量的增多，法律制度变得更加混乱。

到了 1、2 世纪，汉朝的统治持续受到宫廷阴谋、腐败，以及外戚专权、宦官干政的破坏。这一时期，文学、哲学、艺术仍然繁荣，科技创新不断涌现；但社会秩序的瓦解让许多人对儒家思想失去了信心。毕竟儒家学说似乎无法创造稳定的局面。一些人转向道教，另一些人转向在公元前 2 年进入中国的佛教。汉朝政权最终在 220 年垮台。自此，中国进入三国时代，随后是长达几个世纪的政治混乱时期。尽管政治动荡，许多汉朝法规仍然得到沿用。以这些律令为基础，统治者立法、改法、废法，令其适应自己的行政需要，更有学者试图将其构建成更连贯的法律体系。

581 年，北周将军杨坚篡位，将多达 59 位王族成员赶尽杀绝，自称为帝，创建隋朝。只消几年，他便剿灭了南朝诸国，巩固了对整个中国的统治。为了纪念国家的统一，他颁布了一部新的法典。和此前的统治者一样，杨坚宣称自己想要建构起更为公正的律法制度，并废除前朝的严刑峻法。但是，在实践中，隋的立法者只是简单地从汉代的 1735 条法令中照搬了不少内容，其中的一些甚至起源于七八百年前的周秦时代。隋法仍然以严厉的刑罚为主，对诸多罪行规定了残酷的惩罚，尽管它也提到了可能减刑的情况。不过，杨坚旨在统一中国，他的继任者杨广更下令修建连接南北的大运河。他们雄心勃勃的计划，以及持续不断的军事行动，必然导致赋税过重，民不聊生。几十年后，精疲力竭、饱受压迫的隋朝民众发动了一系列叛乱，推翻了杨家的统治。

隋朝灭亡后，群雄逐鹿。其中，一位名叫李渊的贵族在 618 年建立了唐朝。他的次子李世民在 626 年发动玄武门之变，杀死了两位兄弟及其子嗣，进而获得了皇位的继承权。尽管王朝初期的夺权是血腥暴力的，但此后的唐朝统治者们大多谦虚谨慎、礼贤下士，而中国也就此迎来了盛世。随后的 150 年间，唐的首都长安成为远东地区乃至世界范围内最大的城市，居民超过百万。各国使节纷至沓来，向被称为天子的唐朝皇帝朝拜进贡；各国派遣的留学生涌向佛教寺院；来自中国的僧人则纷纷前往中亚游学，其足迹甚至远达印度。来自爪哇和伊朗的商人，带着货物涌入长安的市场和街道，而那里已经挤满了外国人。才华横溢的诗人和艺术家蜂拥而至，寻求权贵荫庇，而工匠们正在生产精美的陶瓷。这个时代，出现了世界上最早的印刷书籍，它们被用来为佛教僧侣复制经文。

初唐统治者励精图治，他们逐渐整合了政府机构，控制住城中市场，并在沿袭租庸调制和均田制的同时加以规范和修订。税务登记范围被扩大，向朝廷纳税的人口达到 900 万户，即接近 5000 万人口。在遴选官吏时，皇帝更看重候选者个人的文才，而非其军功或家族。竞争官职的士子们需要学习儒家经典，培养忠君爱民的品格，以应对科举考试。而那些最终脱颖而出者，将由负责人事的吏部分配到政府部门，有的还会远赴帝国偏远角落担任地方官吏。这些设计旨在防止地方豪族聚敛权力。

唐高祖李渊与唐太宗李世民都委托法律专家来编定法律。按照悠久的历史传统，这些君主宣称他们的法律将比其前任更加宽松，但唐代早期的立法者们仍然将唐律牢牢地建立在隋朝法律的基础上。[24] 在接下来的 30 年里，官员们继续扩充和改善唐律。最终，一部重要的刑法典问世了，这就是《唐律疏议》，它包括律文、注文、疏文三部分，许多内容以问答的形式写就。[25]《唐律疏议》从几个世纪以来的判例中吸收了经验和智慧，进而对基本的法条进行了修订和扩展。它以精确和微妙的方式，将不同的罪行区分开来，并将它们整合成一个复杂的罪名系统。《唐律疏议》以不同类型的刑罚开篇：笞、杖、徒、流、死。随后，它罗列出应判处死刑的重大罪行，即"十恶"：谋杀皇帝，图谋毁坏宗庙、皇陵及宫室，图谋叛逃他国，谋害父母等家庭成员、师长、雇主及官长，投毒或施行巫蛊之术，对皇帝大不敬。然后是有权减刑或被允许以罚款代替肉刑的人，即"八议"。皇帝的亲属、长期在外执行艰难公务者，以及有杰出成就者都被包括在内。《唐律疏议》也提到应该如何追究共犯的法律责任，还详细描述了怎样处理累犯，以及怎样为自首者或年老、年幼、残疾的犯人减刑。这意味着人们可以主动申请减刑，且实际的刑罚远不如基本法条所明示的那般严厉。

在接下来的部分，《唐律疏议》讨论了财产犯罪、绑架、欺诈等罪行，明确了大赦的影响，以及对连带责任的追究，并专门为奴婢、贱人制定了法规。再往后是十二篇关于特定罪行的法律，包括诸宿卫者可能的失职、政府官员在执行公务时的过失、户籍登记的脱漏、婚姻中可能出现的违法情形、厩库管理中的违法事项、贼杀和盗窃类犯罪、斗殴、违法的诉讼，以及逮捕、判决和监禁程序中的不合规情况。除了这些刑法条文，官员还起草了行政法规和条例。与以往所有政权一样，唐律最关注的是国家政权的运行、增税、管理土地、规范农民之间的婚姻、征兵、维护马场和仓库，以及防止伪造和假冒。

《唐律疏议》的引言部分在很大程度上反映了唐朝统治者及官员对其法律制度的观点或看法。它声称，历代的伟大统治者都是由人民选择的，而帝王需要根据最高的道德标准制定成文法。在上古的黄金时代，道德与礼教便足以维持秩序。当这一时代消逝，统治者便不得不制定刑法，以震慑"情恣庸愚、识沈愆戾"者。然而，立法者必须尊奉"天之大法"，确保刑罚轻重适当。《唐律疏议》声称，"今之典宪，前圣规模，章程靡失，鸿纤备举"。与印度教婆罗门一样，中国立法者援引宇宙秩序作为其法律的基础，认为法律虽然是人类的创造，但遵守道德和正义的原则。另外，《唐律疏议》以皇帝为中心，强调其"宽大仁厚"。

《唐律疏议》既援引了儒家的理想道德秩序观，又采纳了秦的法家政策，声称"德礼为政教之本，刑罚为政教之用"。但与美索不达米亚或印度的法律相比，《唐律疏议》更坚持基于规则和类别的良好秩序。立法者强调使用简洁持久的法律来区分不同种类和程度的犯罪的重要性，认为这些法律就像是标尺或天平，能够区分方圆曲直。《唐律疏议》的条款细致谨慎，结构清晰明确，这已然是立法者观点的体现。

唐律不仅借鉴了许多以前的法律，而且为中国几乎所有后世之法奠定了基础。宋朝、明朝和清朝的政权都大量地沿用了唐律的条款。随着时间的推移，负责立法的官员为了应对不断变化的社会问题，陆续制定了新的法条，这使法律体系变得越来越复杂。后世的立法者也对法律发表了大量的评论和解说，并整理出案例集。当然，还有读者耳熟能详的断案小说，在这些文学作品中，县官往往被描述为足智多谋的英雄。因此，受过教育能够阅读的士农工商等社会大众对法律条文非常熟悉。而且，尽管其形式被彻底重组，但唐律的大部分内容仍然存在于 20 世纪初清朝末代皇帝要求制定的相关法典之中。[26]

王朝更迭，但中国的法律体系维持着以刑罚为主的特性。历朝历代都希望通过刑罚制裁实现大大小小的控制和监管。如果地方官员想要征发徭役，或者防止鸟儿进入粮仓，他们要做的第一件事，就是将相关的不作为定为犯罪。如果国家希望人们把财产平均分给男丁子嗣，那么不这么做就是犯罪。士农工商的社会等级制度，在不同身份者因同一罪行而受到的不同惩罚中得到了明确的体现。这意味着人们不能直接相互起诉以执行契约或财产索赔，也不能在面对离婚或死亡所导致的家庭纠纷时直接挑战亲属。如果他们想依靠官方法律体系，就必须指控某人犯罪。某些情况下，的确存在可诉的违法行为，例如，如果有人临时购买财产权利（这实际上是一种抵押）而不允许债务人赎回，那么他就是在犯罪。如此，便可以像其他国家通过民法救济那样，保护财产所有人的权利。但在其他情况下，法律就没那么有力了。卷入财产纠纷的人往往不得不依靠某种基本原则才能对抗"盗窃、出售、交换、虚假索赔、虚假定价和伪造契约、有条件出售或占用他人土地"。[27]这对所有人都没什么帮助。

实践中，许多人试图避免法律制度的形式化和滞后，以及他们自己可能被发现违反法律规则的风险。[28]在接下来的几个世纪里，大部分会被我们称为"民事"的纠纷，都是由地方宗族士绅、血亲长辈，甚至僧道调解结案的。事实上，至少从汉代开始，统治者就明确鼓励这些非正式做法，因为他们坚持儒家和谐、和解和宽容的价值观。这反映了更"人道"或"无为而治"的执政理念。正如代代统治者喜欢展示的那样，这是道德上的"人治"而不是严厉的"法治"。即使在现代世界，中国政府仍继续大力提倡民间调解和半正式的司法系统。[29]然而，古代经典中的法律法规仍然以刑罚为主，对不遵守规则者加以惩罚，而不是赋予公民相互主张权利的机会。

古代中国的法律形成了一整套规训体系，规定了奖惩制度，并要求官员通过奖惩来引导正确的行为。正如一位中国学者所说，法律体系就像一张恢恢天网。过密，则无法区分行为的轻重，变得难以管理。但如果过疏，就会出现漏网之鱼。专家们知道如何确定法律的界限，以达到完美的平衡。[30]但在讨论古代中国的法律时，人们仍然使用儒家学说的概念。法律也强调儒家价值观，包括尊师重道，纲常伦理。在这些方面，古代中国法律与印度婆罗门的律法存在一些相似之处。但是，印度教的法论强调个人责任和正确的献祭行为，古代中国人则认为法律是统治者为给伟大帝国带来秩序而创造的规范体系。唐朝统治者宣称，为了确保唐律体现普世不变的道德原则，自己在立法时"顺天道，因人情"，而人们似乎早已将其言辞内化于心。皇帝是所有法律的源头。这也意味着他不会受到法律的限制。具有讽刺意味的是，儒家思想反对将法律公布于天下，而古代中国的皇帝正是据此抵制"法治"，即根据自己制定的法律来对自己加以评判的可能性。这在世界主要法律传统中颇为独特。

* * *

至少从历史记录来看，美索不达米亚、印度和中国的法律制度的发展各自独立。无独有偶，不同的立法者都制定了基本的规则，以规范具体的惩罚和赔偿标准、家庭和契约关系，以及证据的提供。这实质上反映了在复杂社会中无处不在的社会问题。至少在原则上，这些早期文明的法律能够被法官实施，而且中国的官吏们确实依法行事。但无论如何，早期的立法者皆有鸿鹄之志。美索不达米亚的法律具有因果条件的立法形式，规定了行动、事件和情况的后果；婆罗门阐发义务；古代中国人则强调罚当其罪。每个法律体系背后都是不同的秩序愿景。法律文本更重要的地方在于其所代表的关于正义的陈述、社会等级的图景，以及规训体系，而非其所实际创造的社会秩序。

上述三种法律体系在千百年间不断发展与传播，而后世的众多立法者吸收借鉴了相关的法律形式和立法技术，并认识到这三种法律体系提供了调节日常生活、创造可预测性和解决争端的实用工具。然而，罗马、中东和西欧伟大法律传统的缔造者虽然承袭了美索不达米亚法律体系，却分别建构了属于自己的秩序愿景。其中，正义、责任和规训的理想结合起来，形成了主导现代世界的全新法律流派。

第四章

代言人与法学家

古罗马的智力追求

　　罗马法是罗马公民不懈努力的结晶。和几十年前的雅典人一样，罗马人也在寻找正义之路，这可能是受到传闻中美索不达米亚的相关律法，特别是其承诺"通过法律践行正义"这一口号的启发。纵观罗马历史，大部分时间内，任何新法的创制推行，都必须通过人民大会的批准。可以说，罗马法既不是统治精英的恩赐，也不是祭司阶层的馈赠。随着时间的推移，罗马法学家不断研究法律的本质。这甚至成为一种学术活动，学者在其中各抒己见。这些论述最终汇编成书，成为法律专业学生至今仍在研习的不朽巨著。虽然此后强大的罗马皇帝成功地将法官和学者掌握在自己手中，但他从未完全获得古代中国统治者那般的立法权威。人们一直认为，法是由罗马公民制定的，是为罗马公民制定的，且罗马法承诺为所有人主持公道。

* * *

　　在公元前 7 世纪到前 6 世纪，人们很难预感到世界上最强大的古代城市之一会在台伯河口崛起。这里的居民亦农亦牧，不受繁文缛节的干扰，散居在山顶上零零散散的土木窝棚里，而地中海彼岸的人们已经在探索新的贸易机会。在意大利的南部，善于冒险的希腊人建立了定居点，而北部的意大利人中涌现了一个精英阶层。经营有道的骑士家族积累了财富，将其所居住的村庄合并成市镇，并派遣特使，远渡重洋，到海外寻找奢侈品及文化灵感。[1]

　　人们对生活在这一时期的罗马人知之甚少，但在罗马北部的伊特鲁里亚，考古学家发现了装饰华美的甲胄武器、宴会用品、象牙珠宝，甚至是鸵鸟蛋。其中许多物品进口自希腊。精英们在游行、竞技、赛马和饮宴上炫耀财富，并用精美的壁画装饰墓葬。罗马民众有样学样，开始在村庄里兴建神庙。在公元前7世纪的某个时期，他们在群山之间开辟出一处公共空间，为此后被称为"广场"的新城市中心建造了基础设施。[2]

　　在接下来约一个世纪的大部分时间里，一系列被认为出生于伊特鲁里亚的国王统治着罗马。他们指挥着庞大的军队，袭击邻国，吸收外民。雄心勃勃的塞尔维乌斯·图利乌斯开展了范围广泛的政治和军事改革，引入人口普查，将人口划分等级，并建立军事百人团。他可能一直在试图限制贵族的权力——毕竟其本人可能是奴隶出身。但富裕阶层抵制改革，并在公元前509年发动政变，反对图利乌斯的继任者卢修斯·塔克文·苏佩布。在推翻了这个民粹主义暴君之后，罗马人民决定罗马不应再有国王。这是罗马共和国的开始。罗马法的故事就此展开。

　　后世的罗马历史学家记录了一系列与罗马王政时代终结相关的传说，包括贞洁的古罗马贵妇卢克丽霞被卢修斯·塔克文·苏佩布的小儿子塞克斯图斯·塔克文强奸，以及由此引发的、推翻罗马君主制的叛乱。后人在研究早期罗马史时，常常难以区分记录中的神话与现实。但可能是受到公元前510年雅典人推翻僭主的启发，在罗马的王政时代结束后，罗马精英建立了寡头政治。他们选举了两名执政官来管理罗马的内政和军事活动。在重要问题上，罗马执政官必须与人民大会协商。执政官还成立了一个特别顾问机构，后者后来发展为罗马的元老院。

然而，罗马精英对穷人的生计漠不关心，连绵不断的战争导致民不聊生。公元前494年，一群平民决定组建自己的平民会议，并选举了自己的领袖——保民官。这群平民占据了城外的圣山，并拒绝服兵役。以此为发端，一系列求温饱、免债务的抗争出现了。罗马经济发展了借贷和信贷体系，与美索不达米亚一样，许多生活在社会底层的穷人深陷债务泥潭无法自拔。和乌尔纳姆立法的情况类似，罗马法律的出现，同样伴随着债务以及社会的不平等。但在罗马，立法由人民自己主导。

到了公元前5世纪中叶，平民会议的投票机制已然成型，而保民官被要求为平民阶层向垄断政府权力的富裕贵族阶层争取到更好的待遇。[3]保民官还提出，国家新占领的土地应当平均分配给人民。他们想要制定适用于所有人且向所有人公开的成文法律。为了响应平民的要求，大约在公元前451年，执政官暂停执行公务，并任命了一个十人委员会，负责收集、起草和颁布法律。后世的主流看法是十人委员会远赴雅典以学习梭伦在一个多世纪前写就的法典。另外一些学者认为，罗马人从腓尼基商人和外交使团那里了解到了美索不达米亚的律法，他们更有可能直接受到这些法律的启发。可以肯定的是，罗马法遵循了与上述法典类似的基本格式，使用决疑的形式立法。[4]无论如何，是政治危机最终导致了罗马人委托十人委员会起草法律，他们的成果就是《十二铜表法》。

正如大家所知，后世的学术研究精心地重建了《十二铜表法》的主题和内容，而它们实际上相当平淡无奇。[5]铜表法为司法制定程序规则，处理几乎肯定会在罗马人正常生活中引发争议的各种问题：对伤害的赔偿、盗窃和其他轻罪、遗嘱和继承、债务、义务，以及对私有财产的损害。其中的部分条文确认了家父（paterfamilias）作为一家之主的身份。另外一些条文则限制了葬礼费用，这显然是为了避免铺张挥霍。还有一些条款说明了在怎样的情况下债主可以要求债务人成为债务奴隶。尽管部分条款涉及边界和道路的管理，可以算作早期的城市规划问题，但《十二铜表法》的大部分内容关注的还是私人关系。其中一条法律规定，裁定重大案件（可能指涉及死刑的判决）时，需要得到"尽可能完整的议会"的批准，也就是说需要获得平民会议的同意。显然，立法者希望所有罗马公民都能参与司法。[6]

长期以来，历史学者一直在争论罗马各阶层之间冲突的性质。[7]《十二铜表法》的创立，当然不像后来的罗马传统所宣称的那样，是平民的伟大胜利，贵族精英继续把持着政府的高级职位。即使从表面上看，这部新设立的法律也没有要求公民之间地位平等或普遍免除债务。然而，在后来的罗马法学者看来，《十二铜表法》似乎奠定了基础，这可能是因为其承诺——即使不能保证——每个公民都有权得到公平对待。

经历了若干冲突，在起草了《十二铜表法》的最后两表之后，十人委员会退出历史舞台，两名新执政官重建了政府。在与平民协商后，他们制定了更翔实的成文法律。公元前449年，《关于保民官权力的瓦雷留斯和奥拉求斯法》承认了平民会议的地位。尽管此时还存在被元老院成员否决的可能，但平民议会的决定如今具有法律效力。执政官也承认了保民官的地位，并确认所有公民都有上诉权。他们同意将《十二铜表法》刻在12块铜板上，并将铜板放在城市的公共中心广场。虽然公民识字率不高，但哪怕只是书写并在显著位置展示这些法律的行为，就足以表明所有罗马公民都有权援引法律。平民还认为他们应该了解政府的决定，并要求元老院向来自平民阶层的两位市政官披露其私下的决定。

执政官曾经有效地管理着罗马的事务，而如今，假如他们想引入新的法律，就必须召开人民大会。这一时期的人民大会，包括平民议会在内共有三种形式，三者在选区上有所不同，但在司法管辖区上重叠。起初，执政官几乎没有提出什么法律议案，他们关注的主要是关于宪政的问题，例如决定开战、缔结和约或改变法律程序。[8] 但是，这种制定新法律的基本制度在罗马共和国延续了四个世纪，而人民大会的召集证实了一个重要事实：政府的决定必须经过全体公民的辩论和确认。

在接下来的一个世纪里，罗马的政治紧张局势持续不断。经济举步维艰，饥荒导致平民持续叛乱。但在公元前396年，罗马军队攻破了伊特鲁里亚的重城维爱，占领了肥沃的农田，并将土地分配给罗马公民。[9] 然后，在公元前380年至前370年，保民官成功地将更多的土地分配给平民。[10] 尽管粮食短缺的难题缓解了，但贫穷的公民被迫继续服债役。保民官说服人民大会制定更进一步的法律来解决这个问题，尽管未能彻底如愿。[11] 保民官们还主张平民有资格担任更高的官职，为此，《李锡尼和绥克斯图法》在公元前367年通过，该法要求每年选出的两位执政官中必须有一位是平民。贵族阶层一度设法保住了对元老院的控制权，但平民在公元前339年又取得了一次胜利，他们通过了《奥威尼法》，该法赋予了作为民选官员的监察官罢免新当选的元老院议员的权力。[12] 可以说此时元老院的重要性增加了，其成员能够辩论政治问题，并对当时人数依然有限的政府官员施加影响。[13]

公元前387年，高卢人跨越阿尔卑斯山脉入侵意大利北部，将罗马的大部分地区化为焦土。但是入侵者没有久留，城市很快就恢复生机。灾难留给罗马领导人的最大教训，便是维持军事力量的重要性。罗马军队持续征讨周边的拉丁地区，向意大利南部进军，并与远方的统治者结成联盟，到公元前3世纪，他们已经控制了意大利半岛一半以上的区域。用罗马史学者李维的话说，罗马仍然是一座"少有雕饰"的城市。但贸易规模持续扩大，贵族阶层的财富随之增加。富有的平民阶层开始成为新的权贵。[14]

保民官继续推动政治改革。公元前 287 年，元老院放弃了对平民会议残存的控制权。[15] 不久之后，平民会议批准了《阿奎利亚法》，这是一套关于如何处理杀人、伤人和财产损失案件的系统规则。《阿奎利亚法》中最重要的规定之一是公民有权对腐败官员进行审判。如果有人被怀疑或指控犯有严重罪行，高级官员，通常是保民官，将召集嫌疑人进行调查，大多数情况下是在露天广场公开进行。任何对此案感兴趣的人都可以倾听并发表评论。如果保民官最后决定提出指控，还将召集大会听取证据并做出最终裁决。

在出现轻微的纠纷时，公民可以去找负责管理罗马街道和市场的市政官，他们会听取涉及商业交易和其他不当行为的指控，包括高利贷、谷物投机和卖淫。[16] 在更严重的情况下，公民必须向上级官员递交请愿书。为此，公民必须使用祭司（贵族宗教专家）规定的精确措辞，即法律诉讼（legis actio）。这些措辞往往很复杂，任何起草不当的请愿书都会被自动驳回。[17] 提起法律诉讼，虽然对所有人都适用，却并不是一个简单的过程。如果案件涉及债务，官员可能会允许债权人直接抵扣债务，但其他案件需要被提交给一名或多位法官，后者可能会要求请愿人通过赌咒发誓来支持其主张。法官不是法律专家，只是官员。《十二铜表法》要求原告将被告人带到法官面前，而这通常并不容易。

《十二铜表法》的条文寥寥。但是，就像《汉穆拉比法典》一样，罗马人也在其法典中规定了可以适用于一系列案件的一般原则。例如，"夜间行窃，如当场被杀，应认为将其杀死是合法的"。言下之意是，白天在家里撞到小偷的人应该表现出更多的克制。《十二铜表法》还为想让债务人成为债务奴隶的债权人规定了一个复杂的权利行使过程，这确实可能赋予债务人一定程度的保护，至少对那些受过教育、有足够信心引用这些法律的债务人来说是如此。《十二铜表法》为婚姻和继承确立了技术要求。平民会议进一步通过了若干法律，以规范合同和担保、未成年人和非婚生子女的地位，以及继承和继任等持续造成社会问题的根源。[18] 即使普通公民想办法让自己避免卷入烦冗复杂的诉讼程序，这些法律背后的原则也肯定会影响纠纷调停人的思维。毕竟罗马地方不大，但凡重要一点的法律都可谓尽人皆知。

这个时候的罗马，实际上控制在贵族阶层（富人集团）手中。他们成立了元老院，讨论总体政策并控制财政，但执政官掌控着元老院的主要活动，同时还掌握军权。反过来，执政官和所有其他高级官员都由人民大会选举产生。[19] 通过人民大会，公民团体有权拒绝或批准新法律。人民大会做出任何任命或决定之前都需要按照正确程序来投票表决，除此之外，还需要遵循许多仪式和程序。[20] 如果执政官或保民官想宣布一项新的法律，就需要首先向所有有投票权的公民——在罗马特指 17 岁至 60 岁的男性——发送通知，要求其在广场集会。在大会之前的几天里，提案人将召集大家，努力争取民众的支持。投票日期通常与罗马的某个市场日设置在同一天。在当天，官方派来的观察员会在广场的木制平台上小心翼翼地设置投票箱，宣读员则负责朗读拟投票表决的法律文本。与此同时，公民按照所属部族集合。这类历史上形成的团体，其存在的主要目的便是投票。另一位官员会带来用于抽签决定投票顺序的陶罐。被首先抽中的部族，成员会一个接一个地站出来领取自己的选票，每个人都会分得一张"赞成"和一张"反对"。投票者随后把其中一张放在投票箱里。部族中的每个人都投票完毕后，官方派来的点票员清点选票，宣布该部族支持或反对相关法律。然后继续由下一个部族投票。直到总计 35 个部族中有 18 个的投票结果一致，便可宣告结果。整个投票过程可能需要持续几个小时。与此同时，妇女、儿童、商人，以及外国人和奴隶，将广场和周围的街道围得水泄不通。他们没有投票权，但会聚集在一起观看这场盛会，同时享受流动摊贩提供的食物和饮料，并在每次结果宣布时评头论足。如果新法引起争议，人们可能会群情激愤。

贵族在人民大会中发挥了超乎寻常的影响力，甚至在平民会议中也是如此。这些会议复杂而烦琐的程序也算不上民主。但是，考虑到对主要公职的年度选举制度，平民会议确实有效地限制了个人的权力。那些身居高位并希望引入变革的人，必须至少对大多数罗马人民所面临的问题有所了解。大会还为演说家提供了舞台，让他们在试图唤起公民情绪时大放异彩，提高自己的声誉。最重要的是，法律需要公开宣告，并在公民有机会听到相关辩论后，形成文字供大家查阅。[21]贵族把持着罗马政府、军队和经济部门的高级职位，但并不能为所欲为。[22]

以上政治体系和程序贯穿整个罗马共和国时期，并在执政官、元老院和人民之间建立了一个制衡体系。公元前2世纪，一位名叫波利比乌斯的希腊人在罗马定居，他对罗马精妙的政治体系深表赞许。波利比乌斯表示，在罗马共和国的中心，富人可能把持着最重要的职位和政府机构，但穷人的选票至关重要，必须赢得这些选票。[23]

公元前3世纪至前2世纪，罗马军队在意大利半岛及其他地区，几乎持续不断地进行战争。最具戏剧性的是发生在罗马与迦太基之间的三次布匿战争。在第二次布匿战争中，迦太基主帅汉尼拔于公元前218年英勇地穿越阿尔卑斯山，几乎全歼罗马军队。战役耗尽了罗马的财富，迦太基几乎要将罗马逼入绝境。然而，公元前202年，罗马军队在北非地区取得的胜利扭转了局势，确保了罗马作为地中海最强大军事力量的地位。现在罗马可以从北非和西班牙南部获得大量战利品。

可能有四分之一的罗马成年男性人口服务于军队。凯旋的士兵们带回了数量惊人的战利品。征服还意味着俘虏。成千上万的战俘或被安排在种植园和矿山工作，或成为家庭用人。可能多达 4 万名奴隶在西班牙挥汗如雨，为罗马开采银矿，后者用这些白银铸造硬币，进一步刺激了经济。[24] 富有的公民不断推进农业技术专业化，其中许多人获得了辽阔的土地，用于生产橄榄油和葡萄酒，并出口到地中海地区。罗马人开发了新的食品，他们的主食变成了面包而不是传统的粥羹。罗马人还发明了全新的建筑材料，其中最著名的便是混凝土，这使他们能够用纪念性建筑装饰自己的城市。为了庆祝胜利，罗马人还会举行军事游行和公共宴会。政府财力之雄厚，甚至可以支撑其在公元前167 年之前暂停对罗马公民征税。

罗马的急剧扩张，给政府官员带来了全新的法律问题。例如，许多士兵在西班牙定居，并在当地生育了孩子，元老院必须决定如何对待这些罗马士兵的后代。他们是不是罗马公民？[25]《十二铜表法》此时已有三百多年的历史，尽管其中的法条仍符合大多数罗马人的思维方式，但几乎不足以处理这一时期出现的任何问题。因此，执政官和保民官制定了新法，并获得了人民大会的批准。[26] 公元前 127 年，主张改革的保民官盖乌斯·格拉古固定了粮食价格，修建了粮仓，以确保穷人的粮食供应。此外，他还对殖民地征收了新税。罗马官员可能会要求人民大会对部分案件进行裁决，尤其是涉及公民地位和权利的案件。例如，公元前 186 年，一位年轻的贵族被母亲要求参加酒神节的祭祀，但他的情人，一位名叫希斯帕拉的高级娼妓劝阻了他，告诉他在酒神节祭祀中的见闻，于是这位年轻贵族拒绝了母亲的要求。这引起了贵族家人的恐慌，他也因此被逐出家门。贵族又将这一令人震惊的消息报告给执政官，后者审问希斯帕拉，威逼利诱，套出了口供。借此，执政官采取措施镇压了民间的酒神节祭祀等邪教活动。执政官还建议鼓励告密，并据此要求人民大会做出裁决，除其他事项外，应否授予希斯帕拉以新的地位和权利。[27]

《十二铜表法》的目的是确保罗马人之间一定程度的平等。法律让罗马人享有一定的自由和保障。但是，财富不均以及地位和权利的复杂差别，事实上仍然导致了等级制度的形成和阶层的分化。随着城市的发展，这些差异变得愈发复杂。在家庭层面，家父对家庭成员拥有广泛的权利。与此同时，女性没有投票或参与政治的权利。被奴役的人口大量增加，其中那些得到主人信任的奴隶可能会被赐予自由，但哪怕成了自由民，他们仍须对之前的主人承担义务。公民身份的性质也发生了变化，尤其是在公元前89年之后，当时公民身份的认定扩展到了意大利半岛的其他地区。并非每个公民都可以前往罗马参加投票，但诉诸罗马法的权利被视为归化罗马的重要标志。

　　罗马法不仅仅涉及公民。这一时期，人民大会辩论的大多数问题都围绕官员行为的政治和程序问题展开。随着罗马的扩张，官员的名额也在增加，而富人们渴望补缺上位。雄心勃勃的年轻人通常从职级较低的财务官开始走上仕途。此后，他们会一路进入元老院，进而担任任期一年的市政官。如此一来，他们就可以负责城市的日常运营、建筑物和街道的维护、市场和商店的监管、竞技和节日的举办，以及法律和秩序的维护。运气好的话，他们可能会参与后续副执政官选举，其中凤毛麟角者，有望当选为执政官。副执政官作为执政官的副手，负责发布军事命令，在执政官不在时署理相关职责，以及召集元老院会议。但持续不断的开疆扩土，导致需要治理的殖民地不断涌现，在公元前227年，两名新的副执政官被分别委任管理西西里岛和撒丁岛。随后在公元前198年，又有两名副执政官被委任管理西班牙。[28]

　　公元前2世纪，负责罗马公民事务的城市副执政官，承担了监督民事法庭的任务。这些官员虽然没有受过法律训练，但对罗马法的发展和演变产生了巨大的影响。随着城市的发展，市民的事务变得更加复杂，法官开始要求原告使用特定的语言形式，即所谓"程式"（formula），来开启案件的审理程序，而不是此前祭司阶层规定的复杂的法律诉讼形式。城市副执政官规定了在哪些情况下可以使用哪些程式，这实际是决定了原告必须给出哪些证明才能成功提起告诉。和其他政府官员一样，每一位副执政官都会在上任之初发布一项法令，宣布自己将如何履行职责。副执政官会在一块巨大的白板上用红字写下他认为与罗马公民联系最紧密的法律和命令，以及他们在诉讼时应该使用的程式。[29] 白板竖立在广场之上，供众人围观。[30] 通过这种方式，副执政官可以有意识地发展罗马民法，制定新型甚至完全创新的诉讼活动。

这一时期，面临法律问题的罗马公民会向城市副执政官提出申请，由其决定是否直接发布法令予以解决。[31] 例如，副执政官可以下达禁令来禁止使用武力，或就葬礼、水权和其他紧急事项下达命令。如果副执政官认为案件满足程式要求，就会将其交给法官裁决。副执政官和法官都坐在广场的木质平台上审理案件，周围则是森然高耸的神庙。诉讼的当事人或其辩护人（advocate）会站在广场的地面上，仰头讲话。感兴趣的旁观者也可能被吸引到周围。诉讼当事人和辩护人都被要求身着托加长袍，而不是随意的日常穿着。他们也需要使用正统的拉丁语。正如西塞罗后来解释的那样，辩护人应该避免喜怒形于色，不应贪杯误事，也不应因仰慕者的追捧而忘乎所以。[32]

涉及伪造、共谋或叛国罪的严重指控将被送交平民会议，后者可以对涉及腐败的官员实施人身惩罚，或褫夺其官职。但在公元前149年，平民会议宣布副执政官塞维乌斯·苏尔皮修斯·加尔巴无罪，这一决定让执政官和元老院感到震惊。在伊比利亚半岛发生叛乱后，加尔巴欺骗了8000名卢西塔尼亚人，令他们参加和谈，最后却背信弃义。改革派保民官盖乌斯·格拉古抓住这一机会引入了新的法律程序。[33] 他建议，针对涉及官员的敲诈勒索案件，如果副执政官认为值得审判，那么他应该为此组建一个陪审团。具体的组建程序是：首先由副执政官邀请原告提名100名候选人，再由被告从中选出50人来审理案件。进一步的规定褫夺了与当事双方存在利害关系者担任陪审员的资格。副执政官还必须帮助原告传唤证人、出示文件、指派辩护人和讯问证人。在做出有罪判决后，副执政官还需要帮助胜诉方征收罚金，金额为不法行为造成损失的两倍。这些规定给指控官员腐败的人提供的帮助远超普通民事诉讼当事人。后者的诉讼由一名法官审理，且官方无需为当事方提供任何帮助。在公元前 3 世纪和公元前 2 世纪普劳图斯和泰伦提乌斯写就的喜剧中，诉讼的风险就成了用来取笑的对象。[34]

　　公元前 2 世纪，通过每年一次的选举产生的城市副执政官开始执掌罗马的法院，有权决定公民诉诸法律的具体程序。但在罗马人的集体意识中，《十二铜表法》仍然显得很重要。早先竖立起来的铜牌，似乎是建立这座城市和公民自由的基础，代表着暴政的终结。连学童都必须背诵这些规则，并学会将其作为自身权利的基础。但副执政官们不甘于此，他们推陈出新，不断扩展法律活动的范围，促使学者们开始对法律的基本原则产生兴趣。他们以法学专家自居，并为考虑诉讼或已经卷入案件诉讼的法官和普通人提供建议。[35] 到公元前 1 世纪，法学家应法官或副执政官的邀请参加审判，加入了他们的顾问圈子。正如西塞罗所说，他们还"为谨慎的代言人提供诉讼武器"[36]。法学专家就生意伙伴、代理人、丈夫和妻子的身份与义务向法官提供建议，并就如何决定一项行为是"善意"还是"符合公序良俗"提供指导，表达对欺诈案件"更公平、更完善"的看法。这些都是法律要求法官做出的判决。[37] 大约在公元前 95 年，当执政官昆图斯·穆丘斯·谢沃拉开始撰写关于罗马法的综合评论时，他仍然选择以《十二铜表法》为基点。在同一时期，伟大的演说家西塞罗在早期几次演讲中，也提到《十二铜表法》是罗马法的法源。[38] 但在副执政官手中，法律变化太快，这一想法根本无以为继。到公元前 1 世纪中叶，《十二铜表法》更多体现的是一种道德意义上而非法律意义上的权威性，并最终从学校教材中被删除。[39]

　　这一时期，法院的工作人员和诉讼当事人直面的是法律日益复杂和司法腐败等问题。副执政官并不是法律专家，而只是一群觊觎高位、野心勃勃的家伙，有些人甚至滥用职权、谋取私利。在一起留名青史的审判中，西塞罗成功起诉了公元前 74 年担任副执政官的盖乌斯·韦尔斯，罪名是滥用职权。[40] 据西塞罗说，韦尔斯无视前任颁布的法令，在继承案件中接受不值得采信的证据，以满足可能为其提供好处的当事方。更糟糕的是，韦尔斯反复无常，自食其言，翻手为云，覆手为雨，经常根据自己的意愿临时拍板。西塞罗认为，还好下级裁判者据理力争，好几位诉讼当事人才侥幸逃脱。这一时期，罗马每年选出 8 名副执政官，但他们的角色是由抽签决定的，所以永远无法确保被任命为城市副执政官负责罗马法院的人具备法律知识。很可能是由于法学家以及西塞罗等有影响力的代言人的压力，公元前 67 年，保民官科尼利厄斯颁布了一项新法律，要求每一位新任副执政官在就职前公布自己将要发布的法令，并严格遵守。许多本来指望像韦尔斯那样从腐败中获益的元老反对这项法律，但保民官本人的坚持，确保这项法律获得了通过。此举有效地限制了贿赂和腐败的产生，同时也使法律的应用更加可以预测。

　　到公元前 1 世纪末，另一个群体，即演说家，开始参与罗马的法律进程。广场上举行的会议和集会，为演说家们提供了展示辩护能力的机会，元老院的集会也是如此，雄辩的演说家在那里可以发挥相当大的影响力。[41] 一些诉讼当事人聘请亲友或受人尊敬的法学家陈情代言，随着演讲艺术的发展，接受过修辞训练的人员接替了这些角色。他们必须理解法律，就已经使用的程序和必须证明的事实进行冗长的技术性辩论。然而，事实也必须以有助于打赢官司的方式呈现，而与公平和正义相关者可能对法官的判决至关重要，特别是在涉及死刑的案件和对腐败的指控中。这正是演说家展现风采的机会。演说家中最著名的是西塞罗，他不无自得地保存着自己的演讲记录，其中若干流传至今。许多案件涉及政府高层，在审判中，官员相互指控行为不端，野心家指控竞争对手腐败。此类案件引发了许多关于诚信和诚实的讨论，而它们在许多法庭辩论中，都是至关重要的核心问题。

西塞罗的演讲揭示了他对法律的矛盾态度。在为副执政官穆雷纳辩护时，西塞罗形容他是一个"聪明"人，在听证过程中表现得十分公正体贴、公平正直、平易近人。在另一个案件中，他谈到副执政官需要严肃认真，但他没有提到任何关于法律知识的字眼。[42] 法律程序和法学辩论变得非常复杂，西塞罗为自己的演讲能力超越法律的技术细节感到自豪。他引用了法学家盖乌斯·阿奎利乌斯·加卢斯的名言。加卢斯说，某个案件"不涉及法律，所以是应由西塞罗处理的案件"（'nihil hoc ad ius, ad Ciceronem'）[43]。但在其他时候，西塞罗是法律及其重要性的伟大捍卫者，特别是他对腐败的韦尔斯的谴责——在西塞罗言辞激烈的起诉演说过后，后者甚至没有试图辩护，而是灰溜溜地逃离了罗马。

奥鲁斯·凯奇纳是一位富有地主的鳏夫。他于公元前 69 年，就罗马以北的伊特鲁里亚一座价值不菲的橄榄种植园的物权归属征求西塞罗的意见。[44] 公元前 90 年，罗马公民身份的认定范围扩展到意大利全境，同样扩展的还有诉诸罗马法的权利。[45] 此时，凯奇纳与亡妻的朋友及顾问塞克图斯·艾比提乌斯发生纠纷，后者声称在凯奇纳妻子去世前不久从她手里买下了种植园。得知凯奇纳根据妻子的遗嘱提出权利主张后，艾比提乌斯直接占领了种植园。随后，凯奇纳去副执政官那里寻求支持自己享有物权的敕令。在一系列复杂的程式化诉讼活动中，凯奇纳要求艾比提乌斯允许自己进入种植园，并"以历史悠久的方式"被礼送出境。这似乎是一场既定剧本的表演，在这种情况下，争端双方将使用为被强行驱逐出其土地的人设计的程式，以便提起适当的法律诉讼。这是一个互相给予方便的过程。大多数当事人都会选择合作，本案中，艾比提乌斯最初表示会信守承诺。然而，凯奇纳和

一些朋友出现在种植园时，却遭遇了一群暴徒，并受到致命的暴力威
胁。凯奇纳和同伴被乱石砸中，慌乱撤退。事实证明，这些暴徒是艾
比提乌斯的现任和前任仆人。

凯奇纳随后面临着一个棘手的法律问题。从技术上讲，他没有
被驱逐出庄园，因为他根本就没有踏入一步，因此艾比提乌斯完全可
以主张凯奇纳的诉讼根本没有成立。代表凯奇纳的西塞罗不得不动用
自己的全部聪明才智绕过这一技术障碍。首先，他向法官提出了从一
位法学家那里获得的法律支持。然后，西塞罗就法律展开了一场激烈
的辩论。他在辩论中声称，法，即"市民法"，是一个由规则和制度
组成的独立体系，构成了"社会福利和生活的纽带"。他还表示法是
所有权和法律关系的基础，法律是这些权利的"不可腐蚀之保证人"，
其规则必须"人人一致，人人相同"，也就是说，法律与普通的政治
和社会生活不同。西塞罗继续强调法学家的重要性，他说，法学家站
在法律和法院之间，而法院是最容易出错的法律机构；作为法律的解
释者，法学家拥有法律的权威，如果法律没有受到攻击，他们就无法
受到攻击。最后，西塞罗坚定地总结道，法官必须尊重法学家的意见。

西塞罗鼓动法官无视支持对方当事人的法学家的意见。他的这次
演讲，充分展示了辩护的技巧，虽可能在后续修订中得到了润色，但
西塞罗是在面对几乎压倒性的程序问题时发表的这篇演讲。在其他演
讲中，西塞罗对法学家的矛盾态度体现得更加明显。[46] 但西塞罗一定
很有信心，明白自己在凯奇纳案中的话语至少具有说服力。在罗马共
和国，精英阶层已经被说服接受法律的独立性，以及作为法律解释者
的法学家的权威。也就是说，他们坚持法治。历史没有说明西塞罗是
否帮助凯奇纳赢得了官司。但他收集的演讲中包含了这一篇，这表明
他对自己想办法战胜困难而感到自豪。

随着法学家在罗马法方面的专业知识不断发展，法官、副执政官
和普通公民都开始尊重其权威。[47] 在共和国晚期，雄心勃勃的年轻罗

马人，但凡有机会受到权威法学家的耳提面命，都会寻求一份与法律有关的职业，而不是入伍从军。[48]西塞罗描述了16岁的自己在公元前90年如何跟随著名法学家、曾担任执政官的昆图斯·穆丘斯·谢沃拉学习法律的往事。[49]西塞罗在谢沃拉身边待了两年。正如西塞罗所描述的那样，这位法学家是一位直言不讳、有点老派的人，习惯于利用自己的法律知识发表宏论，而不是出庭辩护。但是，他家经常贵客盈门，这给西塞罗这位年轻的学生留下了深刻的印象。这位年轻人聚精会神地倾听着大家博学而机智的谈话。这些学者有时会去谢沃拉的狩猎小屋或乡间休养地，但大多数时候，他们会聚集在广场上方帕拉丁山的豪宅里。色彩鲜艳的中庭，镶嵌着马赛克的地板，精心装饰着雕塑等艺术品，以展示主人的高雅品味，同时又不僭越反对炫耀奢华的规范。在这里，谢沃拉提供法律咨询，而元老、执政官、副执政官、将军和其他名流们则畅谈国事。老师最亲密的朋友和最尊贵的客人，将被迎到一个内室，也许是图书馆，他们在那里辩论希腊哲学，并评论最新的罗马新闻和八卦消息。许多人都慨叹，历经公共生活的混乱和政治阴谋之后，朋友之间的理智对话为自己提供了慰藉。[50]

　　在如此高雅的环境中，法学家们发展了各自对罗马法的见解，而西塞罗同时代的人从法学家那里获得了法律知识。在学者手中，法律成了一种学术界和精英阶层的追求。普通人可能会要求法学家就社会问题提供建议，比如安排女儿的婚姻、购买房产或耕种田地，西塞罗描述了公民在外出散步时如何与学者交流并征求建议。法学家还替人起草遗嘱、合同和其他法律文件，使人们能够做出复杂的继承安排，或允许他们以合法的方式购买牲畜。[51]但是，除了向普通公民提供建议，法学家还会花数小时相互辩论法律是什么，又应该是什么。在某种情况下，追回财产的行动与不同立法中有关耕地使用的规定有何关系？一个人陷入两难的法律困境时，该怎么办？副执政官的程式有时存在局限性，法学家必须创造性地为当事人寻找其所需要的补救办法。在这个过程中，法学家构建了假设性案例，以测试法律如何使用，法律的限制是什么，以及一项行动如何能够更好地符合所有法律要求。为了使法律生效，他们还必须使用法律拟制。[52] 如果一件事与另一件事相当，就必须将其"视为"另一件事。唯有如此，法律诉讼才能顺利进行。例如，未出生的孩子，可能必须被视为已经存世的活人，才能根据继承法继承遗产。[53] 法学家在其"解答"（responsa）中解释了所有这些法律细节，给前来寻求法律建议的公民提供自己的意见。

尽管所谓法理亘古不变，但法学家仍试图发展法律知识，并将其与代表人民意愿的立法及议会决定区分开来。[54] 然而，法学家的辩论变得越来越深奥。他们耗费时日挑选分类和定义，而为了维持法律体系的完整，对细节的辩论越多，拟制的案例越有趣，他们构建的规则、原则和例外就越复杂。[55] 在共和国晚期，西塞罗就已对法学家及其愈发错综复杂的观点提出批评。[56] 他的墓碑上写着："让邪恶的意图和法学家见鬼去吧。"[57] 在发达的法律体系中，复杂性和模糊性成了家常便饭。

起初，罗马法是一个基于实用主义的法律体系。《十二铜表法》、人民大会通过的立法，以及副执政官指定的程式，都是基于现实情况制定的，旨在规范罗马公民的生活，并作为审判时辩论和判决的基础。这个时候的法，是那些需要诉讼的人急需的救济资源，也如同过去那样，象征着所有公民在法律面前平等的权利。但在法学家手中，法变成了一种学术活动。法学家们在贵族宅邸中辩论，自由发展自己的学术。罗马法已经成为一种精英阶层的追求，与罗马的社会生活和政治活动彼此隔绝，而现实中的罗马法则在高墙大院之外展现出了某种复杂属性。

这就是公元前 1 世纪头几十年罗马法的状态，当时共和国正处于走向灭亡的动荡之中，而政治阴谋和内战令庞贝古城、尤利乌斯·恺撒和马克·安东尼在兴衰间沉浮。公元前 27 年，盖乌斯·屋大维·奥古斯都成为罗马帝国第一位皇帝，并获得"奥古斯都"的称号，意为"神圣伟大"。这个时候的帝国人口至少达到了 4000 万，而其中公民的人数已经上升到 500 多万。[58]

起初，奥古斯都及其继任者保留了共和国时期的政治体制，包括执政官、保民官、元老院，以及具有投票权利的人民大会。此后一段时间，罗马帝国维持了法律体系的基本架构和官僚体系。奥古斯都烧毁了成堆的宗教文献，但他承认法学家的专业知识，并正式授予其中一些人进行法律解释的权力。[59]37 年至 41 年，担任罗马帝国皇帝的卡利古拉威胁说，如果法学家给出太多不利意见，就将废除这一职业。但在 125 年，罗马皇帝哈德良下令将副执政官颁布的法令永久化，并承认法学家意见的权威性。这一宣言巩固了法学家的地位，在接下来的几十年里，法学家的人数不断增加。[60]这一时期可谓法学家及其法律的全盛时期，盖乌斯、帕比尼安、乌尔比安、保罗和莫迪斯汀等法学精英不断涌现，群星闪耀。但这一势头并未持续。

对于大多数罗马皇帝来说，一旦不用谋划与竞争对手争夺继承权，或带领军队与"野蛮人"作战，巩固自己的行政权力就被提上了议事日程。据说在元老院和公民的坚持下，奥古斯都接受了"祖国之父"的称号。皇帝逐渐开始推动自己才是正义之源的观念，这一点与此前美索不达米亚的君主别无二致。皇帝可能会将践行正义的职责委托给法官，但他也会声称自己是法律事务的最终仲裁者。[61]与此同时，法学家正在撰写越来越复杂的意见，这与法院案件的实际情况越来越不相符。160 年左右，法学家盖乌斯决心以系统的方式呈现法律。他创作了《法学原理》，试图将法律和法学家的观点系统化。他将该书的主题分为个人身份、财产权利、遗嘱继承、法律程序和所谓的合同义务。但法学家的学术研究还在激增，而个人竞争导致了意见分歧。这使得从 193 年到 235 年执政的几位皇帝更容易挑选和整合部分合乎自己立场的法学家进入罗马的法庭，也摧毁了法学家的独立性。

与此同时，罗马将领们继续向远方的统治者发动战争，扩大帝国的疆域。偏居一隅的大多数居民无法获得公民身份，这意味着他们在签订契约、获得财产、结婚或订立遗嘱时无法适用罗马法。事实上，他们也没有在任何罗马议会中投票的权利，尽管随着帝国权力的增长，这些议会变得越来越不重要。罗马人认为法律是一种特权，很少将其延伸到"野蛮人"身上。正如西塞罗所说，法是共和国的基础。[62] 一些新的行省及其所辖城市积极追求罗马文明，寻求获得公民权，这意味着采用罗马式的组织和公民监管方式。但在其他城市，尤其是希腊城市，人们已经拥有了完善的法律体系，并试图保留自己的法律传统。商人往往热衷于保留传统的商业和海事活动。[63]

因为缺乏证据，我们无法弄清楚当时到底发生了什么，但令许多当代学者感到惊讶的是，212 年，罗马皇帝卡拉卡拉突然将罗马公民身份扩大到帝国整个版图范围。他声称自己希望统一宗教习俗，以便所有人都能和他一起感谢诸神保佑他的安全，但一位愤世嫉俗者评论说，皇帝此举主要是为了提高帝国的税收。[64] 不管是什么原因，其结果是极大地扩大了罗马法的"法益"范围，以及有资格担任政府高级职务的人员数量。随着遥远行省的人民和地方官员习惯了新的司法程序，并认识到罗马法可能带来的契机，变革总会逐渐发生。[65] 随着时间的推移，许多人开始参考罗马法，并遵循其形式和程序。

随着以卡拉卡拉为代表的塞维鲁王朝皇帝对法律程序施加更多的控制，罗马的司法系统也逐渐发生了变化。皇帝将最著名的法学家纳入帝国的司法系统，把他们变成了自己身边的私人顾问，而不是独立的法律权威。3 世纪后半叶，政治一度动荡，雄心勃勃的野心家接连夺权，但很快就被废黜。最后，军队于 284 年宣布戴克里先为皇帝。在约 20 年的统治期间，这位新皇帝成功稳定了统治，并引入了一系列改革措施，尤其是将广阔的领土划分为东罗马和西罗马。他还任命陪审员、法律专家为裁判者提供建议，以此令法律程序专业化。这使法学家与帝国的关系更加紧密，更倾向于对皇帝表示忠诚。[66] 戴克里先还继承了前任的做法，即发布法律诏书，这一举措逐渐变得比法学家的解答更重要、更权威。[67]

罗马法慢慢流入各个行省，当地行政人员开始颁布法令和法律裁决，普通公民也开始启动法律程序。[68] 除高超的建筑技术、引水渠和浴室的改进，许多人将法律制度视为被罗马占领的好处之一，而这些创新甚至传到了不列颠北部的蛮荒之地。但一些学者发现，罗马官员正在利用法律作为控制工具。塔西佗在对不列颠行政管理的评论中宣称，被不列颠误认为"文明"的，其实是罗马奴隶制的体现。[69] 在评论罗马人在德意志地区面临的困难时，一位 2 世纪的学者宣称，"统治一个行省比征服一个行省更困难，疆域可以通过武力征服，但必须通过法律才能治理"。两个世纪后，另一位学者将罗马人在阿拉伯地区取得的成功归因于罗马皇帝图拉真，他"在经常镇压其居民的傲慢之余迫使（阿拉伯地区）遵守我们的法律"。[70] 尽管被视为特定利益和文明的象征，但法律显然也成了政治控制的工具。

到了 5 世纪，东、西罗马帝国的皇帝及其行政人员都在努力使罗马法的复杂体系合理化。426 年，西帝瓦伦提尼安三世任命了一些法学家，他们的意见被奉为权威。438 年，东帝狄奥多西二世编纂了一套上个世纪颁布的帝国法律。[71] 一个世纪后，狄奥多西二世的继任者查士丁尼一世下令进行全面的法典编纂工作，将帝国法律和法学家的意见悉数包括在内。和中国的皇帝一样，查士丁尼宣称他的《民法大全》将为整个帝国带来法律和秩序，且制定的法律将永远有效，不允许做进一步的解释来搅浑水。然而，这一宣言显然有些草率，多少反映出这位皇帝对不可挑战的法律权威的渴望，以及对法律既有地位的忽视。

＊　＊　＊

在千年发展历程中，罗马法的内容与意义一直在变化。在《十二
铜表法》出现时，刻在铜牌上的法律为罗马公民提供了一套基本规则，
规定他们应该如何行事，如何惩罚，以及如何将案件提交法院并寻求
债务减免。这些权利伴随着他们参与重大决策。这个时候罗马法是政
府的工具，公民可以通过这些法律影响公共事务和官员的活动。随着
法律程序变得更加复杂，司法裁判者和副执政官为案件规定了精确的
程式。这些问题随后成为法学家争论的话题以及学术研究的对象。他
们把法变成了一种智力活动。正是这种复杂的观点，给中世纪的欧洲
学者留下了如此深刻的印象。但在罗马历史的大部分时间里，法律也
是文明的标志。最初法律是罗马公民追求正义的工具，在西塞罗所生
活的那个时代，法被认为是所有公民都享有的利益。卡拉卡拉慷慨地
将这种法律权益推广到帝国的所有自由民身上。

后来，罗马统治者声称"皇帝不受法律约束"，但查士丁尼的《民
法大全》也指出，皇帝应该宣布自己受法律约束，以此作为其帝国权
威的标志。他还进一步把法理学称为"对人类和神圣事物的认知"。[72]
查士丁尼对绝对法律权威的主张充其量只是试探性的。即使是最专制
的皇帝，也没有僭越法律。法代表着更高的原则，为公民提供资源并
约束统治者。

几个世纪后，查士丁尼的《民法大全》重见天日，成为中世纪欧
洲学术文明的代表，催生出最终主导世界的法律体系。但在其他地方，
立法者更追求宇宙秩序，尤其是在阿拉伯沙漠中建立的一种新兴宗教，
孕育了即将诞生的最新的伟大法律时代。

第五章

犹太和伊斯兰教法学者

世界的教法之路

公元前 538 年，波斯皇帝居鲁士率领大军杀入美索不达米亚，将城市夷为平地，在很大程度上摧毁了美索不达米亚璀璨的古代文明。但美索不达米亚的立法技术并没有如此轻易地化作历史的尘埃。至少它已经成为以色列祭司效法的榜样，后者制定了坚决服务于宗教目的的律法，制定了上帝赐予其选民的规则。为了让美索不达米亚的法律形式适应犹太社会的宗教愿景，祭司们制定了祈祷、教礼和清洁的准则，以及旨在确保日常正义的社会规范。如此种种，历经数个世纪的发展，成就了犹太教法的宏大篇章。

反过来，犹太教法又启发了一种与之完全独立的宗教法律体系，即伊斯兰教法传统。在这两种教法当中，宗教专家都被视为神圣教法的诠释者，直到今天，他们仍在解释教义，告诉普通犹太人和穆斯林如何遵循上帝给世人设定的规则。与印度教世界一样，犹太教法与伊斯兰教法关注的是义务，而不是正义或规训。和印度教中的婆罗门一样，犹太与伊斯兰教法学者坚持认为能够对国王、哈里发和苏丹进行审判。

*　*　*

《摩西五经》中的律法，教导以色列人如何过上纯洁的宗教生活，教育他们以正确的方式崇拜上帝，只吃洁净的食物，并言行公正地对待其他同胞。它们是只为单一民族制定的律法。不过，作为宗教领袖，创造教法的祭司们有着与同为立法者的希腊和罗马公民截然不同的目的和角色，事实上，也与启发他们的美索不达米亚立法者截然不同。与印度教的婆罗门一样，犹太宗教的权威完全独立于扫罗、大卫和其他早期以色列国王的政治权力。但是，以色列立法者所处的社会与政治背景与印度教立法者截然不同，且其目标并非巩固社会等级制度。当时，许多以色列人仍然以游牧为生，经常与邻近部落龃龉不睦。在包括亚述人、巴比伦人、波斯人和罗马人在内的强大征服者占领以色列人所生活的这片土地之前，只出现过几任以色列国王。在上述权力转移的过程中，以色列人所信奉的律法，帮助这些分散的部落，甚至那些被俘虏并被转移到遥远国度的以色列人，营造出了团结感和认同感。

直到公元前 6 世纪，亚述人和新亚述人一直统治着以色列和犹大王国的土地，这可能激发了以色列最早的立法。巴比伦的新统治者尼布甲尼撒国王围困耶路撒冷，摧毁了犹太人的圣殿，将许多以色列人押回巴比伦。至少在最初，这些以色列人沦为奴隶，但其中一些人取得了成功，即使后来的波斯征服者居鲁士大帝允许他们重回故土，他们仍旧选择留在了这座城市。与此同时，在经历了早期的混乱之后，另外一部分以色列人在埃及建立了新的聚居地。所以，当罗马人在公元前 63 年占领巴勒斯坦时，犹太人早已四散各地。[1] 公元前 70 年，犹太人反抗罗马帝国的占领，随即罗马人再次摧毁了耶路撒冷的犹太人圣殿。此后，许多犹太人逃离家园，前往埃及历史悠久的以色列聚居地定居。其他人则前往地中海沿岸的西班牙，或从埃及进入北非。

这并没有造成大规模的移民潮，但圣殿第二次遭到破坏，使犹太人更加意识到自己与大多数同居一地的异族人之间的区别。他们觉得更重要的是坚持自己与上帝的独特关系，以及他们对全部以色列人，也就是对所有犹太人——无论他们身处何方——的责任。

这一时期出现了新的宗教学者，即拉比，而不是神殿祭司，他们所担心的是以色列民众的身份认同和信仰体系受到威胁。在耶路撒冷的圣殿遭到暴力破坏后，罗马当局对犹太人的立场有所缓和，承认他们的领袖（通常是拉比）是纳西，即王子，并允许犹太人建立自己的法庭。[2] 波斯人还保护了巴比伦的犹太人学院，承认犹太教法在耶胡德省的使用。可能是受到罗马统治者和行政官员引用的成文法的启发，拉比们决定进一步强化犹太民族的不成文规范和宗教仪轨。这些规范和惯例，主要是围绕着《摩西五经》时期相当贫乏的律法规范发展起来的。拉比们意识到，需要制定一套所有人都能恪守的法律规范。根据传统说法，这些犹太教神职人员聚集在巴勒斯坦的一个葡萄园里，决定为后代记录其"律法"，也就是妥拉的教义。

《希伯来圣经》的最初章节中记载着成文妥拉，尤其是《出埃及记》《利未记》《民数记》和《申命记》中，都有关于宗教献祭和饮食习惯的详细规定。但是，口传妥拉同样在过去的几个世纪中不断发展，并在以色列人的习俗和传统中被奉为圭臬。这一时期的犹太学者，致力于研究教法文本，解释和扩展规则，以纳入如今已被接受的习俗。就在印度教学者撰写第一部法论的同时，拉比犹大"王子"于200年将口传律法合并成一部简编，称之为《密释纳》（Mishnah）。该书以当时的学术语言希伯来语写成，包含一套简明的法律，分为六个部分："种子"（农务规章）、"节令"（宗教节日）、"妇女"（订婚、结婚、离婚和通奸）、"赔偿"（刑事和民事索赔和程序）、"圣物"（献祭和圣殿）和"清洁"（有关在圣殿和家庭中保持纯洁性的律法）。《密释纳》由此将实用规则和宗教律法结合成一个统一的体系。

在接下来的几个世纪里，拉比继续解释妥拉，以流行的阿拉姆语撰写评论，并在巴勒斯坦和巴比伦设立教法学院。5世纪和6世纪，学者在这里创作了两部伟大的作品，《耶路撒冷塔木德》和《巴比伦塔木德》。在这些精心制作的文本中，拉比用墨水小心翼翼地在珍贵的羊皮纸上书写。每页的正中都是一节以希伯来语写下的妥拉，周围遍布较小字号的阿拉姆文字注释。几个世纪后，意大利注释法学派采用了类似的方法来评论《查士丁尼法典》。这一时期，一个重要的犹太教派，即卡拉派，拒绝接受《塔木德》的权威性，因此与拉比的追随者即拉比派决裂。但是，拉比在法律和宗教方面的集体学术结晶，即哈拉卡，对大多数犹太人来说具有权威性，并继续得到承认，直到现在。

实际上，无论犹太散居者在哪里落脚，随行的拉比都会向《塔木德》贡献全新的学术思想。大多数犹太人认可耶路撒冷和巴比伦的拉比学院，并向那里的顶尖学者加昂（Geonim）求疑问惑。他们会就《圣经》或《塔木德》阐释中的棘手问题，或犹太人在各种不同环境中遭遇的实际问题征求意见，加昂以书面意见予以答复。加昂的回信用希伯来语写成并包含学术建议，就像是罗马法学家以及更遥远的东方的印度婆罗门那样。加昂往往非常务实，支持并鼓励拉比法庭在散居地开展工作，在提及犹太长老的决定或商人召集的法庭时也不乏赞许之词。[4]

罗马对中东的控制最终被削弱。7世纪，身为穆斯林的倭马亚人横扫阿拉伯地区，拜占庭军队根本无力抵抗。倭马亚人挥师向西，很快征服了巴勒斯坦，并在那里建立了一座重要的清真寺。但是，连倭马亚人也不得不承认犹太人是"圣书之民"，即信奉一神教并拥有相关经文的人，允许他们继续开办宗教学院，进行文化活动和商业贸易。从那时起，犹太人在中东和北非的生活就与穆斯林息息相关，而他们的法律和语言更是如此。

* * *

伊斯兰教诞生于 7 世纪，萌发于阿拉伯沙漠的边缘。先知穆罕默德在麦加和麦地那这两座小型贸易城市生活和工作。他出生于一个重要的贝都因部落。部落的牧民以饲养骆驼为生，且经常陷入血腥的冲突。在阿拉伯半岛以北，拜占庭帝国的军队仍在与萨珊人进行周而复始的战争，双方都在觊觎美索不达米亚和叙利亚肥沃的土地，以及连接东西方的贸易路线。亚历山大东征也只是波斯人和希腊人之间一系列战争中的精彩片段，其间双方的军队、佣兵和商人进进出出，你来我往。后来的统治者建立了城市，城中拥有纪念性建筑、广泛的灌溉系统和不断扩大的贸易网络。在这些城市里，操着希腊语、阿拉姆语和波斯语的异教徒、基督徒、犹太人和袄教徒杂居生活。[5]

7 世纪，拜占庭和萨珊帝国的军队结束了最后一次大战。此时，穆罕默德正在阿拉伯半岛开展自己的宗教运动。这里的贝都因部落牧民，在广袤空旷的沙漠腹地，日复一日不受打扰地重复着游牧生活。依靠放牧，他们过着舒适的生活，偶尔抢劫，并主导当地的贸易。正因为如此，贝都因人的语言和诗歌传遍了整个半岛。甚至连那些在麦地那和麦加等贸易城镇定居的部落成员，也依旧保持着自己的部落身份。他们大多崇拜当地神灵，同时包容一神教的信徒，比如在该地区旅行或定居的基督徒、犹太人和袄教徒。大约在 610 年前后，不惑之年的穆罕默德开始在麦加接受真主的启示，他坚信自己应该以真主先知的身份传道。穆罕默德宣称，安拉是独一的主；真主是万物所仰赖的；他没有生产，也没有被生产；没有任何事物可以匹敌。穆罕默德对外界对其个人抱负的嘲笑和指责不屑一顾，积极宣扬自己的教义，呼吁他人摒弃以前的宗教习俗，遵循他的教诲。[6] 最重要的是，穆罕默德坚持人类的道德责任和服从安拉的义务。由于贫富差距日益扩大，麦加贫困阶层的处境愈发窘迫，他们很容易就被穆罕默德的传道所吸引。

同时，穆罕默德也在富商和权贵阶层中找到了追随者，后者则利用自己的影响力和资源支持他的事业。

622年，先知移居麦地那，在那里做了一段时间的调停人。同时，他继续建构自己的追随者群体，即乌玛，在这些信众的支持下，穆罕默德得以对抗任何反对自己的人。最终，他甚至能够与最强大的敌对麦加部落分庭抗礼。随着信众人数的增加，乌玛开始像部落一样行动，发动针对敌方的战争。到了630年，他们已经发展到不战而屈人之兵、迫使最顽固的对手投降的程度。在接下来的两年间，至穆罕默德632年去世之前，乌玛几乎已能够在他的领导下，将阿拉伯的所有主要部落悉数整合起来。

最初，穆罕默德在麦加的传道，主要关注信仰、虔诚和需要向真主承担的道德责任，这些都被他记载在《古兰经》中。在麦地那定居后，随着乌玛规模的扩张，穆罕默德意识到需要建立一套更加规范的社会秩序。在禁止部族争斗的同时，他提高税收以帮助穷人，并制定了全新的家庭关系准则。穆罕默德规定了婚姻形式，制定了领养规则（实际上禁止领养），为女性配偶引入经济保障措施，并将继承制度化。但在很大程度上，穆罕默德在《古兰经》中所设定的规则与要求，为人们提供了履行职责的最佳道德指引，而不是建立全新的社会制度。穆罕默德制定的规则，告诉人们如何仲裁和签订合同，如何决定应该与哪些敌人作战以及如何分配战利品，还告诉男人如何对待妇女、儿童、孤儿、亲属和其他人，包括奴隶。[7]但这些充其量只是针对个人的非系统性指导，而不是关于统治者应如何解决争议的规则，或行政人员可以用来维持秩序的法律。穆罕默德几乎没有对犯罪行为作出规定。他只是制定了包括割手在内的对盗窃的惩罚，并禁止信徒喝酒、赌博和收取利息。《古兰经》还包含关于复仇和死亡赔偿金、拦路抢劫、性行为不端和诽谤诬陷的规则，以及在处理争议案件时应遵循哪些程序的指示。但如果说到刑事诉讼程序，则可谓言之寥寥。

　　散见于《古兰经》各个章节中的这些一般原则，可能有助于团结新的社群，但穆罕默德显然并没有试图破坏根深蒂固的部落传统，以及几个世纪以来形塑了阿拉伯部落间社会关系的调停形式。他所倡导的革命，早期更多地集中于信仰的虔诚和道德责任，而不是政治控制或社会改革。但穆罕默德所做的，正在为建构更为集权的社会秩序铺平道路。

　　632年，穆罕默德去世，而他的追随者继续巩固自己的权力。[8]很快，他们就向北方的拜占庭帝国和萨珊帝国发起了挑战，将阿拉伯人纳入了自己的信众群体。通过一系列非常成功的军事行动，他们逐渐扩大势力范围，最终从西部的埃及和地中海延伸到北部的里海。到了656年，穆斯林的疆域业已覆盖当今伊朗的大部分地区。这一时期，以麦地那为中心的单一制王国哈里发正在形成。661年，首任倭马亚哈里发掌握了政权，并将首都西移至叙利亚。在经历了一场异常棘手的开局（实际上是一场内战）之后，什叶派从原来的穆斯林群体中分裂出去，这个强大的家族统治了一个多世纪。倭马亚王朝征服了安达卢斯（西班牙南部），将领土延伸到马格里布（北非），将大片中亚地区收入囊中。随着穆罕默德的教义传播，阿拉伯部落集体皈依伊斯兰教。拜占庭和萨珊王朝的臣民也逐渐转变信仰，开始采用阿拉伯文化习俗。很快，阿拉伯人不再是一支外来的占领军，而是摇身一变，成为更具统一性的人口中的统治精英。倭马亚人在全国各地修建了神话般宏伟的清真寺和宗教学校，比如位于大马士革的倭马亚大清真寺。他们还支持宗教学者乌理玛。在不到一个世纪的时间里，伊斯兰教便成为中东众多人口的主要信仰。

　　在新成立的学校里，乌理玛研修礼拜形式，学习神学、语法、历史和文学。他们还利用自己的地位，影响新统治者对公共秩序、政府和法律的管理。这一时期，哈里发正试图在新征服的土地上建立一套更为精细的行政机构。他们任用当地部族管理边疆省份，铸造硬币，引入新的书写方式，并任命法官，即卡迪，代替旧的部落调停人以解决争端。波斯人和罗马人已经做出了很好的榜样，他们建立了完整精密的行政机构，并将法律作为治理的实用工具，尤其是罗马人。但在司法方面，卡迪几乎没有什么可供参考的对象。穆罕默德专注于道德规范;《古兰经》几乎没有规定法官在解决实际纠纷时可以使用的规则，而只是简短地提到了犯罪和惩罚，特别是在商业问题上。因此，新统治者及其法官普遍采用被征服者之前的规范和做法。例如，当提出对性行为不端者使用石刑时，他们几乎肯定是受到了摩西律法的启发。穆斯林占领的土地此前有着悠久的法律和行政传统，承认和采纳其中最实际、最受尊重的部分，尤其是在商业和税收管理方面，自然不无道理。卡迪可能会根据自己的知识和宗教取向，尽可能多地遵循《古兰经》中所设的准则，但他们也承认并支持当地习俗，并运用自由裁量权和主观判断来伸张正义。[9]

随着时间的推移，卡迪变得更加专业化。其中更为虔诚者，公开遵循伊斯兰生活方式，并将宗教和伦理的因素纳入裁定，这也帮助他们赢得了信徒的尊重。与此同时，宗教学者乌理玛开始反思哈里发的行政实践和卡迪所应用的规范，并讨论其与《古兰经》相关启示的一致性。[10]与印度教的婆罗门和以色列祭司一样，乌理玛非常关注法律实践是否应该遵循宗教原则的问题，开始讨论《古兰经》中规定的律法规范及其在实践中可能的含义。他们在巴士拉、麦地那和库法建立了宗教学校，并在叙利亚、埃及和呼罗珊建立了一些传教点。不同派别的学者分别发展出各自的理论，但在上述区域，相关思想的传播交流十分便利，最终，一套相对统一的原则在融汇中形成了。所有的学者都对《古兰经》给予了应有的关注，仔细寻找可以恰当地追溯到先知时代的传统。在最固守教义者眼中，卡迪所奉行的原则规范往往太过务实，因此与先知的教导偏离太远。他们认为，卡迪的推理需要严格遵从教义，避免过于重视当地习俗或依赖自己的判断和想法。最终，即使是更注重实际的卡迪，也不得不尽可能从先知的教导中寻找适用的法律原则。[11]

乌理玛自觉地将法律实践和理念系统化，确保其与穆罕默德的宗教启示相一致。尽管如此，他们并没有尝试编撰明确的法律文本，甚至没有像《摩西五经》那样的一套权威律法。因为穆罕默德已经在《古兰经》中解释了安拉的启示，所以乌理玛的职责仅仅是诠释，而非创造新法。自始至终，伊斯兰教法都没有基本的法律文本。

倭马亚哈里发治下的统一王国，维持了近一个世纪，在此期间，穆罕默德的启示得到了无限扩大。然而，不同教法流派之间出现了意见分歧，这反映出背后更为尖锐的宗教和政治分歧。此时已经开始抬头的什叶派，在 660 年前后已经发展出一众追随者，开始与倭马亚王朝分庭抗礼。伊斯兰教法学者中的保守派也对沉溺享乐的哈里发表示不满，并批评统治者沿用了希腊人的行政机构、经济秩序、法律标准和艺术形式。不过，考虑到缺乏类似的阿拉伯传统，统治者往往别无选择。心存怨念的宗教领袖利用民众的不满和部落间的敌对关系煽动叛乱。最终，在 750 年，他们所支持的阿拔斯王朝推翻倭马亚王朝，夺取了政权。

阿拔斯王朝将首都迁至东部 470 英里以外的巴格达，带领伊斯兰世界达到了历史学家所说的"哈里发政权的全盛时期"。在此后的近两个世纪，新统治者避免兵戈，休养生息，经济、文化和商业得以蓬勃发展。相较于止步阿拉伯区域的倭马亚王朝，阿拔斯王朝更具世界性，一个又一个被征服的国家共同造就了这个庞大帝国。在帝国的大多数城市中，穆斯林不仅仅是统治阶层，更一跃成为多数族裔。商队将朝圣者、外交官、学者、士兵、商人及商品从地中海运送到阿姆河。商品、人员和思想跨越了物质和文化的鸿沟，传播到西班牙、南欧、北非、中亚，以及中国和印度。统治者依靠从美索不达米亚高产农田所征收的海量税赋，并以贸易利润作为补充，以支付军队、外交和司法所需开支。他们还发展了制糖业，并从中亚的粟特商人那里学会了造纸技术。[12] 纸张取代了成本高昂的莎草纸和羊皮纸，识字率得以提高。哲学、科学、历史、神学著作和诗集也随之传播，其中大部分转译自希腊经典。政府官员和卡迪开始以书面形式记录他们发布的敕令和决定，并对自身活动进行细致的记录。受到萨珊王朝君主理想的启发，即统治者应当践行或彰显社会秩序、伸张正义，哈里发在巴格达兴建了巨大的宫殿，并资助文学、诗歌和歌曲创作，其日常生活极尽奢华，宫廷礼仪繁复严整。他们希望所有出现在自己面前的人都卑躬屈膝，并将君王的言论视为实际意义上的法律。

然而，阿拔斯王朝意识到乌理玛所享有的威望，宣布承认其中最为虔诚、最有影响力者提出的法律方案，同时出资新建清真寺以及基金会。享有了官方认可所带来的地位，乌理玛如今形成了一个独特的阶层，并开始将其知识体系制度化。他们试图解释沙里亚，即安拉为他的人民所制定的律法，并制定一个所有穆斯林都能理解和接受的教义范式。与犹太学者在制定教法时所汲取的灵感一样，他们的写作结合了实用的社会规则，即斐格海（fiqh），以及祭祀和道德原则的指导。通过此项工作，乌理玛希望将伊斯兰教法原则应用于所有日常事务的管理，并在数千万人口中建立统一的社会秩序。

更传统的逊尼派学者将自己的观点建立在先知时代麦地那的形象和理想中的社群基础之上。在这个社群中，每个人都要对自己在安拉面前的行为负责。学者认为穆罕默德时代的传统，即逊奈（sunna），所谓"圣行"，是当代法律实践的基础。逊尼派学者将关于这些传统的信息，以及关于穆罕默德所说所做之事的报告汇集成了圣训（hadith）。事实上，圣训中的许多谚语和故事反映的是过去百余年间发展起来的传统，但学者努力构建出师生代代相传的脉络，将它们追溯到麦地那的宗教权威，甚至是先知本人。他们坚持认为，只有这样，才能让圣训真正成为权威。[13]

在这一时期编撰的教法典籍中，很多学者为伊斯兰教法创造了具体的法规，也就是斐格海。与印度教形成鲜明对比的是，所有穆斯林都应该平等地服从沙里亚的要求。伊斯兰教法不承认世袭阶级结构，也不坚持修道、禁欲主义甚至独身的理想。但是，就像在印度教信众中一样，典型的穆斯林作为户主，是大家庭的中心，无论是对亲属还是在安拉面前，都需要履行自己的职责。与婆罗门一样，伊斯兰教法学者专注于定义个人职责，而不是设定公共生活规范或为哈里发的政治和社会管理提供可用的法律。像《摩西五经》的作者一样，他们首先关心的是宗教礼拜行为，为其设定细致入微的标准，并围绕这些行为进行旷日持久的学术争辩。[14] 他们还为家庭关系、继承和宗教基础的捐献（即瓦合甫，waqf），制定了详尽的规则。

在创建教法时，印度教和犹太教学者最先创作表述一般原则的基础文本，再通过后来的解读释义著作加以补充，而伊斯兰教法学者更注重实践，即为个人问题和人们可以遵循的规则提供详细指导。和罗马法学家一样，他们也受到周围社会问题的启发。伊斯兰教法学者面临着《古兰经》中没有考虑到的问题，比如多重婚姻的合法性、在战争中被俘为妾的妇女的地位，以及奴隶解放问题。[15]《古兰经》和逊奈中并没有太多关于契约和商业义务的内容，因此学者创造性地制定了可以让商人在不断扩大的商业活动中使用的财产关系规则，但这些规则同样可以被视为基于先知的原则。在制定这些指导方针时，学者求助于"法律拟制"或"技巧"（hiyal）的概念，用来规避虽然可能会造成不便，但又不能僭越的《古兰经》规则。例如，《古兰经》禁止收取利息，为此学者开发的规避方法是循环出售，即借款方将自己的房产卖给债主，然后立即以更高的价格购回，差额部分即利息金额。伊斯兰的法律技巧与罗马法拟制没有什么不同。进入 20 世纪，随着伊斯兰教法学者为穆斯林商人参与国际商业活动开辟道路，这些技巧变得极其重要。[16]

　　对学者而言，另一个问题，便是证据规则的掣肘。对参与法律实践的卡迪来说更是如此。或许是因为认可为维护被告尊严而制定的贝都因部落的习惯规范，卡迪往往需要几名值得信赖的证人来证明行为的不法。[17]《古兰经》和逊奈也优先采用口头证据而非书面证据，但随着识字率的提高和文件成为大多数商业交易的基础，这一原则变得越来越不切实际。因此，学者发展了关于书证的理论，即可以通过口头表达将书面文本转化为证据来源。这一概念反过来又催生了一批专业证人，他们协助商人和法律的门外汉创造遵循法律形式的交易。学者就法律的范畴和定义进行了广泛的辩论，例如什么是销售或赠与，以及不同类型财产的性质和法律意义。渐渐地，他们建立了一门被称为"斐格海之根源"（usul al-fiqh)的法学。其目的是通过适当的法律推理，确保法律规则和实践牢固地基于先知及其最亲近信徒的实践和言论。例如，只要基于公认的法律原则，使用类推（即格亚斯，qiyas）也是恰当的。又比如，在法律实践中，个人判断通常不被采纳，但在某些情况下，深思熟虑的教法意见（ra'y）是可以接受的。斐格海很快就变成了一门技术性很强的学问，需要严格的推理。正如一位作家所说，一些学者以创造"法律建构的微观杰作"而自豪。[18]

　　学者们倾向于将自己与历史上的某位教法大师扯上关系，这样一来，就形成了不同的传统，即所谓教法学派（madhhab）。在阿拔斯哈里发统治的头两个世纪，那些在伊拉克追随阿布·哈尼法的学者建立了哈乃斐派。该教法学派很快扩展到叙利亚，后来又蔓延到阿富汗、印度和中亚。与此同时，以麦地那为最初基地的马立克·伊本·艾奈斯的追随者也出现在埃及，并从那里辐射到北非、西非和西班牙，这便是如今所说的马立克派。当时最有影响力的学者之一是逊尼派学者沙斐仪。他在开罗生活和工作，并创立了沙斐仪派，其影响力遍布阿拉伯南部、斯瓦希里海岸和东南亚部分地区。[19]沙斐仪比其他人更坚持传统的权威。他声称，如果不是使用严丝合缝且系统的推理从《古兰经》或先知圣行中得出结论的话，任何法律解释都是非法的。逊尼派学者在很大程度上受到沙斐仪观点的影响，并收集了大量权威圣训。这些圣训形成了类似于法规的存在，为卡迪提供了裁决的依据，并帮助统一了法律实践。沙斐仪的弟子艾哈迈德·伊本·罕百里也创立了自己的教法学派。相较于沙斐仪派，该学派更加倡导按照传统和经文的字面含义来解读教法，并最终发展成为如今主导阿拉伯半岛的罕百里学派。但是，所有伊斯兰教法传统都追求类似的目标，即强调个人在神面前的责任，以及彼此宽容。大多数普通穆斯林接受了所在地区盛行的伊斯兰教法学派的权威，请求学者对自己所面临的法律问题和道德困境提供指导。[20]

随着时间的推移，沙斐仪对斐格海的解读被广泛地接受。尽管学者们或许并未挑明，甚至可能没有意识到，但他们开始关注法律思想的扩散以及彼此学说出现矛盾的危险。毕竟，这也是罗马法学家在帝国后期所面临的问题。至少在理论上，伊斯兰教法学者只承认法律的四种根源：首先是《古兰经》本身，尽管它几乎没有提到法律；其次是先知的圣训，或被认为是他活动的记录；再次是类比推理的结果；最后是学者群体根据已确定的法源且使用正确推理而得出的结论。习俗和实践不可避免地对学者和法官的推理有着巨大的帮助，但它们并没有被正式承认为法源。[21] 几个世纪以来，学者不断发展新的理论，拓展对法律原则的解释，但有一个理念根深蒂固，即这些理论和解释应该受到严格限制，并牢固地建立在适当法源的基础上。[22]

考虑到对沙里亚的解读与研究都强调个人责任高于公共责任，伊斯兰教法学者对刑罚程序、税收和政治宪法几乎未置一言。[23] 他们承认哈里发的统治地位，并将公共政策的问题主要留给世俗统治者处理。[24] 反过来，哈里发在任命卡迪时接受学者的建议，并要求上任者遵循沙里亚，还成功地说服了一些学者担任这些角色。在城市里，他们将日常公共生活的监管委托给穆哈台斯布（muhtasib），即纯粹技术意义上的市场监督官，后者负责制定地方规则，处理商人、工匠和普通住户之间的琐碎纠纷。同时，大多数哈里发都设有自己的世俗法庭，用于处理个人的错误行为，通常是听取对犯罪行为或对腐败官员提出的指控。[25]

学者越是倾向于基本要义，就越不愿让哈里发拥有太多的权威。他们认为自己，即乌理玛群体，才是先知的真正传人。伊斯兰教法是在乌理玛的推理中而不是在哈里发颁布的法令中产生的。应该由乌理玛来决定人们如何进行祈祷和献祭，如何在市场和商业活动中行事，如何恪守品行端正的穆斯林应当坚守的道德准则。在他们看来，哈里发及其官员的职责是资助清真寺、维护市场秩序、保卫王国边境。[26]乌理玛坚持依据教法——尤其是至高无上的安拉的指示——治理国家。即使是最强大的哈里发的行为，也应该受到教法的评判。

8世纪的阿拔斯哈里发之所以能够坐上大位，并与地方各派成功周旋，基本是仰仗其强大的军事力量，但他们也始终宣称致力于践行伊斯兰教的原则。这确保了主要宗教派别的忠诚，但也让乌理玛获得了批评哈里发行为的许可。如果哈里发的言行被认为没有正确遵守逊奈的原则，就可能面临指摘甚至批判。[27]宗教始终凌驾于法律之上，在这一领域，学者认为自己可以免受哈里发的干扰。[28]在接下来的千百年里，上述思想为宗教学者与伊斯兰世界的哈里发、宗教世界与世俗统治之间的嫌隙埋下了伏笔。战争打了又输，王朝亡了又建，不断有人皈依全能的真主，也不断有人觊觎无上的权力，挑战传统的政治秩序。

阿拔斯王朝统治的前两个世纪，即8世纪中叶到10世纪中叶，见证了伊斯兰哈里发的巅峰，一个世道太平、经济成功、律法稳定的时代。但政治扩张也给王朝带来了问题。9世纪，来自东非的奴隶在巴士拉发动叛乱，该城市正是阿拔斯王朝主要的食物和税收来源。到了10世纪初，阿拔斯王朝不得不勉力压制偏远省份的动荡局势。随着倭马亚王朝的崩溃，帝国西部的大部分地区分崩离析。最先闹独立的是位于今天西班牙和葡萄牙地区的安达卢斯的酋长国，当摩洛哥的一位地方统治者在 40 年后做出了同样的决定，北非各地的统治者紧随其后，最后是埃及。

在很大程度上，这些地区的新统治者效法阿拔斯王朝，尤其是在支持乌理玛和资助伊斯兰宗教机构和学习中心上，如修建图书馆、伊斯兰学校（madrasa），以及逊尼派和什叶派教法团体的学校。其中比较成功的是什叶派法蒂玛王朝，他们在北非掌权，并于 969 年征服了埃及。在接下来的 200 年里，他们在埃及建立了哈里发政权。此时，来自伊朗北部的入侵者白益王朝已经席卷巴格达。入侵者允许阿拔斯统治者保留王位，但让其沦为牵线木偶般的傀儡。到了 11 世纪，越来越多的突厥部落出现在中亚地区。新近皈依逊尼派伊斯兰教的塞尔柱人驱逐了白益家族，继续统治伊斯兰教核心地区长达一个世纪。在这段时间里，塞尔柱人稳步向西挺进，挑战摇摇欲坠的拜占庭，并最终在 1071 年将其彻底击败。惊骇不已的基督教领袖发起了第一次针对穆斯林的十字军东征，但在经历最初高歌猛进的成功之后，攻势渐趋强弩之末。不到两个世纪，穆斯林军队再次控制了圣地（Holy Lands）。与此同时，塞尔柱王朝落入了阿尤布王朝的苏丹之手。1250 年，阿尤布王朝又被麾下的奴隶士兵马穆鲁克军队推翻。

相对而言，在安达卢斯，穆拉比特王朝的柏柏尔人统治者没有受到十字军的影响。但是在 12 世纪中叶，他们被另一支柏柏尔人所建立的穆瓦希德王朝取代。在这一动荡时期，犹太人在穆斯林统治的地区建立了自己的社区，并通常与周围的穆斯林及其统治者进行和谐的互动，尤其是在商业领域。他们的故事，与生活在马格里布的一些普通穆斯林的故事一起构成了本书第八章的部分内容。

13 世纪，蒙古人占领了中亚的大部分地区，兵分两路进入伊朗北部，并从那里进军伊拉克。在伊拉克，蒙古人摧毁了当地复杂的灌溉系统、图书馆和清真寺，最后在 1258 年洗劫了巴格达。这一时期，伊斯兰世界被割裂为三个部分——西部的穆瓦希德地区、中部的马穆鲁克地区和东部的蒙古地区，再也无法实现政治上的统一。

尽管如此，在风云激荡的政治大潮中，尤其是在一位又一位英明的哈里发治下的和平时期，伊斯兰教法学家仍在伊斯兰学校里坚持修行，并就与斐格海相关的理论进行论辩。[29]属于逊尼派的各个教法学派相对稳定，尽管都声称《古兰经》和先知的基本教诲具有合法性，但同时都在宣扬各自的核心教法文本和权威解读。而且在实质上，这些教法学派的原则并没有太大的不同。教法学者都在学习并重申阿拔斯时代确立的基本法律原则，其关注的主题大致相同，并使用类似的规则和术语。他们认为，法律的基本原则已经确定，他们这一代法学家的主要使命就是为普通穆斯林解释这些原则。卡迪的任务便是用这些法学家在学校里制定的抽象解释，来解决现实生活中的实际问题。

伊斯兰教法学家对于自己编撰的教法典籍视如珍宝，其中一些典籍得以存世。这些遗珍向我们展示了伊斯兰教法学家如何思考、书写和揭示相关主题。以叶海亚·伊本·谢拉夫·穆伊·丁·纳瓦维为例，他在 1233 年至 1277 年间生活在马穆鲁克苏丹统治下的大马士革。[30]在成为一名教师之前，他曾在许多沙斐仪派的伊斯兰学校接受训练，并以评论早期经典文本的形式撰写了大量关于斐格海的文章。他还写过关于语言、圣训和传记的作品。虔诚而苦行的纳瓦维，在必要时甚至不惧与苏丹对抗。他坚持认为，教法学家的任务是发现法律的普遍原则，这些原则必须来自先知的启示。他解释说，虽然几代学者和虔诚的穆斯林已经进行了探索，但凡人的努力必然是不完美的。因此，早期的学术需要后代的完善与综合。他撰写了关于"天课"（即施舍的义务）的论文，特别关注正确的施舍额度、时间和对象，以及是否应该根据隐藏的财富计算施舍金额。这些问题引发了有关财产性质及其所有权的更大话题。纳瓦维还讨论了奴隶的不同类别，以及当一个奴隶只有部分自由时所产生的复杂情况。之所以只有部分自由，是因为共同拥有该奴隶的主人并非都同意赋予其自由。纳瓦维同样考虑了愿意给自己赎身的奴隶的地位问题。[31] 他还讨论了可以用来支付天课的牲畜类型，这个话题揭示了伊斯兰教法起源于先知所生活的畜牧经济时代。

此外，纳瓦维特别执着于深入讨论雌雄同体的问题，以及这类人到底应该被视为男性还是女性。似乎可以认为，这并不是因为性别畸形在 13 世纪的大马士革是一个特别普遍或实际的问题，而是因为纳瓦维考虑到，通过边缘人的性别地位问题可以澄清性别之间的区别，而这对伊斯兰家事法来说非常重要。和罗马法学家一样，纳瓦维在学术层面发展了伊斯兰教法，用拟制的事例来澄清分类和规则，并厘定相关界限。还有其他许多教法学者也在关注概念澄清和界限划分，比如父母离异后子女的地位和母亲是否可以保留监护权等问题。这些问题帮助他们完善了早期学者使用的分类，并解释了个中意义。这些做法表面上是基于实用目的，但就本质而言，它们仍然是一种学术讨论。伊斯兰教法学者还关注教法权威问题，比如到底可以依赖哪些圣训和其他文本，以及其他学者所使用的正确推理形式，还有如何协调不同学者在同一主题上的表述。有时，不同教法学者论点的细节和复杂程度，更像是深奥的语言游戏，而非实际问题的解决方案，这与罗马法学家那些更加复杂的观点论述别无二致。[32]

一些伊斯兰教法学家的著作技术性很强，甚至连卡迪都很难理解，更不用说使用了。在那些学识最为广博的教法学者手中，斐格海已经成为一门艺术。格式规范、错综复杂，微妙的语言描述更像是莫卧儿时代工笔画的精致细节，而不是冗长枯燥的法律论文，而学者们正是如此看待自己论述的。纳瓦维将斐格海同时描述为"困境"和"喜悦"，认为对法律的分析是"对真主最圣洁的态度、最高尚的顺服、最紧迫的善行、最保险的敬拜，以及最值得的行事"，法律本身则是"粼粼的大海，精深的宝藏，芳香的花园"，而学者的任务是让这颗"多面宝石"闪闪发光。[33]

　　大多数哈里发都对伊斯兰学校慷慨解囊，不少学校也得到了普通人的捐款支持。一流的教法学家的生活和工作环境优雅舒适，他们终日徜徉在汗牛充栋的图书馆里，与随时准备参与具有挑战性辩论的法学家同行擦肩而过。其他人则更多地参与法律的实际应用，充当穆夫提（mufti）或卡迪的角色。这两类人分别对应法律顾问与法官——在法律工作的分工上，逊尼派和什叶派的划分大抵相似。正如纳瓦维解释的那样，法学家主要关注法律抽象和普遍的原则，而穆夫提的任务是将这些法律规则和原则转化成与现实生活相关的观点。[34]穆夫提听取普通人的起诉书，并通过简短的法律意见，即法特瓦（fatwa）来回应，向他们解释在特定情况下可以或不能做什么。穆夫提还会就具体问题给出建议，比如继承的正确程序，以及对有问题的契约的执行。他们也会就法庭上出现的棘手证据或法律问题向卡迪提供意见。法学家通常也会扮演穆夫提的角色，但这两个角色的任务是截然不同的。正如纳瓦维所说，穆夫提给出的法特瓦关注的是细节，是从抽象的法律概念下降到日常生活的现实。

　　法学家也可以担任卡迪，将他们的智慧和学识直接带到法庭上。其中值得一提的是"阿里·伊本"·阿卜杜·卡菲·苏贝基，他曾一度担任大马士革地区的首席卡迪。[35]苏贝基出生于马穆鲁克王朝统治下的埃及，他自幼聪颖好学，年轻时游历各地，曾在亚历山大、叙利亚和阿拉伯西部任教。1339年，马穆鲁克苏丹任命苏贝基为大马士革的首席卡迪，即最高司法裁判者。当时苏贝基已经年过半百，实属高龄，但他仍然以极大的热情投入工作。为他作传的人形容，苏贝基虔诚笃信、洁身禁欲、行事高效、意志坚强。作为一位裁判者，他为自己赢得了能够在不招致批评的情况下解决棘手且争议激烈的继承纠纷的良好口碑。除了审理案件，他还以法特瓦的形式向各色人等——

他的助手、原告、社会精英和普通公民——提供建议和意见，有时介入公共辩论，有时解决个人问题。一位同时代观察者说，"驼队马帮把他的作品和他的法特瓦带到了这个国家的各个角落"[36]。

苏贝基显然对自己作为首席卡迪的表现感到自豪，但在其著作中，他清楚地表明，法学家、穆夫提和卡迪之间存在等级制度。他解释说，法学家是最高权威，因为他们处理的是最接近神圣法则的普遍宏观问题；相比之下，穆夫提的工作因考虑细节而变得复杂琐碎，而卡迪更接近日常生活的混乱现实。苏贝基甚至一度建议年轻学者不要接受担任法官的任命。他认为，乌理玛的观点为人认可，而卡迪的意见"受到质疑"。[37] 在其他著述中，苏贝基明确表示，卡迪应当位于穆夫提之下，穆夫提作为先知的继承人，有权解释和澄清先知的决断。[38] 这不是对任何具体法律判决质量的质疑。许多卡迪都非常优秀，且许多学者，比如苏贝基本人，都兼具法官身份。但苏贝基坚持法律知识的等级制度，在这一体系中，位于最高层次的法学家直接负责处理神圣的法律。伊斯兰教法起源于真主给予人类的指引，见于《古兰经》和先知的逊奈，而法学家的职责是向所有人解释伊斯兰教法。

在接下来的几个世纪里，伊斯兰教法学者继续围绕伊斯兰教法的原则和程序展开辩论，而穆斯林统治者、官员、法官和个人都向穆夫提寻求法律建议。穆夫提和卡迪基本上一直忙于为个人提供建议，确认职责和义务，以及解决争端。但敌对教派和政治家族之间的冲突有时会在法庭上爆发。大多数穆斯林统治者都很重视宗教信仰的虔诚，并试图将自身的政府体系建立在沙里亚的基础上，至少在名义上是这样，为此，他们任命卡迪来应用伊斯兰教法，并资助伊斯兰学校。自始至终，以宗教学者和教法学者为一方，政治统治者为另一方，双方在权力和权威之间达成了微妙的平衡。

* * *

与犹太教法一样，伊斯兰教的斐格海也是宗教性质的规范体系。在这两类教法中，立法者都用决疑的形式来指导普通人。具体包括法官可以用来解决纠纷和调节社会关系的规则，以及商人可以用来缔结契约的规则。但和印度教的婆罗门一样，犹太教法学者和伊斯兰教法学者都更关心义务而非权利，同时期最强大的统治者也从未真的想要挑战宗教权威的等级制度。这使加昂和穆夫提稳稳地凌驾于法官和卡迪之上。

犹太和伊斯兰教法体系从来都缺少中央权威，沙里亚甚至连基本的法律文本都没有。同时，这两种教法体系虽然历经政治动荡，仍得以延续和发展。法学家们直面跋扈的苏丹和入侵的军阀，捍卫自己的立场。基于自身对于世界的道德愿景，他们一次又一次地证明了这两种教法极强的生存韧性。时至今日，犹太和伊斯兰教法学者仍在研究、发展和传播各自的法律形式和法律推理，它们各具特色，且与主宰这个世界的世俗国家法律截然不同。但在欧洲出现某个能够挑战强大的哈里发的国家之前，还有许多故事。

第六章

欧洲的君主

罗马衰亡后的司法与习惯

罗马军队于5世纪从北欧撤军，随之而去的还包括他们在当地设置的政府架构与法律体系。当地部族，如高卢人、凯尔特人和盎格鲁－撒克逊人，很少使用复杂的法律规则。476年西罗马帝国覆灭后，罗马的行政管理体系在南欧继续沿用了一段时间，但即便是在这里，司法程序仍形同虚设，且图书馆惨遭洗劫，珍贵的羊皮手卷散佚殆尽。引人入胜的城市建筑、宏伟高大的纪念石碑和复杂的文学技巧，仍然时刻提醒着人们帝国往日的荣光。东罗马帝国皇帝在君士坦丁堡继续维持着自己的朝廷、宫殿与军队。然而，西罗马早已变天，游牧部族的头领成为这片土地的新主人，他们往往只与少数值得信赖的贵族共同进退，并习惯与对手长期缠斗。部族蛮王认为，复杂的政府程序设置没有什么作用。尽管如此，他们还是对罗马皇帝的威仪感同身受，并决定制定自己的法律法规。起初，蛮族首领仅仅编列了一些基本的伤害和赔偿条目，但与此前的罗马统治者类似，他们同样承诺伸张正义。他们所设定的各种各样的规则、习惯和思想发展成了最终统治世界的复杂的欧陆法系。但体系连贯的法律制度的最终成型，也足足耗时数个世纪。

* * *

在罗马帝国如日中天的全盛期，北非、埃及、中东、亚美尼亚，以及南欧地区的法官、法学家和诉讼当事人，都会参考罗马法的文本和理念。但疆域辽阔的罗马帝国也有恩威无法施加之地。巴比伦以东、撒哈拉以南、莱茵河以北，始终存在不受罗马军队和行政人员节制的势力。[1] 在北欧，日耳曼人威胁着罗马的军事前哨。5 世纪初，日耳曼首领阿拉里克联合各部落，入侵意大利，洗劫罗马城。几年后，他的继任者和西哥特部落一起搬到了阿基坦（位于如今法国的西南部）。与此同时，匈人从东亚大草原上崛起，凭借来去如风、令人恐惧的骑兵部队，逐渐西侵。诸多日耳曼部落暴露在其剑锋所指之处。406 年，匈人骑兵踏过冰冻的莱茵河，进入高卢（大致位于今天法国）、勃艮第，以及伊比利亚半岛。其中一路越洋杀至摩洛哥，并于 439 年占领迦太基。东罗马帝国皇帝震怒，派遣军队试图夺回北非的行省。但当阿提拉率领匈人军队入侵巴尔干半岛时，罗马军队匆忙回师拱卫东部领土，将非洲拱手让给了新统治者。在高卢，西罗马将军埃提乌斯一度让帝国稳住了阵脚，并和一些新部落结成联盟。但当埃提乌斯被杀后，他所统辖的军队群龙无首、陷入混乱。476 年，日耳曼部落领导人奥多亚塞决定废黜罗马帝国的末代皇帝。他向君士坦丁堡的宫廷派遣御使，通知东罗马皇帝芝诺，西罗马再无皇帝。

经历了种种动荡，罗马法继续在东方蓬勃发展。在东罗马帝国，皇帝管理着发达的政府架构。东帝狄奥多西二世下令编撰法律，将其结集成以本人帝号命名的《狄奥多西法典》。该法典最终于 438 年宣告完成。与此同时，西罗马将领试图继续推行前朝用法律"安抚"蛮族的政策。埃提乌斯下令为新近征服的布列塔尼人汇编一套法律，可能还下令为法兰克人汇编另一套法律。[2] 但这些举措与以前将罗马法的适用范围拓展到所有新公民的做法大不相同。埃提乌斯的新法专门为蛮族制定。根据存世文献记载，为布列塔尼人所设新法禁止报复，规定了赔偿金的支付，规范军民关系，并将税务欺诈、杀人、通奸、盗窃和非法放牧定为犯罪。

到了5世纪下半叶，法兰克人的墨洛温王朝已经在高卢的肥沃垦区定居下来，也就是如今的法国北部。与此同时，西哥特人在其头领尤里克的领导下迅速崛起，控制了西班牙大部分地区。同样在东部地区崛起的还有东哥特人这个新的部落联盟，他们在490年前后征服了意大利，推翻了奥多亚塞的统治。大约在同一时间，墨洛温王朝的奠基者、法兰克国王克洛维一世向南移动，占领了高卢几乎所有的西哥特领土，然后转向勃艮第。

或许是由于长期与罗马帝国军队打交道，475年左右，西哥特领袖尤里克也开始为自己的臣民制定法典，毫无疑问，他希望效仿东罗马帝国令人印象深刻的文明成就。立法明确无误地反映了时人的关切，尤其是不同阶层贵族之间的关系，但尤里克的谋臣，同时也是法典的主要编纂者利奥，接受过专业的罗马法训练，他给这部法典披上了鲜明的罗马法外衣。法律适用于活的人民，而非死的疆土。新统治者也认为他们应该为自己和罗马臣民制定不同的法律。尤里克的儿子阿拉里克将一套罗马法和相关的法律意见汇编成了《阿拉里克法律简编》，以供其罗马臣民使用。勃艮第国王也采取了同样的方法，即雇用前罗马精英作为顾问和书记官。受过教育的罗马人接受了自己作为蛮族入侵者臣属的新身份，并鼓励这些新统治者尊重罗马法的传统。只要语言和法律能够存续，他们就会觉得自己的文明并没有完全失落。[3]

在意大利，东哥特国王狄奥多里克大帝自视承袭了罗马皇帝的衣钵，并雇用前罗马的高级官员来管理他的政府。他宣布人们仍然可以依赖罗马法，并将相关法律编入《狄奥多里克敕令》，供法官和其他官员使用。正如他在给热那亚犹太人的一封信中申明的："文明的真正标志，便是遵守法律，而这正是人类与禽兽的区别所在。"[4]由此不难看出，对于新统治者来说，即使相互竞争，法仍然是文明的重要标志。

在更加遥远的北方，拉丁语的影响力较弱，法兰克国王克洛维一世下令制定一部法典，将几十年前埃提乌斯起草的律法，与法兰克人自身制定的裁判和程序规则结合起来。[5]这部法典被称为《萨利克法》，其序言宣称，在上帝的帮助下，法兰克人决定停止纷争，建立一个和平的社会，以便在司法质量和武力方面超过邻国。法典第一条规定，对任何被传唤到法庭而未能出庭的人处以罚款，这可能是模仿罗马《十二铜表法》的第一条，但二者的相似性仅止于此。法典接下来的部分是关于部族冲突中常见的赔偿金制度。有一长串针对不同类型偷盗行为的处罚，先是偷猪，然后是其他动物，再是其他。在这部分内容之后，法典又针对伤害、杀害、不当性行为、诬告陷害，乃至婚姻和奴役等方面的错误行为列举出种种惩罚条款。《萨利克法》在很大程度上可以看作一种习惯的记录，反映出一个奉行同态复仇、缺乏强大国家机器的社会的情况。在这种情况下，犯罪是私怨，而非公事。

没有证据表明上述法典对解决争端发挥了直接作用。这些用拉丁文写成的法典更像是针对罗马文明的某种姿态，是一种文明的标志，以及在新的部落联盟中创造共同身份的尝试，而不是旨在帮助司法裁判者解决冲突的实用工具。

尽管尝试立法，但这些新的统治者在东罗马皇帝眼中仍然是"野蛮人"，后者时不时地就试图收回失去的西部领土。530年前后，查士丁尼派军队夺回意大利半岛，引发了持续30年的血腥冲突。但他只取得了短暂的成功，东罗马帝国在半岛的驻军被另一波日耳曼侵略者伦巴第人打败，后者于568年横扫意大利北部。为了再现罗马帝国的荣光，查士丁尼还安排了数十名书记官编写三部新的法律文本。其中，《查士丁尼法典》将狄奥多西的立法和全新的法律与敕令整合起来，确保《狄奥多西法典》能够与时俱进；《法学阶梯》以2世纪法学家盖乌斯编纂的法律文本为基础，是一本初级教科书；《学说汇纂》的命名多少有些令人困惑，但这部巨著确实汇集了数百名法学家的意见。[6]533年，查士丁尼大张旗鼓地宣布将上述三本著作合编成《民法大全》，成书收录了全部罗马法，其应用范围包括整个帝国，且永世不灭。然而此时西罗马帝国的大部分疆域已经落入蛮王手中，他们对该法典视若无睹。在拜占庭，精通法律之人大多讲希腊语，无法搞懂用拉丁语写就的法律条文。尽管他们曾于10世纪翻译《民法大全》，但几乎没有证据表明《民法大全》对当时的法律实践产生了任何影响。

曾经的西罗马帝国如今三足鼎立。法兰克人在高卢立足，伦巴第人则占领了意大利北部。西哥特人在西班牙建立王国，并维持着统治，直到711年，崛起的倭马亚人横渡地中海，将安达卢西亚并入他们建立的哈里发国。但是，在这些新征服的土地上，日耳曼入侵者仍然只占当地人口的少数，且他们在很大程度上维持着罗马的行政制度。这些要素都非常适合他们试图建立的中央集权政府。在讲拉丁语的南方，东、西哥特领导人都可以声称自己正在重建罗马的统治。在这些地方，罗马法的思想、实践和制度根深蒂固。教会还设立了法庭，法官在法庭上仍然遵循罗马的民法及其程序。[7]教皇逐渐扩大了自身的影响力，最终迫使西哥特人和伦巴第人放弃了被教会视作异端的阿里乌斯派信仰。[8]

在更遥远的北方，法兰克精英阶层之间睚眦必报的关系可能还要持续一段时间。但克洛维一世被兰斯大主教说服，开始召集议会讨论政策问题。因为治下疆域不断东扩，克洛维一世的继任者们命令书记官为新臣民起草法规。这些法规旨在反映当地的风俗习惯。国王负责审理最重要的案件，但此时罗马的税收制度已经基本崩溃，中央实现大规模集权的能力继而名存实亡。因此，法律冲突实际上由市政当局和农村地主负责解决。[9]公证人继续依照罗马法形式记录重要交易，包括土地出售和赠与、离婚、收养和劳动纠纷，从而在某种程度上保留了罗马法传统的部分内容。[10] 但法官大多根据案情决定具体的案件，根据既定传统确定适当的赔偿金额，并借助法律承认的宣誓和酷刑来确定有罪和无罪。[11]

如果想引入新的规则，法兰克国王会发布所谓"教令"。一些教令是主教理事会做出的决定，另一些则是在地方公民会议上宣读的、针对全体民众的规则。大多数教令只是一些对行政机构的指示，反复强调官员应正确执法，避免受贿。克洛维一世颁布的《萨利克法》可能没有太大的实际作用，但它对法兰克国王来说仍然很重要，在接下来的两个世纪里，法兰克国王为《萨利克法》增加了更多的条款，其中一些涉及新的问题，如社会地位争议、教会的土地交易、奴隶大赦与债务担保。763 年，丕平三世将这些新增条款与《萨利克法》合并成包含 100 项条款的法典，但其体例、内容仍然相当随意。几年后，查理大帝登基，下令再次修订法典。在 802 年颁布的一项法令中，查理大帝还要求法官根据成文法做出判决，而不是以个人意见为依据。但几乎同时，他制定了另一个版本的《萨利克法》，其内容基本倒退回克洛维一世时期。书记官更新了表述方式，但没有更新赔偿金的货币单位，而克洛维一世时期的货币在此时早已无人使用。显然，此时的《萨利克法》编纂者忽视了历代国王的增补，这事实上重新引入了此前版本力图消除的矛盾和龃龉。[12] 因此，尽管查理大帝十分强调手下法官应该遵守法令，以他的名义诚实地治理国家，但法官们事实上无法具体地执行他所制定的法律。

为什么查理大帝和他的继任者，即加洛林王朝的历代国王，认为值得在立法上投入如此多的时间资源？ 774 年，查理大帝击败了西哥特人和勃艮第人，并进军意大利，废黜伦巴第国王。由此，他得以与教皇利奥三世谈判，要求教廷承认自己作为皇帝的身份。教皇对东方帝国不再抱有幻想，还担心有人企图要自己的命，于是在 800 年加冕查理大帝为罗马皇帝。查理大帝需要形塑帝王尊严。他没有足够的行政机构来重现罗马的政府体系,包括后者的元老院、官员、法官和法院,但可以制定成文法。最初,《萨利克法》可能只是一份关于行为惩罚和部落习惯的条目汇编,但使用拉丁文撰写成文法令,可以让其看起来更为宏大,更像是权威君主的杰作。查理也可以借此彰显自己作为统治者治国有方,就像此前的罗马帝国皇帝那样。正如一位学者所说,立法是一种形象塑造活动。[13]

在位于欧洲北部的不列颠群岛,由于 410 年罗马军队的撤退,罗马人的影响力荡然无存。随后,欧洲大陆移民浪潮席卷而来,改变了当地人口的组成和结构,此时,盎格鲁–撒克逊人要与不列颠人(Britons)、凯尔特人和皮克特人争夺权力。大多数人属于部落,遵循着复仇、补偿和死亡赔偿金的传统。直到 6 世纪中叶,更稳定的定居和土地占有模式才出现。到 6 世纪末,出现了肯特、威塞克斯和麦西亚等小王国。当肯特国王埃塞尔伯特与信奉基督教的法兰克公主结婚时,教皇格里高利派本笃会的奥古斯丁前往不列颠传教。597 年,在坎特伯雷,奥古斯丁说服埃塞尔伯特接受基督教。一场大规模的传教活动由此展开。

可能是受奥古斯丁的影响,埃塞尔伯特也创制了一套法律,而这也是已知的最早用英语书写的官方文件。[14] 该法典第 90 条规定了对有意冒犯(affront)的赔偿,这种行为包括物质伤害和对自由民荣誉的侮辱,例如与其家庭中地位较高的女性发生性关系。法律承认身份差别,规定国王及其部下享有某些特权,给予教会人士各种保护,并将自由民与奴隶区分开来。埃塞尔伯特增加了一些关于宗教不端行为的条款,承诺自己有责任保护新成立的教会和信众。但这些准则不过是用于赔偿不同伤害的货币等价物条目。这么看来,它与克洛维一世的法典并非完全不同,可能都是对肯特部落中常见补偿措施的反映。实际上,这些法律可能会让国王更容易说服想要复仇的人民彼此和解,而这位国王也借此彰显了自己的权威。和其他盎格鲁–撒克逊国王一样，埃塞尔伯特不过是一个地位较高的自由民，但他有权召集议会，与贵族和主教讨论战争等重要问题，并让新法令得到批准。[15] 他所制定的法律为那些肯特自由民看重的东西提供了规范，特别是明确了赔偿的标准，让每个受害者都能体面地接受赔偿。这样一来，自由民们就可以和平共处。

渐渐地，国王们开始控制公共生活的更多领域。他们设定了越来越多的罪名，制定了越来越复杂的法律程序。埃塞尔伯特的后继者、肯特国王赫洛瑟尔（Hlothhere）和埃德里克（Eadric）所制定的法规为我们描述了肯特人在伦敦购置房屋等财产的方式。7 世纪末，威特雷德国王（King Wihtred）的法律包括了保护教会财产的条款，关于性行为不端、禁食、魔鬼崇拜和偷窃的规定，以及如何做出和检验宣誓和指控的指示。这些早期的英格兰诸王肯定已经注意到南方同行的立法活动。威塞克斯国王伊恩（King Ine of Wessex）在同一时期制定了包括 76 项条文的详尽法典。这些法律对任何不寻求司法救济而私自报复的人施加惩罚。直到两个世纪后，阿尔弗雷德国王再次下令制定法典，伊恩的法律才宣告失效。

虽然阿尔弗雷德主要忙于抗击维京人的滋扰，但他也对管理自己王国的政务非常感兴趣。在加冕宣誓中，他承诺维护和平，禁止抢劫和其他不公正行为，并"在自己的判决中保持公正和仁慈"。[16] 可能是在主教的建议下，他下令制定了一部内容丰富的新法典。法典的引言很长，引用了《十诫》《出埃及记》和《使徒行传》等宗教内容。当然，就像摩西制定律法来确保他所率领的人民的独立性和宗教信仰那样，阿尔弗雷德也相信自己在为他的国家做同样的事情。和日耳曼统治者一样，阿尔弗雷德在制定法律时采用了颇有声望的罗马法形式，但这些法律反映的是既存的传统。所有国王都通过制定明确的补偿措施，来确认部落秩序在新王国的核心地位。不过阿尔弗雷德走得更远，他不仅援引了《圣经》中的教法，还记录了其议会做出的一些判决。

　　阿尔弗雷德所制定的法律中，有这样一条规定，如果一个人肩上扛着长矛走路，转弯时不小心伤害了路人，就必须根据长矛倾斜的角度，或多或少地支付赔偿。这条法律想必反映了一个真实的案例，因为它的规定太过具体——只适用于涉及长矛的事故，并且只有当长矛被扛在肩上时才生效。但它之所以成为法律，是因为表达了关于意外伤害的原则性规定，以及用矛的倾斜角度来衡量所谓"粗心程度"的做法。就像两千多年前《汉穆拉比法典》的编纂者，或法兰克和伦巴第的法律编纂者一样，为阿尔弗雷德制定法律的立法者同样用真实案例来表达一般性原则，并采用决疑的形式来制定可广泛适用的规则。阿尔弗雷德的法律将基于习惯的规则与真实案例的记录相结合，这使得法律的形式有些随意。但是，这部法律是用盎格鲁-撒克逊方言写成，十分便于当地居民阅读使用。[17]

　　像其他盎格鲁-撒克逊国王一样，阿尔弗雷德充分意识到自己有责任维护上帝设立的秩序。国王要想避免瘟疫、战胜敌人，就必须遵守基督教的最低标准。他们有责任确保和平，这主要意味着控制盗窃行为。阿尔弗雷德制定的法典并没有禁止暴力，但确实试图通过限制报复的时间和对象等方式来限制其可能性。这部法律还坚称，每个人都有义务谴责偷窃行为，并帮助追回被盗财产。10世纪初，阿尔弗雷德的儿子长者爱德华（Edward the Elder）制定了另一部法典，主要涉及法律程序、担保和证人。爱德华的继任者埃塞尔斯坦（Aethelstan）根据主教们的建议，下令制定了不少于6部法典。新法律涵盖巫术、酷刑、商业、铸币、集会、奴隶和仆人的责任、政府官员的职责、担保、庇护所，以及每个人追捕窃贼的义务。这些规定反映出王室政府影响力的不断扩大。

　　927年，埃塞尔斯坦成功率领军队抵达英格兰岛北部，宣布自己是"不列颠国王"。[18]他的继任者也效仿了他的做法。于978—1013年间在位的埃塞尔雷德（Aethelred）要求约克大主教伍尔夫斯坦二世

（Wulfstan II）为整个王国重立新法。[19] 主教将大量早期的法典整合起来，并毫不奇怪地用高度道德化的语言加以包装，强调任何杀人犯都必须为这一最严重的罪行进行基督教式的忏悔。他还引入了新的复仇限制：可以报复牧师，但僧侣不行。11 世纪初，在 1016 年至 1035 年间统治英格兰（以及丹麦和挪威）的丹麦侵略者克努特也找上伍尔夫斯坦，要求其为自己的王国创设新法。这一时期，英格兰的法律适用于所有居住在威尔士边境以东和蒂斯河以南的居民。

当盎格鲁－撒克逊的国王们忙于为英格兰王国起草法律时，另一个故事正在意大利半岛上演。[20] 当伦巴第人于 568 年击败拜占庭的残余势力，东罗马皇帝重新统一罗马帝国的希望终于破灭了。作为日耳曼人的一支，伦巴第人引入了他们自己的风俗习惯。与北部和西部的法兰克人和西哥特人一样，伦巴第人分成不同的部落。对于部族的调停人来说，杀戮和伤害的赔偿显得尤为重要。643 年，国王罗萨里颁布《罗萨里敕令》。这实际上是一部法典，列出种种关于赔偿支付的长清单，从叛国、背信和遗弃开始，还对不同类型的人身伤害进行了分类。《罗萨里敕令》的内容多达 388 条，规定了用来确定有罪与否的复杂宣誓过程。这位国王可能希望用法律来震慑麾下军队，好在对利古里亚发起重大战役时凝聚军心。但他也试图通过立法限制敌对贵族的权力。同时，为了阻止血仇，他提高了赔偿金的水平。和法兰克人一样，罗萨里也雇用了掌握拉丁语的书记官，但其文本中充斥着日耳曼概念，显然找不到与之对应的拉丁语表达。

正如在西哥特和勃艮第等地一样，新统治者希望罗马公民继续使用罗马法。但由于当地政府管理体制已经被过去数十年间的动荡所摧毁，那些错综复杂的罗马规则和实践很快显得无关紧要。一段时间内，意大利半岛南部的居民，以及生活在拉韦纳（Ravenna）和罗马城市周围不受伦巴第人控制地区的居民，仍然与拜占庭保持联系。当地学者引进了查士丁尼《民法大全》的抄本，并让学生传阅《法学阶梯》。

但罗马法极其复杂，需要多年的研究才能理解其中更为深奥的法律观点，更不要说能够有效地运用了。即使在上述地区，罗马法的影响力也逐渐式微。

与此同时，历任伦巴第国王都对《罗萨里敕令》进行了增补修订。许多新增的法律条文读起来更像是庭审记录，且这些记录极有可能是真实的。与法兰克和盎格鲁—撒克逊的法律一样，伦巴第人的立法也并不总是前后一致。尽管可以参考查士丁尼的立法，但伦巴第国王仍然不认为有必要雇用学者来梳理或系统化法律条文背后的基本原则。伦巴第城镇的公证人确实保留了一些罗马法传统。在起草文本以记录重要的交易和事项，如奴隶的买卖、土地的租售、借贷和婚姻时，他们坚持使用精确的单词或短语，借此提高文件在法律纠纷中的权威性。以这种方式，罗马的法律形式继续影响着社会关系。但是，如果不是一系列偶然事件导致了罗马法被"重新发现"，连这些做法也可能已经消失殆尽。

伦巴第国王选择帕维亚作为首都。774 年，查理大帝的军队横扫阿尔卑斯山。在击溃伦巴第人后，他搬进了帕维亚的宫殿。[21] 查理大帝创办了一所学校，让公证人可以在那里接受训练。此时，一些公证人已经开始介入法律纠纷，就书面文件的正确性和解释接受咨询，甚至有诉讼当事人要求他们在更复杂的案件中担任法官。到了 9 世纪中叶，加洛林王朝的皇帝任命公证人担任神圣的宫廷法官（iudice sacri palatii）。如果案情严重，特别是涉及巨额财物的时候，参与审判的法官人数会多达 16 人，甚至 30 人。

加洛林王朝统治者倒台后，萨克森公爵、东法兰克国王奥托一世入侵意大利半岛，并在 962 年被教皇若望十二世加冕为神圣罗马帝国皇帝。这位新皇帝并没有试图改革伦巴第的法律，但他确实对罗马的官僚作风不以为然。奥托一世赞成通过决斗分出胜负的习俗，这将法律辩论简化为对身体技能的审判。他还将首都迁离帕维亚。如今的法官们失去了皇室的支持，但并没有放弃自己的职责。这些司法裁判者开始在意大利北部旅行。在那里，他们被要求前往不同的城镇听取案情，并接受委托，将当地通行的伦巴第法律编纂成册，即《伦巴第律法书》（ *Liber Legis Langobardorum* ），好让人们可以随身携带。他们在自己的袖珍版法律汇编上潦草地写下笔记和评论，包括零散的罗马法原则引用。这些法官在审理案件的同时，还对学生进行训练，并就法律的应然和实然进行辩论。很可能是受到罗马法学家著作的启发，他们会讨论哪些法律应该适用于所有人，哪些法律涉及的是成人而不是未成年人，或者涉及自由民而不是奴隶。他们争论的问题还包括，是否必须坚持伦巴第法律的字面意思，或者是否可以寻找法律背后的基本原则来扩大其适用范围。像罗马法学家一样，一些人如今声称可以通过使用拟制案例和一般原则来扩展法规，而这些案例和原则是他们通过比较不同法条中的词语来提取的。换句话说，法官群体将法律视为一个具有自身逻辑的整体系统。有些人甚至认为，如果法律存在漏洞，就可以直接用罗马法和原则来填补。他们查阅查士丁尼的《法学阶梯》，对伦巴第法律进行评论，并在 11 世纪末完成了这项学术编撰工作，即所谓《伦巴第法注释》。

这时，距离查士丁尼撰写《民法大全》已经过去了四个多世纪，荟萃学术思想的《学说汇纂》几乎被人遗忘，书中复杂抽象的观点在此时的意大利几乎毫无用处。面对迫切需要解决实际问题的原告，法官几乎没有时间钻研这份学术杰作。11 世纪，由于塞尔柱人的征服，意大利的典籍文献或者丢失，或者损坏，或者被人彻底遗忘，拜占庭图书馆也遭到焚毁。但在比萨，细心的图书管理员保存了一份《学说汇纂》抄本，并邀请好奇的学者前来研究。更具学术野心的研究者显然因这一法律推理的知识宝库重见天日而倍感欣喜。帕维亚、曼图亚、摩德纳和博洛尼亚的学者纷至沓来，借阅《学说汇纂》，努力钻研，学习书中记载的罗马法学家的论点。一些学者更成功说服赞助人，为自己的法学图书馆制作了此书的副本。

　　来自博洛尼亚的伊尔内留斯就是这样一位学者。他找到了一位财力雄厚的资助人，即卡诺莎的玛蒂尔达。玛蒂尔达很可能鼓励伊尔内留斯在博洛尼亚继续从事研究工作，还在那里捐资兴建了意大利历史上最著名的法学院。[22] 伊尔内留斯处理了《学说汇纂》中涉及的大量学术问题，在每页上都写下了自己的评论，并利用这些评论向学生传授新的分析技巧。罗马法很快就成了一门独立的学科。伦巴第法并没有被遗忘，出于实际目的，学校继续教授其中的法规，但学者们已然开始追寻新的法律理念。

　　当时，教会和王室之间存在巨大冲突，被称为叙任权危机（Investiture Crisis）。1072 年，教皇格里高利七世和皇帝亨利四世针锋相对。正是在玛蒂尔达位于卡诺莎的城堡外，被逐出教会的亨利进行了著名的"雪中忏悔"。纷争导致了教权和王权之间的紧张关系。与此同时，商业活动日益兴盛，带来了机遇、挑战和动力来源。人群阶层的不同导致社会发展得日益多样化，这使许多古老的法条和法律上的分类遭到质疑。人们开始质疑土地分配模式、贸易惯例和继承传统，并开始向法院提出更多问题。所有这些都鼓励法官在伦巴第法之外寻求解决之道，也就是从罗马法文本的思想、原则，以及法学家的著作中汲取灵感。

　　在法学家努力研究罗马文本的过程中，博洛尼亚法学院也在蓬勃发展。正如近千年前的罗马前辈所做的那样，这里的学者醉心于民法这门全新法律学科所带来的知识挑战。主教派来的牧师，以及其他满怀希望的年轻人，追随当时最杰出的意大利法学大师勉力求学。1155 年，皇帝腓特烈·巴巴罗萨于加冕途中在博洛尼亚短暂停留，希望其新法获得法学家的认可。他盛赞这些法科学生，称他们是"为了学习前来朝圣"。学生们成立了一个强大的行会，向市政当局提出诸多要求，甚至让教皇不得不出手干预。[23] 在接下来的 150 余年里，学者发表了大量对《民法大全》的评论、解读及注释。1240 年，法学家阿库修斯将这些评注汇编成书，即《通用注释》。该书收集的文本多达 9.6 万篇。在接下来的几个世纪里，国王、法官、学者和书记官都借助阿库修斯的作品来理解民法。学者再次确立了自己法律权威的地位。

博洛尼亚的成功导致法学院和学者的数量激增，在意大利和其他地方，教师们使用《学说汇纂》的摘要，并将其翻译成多种语言。[24] 同时，教会也基于罗马法的资料，制定自己的教法规则和实践指南。教会法院主张自己有权管辖一切涉及教义中罪恶的事件，包括通奸、伪证、伪造、家事法，甚至贷款和利息。起初，博洛尼亚学者对这些混乱的教会规则和实践案例不屑一顾，对其所构成的所谓"教会法"更是视而不见。然而，1140 年，一位名叫格拉提安的僧侣出版了《格拉提安教令集》。该书使教会法看起来更加系统。由此，学者才开始认真对待教会法，并就其与民法的关系展开了无休无止的论辩。这一时期，大多数大学同时开设教会法和民法的课程。在英格兰，坎特伯雷大主教聘请了一位伦巴第学者协助他解决争端，而这位学者为自己学生编写的文本，成了刚刚成立的牛津大学开展法律训练的基础。此时，民法声望如日中天，欧洲大学普遍认为，除此之外，没有必要教授在其国家或地区法院实际应用的任何具体法律规则。这一点直到 17 世纪才发生变化。[25]

如今欧洲的主体疆域分为三个部分。奥托一世的继承人，得到教皇加冕，统治着神圣罗马帝国；除此之外，还有新兴的法兰西王国和安茹王朝治下的英格兰。在这三个区域，国王和他们的顾问从法律的角度讨论着王权和权威。统治者是拥有纯粹的权力，还是仅仅有权宣布什么是合法的？还是说有这项权力的是人民？这些辩论的背后，往往隐藏着法律与王权分离的观念，因为国王不能简单地宣布什么是违法的，什么是合法的。各方参与者都求助于罗马传统来论证自己的论点。基于其古老的历史与知识体系的成熟，民法有一种权威性，连皇帝也要尊重。

与此同时，统治者和裁判者受到查士丁尼的启发，为他们的人民创造了新的法典。他们或者通过相关摘要或评注来查询《民法大全》的内容，或者干脆照抄西哥特或勃艮第法典中的材料。1231 年，神圣罗马帝国皇帝腓特烈二世下令，为他在西西里岛的臣民制定了《奥古斯都之书》。几十年后，西班牙国王费迪南三世和阿方索十世在西哥特法的基础上创制了《七法全书》(Siete Partidas)。在法国，腓力二世 (Philip Augustus) 把这个弱小的封建国家变成了欧洲最繁荣、最强大的国家之一。他的议会同时具有政治性和司法性的权能。议会采用了教会法院基于罗马先例制定的法律秩序。如今，有能力向议会提起诉讼者会寻找熟练的代理人作为上庭代表，不久，法官就开始在判决中采纳罗马民法的实质内容。

然而，有这样一个地方，那里的人和事共同对抗着古典罗马法的影响。在英格兰，盎格鲁-撒克逊国王制定的法典，主要基于习惯和他们自己的法令。1066 年，新的诺曼国王威廉一世在征服英格兰后颁布了一些新的敕令。但比起创制新法，他把行政资源主要用在大规模清查当地人口和财产上，对这场调查的记录就是后来所说的《末日审判书》。不过，威廉一世之子亨利一世下令编纂法典。该法典据说最初由"忏悔者爱德华"颁行，后者是最后一位得到教廷承认的撒克逊国王。亨利一世声称该法典包含了英国贵族为威廉一世所阐述的法律，这一说法与事实完全不符，但确实代表了英国是一个统一的王国，且其法律是基于古代传统的观点。另外，有人编纂了一套不同的地方法律，即《亨利国王之法》，并声称这些法律同样由亨利一世颁布。该法典描述了三种不同的法律体系：阿尔弗雷德及其继任者制定的威塞克斯法；适用于北方的麦西亚法；维京人的法律，即丹麦法。《亨利国王之法》更准确地反映了当时的实际状况。也有人把该书翻译成拉丁文，供诺曼法官和行政人员使用。[26]

这时，诺曼人已经从英格兰贵族手中接管了大部分地产。亨利一世要求新的土地所有者定期前往王室宫廷觐见。这种集会同时具有政治和社会意义，国王和贵族在会上做出集体决定，咨询或提供建议，见证交易，执行公务，以及审理案件。此前的撒克逊国王们已经在郡和百户区建立起模式相近的法院，吸引了大量公民参与地方事务的辩论和组织。为了加强对这些地区政府机构的控制，亨利就其具体组织形式给出了指示。他要求所有重要人物都应当加入，包括主教、伯爵、郡守（sheriff）、百户长、市政官（alderman）、庄园总管（steward）、执达官（reeve）、男爵、男爵封臣（vavasour）、村镇层级的执达官，以及所有地主。亨利一世的举动，是在为法律和司法集权铺平道路。

亨利一世说到底是个诺曼人，他在法国度过了许多时光。但每当来到英国，他就会四处巡查，监督地方法院的工作，并亲自听审聆讯。[27] 他认真履行了伸张正义的职责，并在加冕宪章中承诺"让我的王国永葆和平"。离开英国时，他会将这项工作委托给其他官员，其中一些人逐渐成为法律和司法程序方面的专家。作为法官，他们负责最重要的案件；作为行政官员，他们还必须统一日益复杂的土地所有权制度。由于富有的善男信女在遗嘱中向教会捐赠土地，修道院的数量增长了，其地产也日益扩张，这不可避免地引发了相关所有权和收取租金权利的法律争论。国王的官员必须考虑教会的要求，对其财产分门别类，并明确相关权利。在这一过程中，官员可能会援引为亨利一世起草的法律，且他们显然认为应该承认英国的传统。在这方面，他们使用的程序与主教召集的、用教会法来处理教会和家庭事务的教会法庭完全不同。与此同时，郡和百户的法院继续负责审理地方纷争，包括谋杀、盗窃、强奸、伪造和纵火指控。它们使用宣誓、审讯和决斗审判的传统程序，来决定棘手的无罪和有罪问题。

经历了 12 世纪中叶斯蒂芬统治的混乱，英格兰的新国王亨利二世开始了政治和法律改革。他制定了关于债务、葡萄酒销售和其他商业活动，以及持有武器的规定。他还任命了少数自己最信任的顾问担任法官，引入新的规则来管理司法程序，包括传召证人、任命官员，以及决斗审判的替代方案。新法官在全国各地召开巡回法庭（eyre）。在集会上，他们回顾当地最近发生的案件，调查对地方官员的投诉，并听取案件的审理。为了在程序上指导这些法官，亨利二世颁布了新的令状，明确了提出法律主张所必需的书面形式，后者可以类比到罗马的程式诉讼。借此，国王和他的法官开始将法律实践及其原则系统化，从而逐渐建立起一种新的"普通法"（common law）。亨利任用的法官大约有一半是神职人员，他们同时在教会法庭和皇家的巡回法庭任职，因此相当熟悉教会法。在特殊情况下，比如 1164 年对坎特伯雷大主教托马斯·贝克特的审判，律师们甚至可能使用基于罗马法的论点。这起案件间接促使亨利颁布了一项重要的新令状，即"新近侵占土地之诉"（novel disseisin），该令状规定了对土地提出索赔的程序。[28] 通过这些方式，罗马民法的理念和原则逐渐渗透到英格兰的司法实践中。但它们的影响力仍旧有限。新的令状和程序基本上是零星规定的，是对当下问题和实际需要的回应，主要针对土地所有者在财产、租金和继承权方面的争议。它们反映的是由来已久的习惯和传统。

也许是因为亨利二世对法律的兴趣，12 世纪末，某位年轻学者创作了题为《论英格兰王国的法律和习惯》的文集，并以其资助人拉努尔夫·德·格兰维尔（Ranulf de Glanvill）法官的名字署名。此举显然是受到查士丁尼《民法大全》的启发，这位学者希望借此向那些更熟悉民法的人解释英格兰王室法庭的做法。也许他甚至希望自己的研究成果也能够被当时刚刚创建的牛津大学拿来作为教材。[29] 这位学者宣称自己所描述的是"英格兰法律"，虽然后者并非成文法，但正如他所解释的，它的确是国王法庭实际在使用的法律。他坚持认为英格兰的普通法自成体系，就像当年在博洛尼亚制定并由巴黎法院使用的民法一样。

　　在实践中，亨利二世任命的法官承认新的令状，规定了一系列标准方案，以规范土地所有权、继承权、监护权、寡妇的法律地位，以及地主阶层关切的其他问题。渐渐地，他们的工作扩展到了不那么富有的公民的法律事务上，比如佃农，这些人可能会援引新的令状来抵制领主的相关要求。13世纪初，由亨利·德·布莱克顿（Henry de Bracton）领导的几位国王法官尝试进一步巩固和系统化英格兰普通法，他们撰写了长篇文集，描述国王法庭正在适用的法律。然而，尽管法官们宣布国王对王国的法律拥有完全管辖权，但亨利的继任者中没有任何一位试图制定一部全面的法典。英格兰的国王们无视民法的先例，满足于让法律通过令状制度发展。人们强烈地感觉到英格兰普通法基于古老的习惯。想要挑战国王约翰权力的贵族感到自己有权制定一份法律文件来限制王权，这便是《大宪章》。

　　尽管国王仍然可以颁布法令来补充司法判例，但《大宪章》等主要立法已经对各个领域的法律做了改革。除了限制王室权力的著名条款，《大宪章》也涉及监护和嫁妆、放债人的监管、度量衡和皇家森林的管理，还有与外国商人、雇佣军和人质相关的规则。同样，它也提出了许多旨在改进法庭程序的措施。其中一些条款确实赋予民众新的权利，例如在被非法剥夺土地的情况下可以主张法律救济。但在很大程度上，是王室法庭的法官在发展普通法。在接下来的几个世纪里，他们变得更加专业，发展和完善了令状制度，并逐渐将国王法庭的管辖权扩大到传统上由地方法院审理的案件中。

　　在英格兰的大学，学者继续教授罗马法，许多法官来此接受训练。但与欧洲大陆的同行不同，在英格兰，辩护人是通过学徒制和实践来学习罗马法的。[30] 最初，他们聚集在威斯敏斯特的民诉法庭（Common Bench），聆听诉讼过程，记录最有趣的案例，研究法规，可能还参与辩护活动。大约从13世纪40年代开始，这些人开始扎堆搬进圣殿骑士团的公寓，也就是如今的舰队街。很快，他们涌入该地区的其他客栈，以便出入国王法庭。不久，他们建立了一个由资深律师组成的协会。，最终，这个新机构为有抱负的辩护人推出了培训计划。与此同时，法官开始查阅以往的案件记录。渐渐地，他们在处理法律问题的方法上达成了共识，而查阅过去案例的做法也最终导致了判例法制度的形成。

　　当然，英格兰和威尔士的大部分法律，其实与欧洲大陆国家出现的法律没有太大区别。牛津大学和剑桥大学的法学家更巩固了民法作为这两所学校最负盛名学科之一的声誉。但是，从英格兰辩护人及其培训机构使用的判例和程序来看，英国普通法走上了一条与欧洲大陆不同的道路，而且到目前为止依然不同。当法典编纂运动在18、19世纪席卷欧洲大陆时，英国几乎没有什么有影响力的倡导者。在这里，法官和律师依靠过去的判例，继续制定自己的法律。

* * *

　　西欧发生的这些相对平淡无奇的事件，最终为如今主宰世界的法律体系奠定了基础。但这一切并不是无可避免的必然。西欧国家制定的法律也没有任何内在的合理性或优越性。大多数日耳曼法典都是杂乱无章的规则和判决条目，掺杂着被随机编入其中的习惯，以及被强行塞进无关语境的罗马法律和相关概念。但整个西欧的统治者们都受到了宏大严密的罗马传统启发，并采用其形式，渴望获得历史上帝王的权威。最终，更加雄心勃勃的统治者扩大了法律的适用范围，以反映不断壮大的政府的需求，还创造了目的更务实的规则。《民法大全》的重见天日，让民法在神圣罗马帝国和法国、西班牙诸王国获得了崇高的地位与权威，也让民法和普通法之间的主要分歧得以显现。同样，它还让法学家重新获得了尊重。在英格兰，当统治者们确认了他们想象中的古代英格兰法律传统，而不是采纳民法时，他们显然已经决定另辟蹊径，而这绝非最后一次。随着时间的推移，英国法律从令状、法令和有记录的判例的结合中发展成形。这与罗马法截然不同。

　　这些立法都与美索不达米亚国王致力建构的法律制度相去甚远，但与美索不达米亚国王们一样，欧洲统治者承诺自己制定的法律将给人民带来和平与秩序。法律代表着一种更高的秩序，那是加冕宣誓中援引的上帝的秩序、罗马法的知识秩序，以及正义的秩序。这些都是人们认为统治者应该颁布和尊重的命令。这一切，为法治理念奠定了基础。

* * *

　　早期立法者制定规则，借此在其势力范围内维持秩序，而这些规则最终发展成为伟大的法律体系。但不同的统治者追求的是截然不同的立法愿景。美索不达米亚国王承诺为他们的人民伸张正义；印度教婆罗门解释达摩的原则，以指导宗教信徒的言行；中国统治者希望在动荡的时代实现和平与秩序。这些关于正义、责任和纪律的立法活动是独立出现的，一开始相当温和。但美索不达米亚法律所采取的决疑式立法技术为以色列祭司和希腊公民所采用；婆罗门带着经文在东南亚各地传教，赢得了信奉佛教或印度教的国王的支持；中国统治者则将法律适用于庞大国家中的子民。与此同时，罗马公民效仿雅典人制定成文法以寻求正义，却不知道他们正在为世界上其中一个最具影响力的法律体系奠定基础。犹太法律为伊斯兰教法学者提供了榜样，在推行新兴宗教体系的同时，建构全新的法律传统。

　　本书的第三部分主要考察欧洲君主如何最终将这些不同的正义、责任和规训的野心结合起来，造就了主宰世界的法律体系。但在这几个世纪里，国王、皇帝、学者和法官都受到启发，制定了属于自己的法律。在规模有限的社群和网络中，神职人员、委员会、农民和部落成员也为实现各自的目标制定规则。其中一些是精心制定的法规，另一些则严格遵循某个伟大的法律传统的形式，还有一些则大胆主张自治。与此同时，各地的法官和调停人也都制定了复杂的程序，以确定事实真相。并非所有人都有建立国家或帝国的野心，或持有捍卫宇宙秩序的愿景，但他们无一例外都描绘了一种文明的理念。普通人创造法律，是为自己及其生活的社群描绘理想社会秩序的大致轮廓。

第二部分　文明的承诺

第七章

在边缘

基督教和伊斯兰教之外的立法活动

　　国王、牧师、法官和学者制定了规则，这些规则发展成为世界主要的法律体系。但行走于权力边缘的人群也把握住了法律提供的可能性。部落成员、士农工商、达官显贵和书记官吏，都在借律法实现自己的计划和抱负。与主要法律传统的创始人相比，他们显然不指望实现什么宏图大志，但都在寻求通过新的方式来规范自己所生活的世界。在中世纪欧洲的西部边缘，早期爱尔兰的小小王国和冰岛自由邦，书记官为统治者写下了一页又一页复杂的法律。在东欧，欧陆和拜占庭法律启发了早期俄罗斯公国的主教、王子和商人。与此同时，面对伊斯兰扩张的威胁，一位亚美尼亚牧师着手为自己的祖国制定了律法。在很大程度上，欧洲各国的法律是由习惯和传统塑造的。这里的人们还信奉统治者应受社会正义、宗教纪律，以及法律规范约束的观念。

* * *

　　在公元伊始的最初几个世纪里，罗马人乘船首次横渡爱尔兰海时，发现了成片的殷殷牧场，郁郁林地点缀其间。这里的农民种植谷物、照料牛群。[1] 富人居住在山顶的堡垒当中。他们资助德鲁伊，并且马上意识到全新贸易形式带来的可能性。很快，他们便开始从英国和高卢购买葡萄美酒、精致布料、玻璃器皿、陶器珠宝，并用猎狗、食品和奴隶作为交换 。他们采用罗马人的农业技术，搭建水磨，种植新的谷物品种。随着生产得到改善和人口的增加，这些富人积累了更多财富。

贸易商和传教士也把基督教的思想带到了爱尔兰。5 世纪，罗马人从不列颠撤退后，教皇塞莱斯廷派了一位主教去向"相信基督"的爱尔兰人传教。一段时间后，奴隶贩子俘虏了某位受过良好教育的英国农民的儿子，并将他运到爱尔兰放羊。这位可怜人终究逃走了，但到头来还是决定返回爱尔兰传播基督教。这位后来被称为圣帕特里克的牧师轻而易举地赢得了劳苦大众的信任，毕竟他了解穷人的生活。他很可能还以罗马时代的典范，鼓励、启发了许多当地精英，让他们皈依基督。这些富人投桃报李，适时出手召集教士，资助主教，兴修教堂。虔诚的皈依者三两成群，独身于世，勇敢者则踏上危险的航船，将自己所信奉的宗教带向更遥远的海岸。

此时，爱尔兰的部落首领们已经确立了自己的统治地位，6 世纪，岛上大约有 150 多位所谓的"国王"。这些首领周围，聚集着成百上千被称为"图斯"（túath）的仆从聚落，国王给予他们牲畜、土地和保护，以换取产品、服务和忠诚。其中的一些统治者逐渐积累了优势，他们要求势力较弱的统治者向自己进贡，并召集自由民参加地区议会。最终，在爱尔兰诸省中，五位占据上风的国王崛起了。[2] 但没有任何一位有能力称霸全岛。对大多数人来说，重要的莫过于自己与直系国王的关系。所有自由民都被要求与某一位国王建立仆从关系，并加入其管辖的图斯聚落。一旦国王需要制定条约、发布法令、征募士兵或解决纠纷，他就会在公共集会上咨询自由民。"半自由民"的自主权较低，与国王关系更密切。国王允许他们使用土地和牲畜。富有阶层可蓄奴，通常是战俘，而穷人则可能因为债务不得不卖身偿债，沦为富人实际上的奴仆。[3]

国王们还资助诗人、精通法律者 (lawyer) 和神职人员。[4]这些诗人是爱尔兰悠久传统的传承人。他们吟诵歌谣、故事和家谱，歌颂国王，并为观众戏剧化地呈现爱尔兰的历史。作为专业人士，他们必须先学习大量文本，然后才能练习自己的表演技能。精通法律者则专门背诵谚语和格言，用令人印象深刻、往往晦涩难懂的法谚来传递与行为好坏、道德和社会关系有关的日常智慧。世袭的诗人和法学专家，通常会把子嗣送到新成立的修道院学校接受训练。与此同时，不断壮大的神职人员群体挤占了德鲁伊的生存空间，使其最终沦为十字军东征的牺牲品。

这些诗人和法学家同时受到基督教及其专家的启发和威胁，后者为他们带来了全新的识字和学习技术。此前，爱尔兰人使用欧甘字母体系（ogam），它们通常被刻在碑石上，用于记录家族谱系和古人智慧。相比之下，涂写在羊皮手卷上的拉丁文更加实用，到了 7 世纪，诗人和法学家已经将拉丁文改造成当地的方言。由此产生的古爱尔兰语非常复杂，有 14 个名词变位、介词变位、中缀和后缀代词，以及复杂的首辅音音变系统。中世纪的爱尔兰诗人和法学家在修道院学习错综复杂的语法，并加以系统整理。与此同时，他们也在修道院学习宗教文本和教规。然后，他们运用这些新知识记录爱尔兰的传统。当诗人撰写家谱、年鉴和圣人生平时，精通法律者模仿基督教规的形式，将爱尔兰的传统谚语和智慧发展成一套律法。[5]从 7 世纪到 8 世纪中期，在大约一百年的时间里，他们用大量的羊皮纸誊写了几十种文本，其现代版的篇幅也有六卷之巨。[6]

爱尔兰地区的许多法律，关注的都是当地农民之间产生的各种实际问题：如何在继承人之间分配土地，应为伤害支付多少赔偿，以及哪些罪行应受到惩罚。荣誉和复仇仍然影响着爱尔兰人对其社群的思考方式。与日耳曼部落一样，支付赔偿金是解决争端的基本方式。爱尔兰法律规定了谋杀和伤害的赔偿金额；惩罚侵入、盗窃和砍伐树木等行为；规定了相关法律程序；制定了契约、贷款、抵押和担保的规则。自然，许多法律都与农业有关，它们描述了土地的不同类型，对围栏、道路的维护进行监管，还规定了对牲畜侵入和破坏树木的处罚措施。精通法律者事无巨细，对于许多平凡琐碎的问题令人惊讶地着墨颇多，如狗猫类别、牲畜价值、小牛的照顾寄养，以及马匹品质。[7] 养蜂采蜜这件事就给一位负责立法的书记官带来了一系列独特的棘手问题。爱尔兰人珍视他们的蜜蜂，将蜂蜜用作甜味剂，甚至入药。采割蜂蜜也是少数允许在安息日从事的几种工作之一。但蜂群很难控制，经常逃逸至邻近的地方。这位书记官试图将有关牲畜财产所有权和责任的规则应用于养蜂实践。尝试未果后，他又在管理流经多处私产的磨坊溪流的法律和关于种植探入邻居土地上的树木的规则中寻找有用的相似之处。有鉴于此，这位书记官为养蜂人编写了一份包含复杂规则的法律文本。条文之复杂，对于需要随时冲入田野、越过栅栏，使用篮子和冒烟的火把追赶蜂群的农民来说，意义不大。但是，就像之前的罗马法学家所做的那样，这位立法者显然很享受这项任务所带来的智力挑战。[8]

超过半数的爱尔兰法律涉及社会地位问题。所有自由民都有所谓名誉价（honour price）。任何不法之徒若侮辱、伤害或讽刺自由民，盗窃自由民或其亲属或家属的财产，拒绝任何自由民的款待，或袭击自由民的住宅、猥亵自由民的妻女，都必须支付对应的价格。甚至有法律规定，如果借用节日盛装而没有及时归还，就必须支付名誉价，以补偿出借方因穿着不当而遭遇的尴尬。[9] 一个人所对应的名誉价，也影响到他在案件中所做宣誓的质量，以及索赔的证明力。也就是说，名誉价是社会地位的标志。在法律中，王权被区分为三个等级，自由民也被划分为若干等级，除此之外，就是位于社会底层的不自由的人。法律还通过明确对应的技艺和职责，来对专业团体做出区分，比如牧师、精通法律者和诗人。相关规范涵盖医生、铁匠、木匠、乐师和艺人，其中一条甚至谈到了变戏法的、小丑、杂技演员和职业放屁师。[10] 其他条文则讨论了妻子儿女、寄养子女、远房亲戚、房客租户乃至癫狂疯子的社会地位，以及应该如何对待他们。

尽管爱尔兰地区的相关法律明确划分了社会群体，但其中许多规范极其复杂。关于国王等级的法律，规定了对应仆从的确切数量，而两类自由民之间的区别则体现在具体的牧群和房屋大小之上。现实不可能如此精确。相关法律文本巨细靡遗地规定了不同专业人员的素质，这要求法官必须是爱尔兰法律、诗歌和教会法方面的专家，而其所体现的法治理念，更多的是学术性的，而不是实践性的。法律还以两种抽象的计量单位，即塞特（sét）和库马尔（cumal），规定了罚金和名誉损害赔偿的标准。塞特最初的意思是财富，后来是牛，而库马尔的字面意思是女奴，但这两个词后来都被用作货币单位。例如，一个库马尔可能被认为相当于若干塞特。在实践中，人们会计算手上任何有价值的物品的数量，通常是银币、耕牛或谷物的数量。[11] 就像某些日耳曼法典一样，爱尔兰法试图将秩序强加给那些本来应该不那么井然有序，而是更加多样化的社会关系。

法律文本非常详细地阐述了法官的职责，当发生严重的纠纷时，当事人可以向法官求助。[12] 优秀的法官不仅需要了解爱尔兰法律、教会法律和诗歌，还必须准备好以宣誓的方式来支持自己的判决，并手按《福音书》发誓自己会说真话。如果法官对案件的判决不当，例如只听取一方的意见，便有责任支付罚款。这些法律文本为法律程序甚至推理方式制定了复杂的规则。法官必须说明他的判决是基于"法律韵文"（legal verse）、格言、《圣经》文本、类比还是"自然法"。还有关于宣誓、考验、决斗，以及证人和担保人适用情况的规定。如果双方对事实有分歧，法官需要找到了解真相的证人，证人可能必须经受考验以确定其证言的可靠性。如果案件涉及口头协议，担保人需要证明契约成立。另外一条法律则提到，如果涉案价值极低，那么相关案件的审理就很有可能仅仅关注"正义"。这样一来，就需要不同类型的证据。与此同时，被抚养者或出身最底层的贫民，需要从亲属或国王那里获得担保。[13]

　　尽管创制了极为复杂的法律制度，但爱尔兰的国王们却没有建立任何机构来执行相应的判决。胜诉方不仅要向裁判者支付酬劳，还必须依靠家庭成员才能迫使不法分子支付赔偿。即便是远亲也有责任为家庭成员的过错和债务负责，而这些远亲也可以反过来要求帮助起诉或提供担保。他们甚至可能会被纠纷双方牵扯进来，胜诉的当事人可能不得不通过"扣押"的方式来收债，也就是说，直接从债务人或其担保人那里取走财物。围绕这些实践，爱尔兰地区的法条设定了复杂的规则。债权人可以象征性地进入债务人的土地，以说服对方接受判决结果，但如果债务人地位很高，债权人必须事先通知，并等待数日，然后才能扣押财物。这实际上是迫使债务人偿还债务，或提供担保，或通过禁食来挑战债务。这些规定可能会使法律程序看起来比实际情况更规范、更受规则约束。但很明显，爱尔兰人认真对待司法案件，并关心程序的质量及其正义性。

　　爱尔兰人为什么要为这些法律主张投入如此多的精力和资源？一些最早的爱尔兰法律文本主要由格言和诗句组成，表明作者是在记录诗人和精通法律者的口头智慧。他们后来用更朴素的散文写作，最终形成了一种高度文学化的风格。但许多文本采用问答的形式，显然是模仿教师的做法。教师们可能用问答来训练法律专业的学生和有抱负的法官。例句列表和词源讨论表明了类似的目的。[14]例如，关于婚姻纠纷的法律规定区分了可能导致离婚的不同情况，以及对彩礼的不同处置措施，并详细介绍了支持索赔所需的证据。[15]规定还列出了一些法官可能需要考虑的实际问题，包括一个女人如何证明某天自己恰好处于经期。这些文本似乎反映了教师可能会采用什么样的案例来考察学生的法律推理能力。爱尔兰法律记录了传统智慧，并正式规定了法官可以而且应该在相关案件中援引的规则。但作者主要考虑的是学生，他们是在讨论学生应该使用的法律，而不是像统治者或立法会议那样以权威的方式制定成文法。最终，这些文本展示了一张复杂的法网，让爱尔兰社会看起来比实际上更加有序。

同样，爱尔兰的精通法律者仍然大胆地宣称法律的重要性。其中一段法律文本令人难以置信地坚持认为，是法律将身份区分引入了爱尔兰，同时无视了主张所有人平等的外来的教会法。[16] 学者可能只是记录了已经在格言和诗句中流传的思想，但在他们的推动下，法官需要参考这些法律文本来捍卫真理和正义之想法的产生。[17] 当然，这也确保了学者群体作为法律专家的权威性，并且至少在理论上限制了国王的法律权威。一些法律文本强调国王和他的人民之间应该存在的互惠关系。是人民任命了国王，而国王也必须支持和保护人民；如果不想让灾难和瘟疫摧残自己的王国，统治者就必须公正地行事。[18] 国王必须享用正确的食物，维护正确的堡垒，结交正确的朋友。法律条文警告，如果不好客，庇护逃犯，容忍讽刺，吃偷来的食物，或玷污自己的名誉，统治者就失去了他的名誉价，实际上也丧失了地位。有一段文字甚至描述了国王应该如何度过他的一周：星期天他应该喝啤酒，星期一听取案件审理，星期二玩棋盘游戏，星期三打猎，星期四做爱，星期五赛马，星期六听取更多的案件审理。[19] 这段令人震惊的指令性条文可能是基于古老的传统，例如国王应该为他的人民提供麦芽酒。它意在借用传统习俗来说明新基督教义中"一礼拜"的结构（有趣的是，其中只字未提礼拜）。但它也强调了国王应对人民负责的理念。统治者，正如约定俗成的那样，须受法律的约束。

通过在羊皮纸上写下古老的智慧结晶，立法者一定让爱尔兰人对自己的历史和身份产生了强烈的认同。教会及其神职人员可能获得了土地、资助和权威，但在诗人吟唱的家谱和故事之外，法律会给人们一种感觉，那就是存在一种正确的生活方式，一种植根于他们的土地和历史的生活方式。这就是爱尔兰人的爱尔兰法。任何一位国王都未能巩固对整个爱尔兰岛的有效统治。不能只将这一现象归功于爱尔兰法，但这些法律一定鼓舞了爱尔兰人，让他们怀抱着更大的信心来反抗专制统治，并坚持约束国王的不当行为。除了指导司法实践之外，这些文本还构建了一座法律大厦，至少有时可以制约权力的行使。

在经历了大约一个世纪的高强度立法活动后，爱尔兰学者似乎认为他们已经完成了任务，几乎不再编纂新的法律条文。相反，他们反复地阅读和注解旧法，就像中世纪的意大利学者为查士丁尼立法原文编写详细的注释那样。最初的作者们是想要解决当时存在的现实问题，但在接下来的几个世纪里，正是古老的爱尔兰法律赋予了他们权威。[20] 与此同时，没有哪个王国成功统一过全岛，但每个省份的统治者都觊觎已久，直到诺曼人在 12 世纪占领爱尔兰。入侵者将英国普通法引入了他们控制的地区，但他们对爱尔兰许多地区的控制仍很薄弱，在那里，爱尔兰法官继续使用他们的传统法律。到了 16 世纪，爱尔兰的法官们仍在援引将近 900 年前的法律。但权力和政治还是占了上风，当爱尔兰人被置于英国法管辖之下时，曾经辉煌的法律，最终在图书馆里觅得了安息之地。

* * *

就在主教筹建修道院的同时，一些皈依基督教的爱尔兰人选择了更为极端的奉献方式，他们乘坐脆弱不堪的柳条船向西北远海航行。到了 8 世纪，其中的一些人到达冰岛，并在空旷的土地上勉强建立起了堪称简陋的定居点，过上了有如苦行僧般的生活。岛上四分之三的地方被火山灰和冰川覆盖，就连河谷都寒冷荒芜，除了大麦和豌豆之外，几乎寸草不生。但这种令人失望的环境，仍然吸引了新的定居者纷至沓来。9 世纪末，一批挪威长船抵达该岛。赶走了爱尔兰隐士，挪威人在草皮房子里安顿下来。在那里，他们开垦耕地，种植作物。挪威人还会出海捕鱼，同时放牧牲畜。很快，他们就开始依靠肉、奶、皮毛维持生计。定居者得以立足并繁衍生息，在接下来的二百年间，冰岛人口从几千人增加到接近十万人。他们分散在山谷和沿海低地，组成了一个联邦，并在近四个世纪里抵制着任何形式的王权统治。[21]

　　首批挪威定居者建立了年度会议制度，史称阿尔庭（Althing）。所有成年男子必须参加年度会议。借此，每到仲夏时节，岛上的自由民都会集会两周，听取公告，接受传召，聆听演讲，解决争端。随着他们在沿海地区的进一步扩张，岛上居民划分为四个区，每个分区都有自己的集会（Thing），这些集会又进一步分为三个地方性的分会，每年由三个地方头人召集。每个家庭的户主都必须向其中一位头人宣誓效忠，并参加当地的集会。他们也可以参加阿尔庭会议，富人必须为其出资。至少在最初，这是一种非常民主的活动形式。头人们负责维护所在地区的秩序，监督公共事务（如分配草地），处理逃避公共职责的人，并为穷人提供保护。他们设立法庭审理法律纠纷，处理盗窃或巫术指控，并没收不法分子的财产。他们还必须参加阿尔庭会议，并召集当地的集会。在本地的集会召开前，头人还要先清理举办会议的场地。

　　在阿尔庭会议上，负责宣讲法律的人会背诵岛上的法律。这一做法源自首次会议上的决议，对冰岛的治理者来说至关重要。负责宣讲法律的人必须每三年至少背诵一次岛上的法律，这样普通人才能听到并记住相关内容。他还要负责将年轻人培训成为法律专家。他会与48 位头人（后来是两位主教）共同出席一个名为拉格列塔（Logretta）的委员会，负责制定新法，听取并回答有关现行法规的问题，并审议对特定法律和义务的例外或豁免请求。但是，与爱尔兰的情况类似，冰岛的法律似乎过于繁复。

冰岛人之所以写下自己的法律，首先是因为他们具有了读写能力。虽然最初对爱尔兰基督教徒粗暴无礼，但他们愿意听取来到这片岛屿的传教士的教诲。百余年后，阿尔庭决定所有冰岛人都应该皈依基督。伴随传教士而来的还有文明开化，特别是识字。1117 年，阿尔庭会议委托几位书记官为冰岛制定成文法。此举开创了一个先例。在每一次阿尔庭会议上，拉格列塔委员会都委托专人在接下来的冬季月份进行法律审查和修订。由此开启了一股法律创制的洪流，每年委员会都会批准新的立法。到 12 世纪末，因为立法与修法数量过多，三年背诵的规则已经失效。拉格列塔委员会被迫制定了引证制度，告诉人们哪些法律规则仍然有效。几十年后，上述法律文本最终被汇集到一部法律当中，而该书的现代版足足有七百页。

即使这部法律手册中的若干规则已经过时，但相关努力无疑证明了冰岛人在立法方面的执着与热情。通过法律规则，冰岛人对农业活动进行严格监管：农民要充分利用土地，并最大限度地开发耕种，其目的大概是让农产品有所结余，进而提供各自分区集会的开支。除此之外，人们必须善待邻里，平等待人。另外一项法律要求，如果邻里田地上的干草被风吹到自己的土地上，需要将这部分干草单独分离出来并归还。[22] 冰岛法律还详细列举了一些极为罕见的法律条款，包括人们在需要迁坟时挖掘和移动棺椁尸骨的方式。这项特别的法律规定了应该被要求提供帮助的邻居的数量、应该使用的工具，以及应该开始挖掘的时间，并指示人们必须像寻找金钱一样仔细地寻找遗骨。[23] 在这一规则当中，法律的叙述超越了每个人都应遵守基本规则的这个层面，描述了理想的程序。

其他法律规定似乎有更实际的用处，包括对家庭成员的赡养和与家属相关的事务。在某些情况下，为了履行这些义务，拖欠债务的冰岛人可能不得不迫使亲戚们接受他作为债务奴。在配偶和血亲的赡养方面，冰岛古法规定了不同的义务。法律还规定，家庭成员必须分摊部分债务。之后，大约成书于 13 世纪的冰岛传奇史诗，即萨迦，经常描述因未能维持亲属关系而产生的争端，可见这些才是冰岛人所面对的真正重要的问题。关于杀人赔偿金的法律更为复杂，不仅规定了赔偿总额，还规定了如何在范围甚广的亲属圈子中分配赔偿，这个圈子甚至一直延伸至四代表亲。这些微小的份额计算起来会非常复杂。在许多情况下，甚至无法将一枚钱币分成这么多份。但这些规则是为了标明更广泛的亲属群体的成员身份。

在冰岛，家族十分重要。穷人依靠亲属获得经济支持，而想要提起重要的法律诉讼，也必须召集若干支持者。因此，亲属圈越大，权力和地位越高。死亡赔偿金本身并不像在爱尔兰和许多日耳曼部落那样，被用来标记地位差异，就法律而言，冰岛人同命同价。但实际上，财富的确带来了地位身份的差别。富人有义务分摊阿尔庭会议的开支，还要接济穷人。拥有提起诉讼的资源，也被视为一种个人名誉。势单力孤者须将所涉诉讼移交给更有能力的人，指望能够从最终获得的收益中分一杯羹。因此，地位可以通过财富和家庭关系获得，尽管同样也很容易因此失去。

冰岛人的成文法展现了复杂的法律程序。如果要审理重大案件，头人应挑选 36 人组成法庭。这些人大多是农民，所以他们聚集在田野里，坐在石块上，讨论证据和论点。更复杂的案件可能会提交到由所在分区召集的法庭，同样由 36 名裁判者审理；最高级别的审判，在阿尔庭会议进行，审理者包括由冰岛的 48 名头人提名任命的 36 名裁判者。上面提到的那本冰岛古代律法中，复杂而形式化的程序规则占了将近一百页。考虑到大多数裁判者都不是法律专家，仅仅是一群聚在一起定纷止争的农民，这些复杂的程序规则显然不会得到严格遵守。但一旦遇到困难，这些裁判者就可以向负责宣讲法律之人身边的法律专家寻求指导。显然，每个人都认为案件应该妥善处理。

对于冰岛人来说，案件的审理颇具观赏性。许多凑热闹的人聚集在一起，聆听最匪夷所思、最淫秽无耻的故事。穷孩子们则根据听到的案件情节假扮裁判者，甚至连奴仆也会时不时模拟审判找些乐子。[24] 然而，头人们并没有安排专人负责审判程序或者判决执行，也没有提供其他强制执行的手段。各方必须提出自己的主张，确保证人出席，组织听证会，并确保判决结果得到尊重，而这需要时间和资源。但岛上居民似乎确实尊重法院的裁决。裁判者通常下令支付三马克罚款，在重大的案件中，裁判者可以宣布罪犯为非法者，将其驱逐出岛三年。记录显示，法院经常不得不作出安排，以维持不法者家属的生活，这意味着岛民确实在集体执行相关司法裁定。

冰岛的传奇故事，往往讲述争斗、暴力和流血事件，可能会让这个岛民社会看起来比实际上更为暴力。事实上，许多冰岛传奇的内容也围绕着法律纠纷和案件审理展开。故事充斥着争斗、名誉和复仇的气息，并延伸到集会上的戏剧性事件。给人的印象是，冰岛人除了用拳头和武器争斗外，还在通过法律相互竞争，期待在本地乃至区级的审判中战胜对手。这些集会、委员会和法院可能为普通的冰岛人提供了挑战他人地位和权力的机会，同时也强化了他们受单一法律管辖的理念。"我们的法律"（vár lög），指的便是整个冰岛，岛上居民认为他们的法律和他们的社群一样古老。[25] 有些人甚至声称，冰岛法律尽管并非一直都是书面形式的，但起源于早期文明。这可以证实冰岛人是勇于反抗任何专制统治的单一民族。

这就是北欧定居者最初建立的社会，也是他们的法律所代表的社会。但"我们的法律"并没有永远持续下去。随着时间的推移，一些头人设法获得了比其他头人更大的权力，并对其管辖的人民及其行为行使了更多的控制权。家族族长的民主以及地方和地区集会的包容性结构逐渐瓦解。到了 13 世纪中叶，最初的 36 个头人只剩下 12 个。

可能是觉得与更强大的君主结盟对自己更有利，这一小部分精英最终在 1260 年将这片岛屿拱手交给挪威国王。这也意味着这里的人们要服从挪威法律。但冰岛人不允许自己的法律消失，书记官仍然坚持将散见于大量手稿中的法律内容汇集成册，史称《灰雁法典》(Grágás)，被视为冰岛文学和法律的不朽记录。其中一些法条，在被收录时可能就已过时，剩下的也很快为时代所抛弃。但冰岛人显然认为，记录祖先之法十分重要。法律编纂项目恢宏壮阔，成为冰岛人与其自治传统渐行渐远的最好证明。

* * *

这一时期，位于世界尽头的爱尔兰和冰岛这两处偏远社群，受已然衰颓的罗马传统启发，努力编撰各自的法律，而在东方，罗马法传统同样没有成为历史的尘埃。在这里，教会成为罗马法的守护者，并得到了拜占庭皇帝的支持。

10 世纪末，东罗马皇帝巴西尔二世遭遇手下两名将军反叛，在急需军事增援的情况下，他将目光投向了拜占庭帝国以北一大片领土的统治者，留里克王朝的弗拉基米尔大公。为了感谢弗拉基米尔雪中送炭，巴西尔允许他迎娶自己的妹妹，并安排他受洗入教。988 年，大公回到首都基辅，命令他的 12 个儿子和其他贵族皈依基督教。然后他命令城中 4.5 万名居民全数来到第聂伯河岸边，接受拜占庭祭司会的施洗。大多数人可能担心拒绝的后果，选择了顺从。当向河边走去时，他们无疑会对挪威、斯拉夫、芬兰和伊朗诸神木雕的破碎残骸印象深刻，这些神像甚至是弗拉基米尔几年前亲手建造的。

这位大公接下来命令罗斯的城镇统治者改变治下居民的宗教信仰。他在基辅建立了一座教堂，并颁布了简短的敕令，宣布将自掏腰包，向这一新设立的宗教机构提供资金支持。弗拉基米尔声称自己会遵循拜占庭传统，授权教会法院审理案件。他表示，教会法庭应该负责处理离婚、强奸、绑架和其他家庭事务的纠纷，对巫术和魔法的指控，以及教堂周围的不当行为。新主教将对神职人员及其家属、朝圣者、流浪者、医生、盲人、瘸子，以及教会和医院的工作人员，享有管辖权。同时，教会还负责监督称重和测量等度量工作。[26] 这一切，为俄罗斯第一部法律的创立奠定了基础。

相对而言，弗拉基米尔所属的留里克家族，算是来到基辅的移民。作为北欧商人和战士的后代，他们于 8、9 世纪迁居俄罗斯。在这里，他们袭扰并最终控制了斯拉夫各部。随着时间的推移，留里克家族开始在小城镇定居，买卖皮毛和奴隶。到了公元 907 年，他们与邻国拜占庭建立了建设性关系，并签订了一系列书面协议。根据这些协议，东罗马皇帝允许罗斯商人在君士坦丁堡停留和贸易。

罗斯各部一度争权夺利，但最终，留里克家族击败群雄，弗拉基米尔在基辅建都。到 985 年，他至少在名义上统治着一片广阔的领土。[27] 弗拉基米尔认为如果自己不是国王的话，也起码算得上大公。同时，可能是因为仰慕南方拜占庭皇帝和西方加洛林王朝的繁荣发达，他完全听从巴西尔的建议，接受了基督教。

1015 年，弗拉基米尔去世，这在他多段婚姻留下的众多子嗣之间引发了夺嫡之争。在接下来的几个世纪里，这一戏码反复上演。最终，雅罗斯拉夫·弗拉基米罗维奇取得了胜利，并像他的父亲一样，向君士坦丁堡寻求智识与启迪。在基辅，他建造了圣索菲亚教堂，堪称拜占庭式大教堂的缩小版。这位大公出资，用希腊语撰写公共铭文，并为教会编写新书。这一时期，君士坦丁堡已将基辅视为大城市，向其派驻了一位高级神职人员，直接对拜占庭教皇负责。雅罗斯拉夫在几个罗斯城镇建立了主教团。他还在基辅附近建造了洞窟修道院，该修道院的僧侣从君士坦丁堡订购了修道院规则手册。

后来，雅罗斯拉夫颁布了一套简短的法律，即《罗斯法典》。[28]

立法显然是为了解决罗斯人之间的冲突。法典第一条规定，对于杀人行为，与死者关系密切者有权实施报复，其他情况下，复仇者应做出赔偿。接下来的规则，对不同类型的伤害和盗窃、侮辱和窝藏奴隶等行为，分别规定了不同的赔偿金额，并给出了起诉者需要提交的具体证据的种类。这些相当基本的法律可能反映了罗斯贵族在一个仍受部落依附关系塑造的社会中面临的各种问题。雅罗斯拉夫的立法动机或许是以拜占庭和加洛林王朝国王为榜样，后二者都将立法视为基督教统治的特征之一。但与日耳曼人不同的是，雅罗斯拉夫命令书记官在书写成文法条时使用东斯拉夫人的语言，而不是教会的官方语言或拜占庭希腊语。雅罗斯拉夫的立法也没有显示出罗马的影响。《罗斯法典》的创制发生在诺夫哥罗德的骚乱之后，这很可能是对这座遥远且可能相互对立的城镇行使权力的一种手段。但他不可能指望他派去治理主要城镇的官员（包括他的几个儿子）会认认真真地贯彻自己的立法。[29] 他们充其量只是法律的向导而已。

在很大程度上，罗斯的农民、商人和工匠遵循自己的习惯，就地解决争端。但是，可能是受到法律和神职人员使用文字的启发，罗斯人开始写作。[30] 他们发现剥落的桦树皮尽管面积较小，但和羊皮纸一样好用，可以很好地替代后者。在写字时，他们用削尖的木棍在柔软的树皮内面上刮出字母。如此制成的卷状树皮轻如羽毛，易于长途携带。很快，商人们就开始用它们来记录商品价格，或是写下寄给身处远方的合作伙伴的交易请求。通过树皮纸，商人可以请求援助，向债务人发出措辞强硬的投诉，并威胁将他们带到"镇上"，也就是大公派驻的官员那里。识字群体很快就超出了商人阶层。孩子们学会了在树皮上写字画画，一位画师记录下自己接到的委托，一位女士向兄弟抱怨她受到了诽谤，另一位女士提出了持家理财的建议，某位年轻女子抱怨男朋友对自己不理不睬，而另一位女孩则收到写在白桦树皮上的求婚书。与此同时，一名年轻男子的父母咨询了媒人，一名僧侣为错过约会寻找借口，修女们寄出了关于修道院管理的便条，一名官员为自己不能供应渔获表达歉意，还有人在桦皮纸上写下了咒语和布道词。[31] 有些人会拜托誊写者写下自己想说的话，但识字的还是大多数。他们的信件包含指示和记录，而不是法律协议，但为更正式的法律实践铺平了道路。

雅罗斯拉夫颁布了更多法令以为教会提供财政支持，并赋予教会法院更多权力。商人们发现，有时真的可以从主教和高级神职人员那里获得公道，因为他们可能会说服顽固的债务人还清积欠的债务。不过，法院既是一种威胁，又是一种资源。一位商人的遗孀写信要求支付租船费用，指出她的丈夫在去世前明确了这笔债务的存在，并且请牧师记录了下来。因此，她警告说："赶紧还钱，如果不这样做，我就去找大公派来的官员，而你将付出更大的代价。"[32]

1054 年，雅罗斯拉夫去世，引发了新一波继承人之争，但在后来的某个时刻，他的三个势力较大的儿子彼此妥协了。他们很可能委托立法者增补了《罗斯法典》，使其条文增至四十三条。[33] 此时，《罗斯法典》的内容包括了关于杀害大公随从的赔偿规定，比如马厩主人、田地管理员、契约劳工、农民、奶妈和家教。它也规定了杀害大公的牝马或牲畜所需缴纳的罚款。法律还规定了盗窃船只、鸽子、鸡鸭或其他家禽、鹰犬、干草或木柴的处罚。法律禁止人们越界耕种，区分了白天和晚上杀死窃贼的行为，借此为那些在黑暗中反击窃贼的人提供免责条款。法律同时详细规定了盗窃蜂箱、蜜蜂和蜂蜜的不同处罚措施。这些看似随机的律法规定，可能考虑到了大公近侍的关切，也可能反映了法官已经实际判决过的司法案例。但没有证据表明大公曾大肆鼓吹上述立法，同样没有证据证明行政官员曾经在普通民众中推行过上述立法。官员收取什一税和其他捐赋，但对城镇和村庄的农业、牧业、家庭关系或手工活动几乎毫无行政控制力可言。这些法律的颁布不是为了直接实施，而是象征着留里克王朝统治者的恩威。

对大多数罗斯人来说，风俗（obychay）比统治者的法规（pravda）或牧师的道德指导更为重要。但是神职人员继续努力传播基督教的教义，并诉诸一种更高层次的基督教法（zakon）来铲除异教的"习惯法"。12世纪初，基辅罗斯史书《古史纪年》（*Primary Chronicle*）的作者写道："我们基督徒，无论来自哪个国家，只要相信'三位一体'，就只能接受一次洗礼，拥有一个信仰，相信一条教法。"[34]更进一步，他批评了那些故步自封，认为祖先习惯就是法律的人。拜占庭教会制定了若干规则，对于诸多罪行规定了许多不同的惩罚措施，以此来帮助牧师引导教民践行基督教义。高级神职人员还鼓励牧师向他们咨询法律问题。大约在1080年，基辅都主教约安二世发表了指导意见，内容涉及诸多问题。例如，牧师是否应该为虚弱得无法哺乳的婴儿施洗？或者不洁的母亲是否应该被允许喂养她的孩子？是否可以进食腐肉？祭司们该如何对待那些无视禁食、通奸的人，以及施行魔法或巫术者？行宗教仪式时，平信徒什么时候坐下，什么时候站着？应该如何处理受损的圣像？对于分居的夫妇或被卖出的受洗奴隶，应当行什么忏悔？罗斯的神职人员认真履行职责，执行教会的规则。[35]

几十年后，一位来自诺夫哥罗德的僧侣记录了他从一位主教那里得到的一些关于宗教仪轨实践的有力回答。据他讲述，有人在宴会上给主教带来了一只松鸡，却被主教命令将松鸡从篱笆上扔出去，因为"吃了松鸡之后，再接受圣餐乃是不洁的"。这位僧侣还写道，他给主教朗读了一篇通俗经文，声称在星期五、星期六或星期天怀孕，生下的孩子会成为强盗、通奸者或懦夫。主教只是淡淡反驳："你应该烧掉那些书。"[36]然而，主教可能会更为宽宏大量。例如，虽然根据教规，星期天和星期二之间应当禁欲，但主教仍建议不要惩罚一位因为无法克制自己，在星期一与妻子性交的年轻牧师。

到了12世纪初，高级神职人员开始抄写拜占庭的《法律教义》（*nomokanon*），即教规和教会宣言的汇编。[37]僧侣以其为模范，为自己的教堂制定了规约，告诉教会成员如何唱诗、跪拜、读经，如何行走，如何进餐，以及在哪一天吃什么，尽管被效仿对象的许多规则不太适合罗斯北部寒冷的气候，尤其是关于食物和衣服的规则。[38] 很快，神职人员就开始针对这些教法的含义以及适用的原则展开辩论。

留里克王朝的大公们继续支持教会，确认教会法庭拥有管辖权。与此同时，大公本人也被纳入《罗斯法典》的规范当中。到了 12 世纪末，修正后的《罗斯法典》已经增加至 121 条。增加的条款包括关于债务和利率的规定，对于储存中灭失的货物的责任，对在海难中失去财产的权利人的保护；对于契约劳工和奴隶的管理，以及如何处理他们所犯下的罪行；关于继承的法令；对奴隶类型的区分以及如何应对逃奴。值得一提的是，条文中增补了更多关于蜂箱的规定，以及追踪被盗蜂群的义务。对于要求偿还债务或主张拥有在市场上出售赃物所有权的商人，法律也规定了他们所需要提供的证据和证人。[39] 统治者的目光已不再局限于家长里短的小事，而是试图调节更大范围内的经济活动。

这一时期，相当一部分城市人口已经能够识文断字，并继续用桦树皮传情达意。到 13、14 世纪，担心自己行将就木的人们，开始以订立遗嘱的方式安排身后未尽事宜。进行商业交易时，人们也已经学会开具购买收据，并用书面文件作为土地所有权的证明，进而在发生纠纷时向官员证明自己的权利。[40] 商人们着手开展自己的法律实践，以扩大和提高商业网络的可能性和确定性。在波罗的海沿岸繁荣的城镇，早期的贸易协会汉萨同盟将来自德国和斯堪的纳维亚城镇的商人联系起来。罗斯商人中的佼佼者也获得了机会，加入这个巨大的商业网络。诺夫哥罗德的商人尤为活跃，他们向外国商人出口成百上千张松鼠皮，并且获得了利润。最终，在 1229 年，斯摩棱斯克与里加签订了条约，以规范罗斯商人在其他波罗的海城市的行为。该协议为最终规范联盟内部的关系，并制定更系统的贸易规则奠定了基础。[41]

12 世纪，留里克王族围绕继承权的斗争愈演愈烈，而罗斯人抵抗 1237 年蒙古军队进攻的准备明显不足。东方侵略者洗劫了基辅，摧毁了周围的农田，但他们并没有止步于此，很快继续挥师西进，基辅的许多政府机构因此得以保全。留里克王朝逐渐恢复了秩序，而在金帐汗国看来，罗斯大公的去任存亡，皆在其掌握之中。

都主教保留了自己在基辅的地位，宗教学者也得以继续他们的工作，翻译和誊写新的教会律法，包括都主教基里尔委托其创作的新版《法律教义》等法律文本。[42] 罗斯的书记官们有时会添加关于当地习惯的注释。其中一人甚至加入了本属于《罗斯法典》的条款，将教会和王室法律共冶一炉。高级神职人员仍然担心年轻一代的风纪问题。基里尔曾在一次主教会议上对国家遭受的苦难表示哀悼。他指出，人们四散逃难，城市落入敌手，王室被迫屈服，教堂落入不信奉上帝的不洁异教徒手中惨遭亵渎。所有这一切，归根结底都是因为教法遭到忽视。在会议上，他提出了一套新的规则，并强烈呼吁，在神职人员的领导下，每个人都要回归更有规律的生活方式。但是，无论基里尔如何成功地唤起了教会人士遵守教义的意识，留里克王朝内部的继承权之争仍在继续。13 世纪末，崛起的波兰和立陶宛统治者已经侵占了罗斯西部的部分领土，基里尔的继任者也搬出了基辅。最终，莫斯科大公拒绝承认基辅统治者的权威，这成为即将登上历史舞台的莫斯科大公国的开篇序曲。

在这一时期，规范着罗斯人生活的经文和规则杂乱无章。《罗斯法典》告诉富人如何管理劳工和奴隶，但对于财产所有权或日常农业活动几乎只字未提。在农村，人们基本上遵循风俗习惯。在城镇，执政当局负责处理这里的问题。贸易商用桦树皮发出要约承诺，并发展出一套标准的形式和做法，其中一些在后来的《罗斯法典》中得到认可。从事波罗的海贸易的商人，则依赖国际条约和汉萨同盟制定的规则。与此同时，高级神职人员敦促所有人都要遵循基督教的教法，而僧侣团体恪守自身严密完整的宗教仪轨与教法体系。

与爱尔兰人和冰岛人相比，罗斯社会更加复杂和多样化。他们寻求多种法律来源，目标和抱负也不尽相同，而这一切都取决于他们的身份和实际行为。大公们受到罗马皇帝的启发，也开始制定法律，尽管他们主要以解决实际问题为目标。教会牢记忏悔和规训。普通人依靠习惯和自己起草的书面文件，这成为一系列用来规范商业关系的法律形式的开端。

* * *

与此同时，在罗斯的南部边缘，拜占庭帝国的最东端，黑海和里海之间的一片山区，亚美尼亚人在那里休养生息。早在拜占庭征服之前，希腊人、安息人、罗马人和萨珊人就曾经先后在这里饮马洗剑，但在此期间，也有亚美尼亚国王统一人民的自治时期。301 年，在君士坦丁结束对基督徒的迫害之前，亚美尼亚人就接受了基督教，并建立了世界范围内最早的教堂。从那时起，即便一度被萨珊人征服后又并入倭马亚和阿拔斯哈里发王国，亚美尼亚人仍然秉持这种信仰。后来，亚美尼亚从哈里发那里解放，变得相对独立，但又在 11 世纪分裂成许多小国，最终于 1045 年被拜占庭人征服。此时，身为穆斯林的塞尔柱人已经威胁到拜占庭东部领土，他们在 1071 年向西进军，占领了亚美尼亚。穆斯林统治者废黜了亚美尼亚国王和领主，但其中一些人设法向南和向西逃往地中海沿岸，建立了奇里乞亚亚美尼亚王国，并在 1198 年至 1375 年间繁盛一时。

世事纷乱之际，亚美尼亚人始终坚定地信奉基督教。牧师和主教继续为他们的教民服务，建立起教堂和修道院，其中许多耸立在偏远峡谷的峭壁之上。他们还翻译了自 4 世纪以来主要基督教会议发布的信条。渐渐地，他们扩充了亚美尼亚教会法的文本。12世纪初，一位基督教神职人员不顾塞尔柱人的反对，基于《利未记》，为本教牧师编写了一本手册，称为《忏悔书》，他在手册中建议亚美尼亚牧师如何听取忏悔并予以开解宽慰。主教们担忧穆斯林的占领对其人民信仰的影响，这是可以理解的。塞尔柱人不接受亚美尼亚的司法形式，坚持认为所有争端都应提交给他们的法院解决，而亚美尼亚人将在那里受伊斯兰教法约束，这让基督教会感到不安。因此，主教们鼓励学者自行制定亚美尼亚法典，有几个人接受了挑战。其中一些人翻译了《叙利亚罗马法典》，而另一些人则选择参考拜占庭皇帝君士坦丁和利奥制定的法典，以及希腊人制定的军法。但最终，受人尊敬的牧师和导师、神学博士（vardapet）密克西塔·高斯编写的《亚美尼亚法典》（*Datastanagirk*）最为成功，影响也最为久远。该书从1184年开始创作，一直被亚美尼亚人沿用至16世纪。

密克西塔·高斯所创制的教法文本，主要依据是《旧约》、亚美尼亚本地教规和他的同胞最近创作的《忏悔录》。[43] 密克西塔开宗明义，强调了法官、世俗领袖和牧师的角色，然后是婚姻、离婚和子女关系。在这些章节中，他插入了关于大公和农民的法律条文。法条共计251条，但其中的大多数规则似乎有些随意。细心的学者发现，密克西塔所做的只是从不同的法源中依次抄录部分规则和评论。因此关于同一事务的规定会分散在书中的不同章节，例如与婚姻相关的规定。许多法律涉及教会事务，或是神学博士的工作和权威，但也有其他法律涉及世俗问题。比如密克西塔从《出埃及记》《利未记》和《民数记》中选取了有关农业的法律条文，并增加了新内容，以反映亚美尼亚在饲养家畜、非法砍伐作物、纵火、磨坊和牲畜销售方面的习惯。密克西塔偶尔会在文中承认他使用了口头资料，尤其是在讨论离婚、凶杀辩护和近亲婚姻时。另外，法典中对穆斯林习惯的贬损随处可见。密克西塔明确指出，亚美尼亚人如果必须和穆斯林接触，也应该避免使用那些最有问题的穆斯林规则。

在该书的冗长引言中，密克西塔解释说，通过自行制定法典，亚美尼亚人将能够避开异教徒的司法审判。他宣称，这本书将使亚美尼亚人在任何情况下均能参照正确的法律。同样重要的是，这将向外来人表明"我们自有一套生活准则，外人不要再指手画脚、求全责备"[44]。他显然希望，那些习惯了与博学的卡迪和有学术背景的穆夫提打交道的穆斯林官员，会对该法典留下深刻印象，进而允许亚美尼亚人管理自己的司法活动。但密克西塔还解释说，除了规定由法院和统治者执行的惩罚外，该法典还提供宗教指导，并讨论适当的忏悔形式。密克西塔制定的行为规则，既有道德目标和精神目标，也有适用于现实情况的法律。这很可能是因为受到伊斯兰教法的启发，要知道他自己所信奉的宗教当时正在与伊斯兰教法竞争。他强调，宗教事务应该始终优先于成文法典。密克西塔并没有将其制定的法律条文呈现为一部权威的法典，他既没有将其中的规则描述为对古代习惯的修订，也不认为其是全面的实践指南。尽管如此，他相信这样能使亚美尼亚人避免被迫走上穆斯林的法庭。

亚美尼亚人接受了这部法典，尽管从本质来看，它是临时性的，也不成系统，而且使用起来也犹犹豫豫的。在接下来的一个世纪里，学者对其做出了两次修订。例如，虽然密克西塔认为只有主教才能执行司法，但后来的作者将法律管辖权扩大到了地方王公。他们还试图将宗教和世俗事务区分开来。第三次修订则增加了更多关于实践和非教会主题的习惯规则。[45]

与此同时，奇里乞亚亚美尼亚王国繁荣发展，国王为欧洲十字军敞开大门，并为亚美尼亚教会的领袖兴建宗教设施。1265 年，国王的兄弟，同时也是一名高级官员，进一步修订了密克西塔制定的法典。他用本地人通用的奇里乞亚方言撰写，大概是为了使法典规定更为实用，他还对其进行了重新排序。修改后的文本从有关国王和贵族的规则开始，接下来分别讨论军事和教会事务、婚姻和遗产、商业活动的规定、农奴的地位和管理，以及补偿规则。密克西塔的法律文本起初显得模棱两可，但经过多次修订，它已经成为一套实用的规则，供那些试图维护自治、反抗外敌觊觎的统治者使用。[46]

　　1375 年，奇里乞亚亚美尼亚王国最终落入信仰伊斯兰教的马穆鲁克人手中，但这并没有宣告密克西塔法典的终结。3 个世纪前，面对塞尔柱人的袭击，许多亚美尼亚人向北逃到如今的乌克兰境内。1240 年，蒙古人占领了基辅，许多亚美尼亚人再次迁徙，这一次他们向西前往加利西亚和沃伦。聚集在较大的城镇，建立起自己的住所，充当金匠、银匠、画家和织工，还建造了自己的教堂。在后来的移民浪潮中，亚美尼亚人口数量进一步增加，其中不乏取得巨大成功的商人。1340 年，波兰国王卡齐米日三世占领了这片地区。这位统治者认识到当地人在经济上的重要性，并赋予亚美尼亚人、犹太人和乌克兰人保持自身传统的权利。他还宣布，各个民族可以执行自己的法律。在利沃夫等较大的城镇，亚美尼亚人建立了自己的法庭，当选的长者与裁判者坐在一起审理案件。至少在名义上，他们沿用密克西塔当年制定的法律，并加以修订，还将其翻译成拉丁文，以供波兰国王齐格蒙特一世御览。1519 年，尽管这位国王坚持认为涉及谋杀、人身伤害、财产损失和盗窃的案件应该由城市法庭审理，但仍然批准适用该法。[47]不同法庭的审判方式大同小异，但对亚美尼亚人来说，保持自己的传统和法律至关重要。

　　在接下来的几个世纪里，亚美尼亚人在东方贸易网络中扮演了重要角色，其足迹深入俄罗斯、克里米亚、奥斯曼帝国、波斯、印度和其他地区。他们在遥远的土地上建立了许多小型殖民地，并继续将密克西塔的法律作为重要参考。12 世纪，从《圣经》和基督教经典中引用的规则对居住在孟买和加尔各答港的亚美尼亚商人可能没有太多用途，但这些商人却大量援引本民族的法典，这代表该族群维护自身

法律和习惯的事实。当年，由那位虔诚的法学博士试探性制定的，既
具有象征性，也具有实用性的规则，已成为这个流散民族的法律和其
国族性的长期标志。

* * *

　　欧洲的大陆法律系和普通法体系刚刚起步，爱尔兰、冰岛、罗斯
和亚美尼亚的大公、学者、议会和牧师就已经写下了他们的法律。他
们在很大程度上采用了罗马传统的决疑式立法模式，但大多数立法都
服务于现实需要。这些法律反映了当地的习惯和社会问题，并提供了
证据规则和争端解决的规则。不过，它们同样反映出某种共识，即法
律代表着更高的原则，这是一种关于世界应该如何运行的愿景。俄罗
斯大公渴望拜占庭式和日耳曼式的立法实践。俄罗斯主教从君士坦丁
堡订购法律书籍，并采用基督教法的规训形式。可能是受到塞尔柱法
律的启发，密克西塔·高斯想展示出本民族对基督教的信奉，而他所
编纂的法典最终代表了一个流散民族的国族主体性。即使是相对务实
的爱尔兰和冰岛法律也服务于更为宏大的目标。法律规则的复杂性，
隐含着一种社会愿景，一种更高位阶的智识秩序。这些是独立且崇尚
公正者制定的法律，他们知道如何管理自己，知道如何通过法律控制
任何骑在自己头上的统治者。

第八章

恪守教法

印度教、犹太教和伊斯兰世界

印度教、犹太教和伊斯兰教更加注重义务而非权利。他们制定规则，指导个人的日常生活，阐发应该如何按照自己所笃信的教法行事，或遵循神所导引的世界之路。结果便是无数信众生活在法论、妥拉或伊斯兰教法经典的规训之下，至少在原则上是如此。但这些教法规则影响人们生活的方式是截然不同的。牧师、学者，乃至基层组织和社群压力，都在其中起到了调和作用。许多人努力让这些法则适应他们的生活环境，借用彼时彼地发展起来的法律规则和技术，来解决此时此地面临的实际社会问题。

* * *

中世纪，印度农民将大部分法律纠纷，提交给村议会和调停人处理，毕竟这些调停人最熟悉当地的风俗习惯。但这一时期的印度社会，同样受到印度教婆罗门及印度教法经典的影响。成书于 2 世纪前后的《摩奴法论》是最古老的印度教法，它激发了大量关于达摩的写作。

在接下来的数百年间，印度学者确认了将婆罗门和统治阶级置于平民和奴仆种姓之上的社会等级体系，并加以阐释。这些宗教专家建立起了一个基本上独立于任何政治权力的宗教权威体系，并逐渐将其输出到南亚次大陆的大部分地区。

在印度南部的广大区域，直到5、6世纪，牧民和农民才组成了部落，此时他们发展出了更为集约的农业系统，其活动也更为多样。[1] 后来，部落逐渐让位给村庄、城镇和市场中心；人们的职业更加专业化；地方首领的权力得以增加，其中一些最终成为国王。这些统治者中，许多人欢迎从北方移民而来的婆罗门，给他们提供土地、保护，以及税赋减免，以换取宗教仪式服务。婆罗门阶层一方面掌握土地，一方面继续以宗教专家的身份示人。统治者和普通人，无分贵贱，都来找他们寻求宗教或法律方面的建议。[2] 婆罗门关于宗教仪轨、纯洁生活和等级制度的理论，以及借由宗教文本阐述的社会规则，逐渐传播到了次大陆的各个角落。

实际上，种姓地位和职业问题需要婆罗门在法律层面给予大量关注。但婆罗门一般不会因琐事烦恼，而农民和工匠对与贸易惯例和农业习俗有关的学术观点不感兴趣。所有印度人通常都依附于不止一个社会团体。这些团体或组织，规定了成员对邻居、家庭、伴侣和同事的社会义务。法论明确要求国王应该承认这些习惯和法律。大约在同一时间完成的《政事论》则规定，王室的官僚机构应负责记录关于地区、行政区、种姓、家庭和组织的律法、交易、习惯和规则。[3] 12世纪，一篇对法论的评注提及，面对重要事项，不仅需要婆罗门做出决议，还需要行会、贩夫、商人、军队、种姓、牧民以及地区、城镇、村庄和家族的同意。这篇评注指出，这都是为了让各方认识到自己身为印度教徒所信奉的教法、贯彻的实践，以及履行的职责。另一篇来自印度南部的教法规范承认商团有权约束工匠的活动，并惩罚违反规则的不法之徒。就连佛教和耆那教等所谓"异端"宗派团体，也被允许制定自己的规则。[4]毫无疑问，大多数统治者认为这样做很有利。

事实上，许多团体互有重叠，人们往往需要同时遵守多种指令。比如某个织工可能必须承认其所属行会的规则、所在村落会议的指示、拥有该村庄土地的寺庙的命令，以及法论规定的他所属种姓的义务。[5]行业协会商定的是规范成员工作实践的规则，包括对违反规则者的制裁；陶工和织工团体会监管他们产品的材料、质量和风格；商人们聚集在一起，商定价格，确定货物质量和重量的标准。来自印度南部卡纳塔克的一份铭文提到了若干商人团体，包括槟榔叶卖家、油商、面粉商和其他商人。从铭文看，这些团体会惩罚成员袭击、盗窃、逃税、抢劫和违反契约的行为，以及任何未能为当地寺庙捐款的行为。牧民和兵士也都有自己的团体。种姓团体要求其成员参加仪式，并控制其婚姻、饮食和着装。佛教寺院也制定了规则，指导僧众如何进食、化缘，以及与世俗之人交往。

大多数团体，但凡不需要出于谨慎而对争议解决方案加以记录，一般都没有将规则落笔成文。即使有记录也称不上法律。但有时，有权有势的个人和地方团体会聚在一起，就如何管理公共事务达成协议。也许是寺庙需要扩建，或者水库、公共池塘或花园年久失修，或者自然灾害将脆弱的家庭逼到了饥饿的边缘。他们也可能会就仪式的管理和资助做出安排，包括为贫困孤儿或移民群体准备的过渡仪式（rite of passage）。

大多数情况下，在人们的日常生活中，地方团体的规则比法论或国王的命令更有存在感。但偶尔也有一些团体会将制定好的规则上呈国王，请求其宣导并保证其落实。虽然长者或某一种姓的成员可以就仪式职责等问题做出安排，但他们仍会要求婆罗门就关于婚丧嫁娶、财产继承的棘手案件给出建议。比如，父亲能把女儿嫁给丧偶的姐夫吗？根据一位婆罗门的回答，显然不行。另外，如果无法确定犯罪行为是否成立，尤其是诽谤或袭击，也可以咨询这些教法专家。[6]婆罗门的建议，几乎根本不区分法律规范与宗教仪轨。

16 世纪，由穆斯林建立的莫卧儿帝国碾压印度平原，同时引入了伊斯兰教法体系。大多数印度教国王沦为附庸。但苏丹允许现有统治者继续他们的宗教活动，并在管理人民和解决争端时遵循古代法律。法论的基本理念继续影响着人们的生活，尤其是种姓制度。某些情况下，关于财产交易、继承和证据等更具技术性的规则也是如此。但这一时期，婆罗门的任何著述都不再被视为约束较低种姓的刚性规则。大多数社会团体自行其是，制定自己的规则，通常采用的是他们从国王和伊斯兰宗教人士那里学到的法律形式。

* * *

在中世纪，许多犹太人同样深刻感觉到，自己与犹太教最高学者加昂渐行渐远。但进入罗马时代，大多数犹太人生活在紧密联系的同族社群之中，而这些社群往往分散在穆斯林占地的周围。最终，他们意识到，将自己与周围的人区分开来的正是犹太传统与宗教仪轨。这意味着通常情况下，犹太教律法在他们的生活中发挥着重要作用。

从 7 世纪开始，当倭马亚王朝横扫中东大部，一并征服巴勒斯坦时，许多犹太人也开始讲阿拉伯语，好让自己的生活适应所定居城镇的习惯，尽管他们仍然使用希伯来文书写。8 世纪中叶，阿拔斯王朝建都巴格达，而加昂们仍在孜孜不倦地研习教法。然而，同样在这一时期，尤其是在北非和西班牙，犹太侨民已经建立了其他学习中心，虔诚尊崇拉比的权威和犹太教法。

随着高附加值的商品源源不断从东方流入，全新的商业机会不断涌现，而在中世纪的大部分时间里，犹太商人都积极投身于异常活跃的地中海贸易。10 世纪，什叶派法蒂玛王朝在北非掌权，将阿拔斯王朝赶出埃及。这一时期，中东局势动荡不安。先是塞尔柱人在 11 世纪末到来，然后是基督教十字军东征，以及 12 世纪中叶马穆鲁克人的猛攻。早在马穆鲁克人于 1250 年征服叙利亚和埃及之前，法蒂玛王朝就不时遭遇大量敌对势力的袭扰，但他们的统治者还是勉力维持统治长达两个世纪。埃及的土地异常肥沃，它一直都为罗马帝国提供小麦，现在还出口了大量亚麻。如今，法蒂玛王朝正是在开罗建立了自己的首都。[7]

开罗取代了往南仅两英里之远的旧都福斯塔特，但后者仍然称得上重要的商业中心，也是许多犹太人的家园。无论是哈里发还是地方统治者，所有人都认识到在地中海水域航行的商船和从东方带来贵重物品的商队的重要性。因此，尽管有冲突，大多数人还是对往来君士坦丁堡、西西里岛和地中海沿岸各个港口城市之间的商人，给予了必要的尊重。埃及接收到从印度和远东经长途旅行抵达红海的船只上承载的货物，而福斯塔特成为外国货物最初流入的集散地，且运往外国的货物必须在福斯塔特支付关税。是福斯塔特的商人，向埃及其他地区提供了外币和商品，包括鞋子、衣服、工具、羊皮纸和墨水。

福斯塔特的商人中，许多都是犹太人。这些犹太社群在法蒂玛哈里发的统治下蓬勃发展，后者通常让他们和基督徒各自组织自己的事务。只要向政府缴纳人头税并遵守王国的规定，犹太人就会受到欢迎和保护。大多数情况下，犹太人聚集在城市中心，尤其是福斯塔特和亚历山大，其中许多人在那里积累了可观的财富。一部分犹太人拥有葡萄园、果园和田地，成为工匠或医生，甚至在伊斯兰宫廷任职。但在大城市，绝大多数犹太人投身商业。在这里，他们聚居在犹太教堂周围的街区，并在安息日步行前往教堂礼拜。但法蒂玛王朝并未建立单独的犹太人聚居区，因此犹太家庭与穆斯林和基督教徒常常混居一处。犹太人还在城中开办旅社，供外国商人投宿，饲养驮畜，储存货物。就像丝绸之路上的商队一样，犹太人的院子里总是堆满了一袋袋葡萄干、一桶桶蜂蜜、一叠叠牛皮或垫子。在开罗，犹太社区挤满了来自西西里岛、比萨岛、热那亚、塞维利亚和巴勒斯坦的旅行者。犹太商人的生意伙伴是穆斯林、基督教商人，以及他们的犹太同胞。

支撑着犹太社群的是犹太教会。福斯塔特有两个犹太教会，新都开罗也有一个，每个教会都有自己的犹太会堂和拉比。福斯塔特的犹太人大多是来自巴比伦和巴勒斯坦的移民。到了 11 世纪，当地的两个教会开始争夺信众，为信众授予荣誉头衔，吹嘘各自宏伟的妥拉卷轴、精美的地毯和卓越的宗教服务。但同时，这两个犹太教会之间的关系又相当和睦。每个犹太会堂的主楼和庭院都足够宽敞，可以容纳教区的所有信众，让大家聚集在一起聆听犹太教法、宗教教义和公共通告，并讨论公共事务。教会组织的全体信众大会还将对犹太会堂的维护、负责人员的任命、贫困儿童的教育、寡妇的生活支持、老弱病残的照顾，以及被绑架勒索的赎金等事项做出决定。此类全体大会无法制定约束全体犹太人的正式规则，因此记录其决定的文件往往只能由全体到场者签署。但是，在实践中，大会决定得到了整个犹太社群的尊重。

当地犹太领袖，也就是阿拉伯语中的穆卡达姆（muqaddam），同时履行宗教和法律职责。他们负责维护社区的和平与团结，决定宗教法律和仪式问题，进行宗教培训，并监督儿童教育。在长老会的帮助下，他们签署契约，发布规则，并代表社区与政府官员进行谈判。最重要的是，结婚、离婚，以及案件的审理，必须由他们决定或批准。随着时间的推移，巴勒斯坦学者对埃及犹太人的影响逐渐减弱。在开罗，出现了一位代表所有犹太教会的世俗领袖。[8] 1065 年，法蒂玛王朝当局承认这位犹太领袖享有王公的身份，即犹太人的纳吉德（nagid）或雷伊（rayyis）。如果获得足够支持，纳吉德可以终身任职。他最重要的任务便是充当政府及其官员的中间人。例如，当的黎波里的海盗劫持了一艘载有加昂及其家人的船只时，纳吉德就会找到哈里发舰队的指挥官前去营救。[9] 反过来，法蒂玛当局在评估和征收犹太人口的税款方面需要帮助时，就会去找纳吉德。尽管纳吉德本人不亲自征收赋税，但为慈善目的筹集资金，仍然是犹太教会高层的责任之一。

　　就居住在开罗的犹太人而言，他们需要在生活中遵守妥拉的教义。妥拉正是拉比在犹太会堂里解释的律法之源，也是犹太人代代相传的律法之缘。也正是这一点使犹太人与穆斯林和基督教邻居有所区别。即使平常的习惯、衣着和食物没有太大不同，只有犹太人会在自己的宗教殿堂里祈祷，并听取本族学者关于个人和宗教生活的建议。大多数犹太人可能意识到，他们的拉比和法官有时也会去咨询远在耶路撒冷和巴格达的宗教权威，并在祈祷时恭敬地念诵后者的名字。

　　1896年，两名在开罗旅行的苏格兰妇女偶然发现了一本相当罕见的希伯来文献。卖书的商人告诉她们，这本书来自某处藏经窟（geniza），即中世纪犹太会堂用来存放旧书的储藏室。犹太会众不想破坏任何以上帝之名命名的东西，因此他们会将旧书存放在特定的地方。与中国的随葬文献和敦煌经卷一样，这些犹太文献中有许多法律文书，基本上可以追溯到11、12世纪。[10] 很明显，从这些藏经窟出土的文件中可以看出，几乎所有犹太会堂都雇了一小群书记。作为少数识文断字的精英阶层，他们负责记录裁判者和社群长者的决定，并起草犹太人及其家庭在个人和商业活动中所需的文件，[11] 包括婚书、商业交易，以及解放奴隶的文件。起草者通常都声称所有这些契约的根据是"犹太人的法律""摩西和犹太人"或"摩西和以色列"。法庭文件上也有同样的声明记号。例如，裁判者向一名妇女的丈夫发出传票，理由是该女子曾用"巫蛊之术"，威胁另一名妇女，传票声明，如果丈夫推迟出庭，裁判者将"根据摩西的律法"采取行动。[12]

　　理论上，社群仍然是最终的法律权威，有时请愿书或协议是针对"长老和会众"或"以色列的孩子"的。事实上，根据传统，感到自己受了委屈的个人可以打断犹太会堂的公共祈祷，"呼吁犹太人帮助"，请愿者还可以走上讲坛，阻止宣读妥拉。甚至曾有愤怒的犹太信众试图将存放妥拉文本的圣物柜上锁。另外，想要上诉的女性必须找到男性亲友来为她们提起告诉。以下面这桩案件为例：一对姐妹的父母去世了，姐姐趁着兄弟不在家，强行霸占了由妹妹居住的祖宅，而妹妹感到不公，便说服了一位朋友在第二天替她公开提起告诉。[13]

纳吉德为上面提到的三个主要犹太教会任命了各自的大法官。在重大案件中，这三名大法官将共同组成一个法庭。[14]但他们通常单独审理案件，或将案件委托给他们任命的其他裁判者。大法官还会承认并批准非正式的法庭作出的决定。长老或商人团体会聚在一起解决纠纷，也许会要求训练有素的书记官以适当的形式起草法律协议，但与法官相比，他们可以采取更务实的方式。例如，在一个案件中，一名前往雅典的商人在出发前不久出售了一些不合格的葡萄酒。买家发现问题后却遍寻不到卖家的踪影，遂起诉了这位商人的父亲。法官拒绝听取告诉，理由是父亲对儿子的商业活动不负法律责任。但一群"正直的长老"成功地向父亲施压，要求他支付赔偿金。根据对协议的书面记录，父亲最终分期支付了赔偿。[15]

开罗的法官会在周一和周四开庭，这延续了巴勒斯坦的传统，在那里，法庭与集市同期举行。[16]开庭时，裁判者听取证词，讯问证人，并研究相关文件。大型案件可能需要在长达数月的时间里开庭多达12次，尤其是当裁判者面对口是心非的诉讼当事人时。一位书记官曾抱怨道："他们信口开河，很多都离题太远。"[17]当证据有争议时，裁判者最后的手段是要求双方对其证词的真实性宣誓。宣誓的程序旨在给人留下深刻印象，甚至会让人感觉恐惧。裁判者会从圣物柜中取出一卷妥拉，在黑暗中展开，然后置于盛放棺材的底座上，这时，羊角号（shofar）吹响，提醒人们死亡和最后的审判。然后，证人以上帝和"十诫"的名义宣誓，誓言中经常包括可怕的诅咒。即使是女性，在宣誓时也必须手持妥拉，进入犹太会堂的男性专区。如果两个商人对契约存在异议，在原告宣誓后，被告需要回答"阿门"，表示自己承担后果。

实际上，到了这一步，长者们往往能够在双方即将经历这一令人恐惧的过程之前让双方达成和解。

如果没有办法立即达成和解，裁判者会对案件的核心事实进行调查并作出决定，然后由当事人或裁判者本人将结果提交给一名或多名法律专家征求意见。有时，收到咨询的学者会再次将其提交给更资深的人士酌定。如果情况特别重要，当事人甚至可能会向耶路撒冷或巴格达的加昂寻求建议。在收到专家的意见后，法官会再次规劝双方和解，而当事人也的确经常以和解收场。事实上，法官会努力避免审判案件，因为做出错误的判决等于错误地应用了犹太教法。如果和解的尝试再次失败，而法官仍然心存疑虑，他可以向他的上级求助，或者当事人也可通过反向上诉的方式向纳吉德求助，要求后者指示法官做出判决。为了向对手施加压力，商人还可能威胁要向穆斯林法庭提出申请，该法庭可以受理涉及犹太人的案件，尤其是当其中一方是穆斯林时。然而，犹太领导人显然会强烈反对这种做法。

如果犹太法官认定一方犯了错误，就可以下令支付罚金。情节严重的案件中，犯人也可能被判死刑。例如一名被告曾宣称，如果对方能够证明他诅咒了耶路撒冷学院的院长，他就准备接受处决。但鞭打和放逐是更为常见的刑罚。11 世纪的案例记录显示，某个粗心的犹太屠夫遭到了鞭打，被迫认罪，另一位木匠也因为让非犹太雇工在星期六工作而遭到鞭笞。相较于鞭打，被驱逐出犹太社群的惩罚显得更为严厉。犹太人被禁止与被驱逐的人打交道，甚至连交谈或握手都不可以，更不用说提供食物住所或进行商业交易了。被驱逐者也不得进入犹太会堂，不允许以犹太教礼仪下葬。记录显示，一名破产的债务人违反了向债权人支付一定比例债务的庄严承诺，因此开罗的犹太法官威胁要将他驱逐出去。还有一个妇女使用虚假文件将她的兄弟诉至穆斯林法庭，对此犹太法官也做出了相同的恐吓。[18] 根据一份法律文件，驱逐令的内容还会包括可怕的诅咒。不过，在判决下达后，被告仍有一定的时间来"洗刷自己的罪恶",这通常意味着接受法院的判决。

驱逐也是一项可能跨越国界的制裁。在开罗发现的文件中包括一份驱逐令,它由亚丁的犹太法庭发出,是针对一名来自巴格达、当时居住在印度,但准备潜逃到斯里兰卡以逃避义务的犹太商人。[19] 在这些案件中,裁判者可以向远方的法官发出命令。同样,开罗法官可能不得不执行来自其他地方的命令,或者考虑在西班牙或西西里岛起草的商业协议的有效性。不过,犹太教法的适用圈子不大,裁判者很容易就能辨认出在远方签署授权文件的同行的签名。

犹太法官对于部分法律的落实相当严格,包括关于继承的条款。他们甚至觉得有义务援引兄弟继嗣婚(Levirate Marriage)的规定,也就是说,兄弟可以与已故兄弟的遗孀结婚,以延续家族血脉,而这与高度城市化的福斯塔特看起来格格不入。[20] 但在几个世纪中,犹太人也不得不调整一些法律以适应新的经济环境。他们往往声称,签订的契约是以"由犹太学者制定并在世界上使用"的形式撰写,也就是按照商业习惯来制定。同时,犹太教法学者还会采用实用主义态度。例如,在一名交易者就汇票的有效性问题咨询一位加昂时,他被告知:"我们的学者曾说过不应该使用汇票,但我们看到人们实际上都在使用汇票。因此必须在法庭上对其予以承认,否则商业将陷入停滞。我们会根据商人的规则进行判决。"[21]

开罗最著名的犹太学者是迈蒙尼德,他于1148年逃离穆拉比特王朝统治下的伊比利亚,前往法蒂玛王朝。他被任命为苏丹的私人医生,并很快赢得了极高的声誉。在其有关商法的研究作品中,迈蒙尼德也承认了妥协的做法。他在《买卖之书》(Book of Acquisition)中描述了传统的犹太合同法,并认为口头协议不具有约束力。在该书的66个段落中,他解释了如何获得不同类型的物品,但随后便承认,包括"土地、奴隶、牛只和其他动产"在内,任何东西实际上"都可以通过象征性易货获得"。他解释说,买主只需交出一些物品,就可以换取"建筑、美酒、牲畜或奴隶",无论这些物品实质上价值多少。甚至在支付货款之前,买主就已经获得了这些物品。这部分内容实际上是用来承认口头协议的有效性。迈蒙尼德认识到,对地中海贸易的顺利进行来说,口头协议至关重要。

经营不同门类商品的埃及犹太商人会签订合伙协议和代理协议,并起草关于利润和损失分配的契约。他们也会安排寄售,即为他人持有货物,或将自己的货物交存给他人,并以严谨的语言详细交代相关的安排。寄售大多数只持续几个月,到期之后,双方会考虑他们的业务,并分配剩余的货物和资金。不过,如果这次寄售成功,他们也可能续签协议。这些犹太商人通常会按照本族习惯,小心记录所有这些交易。[22] 几个世纪前,妥拉便已在以农业为主的巴勒斯坦的土地上诞生,对于上述复杂的法律安排来说,它明显不够成熟,但商人和他们的书记继续尽可能地遵循这些法律。

开罗商人经常与海外合作伙伴建立商业联系,而国际贸易本身就有法律上的困难。犹太教卡拉派不承认妥拉,并为契约制定了不同于主流的拉比派或穆斯林的法律形式。在一个案件中,一名卡塔尔商人向开罗的拉巴尼买家出售了奶酪,而来自阿卡拉比法庭的书记员不得不承认这笔交易的有效性。羊奶酪是中东人的主食,许多商人在西西里岛、克里特岛和巴勒斯坦购买奶酪,并将其运往埃及和印度,赚取了可观的利润。在本案中,这名书记证明了商人货物的质量,承认其适合犹太人消费,但他不得不诉诸巧妙的法律手段,以满足拉比派和卡拉派贸易商的要求,毕竟在涉及口头契约时,二者承认的是不同的规则。[23] 犹太教社群对婚姻的安排也各有不同,因此书记员在起草拉比派和卡拉派之间的订婚协议时,必须同时使用满足两者要求的格式,而这种事还时有发生。11 世纪的一些犹太契约就声称它们是"根据我们的学者制定的法规和国家法律"或"外邦人的法律"签订的,即参考阿拉姆语和希腊语的格式。[24]

在起草婚姻协议时，书记官有时会改用他们在商业活动中使用的法律格式。然而，到了 12 世纪，犹太教法开始更详细地阐述当事人的义务和期望。总体而言，妇女被赋予比以前更多的权利。例如，一些协议禁止丈夫强迫妻子搬到新家，或禁止他在未经妻子允许的情况下娶另一个妻子或获得女奴。一名书记官请求纳吉德批准他使用一系列新的短语，以将穆斯林判例翻译成阿拉姆语。另外，此时穆斯林习俗的变化鼓励犹太妇女及其家庭请求获得新的保护，这名书记官也希望将这些变化纳入传统的犹太契约之中。[25]

11、12 世纪，生活在开罗的犹太人比起部分同时代的族人来说更幸运。在也门，穆斯林统治者威胁犹太人放弃自己的宗教信仰，这促使迈蒙尼德在 1172 年写下了不朽名篇《致也门人书信》。[26] 但在漫长的中世纪，西班牙、意大利和多数北欧、东欧的统治者都十分重视治下的犹太社群。反过来，犹太人也适应了当地的环境，能够在不同的环境中蓬勃发展。他们的首领、法官和学者普遍认识到商人需要适应当地商业环境，并与来自不同地区的合作伙伴建立建设性关系。但学者仍然会援引妥拉和哈拉卡的文本。和在交易中使用经典格式的印度教地主一样，犹太学者也坚持使用技术性的法律规范和格式条款，从而使商业协议可靠、婚姻有效、索赔符合逻辑。与此同时，犹太法官遵循着经典规定的传统程序。这些规则和要求将他们与更广泛的宗教世界联系起来。其法律的基础是妥拉的神圣文本，通常也会有拉比们布道的主题，这使犹太人与穆斯林和基督教邻居区分开来。

* * *

除了犹太人，居住在地中海南岸马格里布的大多数人都是穆斯林，他们尊重自己的典籍和教法传统。[27] 众所周知，沙里亚为正确的言行指明了道路。祈祷、洗礼、宗教捐赠和分割财产的方式，这些都有正

误标准。与犹太人一样，穆斯林一般不认为社会关系准则和道德行为
规范之间存在任何严格的区别。他们的法律专家也未曾坚持厘清二者
的区别。伊斯兰教法是一套更为广泛的道德规范的一部分，旨在通过
规范信徒的道德和伦理行为来促进理想社会的构建。

在实践中，如果对日常生活中的某些宗教仪式有疑问，普通人会
咨询当地的律法学者，也就是穆夫提。但他们也会就世俗生活中的种
种争论求助于教法，比如产业的买卖、水源等资源的获取、结婚和离
婚、非婚生子女的地位等。在这些案件中，穆夫提和当地法官，也就
是卡迪，都可能被要求帮助解决争端。卡迪是案件审理的主要负责人，
但他很可能会求助于穆夫提，就不确定的法律问题寻求建议。正是从
这些法律专家的记录中，我们得以了解中世纪穆斯林的生活方式和他
们面临的法律问题。

到了 12 世纪，位于今天摩洛哥的非斯，已跻身当时世界最大城
市之列。柏柏尔部落的马林人向北迁移，并趁机推翻摇摇欲坠的穆瓦
希德王朝。最终，马林人占领了马格里布的大部分地区，将土地分配
给宗亲部将。但城市居民屡次反叛，尤以非斯人为甚。新的苏丹意识
到他们需要控制当地的精英。为此，他们选择将宗教作为武器，在当
地修建并资助清真寺和宗教学校，还创办了北非第一所伊斯兰学校。
他们所宣扬的正统伊斯兰教义吸引了大量学生。到了 15 世纪，马林
王朝摇摇欲坠，但非斯仍然是伊斯兰教的学术中心。1469 年，这里
成了举足轻重的伊斯兰教法学者艾哈迈德·万沙里西的避世之所。

在惹恼扎亚尼德王朝的苏丹后，万沙里西逃离阿尔及利亚，流亡
到非斯。在这里，他惊喜地与一位学生重逢了。这位学生是本地人，
出身名门望族。他邀请老师到家里做客，并不无炫耀地展示了多年来
收藏的大量手稿，其中包括数千份司法文件和法特瓦，后者是法学家
就疑难教法问题发表的法律见解或判断。这位学生应允万沙里西可以
来此观摩研习。为此，万沙里西雇了两头驴子，用来驮运自己最感兴

趣的文献。他小心翼翼地牵着驴子穿过狭窄曲折的街道，并在借住的院子里整理出两大堆文件。在接下来的 11 年里，这位教法学者皓首穷经，埋头研究，将其中大约六千份文档誊写成一份名为《教法之书》（*Kitāb al-Mi'yār*）的律法，囊括了过去 500 年间马立克派（Maliki）穆夫提发表的法律意见。[28]

尽管马林王朝的苏丹也会举行会审，但非斯城内的大部分争端都由大卡迪负责解决，而基层事务则由各个地区的卡迪负责处理。大多数情况下，庭审在举办星期五聚礼的清真寺或卡迪的住所举行。在庭审中，公民会要求卡迪证明交易的合法性，鉴定证人证词，确认此前法特瓦的权威性，以及围绕法律出现的其他争议。卡迪必须仔细评估证据，听取双方的意见。根据马立克派的教法规则，只有在证人证词可靠的情况下，卡迪才能做出判决。如果条件不满足，但卡迪认为需要解决问题，他也可以充当调停人。在这两种情况下，卡迪都可以向其他受人尊敬的教法学者请求获得法特瓦。此举通常有助于说服各方接受判决结果。如果案情简单明了，卡迪可能只需要请普通的穆夫提帮忙确认适用的法律原则；如果所涉问题相对复杂，卡迪就需要将目光投向最杰出的伊斯兰教法学者。

正是此类法律意见，构成了万沙里西收藏的数千份法特瓦。在注重法律规定的中世纪伊斯兰世界，海上贸易、非穆斯林身份、宗教供奉，甚至基督教节日，都是亟待解决的难题。穆斯林们把这些问题带到了穆夫提面前。很大一部分法特瓦都与继承有关，这可能反映了当时争议的普遍性。伊斯兰教法规定，财产所有者必须将大部分财产留给子女，而儿子继承的份额是女儿的两倍。但这些规定往往会引发争议，例如，财产所有者可能会试图规避上述规定，将部分财产变为以家庭名义实施的宗教捐赠。要想达成这一目标，需要采用正确的诉讼形式，并提供适当的见证。本来可以继承遗产的亲属显然会对此不满，就会质疑财产分配的合法性。接下来，可能会出现围绕相关概念及其具体解释的细致争论。作为裁判者，卡迪可能会邀请双方就相关文件的有效性宣誓。只有"完整的、有约束力的、合法有效的誓言"才会得到采信，而拒绝发誓者不会被支持。

许多法特瓦关心的是其他类型的家庭关系。在一起案件中，一个名叫萨利姆的年轻人声称自己是非斯城内某位首领阿里的亲生儿子。此时阿里刚刚撒手人寰，萨利姆要求参与分割遗产，而阿里的其他孩子对此提出了异议。[29] 萨利姆的生母是阿里女儿的奴隶，此前和阿里共同居住，萨利姆也是在阿里的家中长大的。在这个案件中，卡迪面对的问题显而易见：萨利姆是阿里的儿子吗？在缺乏直接证据的情况下，萨利姆召集了90多名证人为自己作证，包括亲属、邻居、朋友和专业证人。他们纷纷表示，阿里曾称呼萨利姆儿子，阿里的其他孩子称他为自己的兄弟，镇上的人视萨利姆为阿里的儿子。卡迪仔细询问证人，并特别确认了当阿里的孩子们称萨利姆为"我们的兄弟"时，他们指的是字面含义，而不仅仅是象征性地指代普通人。阿里另外一个在世的儿子提供了相反的陈述，但卡迪认为其不值一驳。在后来提交给穆夫提的文件中，这位卡迪指出，这些证词并不否认萨利姆是在阿里家长大的。卡迪还认为，可能就像某个证人所说的那样，阿里没有公开承认萨利姆为自己的儿子，是因为其担心与女儿的奴隶发生性关系是非法的，尽管事实并非如此。不过，萨利姆在最初的陈述中矢口否认自己的生母是阿里女儿的奴隶，这让卡迪感到困扰，因为这显然损害了这位原告的信誉。因此，卡迪向当地几位法学家征求意见，他们都表示愿意支持萨利姆的主张。但卡迪仍然觉得这桩案件需要谨慎处理，大概是因为案情引起了巨大关注。于是，他再次咨询了一位非常杰出的穆夫提。这位穆夫提回复的法特瓦流传至今，它肯定了卡迪对证据的评估，还赞扬他对细节的关注堪称模范。

万沙里西收藏的其他法特瓦也关系到法律程序和证据质量问题，包括传言作为证据的价值、非专业证人提供的证据的地位，以及二手或三手证据的可采用性。财产所有权在马格里布居民中引发了无数争端，而《教法之书》中的某份法特瓦，关注的就是两个村庄围绕阿特拉斯山脉的一条河流产生的长期争端。[30] 几百年前，在这个贫瘠的地区，一些勤劳勇敢的农民定居下来，修建水坝、沟渠和提水设施以灌溉周围的土地，种植大麦、亚麻和大麻。他们也建立了栽培橄榄、无花果和桑树的果园。当地村庄之间的争端源于 1284 年以来的连年干旱。地势较低的村庄抱怨较高的村庄取水太多，以至于自己根本无水浇灌土地和果园。他们主张，在缺水的年份，下游有权获得更为公平的水量配额。负责该案件的卡迪向穆夫提征求意见。穆夫提认为，根据教法原则，率先建立磨坊、花园和定居点的村庄应优先取水；然而，由于这两个村庄都很古老，没有任何令人满意的证据能够说明孰先孰后，因此，二者应当继续分享此处水源。看起来，这位穆夫提似乎是希望将分配的问题留给卡迪。卡迪又向第二位穆夫提求助，后者肯定了这一观点，第三位穆夫提则表示，问题在于是否有哪个村庄"挪用"了活水，比如将水引到水坝和沟渠中。但是，由于缺乏证据，卡迪同样无法做出任何明确的判决。

37 年后的 1321 年，又发生了一场旱灾，这导致了两个村庄之间的新一轮争论。这一次，非斯的首席卡迪派遣调查人员绘制了该地区的地图，包括所有水源、水坝和运河。调查人员制作了一份详细的报告，但同样无法证明下游村落所主张的权利。20 年后，地势较低的村落再次找到卡迪，而卡迪只好再次向穆夫提求助，获得了两份法特瓦。这一次，两位穆夫提都表示，上游村庄拥有所有水源，而下游村落只能使用剩下的水源。虽然这对下游村落来说十分不利，但显然并没有让他们的生活陷入绝境。因为在 1421 年，另一场旱灾迫使下游的居民们再次提起诉讼，这证明这个村庄仍然存在。这一次，卡迪将案件提交给该地区最杰出的穆夫提。这位穆夫提撰写了一份内容涵盖甚广的法特瓦，他审查了所有证据、报告和以前的意见，仔细梳理了可能支持下游村庄用水权的所有资料，例如，下游村庄的村民声称他们率先在这里修筑沟渠、开垦农田，以及他们收到了上游村庄为了获得合法用水的权利而送来的赠礼。最终，穆夫提的结论是，这些说辞缺乏证据支撑。他提到了一份对先知生活的记录，其中简要描述了穆罕默德优先考虑上游村落的事例。在此基础上，穆夫提宣布上游村庄拥有这片水域的控制权。对伊斯兰原始资料的引用似乎一劳永逸地解决了问题，尽管这对下游居民来说可能是灾难性的结果，而文献也并未说明这两个村庄在未来百数年间的发展状况。

在长达 150 年的时间里，随着干旱、洪水、人口变化和技术发展，村民们的生存状况出现了巨大的波动。然而，自始至终，法律本身并没有改变。即使穆夫提最终使其适应了新的环境，似乎也没有人怀疑法律在环境事件和人类命运的变迁中仍然是一个固定的元素。[31]

因此，对于普通穆斯林来说，伊斯兰教法，或者具体到斐格海，就像他们的学者为财产交易制定的法律一样，提供了某种安定感。位于阿尔及利亚沙漠地区的图亚特（Touat），长期以来一直处于伊斯兰世界的边缘。农民和商人三五成群，在小块绿洲周围定居。在这里，人们建造了公共灌溉系统，为他们赖以生存的田地和种植园提供宝贵的淡水。[32]15 世纪，穆斯林的卡迪们来到这里，引导当地居民走向更伊斯兰化的生活方式，并将自己树立为宗教权威。他们就产业交易和灌溉协议的记录向当地权力机构提供建议。很快，这里的居民就开始延聘书记员书写文契，并将相关文件小心地保管起来，哪怕是稀松平常的交易也不例外。21 世纪，一位人类学家在研究中意外发现了数百张纸条，它们被当地居民卷起来并胡乱地塞进了一个吊篮。在破译这些字迹斑驳、扭曲逼仄的文字时，她发现图亚特的书记官会使用伊斯兰教法的形式来记录一些鸡毛蒜皮的琐事，其内容并没有太大意义。例如，即使所有人都清楚，绿洲中的农田经常受到沙漠侵袭，灌溉渠道经常被风沙淤塞，书记仍采用了传统的伊斯兰形式，宣布土地或水

源的权属是"完全的、永久的且不可撤销的"。有几份文件则在记录
水资源的分配时使用了令人困惑且不可行的测量方法。更令人费解的
是，一些人将财产分割成精确的等份出售，其中甚至包括驴子、庭院，
还有一个茅厕。很明显，书记官使用了很久以前为阿拉伯土地交易设
计的法律形式，来分配这些不可能分割的财产。

那么，为什么对这些偏居一隅的图亚特农民来说，使用精确测量
和标准伊斯兰分类方式显得如此重要呢？这些伊斯兰律法形式一定代
表了一个更大世界的文明，足以支撑人们在孤独的撒哈拉绿洲维持脆
弱的生活。图亚特人在沙漠边缘谋生，时刻面临步步紧逼的黄沙荒野
的威胁。但是，作为穆斯林，他们可以向安拉寻求保护。这意味着遵
循沙里亚和先知指引的道路。通过使用伊斯兰教法的形式和语言，他
们可以将当地交易转化为更大的伊斯兰文明的组成部分，后者在一定
程度上让人感受到永恒。这就是沙里亚和伊斯兰教法学者对非斯人民
的意义。

然而，并不是所有的穆斯林都如此热衷于将伊斯兰教法形式融入
日常生活，有些人选择创造自己的法律，并将其作为独立的标志。生
活在里海以东干旱山区的达吉斯坦人就是这样。千百年来，几个不同
种族在这块陡峭的山地上繁衍生息。他们建造了复杂的灌溉系统，浇
灌狭小的耕地，并在高山牧场上照料牛羊等牲畜。尽管被罗马人和萨
珊人反复争夺，该地区最终被早期的阿拉伯哈里发吞并，到了 10 世纪，
这里的大部分人成为逊尼派穆斯林。虽然塞尔柱人不敢冒险进入亚美
尼亚北部，但即使是在蒙古骑兵的铁骑横扫亚美尼亚时，这里的居民
仍然笃信伊斯兰教。后来，该地区再次受制于波斯萨法维王朝的穆斯
林统治者。崛起的俄罗斯人也试图吞并这片领土，他们在接下来的 3
个世纪里多次侵扰，并最终在 19 世纪初赶走了波斯人。

在风云激荡的岁月，大多数达吉斯坦人利用蜿蜒崎岖的地形实现
了自给自足。[33] 众所周知，与低地相比，人口稀少的山区难以治理。

在低地，农业生产多有富余，统治者得以积累财富，从而建立城镇。相比之下，达吉斯坦人的社群以村庄聚落为主，又以结盟的形式联合起来，这种模式一直延续到19世纪。一些显赫的家族自封为"可汗"，划地而治。他们在理论上拥有所在地区的牧场，并将牧场租给当地居民，以换取必要的军事援助。其中最强大的可汗会说服当地聚落联盟向自己纳贡，以换取军事保护。但大多数地方豪强只能控制附近的村落。特别是在山区，大多数社群聚落都坚持独立自主。1830年，俄国军队深入该地，打量起这里的新臣民，一名将军轻蔑地宣布，当地的可汗不召集部族集会就做不了任何事，而这里的部族"像施舍一样"向所谓的可汗提供食物和牲畜。[34]

达吉斯坦人认为自己是通过大家族纽带团结在一起的氏族，但出于实际需要，人们在生活中形成了以农田和牧场为中心的村庄，每个村庄往往包括不同家族的成员。成年男子组成议会，负责村里的事务和资源的分配，并从议会中挑选三四名头人负责日常事务的管理。这些头人同样有权任命助手，帮助他们监督农牧活动，决定农民何时开始播种或收割，以及监督轮作制度——通过轮作制度，村民得以在夏季保护作物青苗免受集体养殖的畜群啃食。头人还组织村民会议，将争议中的各方召集到一起进行裁决，并对违反村规的人处以罚款。在一年任期结束时，所有人都必须将手按在《古兰经》上宣誓，保证自己正确履行了职责，并收缴了所有应收的罚款。如果没有做到这一点，头人有义务自行补齐罚款。除了头人，村庄还会选举出法律专家，每次约为12名。任何面临法律纠纷的村民都必须向他们提起诉讼。这些法律专家负责宣布法律裁决，包括个案判决结果和新设立的村规民约。他们会要求当事方传召证人以支持存在争议的指控，而被指控者可能不得不通过赌咒发誓来呼吁家族成员证明自己的清白。指控越严重，宣誓的人数越多。目前没有反映案件审理方式或判决执行方式的材料，但在一个小型社区，确保罚款支付并不困难，通常是罚一头牛或一斗粮食。

大多数达吉斯坦村庄制定了类似的方法以协调农业和牧业活动，而财产所有权和冲突解决机制也大抵相同。田地和建筑物可以归私人所有，在这种情况下，村民不得将其出售给外人，而清真寺可以出租一些属于寺产的田地以维持日常运作。头人需要确保村民将从清真寺田地里收获的玉米磨碎，以备开斋节烘烤面包之用。村里还有公有的田地、牧场和林地，头人需要小心控制村民们合理使用这些公有的土地和资源。他们负责保护公共水井和水池，规定任何污染者都需缴纳罚款，并要求村民轮流维护道路、桥梁和寨门。每个村庄都细心地呵护自治权和财产权，禁止任何人让其他村庄的牛进入本村牧场，甚至要求不得频繁招待陌生人。

历史上，达吉斯坦人长期偷猎彼此的牲畜，这有时会引发连绵不绝的血仇报复。为了确保和平，他们经常签订协议，限制攻击和报复。随着时间的推移，一些村庄可能会合并成联盟。这些联盟可以是任何形式，从一个像社区那样运作的小型定居点，到分布在广阔领土上的20多个大村庄。联盟领导人通过召开代表大会、选举领导人和审理案件等方式建立组织机构。虽然控制一个支离破碎的团体，要比控制一个村庄困难得多，但许多联盟通过缔结法律条约得以组建。村庄则利用条约和协议来规范彼此的关系、村庄和盟的关系，或村庄与可汗个人的关系。在很大程度上，各个社群都试图通过法律条约来限制暴力和争斗，特别是禁止或限制个人的复仇，以及没收他人财产的行为。这些正是早期日耳曼国王所面临的问题。在其他文件中，达吉斯坦人明确规定了可汗从其臣民那里收税，或从诉讼或服务中收缴罚款的权力。与爱尔兰人一样，许多达吉斯坦人认为他们有权限制领主的权力。[35]

这些书面协议从18世纪开始出现。这一时期，达吉斯坦动乱频繁。村民互有恩怨；天灾时有发生；可汗们试图掌控自己的村庄；俄罗斯和波斯军队为争夺该地区而不断战斗，这些都导致了当地的冲突，甚至是暴力。这可能让一些粗识文字的村民相信，以成文法律条约的形式巩固联盟是明智的。这种认识可能反过来进一步鼓励他们尝试使用书面协议来维护自身的秩序。无论如何，从 18 世纪开始，一些村庄开始记录重要的会议决定，其中就包括在案件中做出的判决。

村民大概希望这些既有的决定能为未来的案件审理提供明确的先例。一开始，他们只是随便用几张纸来记录案件的判决，有时甚至就写在《古兰经》的封面上。不像爱尔兰和冰岛的法律都是对古老风俗的记载，达吉斯坦人的记录大多反映的是村民们最近达成的协议。有些记录简单到只规定了对基本罪行必须支付的罚款。比如，"阿萨布村的人已经同意，偷牛的人必须给……"，或者直接写下对允许牲畜穿过墓地者的具体罚款。[36] 除此之外，也有对与谋杀、过失杀人、伤害、盗窃、纵火、其他财产损失、家庭事务、诽谤、债务和欺诈等有关罪行的记录。尽管程度不一，但一些村庄最终系统化地整理了这些记录。那些更加丰富的记录合集还包括对村庄政治组织的描述，如使用和保护公共资源的规则，以及牧羊人疏忽的后果。另外，也有对试图强制某人执行宗教义务的记录。随着时间的推移，达吉斯坦村民开始认为他们的规则是阿达提（'adat），即阿拉伯语中的"习惯法"。

联盟也将条约和协议收录于法律书籍中，这些图书可能会介绍该地区的历史和地理，同时对该地区村庄和定居点之间达成的协议做出概述。被收录的协议通常是不同村庄之间不得帮助彼此敌人的约定，有些还包括为社区提供军事防御和社区的承诺。但也有一些承认了村庄对其成员事务的自主权，甚至规定了对未经允许向联盟法庭提起上诉的个人的处罚。

至少在现代人看来，对于管理地方事务而言，将协议和规则记录下来似乎是明智之举，但在上文提到的这些相对较小的村庄里，大多数人肯定彼此熟识，因而用社会压力来强制村民执行正确行为已经足够有效。许多社区甚至可以在没有明文法律规定的情况下做得很好，书面规则也不太容易适应新的环境。那么，为什么达吉斯坦村民会觉得花费时间和精力写下他们的法律是有益的呢？为什么他们要用阿拉伯语记录，而不是用当地语言记录，这样会让普通民众更容易接触到它们吗？这一举动的灵感可能来自他们的宗教实践，而沙里亚也提供了先例。另外，村庄和联盟之间的复杂关系，以及建立可靠联盟的必要性，可能也促成了书面协议的达成。无论如何，这些文件肯定强化了村庄社区和联盟面对外来势力时的团结意识。他们将联盟视为一个单一的社区，可以联合起来抵抗其他村庄、雄心勃勃的可汗，乃至咄咄逼人的伊斯兰神职人员。

到了 1828 年，俄罗斯人分别与波斯卡扎尔王朝和奥斯曼人签订了和平条约，确认了俄罗斯对高加索地区的领土主权。[37] 但他们很快发现，这片崎岖的山地难以掌控。达吉斯坦人追求独立，随时准备与入侵者作战，奋力抵抗俄罗斯军队的蚕食。面对俄罗斯的持续侵略，一些克里斯玛型的穆斯林领导人团结达吉斯坦人和邻近的车臣人，发起激烈持久而长期的军事抵抗。伊玛目沙米尔（Imam Shamil）发起了一场持续 30 年的圣战运动，并于 19 世纪 50 年代在该地区建立了事实上的伊斯兰国，沙米尔通过议会和议员传达命令、征税招兵，他还任命卡迪审判案件，试图在民众中推行传统形式的沙里亚，并将当地的习惯法定性成"非伊斯兰的、异端的和邪恶的"。[38] 然而，尽管达吉斯坦村民积极抵抗俄罗斯的入侵，但他们中的大多数对伊玛目们鼓吹的策略不感兴趣，并与宗教保守主义保持距离。一些村规承认甚至要求卡迪来管理本村的日常事务，如宗教捐赠、伊斯兰税的征收和分配、村民的结婚和离婚，以及继承纠纷的解决。但是，也有许多村庄的法律文书只是在口头上支持沙里亚。[39]

达吉斯坦人依据习惯法制定的协议和他们的法律书籍，不是对更高的宗教秩序或古代学者的智慧的反映，而是代表着他们自己的集体决定。它们是实用的规则和文件，旨在维护村庄和联盟内部及彼此之间的秩序，并帮助爱打官司的人解决争端。但是，面对当地相互竞争的权力和权威，这也是一种自信的自治主张。达吉斯坦的头人们受到遥远的律法传统的启发，制法立规，强调自身的习惯和历史的重要性。

*　*　*

中世纪的印度农民、地中海商人和城镇居民、撒哈拉村民和达吉斯坦部族，都试图按照各自的宗教仪轨生活。他们尊重教法及其附带的义务。这些法律为他们的日常生活提供指导，规范其商业贸易的形式，并允许法官解决纠纷。这些律法被人们尊重、执行，以截然不同的方式塑造了普通人的生活。和达吉斯坦部族的成员一样，对大多数印度农民来说，宗教规则和法律专家也都是相对遥远的。为他们服务的书记员采用基本的法律形式，制定了他们自己的法律，用来解决实际问题，以及承认当地人的习惯和历史。是认同感使这些法律获得了效力。在犹太人、穆斯林商人和城镇居民的生活中，宗教律法权威及其著作则出现得更多。法律为人们提供了一种身份认同感，或者说是一种将自己及其社群与周遭的异族区分开来的手段。这种认同感代表着一种宗教秩序，即关于责任和义务的秩序。它们看似超越了解决日常生活中实用问题的范畴，但在日常生活的不确定性和变化中，所有这些似乎都提供了一种安定感。

第九章
中古时期中国的国法与天道

　　中国帝王的律法体系，为其四海子民营建了一个高度法制化的世界。早在 6 世纪至 13 世纪的唐宋时期，中国的统治者就在帝国最偏远的角落建立了司法机构。在这里，普通人大可以申诉冤情，求得公平，地方官员则试图约束百姓成为恭顺良民。刑罚可谓苛重，尤其对社会底层而言。法律深入了普通人的日常生活。借此，中国统治者得以成功地对其庞大的人口加以管理。

　　当时的文献记载了可怕的惩罚、贿赂和腐败，但这种"严刑峻法"的形象可能比现实来得更戏剧化。司法实践的真实状况是，无论是诉讼当事人还是地方官吏，都需要与官僚制度、不太符合现实的陈规旧法、确定真相的困难、怀着无谓怨恨缠讼的苦主，以及官僚司法系统的拖延和缺陷斗争。哪怕是目不识丁的贩夫走卒，就算他们在一般情况下对官府和地方官吏敬而远之，也对复杂的法律形式和官僚体制熟稔于心。

* * *

　　1000 年左右，中国统治者就已建立起世界上最无所不包、最法制化的行政体系。严格遵守法律的思想渗透到大多数普通中国人生活的方方面面，包括与来世的关系。从公元前 4 世纪的墓葬中发现的文献，就包括人们向神灵提交的诉状呈词。[1] 它们所描绘的是由某位最高神灵管理的地狱，统辖着惹是生非的幽灵、恶鬼和逝者的亡魂。其中，司命掌管着凡人的寿数。如果有人看似大限将至，亲戚们会不顾一切地向众神祈愿，想让他多活几日。放马滩一号秦墓出土的一组竹简，就记述了这样的故事：战国时，某位叫丹的男子是魏国将领犀武的舍人，丹在刺伤人后自刺去世，犀武认为丹罪不至死，便禀告司命史公孙强。在征得司命史的同意后，丹最终死而复生。[2]

　　这些做法持续了几个世纪。到了 2 世纪，汉朝晚期的文献中，有所谓的"告地策"，即人们借用此时跨区域旅行者向政府报到的官方文书形式，通知冥府逝者的到来。[3] 墓中也会有随葬器物的清单和宣告墓主对墓葬所在土地所有权的地券，以便地府的鬼神——检查核对。[4] 死者的家属请求阴间的审判者宣布死者无罪，以免其受到阴间官吏的惩处。汉代时，道教十分兴盛，道士还会协助死者家属起草文书，以应对死者在阴间可能卷入的诉讼。

　　在生者的世界中，秦朝和汉朝的官府衙门每年审理的案件成百上千。在审案时，官吏们需要查阅数十份法律文书，并决定一系列惩罚的实施。所有刑罚都须经过仔细计算，以符合当事各方的身份和地位。官员利用法律文书来管理农业和商业、控制下属、维持信息畅通、征用壮丁劳力、控制宗教习俗、调控家庭结构，以及管理财产权属。中国官僚机构依法行事的做法，给周遭的统治者留下了深刻印象。在如今中国中西部的吐鲁番，当时的部落首领显然模仿了中央政府的治理之术。这些地区的墓葬遗迹出土了大量纸质写本文书，其中大部分被再次利用，做成了死者的纸鞋或纸棺。[5] 耐心的学者们从中拼凑出数千份古代文献。它们表明，早在唐朝军队于 640 年到达吐鲁番之前，这里的书记官便在购买土地、房屋和奴隶的合同，以及借用粮饷布匹、出租土地、雇用劳工的契约中大量借用中原地区的法律用语。

3 世纪，汉朝灭亡，随之而来的是政治的混乱与动荡。最后，隋朝和唐朝重新统一中国，并在长安建立了壮阔恢宏的都城。[6] 隋朝开国之君文帝制定《开皇律》，该法典沿用了前朝的法令，并加以调整。此后，唐朝的早期统治者委托法律专家拓展和修改《开皇律》，以制定新的唐律。[7]653 年，《唐律疏议》颁行，开篇即列出所谓五刑的等次，从轻到重分别为笞、杖、徒、流、死。紧随其后的是五百余条法令，包括一系列对官员职责的规定，以及罪名和对应的惩罚。判决结果在很大程度上取决于罪犯的身份是庶人还是官员，这再次强化了社会和政治等级制度。唐律是一套受到严格控制的法律体系，其中大量罪行都对应到肉刑，包括那些在其他语境中会被视为民事犯罪的行为。

这一时期的故事、绘画乃至官方文件，都证实了折磨、肉刑和处决的存在。即使证据确凿，地方官员也必须在惩罚罪犯之前获得认罪供述，而且他们经常对那些最冥顽不灵的嫌疑人施以酷刑。一般从杖刑开始。只需一下，便会血肉模糊，等到打完，被施刑者往往动弹不得，并且面临感染的风险。朝廷高官确实曾就法律的宗旨和原则进行辩论，并求助于儒家思想来证明刑罚的合理性。他们认为，需要通过纪律纲常来维持秩序，通过法律实现教化，让罪人改过自新；刑罚以及动用刑罚的威胁，都只是为了惩恶扬善。他们还认为，统治者应该宅心仁厚，定期大赦天下，纵囚还乡，息讼止争。[8]

唐朝皇帝每隔几年便会宣布大赦，首先是在他们登基时，然后是在其他吉日，包括皇帝的诞辰。在这些吉庆场合，皇帝会宣布税收减免、奖励"德行"、拔擢官员、祭祀先祖、赏赐皇族，援助为国捐躯的将士家庭。有时他们还宣布免债，这样一来，贫困农民也可以得到救济。异常天象的出现，比如发生地震，可能意味着需要大赦。与此类似的是，内乱过后，皇帝会赦免参与叛乱的亡命之徒，将其充军发配，并颁布救济饥荒的措施，借此平息叛乱。大赦往往伴随着隆重的仪式。皇帝会在城外的祠庙举行祭祀仪式，然后在日出时分宣布大赦。随后，皇帝将登上城门。武库已事先在城门外竖起一根长杆，杆头绑着一只金鸡。这时，官员、侍卫、平民和戴着枷锁的囚犯都聚集到城门之下。人齐后，便由官吏在城门外击鼓，一千响后，就可以解下囚犯的枷锁，完成对他们的赦免。这就是所谓的"金鸡放赦"。在各个府州藩镇，地方大员宣读长安发出的赦书时，也会举行与京城大体类似的仪式，尽管可能没有那么壮观。和宣读所有的圣旨一样，他们在官吏、百姓、僧侣和道士面前竖起了覆盖紫绢、象征皇帝的木架。这些大员宣称，大赦将让帝国面貌焕然一新，给罪众洗心革面的机会。

到了8世纪中叶，唐朝军队控制了大片疆域，向西一直延伸到遥远的吐鲁番。[9]地方藩镇引入土地登记制度，并要求人们起草证明，以记录所有牲畜和奴隶的出售情况，政府官员将在边境哨所进行检查。在一位吐鲁番放债人的墓葬里，考古学家发现了他起草或签署的15份契约。其中一些涉及贷款或丝绸（当时可被视为一种代币）；还有一份契约，内容大概是为了饲牧羊群和骆驼购买90捆干草；另一份契约则是购买一名时年15岁的奴隶。当中世纪欧洲的盎格鲁-撒克逊国王和日耳曼国王尚且不知如何书写时，在庞大的中国，连边陲臣民都已经开始熟练使用复杂的法律协议。

吐鲁番的居民在买卖货物和土地时使用中原的行政架构和法律用语，敦煌的居民也是如此。敦煌是一片向东延伸的绿洲，历史上的丝绸之路正是在这里横跨塔克拉玛干沙漠。在敦煌藏经洞中发现的文献可以追溯到唐代，其中包括一些中国雕版印刷的最早实例。雕版印刷技术的普及可能是唐朝民众识字率提高的主要原因。教科书的残片表明，当地的孩子们学习了儒家伦理、算术、词汇和复杂的社会礼仪。

与此同时，官员将土地分配给农民，控制市场和基本商品的标准价格。长途贸易的危险带来了特殊的问题，而骆驼的主人就此起草了详细的租赁协议。例如，相关条款通常会规定，如果骆驼死亡、生病、逃跑或被偷走，承租人必须承担损失。

即使使用不同的语言，遵循不同的习俗，甚至从未奢望踏足繁华的都城长安，这些生活在西北边陲的士农工商学习的科目、使用的契约，乃至遵循的财产原则，都与帝都的商人或沿海地区的渔民完全相同。到了 10 世纪，哪怕是平民百姓也会根据律法来起草遗嘱、收养孩子、分割财产、出售土地、解放奴隶和雇用劳工。识不得几个大字的人，把上述交易的格式条款，用廉价草纸誊写成册。与此同时，那些更富裕的人会游说地方官吏帮助他们起草土地交易文件，并在契约中加入可以利用唐朝新法的条款，从而收取利息或将责任推给保人。其中许多契约还否认了此后可能出现的国家恩赦的效力，规定无论如何都要偿还债务。显然，他们对书面文件的效力充满信心。

但对于偏远的塞外苦地而言，法律和大赦的效力也有限度，特别是那些禁止买卖人口的法律。一名在吐鲁番调查的官员发现，多达731 名平民因洪涝、干旱或无力支付高额利息，被迫卖身为奴，挣扎还债。[10] 债权人可以将债务人告上法庭，负责审理案件的地方官吏可能会下令惩罚欠债不还者。但许多债权人显然认为，说服债务人卖儿卖女，甚至自卖为奴更为方便。

与此同时，富人们则从经济繁荣中获益良多。唐朝统治者在长安建立起壮观的宫殿。唐玄宗举办精心策划的奢华仪式，接待僧道，建立歌坊机构，推广音乐舞蹈。与此同时，他也密切关注国家的行政管理和复杂的边境防御。但到了 755 年，玄宗年迈，觊觎大位的节度使安禄山利用与杨贵妃的特殊关系，聚敛权力，发动叛乱。在接下来的一个世纪里，玄宗的继任者们不得不赋予节度使更多权力，而中央政府也失去了对大部分地区行政部门的控制，包括土地所有权和对贸易的监管。包括敦煌在内的大片地区，逐渐脱离唐朝的势力范围。大厦将倾，苟延残喘，一直到 907 年轰然崩塌。在唐朝末年，朝廷对盐、酒和茶开征新税，同时放松了对大多数商业活动的控制。具有讽刺意味的是，这间接刺激了经济发展，鼓励了市场活动和区域贸易，为宋朝的商业发展奠定了基础。

唐朝最终覆灭。随之而来的，便是号称"五代十国"的政治混乱时期。将领赵匡胤最终战胜了一众对手，成为宋朝的开国皇帝，史称宋太祖。在其执掌大位的 16 年（960—976 年）中，他持续扩张领土，恢复了昔日唐朝的大部分版图。[11] 宋太祖在今天的河南开封建立新都，并在那里和印度的朱罗王朝、埃及的法蒂玛哈里发王朝，以及中亚统治者建立了外交关系，甚至还接待了拜占庭王朝的外交使团。

宋太祖有感于前朝藩镇割据所引发的祸患，决定限制将领军权。然而，包括他在内，宋朝历代统治者都面临着来自北部和西部强大少数民族的威胁。唐代灭亡前后，由党项人建立的西夏政权迁到中国西部，而契丹人统治着辽阔的北方地区，并在今天北京附近建立了辽。宋朝皇帝不得不维持一支庞大的军队来抵抗外敌入侵。持续不断的战争促进了宋朝军事技术的创新，包括火药的使用。但不可避免地，北方人很快也采用了这些新技术，宋朝不得不分别与辽和西夏签订和约。然后，在 1115 年，使用满语的女真人从东北亚崛起，征服契丹，攻陷开封。1127 年，金人将宋朝政权赶出了北方。尽管北宋灭亡，但其皇室并未彻底放弃，而是在今天的杭州建立了新都，巩固了对南方的统治。直到 1279 年，南宋政权得以维持了大体上的和平稳定。

宋朝统治者广泛吸取前朝在制度和科技等方面取得的先进成果。他们利用从南亚引进的农作物，还有灌溉稻田和梯田的创新技术，推广更先进的水稻种植方法。水稻产量大量盈余，人口也翻了一番。12世纪，南宋人口达到 1 亿。政府支持自由贸易，当时的海上贸易扩展到南亚，这给于南宋末期抵达中国的摩洛哥商人和一位威尼斯探险家留下了深刻印象。马可·波罗在他生动的游记中宣称，长江的运量超过了基督教世界所有河运和海运的总和。[12] 在城市里，中国商人成立了行会，来组织货物的批发、价格的确定，并负责与政府谈判。由于成串的铁质铸币十分沉重，不便携带，一些人开始使用纸质的凭据记录账务和他们委托店主保管的货物。当他们开始与其他交易者交换这些纸质凭证，且双方都承认持票人有权收取债务或货物时，纸币便诞生了。政府很快意识到了这种做法的便利性，他们授权少数商家发行被称为"交子"的纸币，并在最后接管了整个系统。

政府设立的驿站遍及乡村地区，进一步促进了贸易的发展。农业生产方式也开始多元化，人们生产葡萄酒、木炭、纸张和纺织品，并将其出售给中间商。还有一些农民专门种植甘蔗、茶叶、柑橘、竹子、油籽和大麻等经济作物。也有人主要种植生产丝绸所需的桑树，他们建立了自己的农场，雇用工人来种植作物、采摘和分类桑叶、照料蚕茧并收获蚕丝。专业生产商可以把他们的产品卖给商人和经纪人，并在中国各个城镇中的新兴市场购买主食和家居用品。在另一些地区，矿山和冶铁厂雇用了大量工人，并开发了新技术，包括用来驱动风箱的液压系统，以及使用炸药开掘的方法。这些新技术反过来推动了造船和筑路业的发展，也为农民和工匠提供了工具。

杭州很快吸引了超过百万的常住人口，这让马可·波罗大吃一惊，并将其称为世界上最辉煌耀眼的城市。他对那些为居民提供足够食物的社会体系感到惊讶。[13] 向导热情地告诉他在哪里可以买到最好的彩绘纸扇、象牙梳子、柳条编笼、文学作品、丝绸头巾和犀牛皮。[14] 银匠、织工、陶工和漆匠采用了从其他地方流入中国的技术，并加以改进。富人的宅邸宾客盈门。奉承者、艺术家、家庭教师和艺人皆聚于此。每逢佳节，酒肆和茶楼都人潮攒动。在南宋城市的乐坊花街，耍木偶者、杂技艺人说书唱戏、玩蛇吞剑，各色美食琳琅满目。酒色之好，口舌之快，举手之间，皆能满足。与此同时，学者们也在欣赏木版印刷和活字印刷的新版儒家经典。在学习哲学、数学、科学和技术的同时，普通百姓也可阅读有关农业、分娩、药剂、占卜和道教仪式的小册子。

　　宋朝初立，太祖大力充实文官队伍，之后登基的中兴之君，皆因朝廷经世之周而获盛赞。在此期间，贤臣直谏，文重武轻。承袭自唐的科举考试制度被再次加强，并成为入仕的主要途径，这反过来又刺激了教育规模的扩张。无疑，这与新印刷技术的流行有着紧密的关系。参加考试的读书人从 3 万人猛增到 40 万人，而宋朝的各级官僚人数也增长到 2 万名。士族精英仍然保留着巨额的财富和极大的影响力，但在这个时期的中国，无论何地，不论出身，一旦通过科举考试，就能正式出任各级政府官职。商人聚利，却希望子嗣能够入仕改换门庭。一旦成为帝国官僚，就可以在履行行政职责的同时追求自己的学术兴趣。经过科举进入官僚体系的社会精英，大力推广全新的农业技术，监督军事防御计划的落实，并撰写关于历史、地理、礼仪、音乐、诗歌和数学等学科的著作。面对职务，许多官员尽职尽责。他们"先天下之忧而忧，后天下之乐而乐"，并就政府和法律的原则进行了严肃的辩论。许多人主张推行雄心勃勃的改革。他们有时会结党成派，徒劳地辩论不休，但无论是谁，都强调对皇帝、国家和其文化忠诚的必要性。与此同时，他们哀叹政局的分裂。尤其是在失去北方领土之后，许多学者对儒家思想产生了新的兴趣。他们争论人的本性和良善的可能性，并与弟子讨论如何静坐思辨，如何评判读到的作品，如何看待与鬼怪有关的故事，以及如何摆脱自私的想法等问题。他们一致认为，中国社会应该通过教育进行自下而上的改革。

　　在朝廷担任高官的学者将法律视为维护社会秩序的必要手段，而皇帝更应为世人之表率。[15] 他们一致认为，如果要改变个人行为，奖惩制度是根本。宋太祖颁布的《宋刑统》与唐律相比几乎没有变化。但此后的历代皇帝又都进一步颁布法令，负责的官僚还会制定配套的补充规则。他们响应扩大商业活动的需要，试图依法监管政府官员，为度量衡、法定的刑罚、税赋的额度、翰林的人数及其俸禄水平提供标准。但为高官服务的书吏们显然将众多规则变成了巴洛克式的繁复之作，尤其是关乎宫廷或皇室的规则。被称为"式"的详细条例规定了三省六部、翰林院、贡院等官署的职责与人员俸禄，以及最重要的祭祀典礼等细节。其中的一些详细说明了政府官员在批复下属报告时使用的格式、写在正文上方以表示尊敬的词语，以及因与皇室相关词语类似而需要避讳的字词列表。式还规定了射艺测试的规则、赐旗的等次、与官职等级对应的灵车与墓葬规格，以及用于惩罚罪犯的棍棒尺寸。还有一些详细说明了宫殿建筑、官方仓库、皇家厨房使用的食材，以及为官方马匹提供的饲料，并附有精确的尺寸或重量标准。几乎所有与皇帝及其宫廷有关的活动都受制于式，从赐予皇后的礼物到他们的车辇、贡茶系统和内宫管理的细节。另外一些式则规定了举办道教仪式期间的祭酒以及可以赐给道士、道姑的礼物种类。

借助先进的印刷技术，宋朝官僚将这些新拟订的规章制度汇编成册，律法典籍很快就摆满了书库中的长条案几。例如，仅仅为使用一座皇家宗庙而制定的规则就有1200卷，而为接待高丽使节而制定的规则则多达1500卷。尽管数目繁多，而且不太可能以任何精确的方式切实执行，但式肯定给中国这个大一统国家的运行带来了某种几乎可以等同于几何般规整的秩序感。每件事、每个人都有自己的位置，哪怕最微小的程序都得到了精心规划。离皇帝越近，所处的世界就越规范。

在宫廷的喧嚣、光环、财富和阴谋，以及帝都商业的旋涡之外，中国的地方政府由无处不在的官僚机构负责管理。[16]最小的行政单位是县，由县令负责领导，而他理应在道德方面为百姓率先垂范。一般来说，中国的县可能管辖2500户至3000户。在宋朝时期，大约有1300个县。县令下辖县丞、主簿、县尉等职，以及若干差役。官吏共同在衙门工作，负责协助县令征收赋税，管理道路、运输、学校和寺庙，维护县衙内部组织结构，编修档案，执行朝廷敕令，维护地方安宁以及审理案件。10 到 12 个县组成一州，后者的组织架构与县类似。知州直接对皇帝负责，但负责监督州县的，是宋朝另设的"路"这一独立层级，其规模大致相当于现代的省。作为皇帝派驻地方官僚系统的耳目，路负责监督所辖地区的财政、军事、农业和司法系统。

官员被要求贯彻儒家仁义、忠恕、克己的理想。他们的大部分任务可能都很实际，但所有人都学习过儒家经典，而大儒经常就优秀官员的素质、腐败的乱象，以及官员应如何促进社会和家庭关系的和谐等问题发出指示。另一方面，地方官员往往缺乏专业训练，刚刚到任的县令，在应用与职责相关的法律法规时，往往需要依靠职业吏卒的引导。他们当然也可以查阅由同侪汇编的诸多指导手册和判例记录，比如《名公书判清明集》。[17] 该书成书于 13 世纪，由一位勤勉的官员编纂而成。该书以一系列告诫、表扬与警告开篇。它收录了一位刚刚走马上任的官员就其施政纲领与优先事项发表的声明。该官员在文中解释了自己对下属行为的殷殷期待：律己以廉，抚民以仁，存心以公，莅事以勤。他明确表达了儒家的观点：人性是亘古不变的，而官员必须以身作则；要想治理好民众，需要感之以诚。[18] 在该书收录的另一篇文章中，作者批评下属为了索贿私自受理诉讼当事人的陈情，而不是要求他们通过官方渠道解决。还有一位官员则指出在处罚下属官吏时不应滥用酷刑，他指出，实际上，"照得在法笞杖自有定数，笞至五十而止，实决十下，杖至一百而止，实决二十下，未尝有累及百数者"。他说，这些官吏之所以犯罪，是"郡政不纲之故"，不必以军法惩治；审判者必须牢记，国家的立法意在恤刑。其他人谴责缠讼滥诉的原告，奖励廉洁拒贿的收税令佐，惩罚利用欺诈升迁的底层官吏，斥责拒绝惩戒腐败者的官员，并将不称职的地方官降职查办。

在命令和判决中，地方官经常使用明显的说教语言。他们会按照官方对奖惩目的的表态，从杀鸡儆猴或鼓励不法分子改过自新的角度来解释自己的决定。《名公书判清明集》中收录了这样一篇文章：一位官员在视察时目睹在押囚犯遭遇的惨状，而对监狱的环境心生不满。他命令部下纠正这个问题，宣称监狱是改造的地方："其刑人也不亏体；其罚人也不亏财。先王之意，盖欲使有罪之人于此焉，苦其心志，劳其筋骨，饿其体肤，动心忍性，曾益其所不能，将复反于中国，齿之于平民也。"[19] 在陈述他们做出裁决的理由时，地方官经常就诉讼当事人的行为是否道德展开评论。他们尽情批评不道德的行为，其言论往往和他们在接受儒家教育期间被灌输的人性论相呼应。在一场关于土地买卖的纠纷中，裁判者宣称："（吴革）所立交易，固非法意，然复避元主，不过适以资其游饮之费，终成一空，又且何益。要知吴革家业，其得之也不义，其去之也亦不义，此理之常，初无足怪。"[20]

但故意的犯罪行为仍然会被惩罚。在《名公书判清明集》收录的另一篇文章中，地方官谴责一个叫黄清道的犯人，指出他的罪行包括拒绝支付房租，殴打房东陈成雇的童仆，以及"妄称已经使、府论理，反欲监折陈成之屋"。这位地方官认为："倘使市井之辈，竞相效陆梁，凡有房廊之家，无不遭攘夺，此何风俗，盍正罪名！"[21]

闹到衙门的大多数案件诉讼都是由当地居民提起的。许多地方官，尤其是城市地区的官吏，都在抱怨轻微犯罪缠诉滥讼。[22] 洪水、干旱和地震有时会造成大量流民，其中许多人最终沦落到城镇的郊区，试图做搬运工或其他劳工谋生。因为缺乏家族和行会的支持，流民群体很容易陷入小偷小摸的生活方式。但大多数农民的生活相对安定，他们每天忙着耕种，除草，灌溉，收割谷粟、水稻和蔬菜，以及照料牲畜。此外，他们还要赶集，照顾老幼，纳彩下聘，敬神礼佛。农民必须支付各种租税，保卫家宅，抵御盗匪，躲避鱼肉乡里的贪官污吏。大多数农民自耕自种，特别是在中部的水稻种植区。许多农民经常卷入房产田地交易纠纷，哪怕是较为富庶的人家，如果家庭成员关系不睦，也会提起有关土地分割和继承争产的诉讼。

　　地方官吏听取诉讼，但他们更希望无讼而治，往往会武断地批评他们眼中挑起争端的当事人。在一起继子和继母的财产纠纷中，地方官就法律问题做出了裁决，但同时宣布儿子应该"洗心革面"，给予寡妇更多帮助和耐心。反过来，继母也应该对继子态度和蔼，给予关心。[23] 在另一起母告子的案件中，地方官既批评儿子滥用家财，又批评母亲起诉儿子。他要求这对母子认可判决，承认错误，互相表示谅解，并声称如果二人继续纠缠，都将受到惩罚。[24] 宋代的地方官认真对待人伦孝道，一旦发现有人忤逆父母，便会加以惩罚，例如，让一个不孝的儿子戴上木枷，也就是套在脖子上的沉重木板，并每天向他的父亲问安。[25]

　　宋代官署受理的犯罪指控五花八门，从盗窃一块丝绸或一把大葱，到袭击、绑架、强奸、谋杀和纵火。地方官员经常抱怨当地的匪患难以控制。[26] 任何个人都可以提起刑事诉讼，如果扭送盗匪至官府，甚至可以要求获得奖赏。宋代的地方官同样严肃对待我们今天所谓的"社会犯罪"，包括售卖伪劣药品、赌博、怪力乱神、贩卖人口。愤怒的人们甚至抱怨在龙舟竞渡中其他观众的不良行为，或是摆渡者口出不逊、满口污言。复仇者可以通过法律诉讼让仇人付出代价，但任何诬告他人者都将面临与其所指控的罪行相当的处罚。《名公书判清明集》中就收录了许多地方官对恶意诉讼、诬告他人者定罪的例子。

　　古代中国的法律制度是高度形式化的，对提起诉讼、收集证据、有罪供述、判决裁定，均设有复杂的规则。[27] 文盲可以聘请登记在册的讼师，后者会以适当的形式代书状纸。到了衙门，当事人会发现法庭的种种陈设都意在震慑来人。县令高高在上，坐在铺着红布的长条案几之后。条案上摆放着用锦缎包裹的方形官印、惊堂木、一墨一朱两只毛笔，以及一块砚台。书记和胥吏簇拥在县令身旁，他们的桌椅位置较县令来得更低。被告则不得不跪在县令条案正下方的砖石地面上，旁边衙役环伺，拿着手铐、脚镣和手杖，以及用来殴打罪犯的扁平竹竿，即所谓"大板"。有些草菅人命的县令希望获取被告供状并迅速结案，因此动辄便下令大刑伺候。他们所需要的只是获得下属胥吏的默许，许多被定谳者在上告时都声称自己被屈打成招，违心认罪。那些更负责任的县令会竭尽所能揭露真相，试图从证人言行的蛛丝马迹中判断其供词的可靠性，并使用创新的调查方法，甚至变装外出，调查案件真相。在当时的公案小说中，负责查案的地方官往往被描绘成英雄，他们会想出巧妙的刑侦手段抓捕狡猾的罪犯，从而伸张正义。在厘清案件事实之后，他们将不得不诉诸法律。这个过程需要参考大量的法规和判例，这让循法办案变得更加复杂。编敕所的官员会协助检索档案，收集相关法规。关于同一件事的敕令可能存在龃龉，在这种情况下，地方官应该采用最新的敕令。最终，县令做出判决，认定任何有争议财产的归属，并决定具体的刑罚。

地方官必须确保自己是依据律法条文与案件事实来断案，不然就会受到上级的批评。他们需要坚持提供确切的证据，包括土地交易中的书面文契，并按照有关诉讼时效的法律行事，即当事人必须在法定的期限内上诉，否则案件不被受理。如果是附带其他条件的不公平买卖，诉讼期限为 20 年，而对财产分割的争议必须在 3 年内提出。不过，如果地方官认为应该网开一面，他们也可以在一定程度上不按法律行事。比如在一起遗产纠纷案件中，地方官宣称，官府不希望遵循先例，接管绝户者的遗产，而决定将遗产的一部分留作埋葬死者之用，其余部分在遗族间公平分配。这显然与立法意图不符，但官府更倾向于安民睦邻。[28] 在另一起案件中，地方官承认，当事人对其侄子提出的严重指控令人难以置信，应当移交给更高级别的官员进行审理。但他接着解释说，在其看来，应当对被告从宽处理，只需要笞杖若干即可结案。[29] 宋代的地方官承认，很难协调立法宗旨、人性，以及对正义的认知。[30]

由于面对的法律问题纷繁复杂，并且恐惧错判误判，许多地方官选择将棘手的案件转呈给上级官署定夺。[31] 无论如何，对于严重罪行的指控都需要被详细记录并上报。如果当事人认为县令在断案时犯下了严重错误，也可以上诉到州。如果被告翻供，县令就应该将案件移交给州府。这样一来，审理程序将变得更加复杂。知州、通判下设司理参军、录事参军，分别主管司理院和州院，专门负责调查案件事实，即所谓"推鞫"。上诉到州的案件将首先被移交给二者之一，进行推鞫，再由司法参军检核相关的法条。被告必须在不止一个场合做出供述，如果他或她拒绝认罪，则原审机关需要将案件交给另一官司进行复审，这就是所谓的"移司别推"。

在一个使用酷刑逼供的司法体系中，这些规则旨在为诉讼当事人提供最大限度的保护。但即便如此，也很可能出现滥用。一些官吏会用抹布塞住被告的嘴，防止他否认供词，或者快速宣读判决，让被告人完全听不明白。在州一级的审判中，负责调查案情的司理院和州院，以及负责检核法律条文的司法参军，都需要向判官和推官汇报结论，后者根据犯罪事实和适用法律提出判决意见。最后，由知州和通判下达判决。对此，下级司法官员都必须服从。如果州一级的裁判结果是判处死刑或流刑，那么知州需要将案件再次提交给上级，也就是诸路监司。如果仍然存疑，还可以将案件提交给皇帝裁断。哪怕是在刑场上，或者是在即将被流放的关头，罪犯都还有最后一次机会提出申诉，要求重审，以捍卫自己的清白。宋太祖曾宣称，所有被判处死刑的人，都可以接受皇帝的圣裁，而他本人也的确经常法外开恩。到了 11 世纪中叶，宋朝地方州县每年都会判处大约两千人死刑，但在中央政府一年内复核的 264 名死刑犯中，只有 25 人最终被皇帝判处极刑。

宋代的大赦制度，也意味着许多罪犯得以免于一死。宋朝沿用了唐朝当众宣布大赦的做法，据说是希望借此改造恶徒，让他们重新融入社会。一名政府官员宣称，地方官如果在盗匪横行的地区张贴大赦的皇榜，就会动摇匪众的意志，进而促使后者缴械投诚。当然，匪首仍应被毫不留情地镇压。[32] 但频繁特赦也导致一些人的抱怨。曾经发生过一起臭名昭著的案件。一名佃农杀死了前来收租的地主，后因为大赦获释，根据记载，他居然去拜访地主的家属，吹嘘自己身体健康，还询问对方最近为什么没有上门收租。[33]

古代中国的法律制度有着各种保障措施和从宽处理的仁慈理念，但很容易被滥用，尤其是在社会底层。胥吏经常向手无寸铁的诉讼当事人勒索钱财，县令乃至知州等高级官员都对下属的腐败行为深恶痛绝，大肆挞伐，并试图阻止诉讼的发生。某位官员曾说，将案件提交县衙，只会"废赀财而肥吏胥"。[34] 地方司法裁判者反复警告说，诉讼意味着接受行贿的要求，更不用说可能会被上官用刑甚至其他更糟的可能性了。他们还批评那些怂恿民众诉讼的代理讼师，即所谓"健讼""簪笔"之人。[35]《名公书判清明集》中的一篇文章声称，百姓一旦涉讼，就会"荒废本业，破坏家财，胥吏诛求，卒徒斥辱，道途奔走，犴狱拘求"。他指出，诉讼也会破坏亲族或社区内部的关系，"与宗族讼，则伤宗族之恩；与乡党讼，则损乡党之谊"。除非是"或贫而为富所兼，或弱而为强所害，或愚而为智所败，横逆之来，逼人已甚，不容不一鸣其不平"，才应该提起诉讼。[36]

说到底，宋代司法体系不是不能伸张正义。地方恶霸有时会被绳之以法，腐败官员亦不能免责。存世的记录中有这样一个案件。当地百姓聚集起来，控告一个名叫杨子高的地头蛇。后者伪造制书，谎称自己具有官吏的身份，从而勒索钱财，挪用税收，甚至为了向当地县吏勒索钱财而庇护逃犯。[37] 尽管许多地方官以严刑苛法著称，但他们也受到上级的审查。一旦被告上诉成立，他们就可能会因错判而受到处分，哪怕是知州错判，也可能受到责罚。同样，如果地方官为无辜者洗刷冤屈，也将获得公开奖励。一名县令在试图干预一桩案件时，不得不面对另一位官员咄咄逼人的祖护行为。面对这种情况，县令形容自己"人微望轻"。[38] 不过面对这种情况，大多数人认为自己是正义的捍卫者，有时甚至可以不顾一切。

　　当然，大多数争端从未诉诸司法。与更晚近的时段一样，人们求助于社区领袖、当地治安团体和宗教组织来调解常见问题。[39] 宋人开始热衷于编修族谱，这促进了宗族组织的建立，而后者在时人家庭冲突的解决中发挥着作用。来自稍晚时段的史料表明，官员经常会将诉讼双方送去调停。另外，《宋史》记载了地方官为了彻底结束冲突而付出的艰苦努力，其行为有时甚至超出了法律条文的规定。他们也会要求诉讼双方签署声明，证明大规模的家族纷争已经结束。儒家强调稳定的社会等级制度、孝道和对上级的忠诚，鼓励非正式的和平谈判。在《名公书判清明集》中，一位地方官批评了一名因质疑侄子继承权而提起诉讼的男子，并对该男子是儒生的事实表示大跌眼镜："凡骨肉亲戚之讼，每以道理训谕，虽小夫贱吏，莫不悔悟，各还其天。……所宜挽回和气，毋致悖理法而戕骨肉，费赀财而肥吏胥。"[40]

　　衙门之外，普通农民早已习惯用文书契约来处理财产，且各地官员都强调，这些文契足以证明所有权。在偏远地区，中央政府的权力难以触及，郡县官员对治下居民的控制力有限，土地登记制度几乎没有得到执行。但是，正如一位地方官所言，"乡人违法抵当，亦诚有之，皆作典契立文"[41]。

　　在古代中国，人们甚至还会签订卖身契。有宋一代，买卖自由男女仍属非法，但贫穷和灾难导致最不幸者不得不卖妻当女。[42] 这在当时是一种生存策略，许多话本都记录了类似的故事。其中一篇讲到，在开封的一家客栈，某个行商听到一名男子在哭泣，问询后得知，此人为偿还偷盗所得，不得不卖掉了自己的女儿。商人心生怜悯，假托自己要买下女孩，并给了这位可怜的父亲足够的金钱以偿还买家。商人还建议，如果原买主不同意归还女孩，这位父亲可以威胁告诉到衙门。这一策略显然奏效了，大概是因为买家担心自己非法签订的人口买卖契约会招致惩处。但当父女二人上门感谢商人的时候，商人已经悄然离开,这就是他善行的收尾。另一个故事记载,一个女人因为饥饿,将自己卖给了某位商人。后来,她的丈夫意外找到了她,并告到衙门,要求商人归还妻子。县令判决这个女人回到丈夫身边,但丈夫需要向商人支付当年女人卖身的价金。但还没等到丈夫付清这笔钱,女人便再次不知所终。也许她这样做,是想摆脱此前虐待自己的丈夫。还有一则明显是杜撰的故事,讲述了一个被拐卖的女人在多年后如何与丈夫重逢。当时,丈夫向款待自己的主人盛赞一道菜的质量,表示菜的味道与自己妻子烹饪的极为相似,甚至感动得流下了眼泪。后来,当他发现这位手艺出众的厨师就是卖身的前妻时,激动不已。

在与幽冥世界的交往中,中国人也会使用法律文书。城隍信仰在宋朝出现。所谓"城隍"是地方上的神灵,人们相信它可以保护当地居民。城隍庙和祭祀城隍的仪式风行各地,道士们经常在神龛上供奉当地官吏的塑像,并在塑像周围放满后者在公堂上使用的刑具。[43] 善男信女们请求道士作法,驱妖除魔,而道士使用的各种法器文书都严格遵循地方官判案的程序。后来,中国的作者们提到,地下的判官必须使用阎王与玉帝制定的法典。显然,他们在阴间的法庭上遵循的规则比他们在尘世间的同行更为宽泛,而地府的官僚机构也更为复杂。在阴间,判官要审判死者在尘世犯下的罪恶,还要受理冤魂和生者的请求。地上的法官法吏同样可以向地府祈求,以确定有罪的凶嫌,惩罚腐败官员。当时的畅销作家创作了一系列令人兴奋的故事,讲述神明如何介入司法,帮助足智多谋的地方官在困境中伸张正义,并在关键时刻拯救无辜囚犯的生命。虽然这些作品皆属虚构,但对于天网恢恢疏而不漏,以及作奸犯科者将在阴曹地府接受酷刑的观点,时人似乎的确深信不疑。就连官员有时都会在神明面前讯问嫌疑人,甚至在道观里进行审判。

13 世纪,蒙古人的铁蹄从北方大草原踏地而来,宋朝的统治就此告终。征服北方地区后,忽必烈建立了自己的王朝,称为元,定都北京。1368 年，元朝被明朝取代。明朝皇帝建造了被称为紫禁城的宏伟宫殿，并实施了相对宽松的行政管理制度。明朝统治者认为法律和刑罚应当为天下人所知，并将法律公告天下。但是，人们仍旧相信可以借助神明的力量来协助审理案件。明代法典《大诰》收录的诸多案件，都提到了鬼神的干预。[44]

17 世纪中叶，清朝取代了明朝。清朝的统治者制定了自己的法典，即《大清律例》。但该法典基本上保留了中国传统的法律结构和形式，且在很大程度上以唐律为基础。在接下来的 3 个世纪里，清朝统治者颁布了大量的法条和新规。随着人口的增长，县令所管辖的人口村镇不断增长，一县人口甚至可能高达 25 万人。因此，县衙在审理案件时不得不大量使用非官方的胥吏和幕僚。但是，在官方允许的前提下，人们还是求助本地调停人和宗族行会等来帮助解决争端。在清朝，各个村庄选出里长作为代表来协助官府收税。这些里长和宗族长者一样，都可以在争端中充当调停人。[45]尽管农民总是试图避免与各级衙门和地方官吏扯上关系，但他们仍然习惯于订立书契，以便将各种交易规范化，包括在极端贫困时期卖儿卖女乃至自卖的行为。[46]在走投无路的情况下，贫穷的家庭甚至可能会同意"搭伙"，即允许未婚男子共妻，以换取对方提供的无偿劳动。和因为债务卖身为奴一样，这种"一妻多夫"在当时也属于非法行为，地方官本应该对其加以惩罚，但他们往往屈服于现实，承认它作为生存策略的重要性。农民继续以书面形式记录他们的各种协议，即使这样做可能有违律法，因为他们非常重视书面契约带来的稳定性。

包括在日常生活中使用的书面文契，以及祈求冥界神灵帮助的行为在内，古代中国的法律实践一直延续到 20 世纪。直到 1928 年国民政府统治时期，皇帝、学者、官员和普通民众在两千多年间制定的法律、法律规范和复杂的犯罪和刑罚制度才迎来终结。

* * *

早在公元前若干世纪，雄心勃勃的统治者便建立了中国最早的刑罚制度。在接下来两千多年的时间里，历代帝王笃信依靠刑罚便可以治国安民。古代中国的律法提供了一种秩序感，而那些触及帝国最偏远角落的法律实践也是如此。学者和官员要求人们在交易活动中使用正确的契约形式，并严格遵循司法程序。士农工商都按照法律规定管理他们的土地农耕、商业关系和家庭安排。与此同时，官僚们为朝廷制定了难以想象的复杂法律规范。基于规则和秩序的理念，似乎也为阴曹地府的司法活动提供了可供比照的模式，哪怕是普通人，也可以向神灵的法庭请求帮助。

中国的皇帝将自己与法律和神性联系在一起，因此中国人自然会将他们所信奉的神灵视为这个复杂的、受到无所不在的法律规范和官僚体系约束的行政管理体系的一部分。依法办事似乎成了事物的自然规律。这与现代世界没有太大区别。与此同时，西方的法律体系正在扩张，并将法律规则带到日常生活的各个角落。

第十章

中世纪欧洲的司法与习惯

在中世纪的大部分时间里，欧洲的国王和皇帝们，努力在治下不同的族群中维护自身的权威，坚持推行自己的法律。他们在加冕宣誓中承诺要给国家带来和平与正义，资助法学家，建立法院，固化习俗，颁布法典。但是，政教分离导致王室立法无法得到宗教的认可。中世纪的各国政府也不够强大，无法像中国的朝廷那样对其人民严加惩教。很少有欧洲百姓会对法官和统治者的立法抱有信心。无论如何，上法庭既费时又费钱。不过，尽管如此，许多人还是抓住了在实践中运用法律形式的可能性。

相较于和国王或主教的关系而言，大多数人与他们所在的村庄、领主、街区或贸易网络的联系都要更加紧密，许多人自行制定了行为准则。法律技巧渗透到普通欧洲人的思想和实践中，他们根据自己的目标调整或补充法律规则。在法国，罗马法的重新发现，以及国王的集权统治，促使人们不断追求法律上的正义，即使在地方层面也是如此。同样，在英格兰，地方法庭开始逐渐采用更加规范化的形式，尽管王室法庭对其智慧的吸收，足足持续了好几个世纪。

* * *

在欧洲大陆，到了 12、13 世纪，随着罗马法的"重新发现"，出现了一波立法浪潮。[1] 此前已经编修了《伦巴第律法书》的伦巴第人，如今又根据封建习惯起草了新法，并收录进他们的《封土之书》（*Libri Feudorum*）中。随后，在欧洲大部分地区，包括神圣罗马帝国在内，它都被公认为调节领主和附庸关系的权威法律文本。[2] 1220 年，西西里岛的腓特烈二世成为神圣罗马帝国的皇帝。他下令编纂法典，使用了罗马法的表述方式、分类和推理形式。这本法典被称为《奥古斯都之书》（*Liber Augustalis*）。在神圣罗马帝国这个日耳曼诸国与自由城邦的松散联盟中，民法学家将新的法律进一步汇总并整理成册。[3] 其中最著名的是《萨克森明镜》（*Sachsenspiegel*），该书是封土法（Lehnrecht）和邦法（Landrecht）的结合，后二者分别指《封土之书》中的封建法律原则和当地的习惯法。《萨克森明镜》被翻译成多种日耳曼方言，其对法律实践产生的影响远超萨克森地区。为了在任何特定情况下都能发现和宣布对应的法律条文，较大的城镇任命了由普通人组成的公民陪审团（Schöffen），负责检查条例、习惯和任何相关的法律文本。最终，为了统一治下的多元异质帝国，神圣罗马帝国的皇帝们不得不鼓励使用民法，并要求所有高级法官都应接受法学培训。尽管一些学者认为民法代表着欧洲的共同文化，但实际上，这个想法足足花费了好几百年才最终成型。

13 世纪，卡斯蒂利亚王国的统治者颁布了一系列雄心勃勃的法律。他们以查士丁尼的《学说汇纂》为蓝本，制定了《七法全书》，试图借此在西班牙各个独立王国中维持自己至高无上的地位。但西班牙的地方法官仍然认为应该坚持沿用自己的法律和习惯，而这些王国的官员更下令制定自己的法典，也就是市政法（fuero）。在法国，政府官员和地方领主也都要求书记官将地方法律汇编成册；这些习惯法（custumal）旨在协助领主和法官开展司法实践。[4] 习惯法一经公布，人们就直接把这些法条用在诉讼中，而且确实有人因此胜诉。然而，法官和精通法律者已经确信，比起习惯法，他们长期以来接受并学习的新兴民法体系更加优越。尽管书记官确实试图记录习惯规范，但仍不可避免地将这些从民众那里听来的风俗嵌入了现有的罗马法。他们会采纳查士丁尼《法学原理》的概念和思想，有时甚至直接照搬《学说汇纂》的章节结构。这一切都在强化民法是法律终极范式的观点。

在某些情况下，地方裁判者和调停人继续以传统方式处理争端，试图让存有分歧的各方达成妥协。但是，可以借由某客观、统一的规则来追求个人利益的想法逐渐深入人心。在位于如今法国南部的塞普提曼尼亚，历史记录表明，在 12 世纪，大多数人都会寻找所谓的"好人"，也就是仲裁员，来帮助他们解决纠纷。如果情况严重（通常是在涉及大量土地时），双方可能会向最近的修道院院长或子爵求助，请求他们调停。[5] 这一时期，修道院实际掌控着大量土地，有权收取地租和其他费用。修道院院长经常发现自己与当地贵族在土地权利等问题上存在纠纷。由于高级教士和贵族人物纷纷试图从中斡旋，这类缠讼可能会拖延数年。仲裁人可能会对各方施加压力，但他们无法迫使各方接受决定，甚至无法确保各方遵守已经达成的协议。他们或许偶尔可以找到某种法律文本加以参考，并据此认定谁真正拥有合法权利，但这一时期，罗马法中关于土地所有权的确切分类在很大程度上已经被遗忘，因此权威的判断难以达成。大多数时候，人们只是彼此妥协，将存在争议的财产分配给各方。即使达成协议，调停人也必须要求双方宣誓遵守协议条款。这关系到的是荣辱而非得失，尤其是上层社会的体面必须得到照顾。仲裁人援引受人尊敬的传统智慧，并用可能招致的公众谴责威胁当事人，从而说服他们妥协。

渐渐地，情况发生了变化。到了 13 世纪，法国国王开始对其名义上控制的省份行使更大的权力，派遣代理人收取租金，并要求土地所有者履行相应的义务。在教会的支持下，他们可以没收所谓"异教徒"的财产，国王甚至可以使用这种策略来制服不听话的贵族。在没那么极端的情况下，他们也可以要求教皇的代表将拒绝接受法官命令的公民逐出教会。与此同时，法国国王拔擢贵族，将他们吸纳进自己的小圈子。为了进一步集中司法权，他们建立了一套以巴黎高等法院为中心的上诉制度。[6] 这一时期，塞普提曼尼亚的地主可能会发现自己被某位贵族在数百英里外告上法庭索取农场；或者收到远在天边的政府部门提出的兵役要求。渐渐地，熟人圈内要求冲突双方妥协的压力消失不见，仲裁人开始像法官一样行事，做出明确的裁定，并希望各方予以遵守。与此同时，他们开始更系统地记录自己在这种全新的司法体制下做出的判决。这些记录使用罗马法的概念术语，表明仲裁人"询问了真相"，并使用了"证人和文书"。不管是否真的如此，这些罗马法的术语，营造出了某种氛围，即存在一种适当的、寻求正义的方式，那就是效仿罗马民法的实践行事。

法官和调停人试图在法庭上使用一致的规则，而人们也开始接受判决的权威性，传统的调停妥协机制开始在各个层面走向崩溃。新法为各个阶层提供了一种相对客观的矛盾解决机制，但也为他们提供了一种挑战他人，甚至是地位更高者的话语体系。在法庭上，市政官发现自己可以依法对抗子爵的主张，子爵也可以回应大主教的要求，大主教又可以对抗市政官，而所有人都可以依靠法律对抗国王。也就是说，普通民众都可以引用法律条文，反对那些高高在上的作威作福者。当然，上述机制远非完美，法律层面的辩论也并不总是有效，但它的确给人们提供了一种用来对付支配者的方法。到了这一时期，对站在裁判者面前的当事人来说，除了他们经常援引的道德、宗教等论据外，又增加了法律这一武器，而法律思想和技巧也渗透到了社会生活的方方面面。领主模仿国王，聘请训练有素的律师担任法官，而村镇农民与城市居民都发现，这些新设立的法院是他们可以维护某些权利的地方。到了这时，法律成了伸张正义的希望。

接下来的几个世纪里，在欧洲的不同地区，法律以不同的方式发展。国王和他们的政府、主教和教士、律师和法学院、贵族和书记官都发挥了各自的作用，更不用说连年的战争、十字军东征和反异端运动所引发的动荡了。你方唱罢我登场，新的统治者锐意改革，经常效仿罗马法律程序的风格制定或修改法律。就连苏格兰人也不顾南方邻居英格兰的反对，派年轻人远赴法国和意大利学习民法。罗马法的影响，笼罩在最终席卷欧洲的法典化运动所创造的更具雄心的法律之上。但直到 19 世纪，欧洲统治者才制定了最终将激励这个星球上广泛地区人民的法律。

* * *

英国的变化更为循序渐进。诺曼人征服不列颠后不久，一位英国书记官编纂了盎格鲁-撒克逊法典，也就是《亨利国王之法》。在该书的引言部分有这样一句话，"合意高于法律，仁爱高于判断"。在这里，他指的是名为"仁爱日"（loveday）的仪式。在这一天，人们会聚集在一起解决冲突，公开表达善意。爱的纽带应带来和平与安全，甚至是贵族和他们的臣民也应当感受到彼此的关爱。

12 世纪末，亨利二世的法律改革将宣布什么是"普通法"的权力交给了司法机构。王室法官走遍全国各地，在巡回法庭上裁决土地所有者之间的争端（通常是关于财产和继承权的争论）。在令状颁布后，假如当事人再私下妥协，便是对国王的不敬。巡回法庭还会审判那些被指控犯有严重罪行的人，而不是任由受害人私下报复。与此同时，英国学者受到罗马法的启发，撰写了关于英国"不成文法"的研究文集。

这些著作标志着普通法体系的发端，后者最终扩展到英格兰和威尔士，但直到几百年后才取代地方法院以及专业法院。

尽管"仁爱日"的仪式持续了几个世纪，但在中世纪的大部分时间里，甚至是在近现代的早期，农民、工匠、教士和商人仍然习惯于求助地方法院，而这些法院通常也得到王室认可，负责解决争端。当事方在地方法官面前援引习惯和法律，期望由同侪组成的陪审团审理自己的诉讼。盎格鲁-撒克逊人在郡和百户都设立了法庭。骑士、地主和身为自由民的佃农定期聚集在这里，讨论和管理地方事务。诺曼人延续了这一制度，亨利二世为每个郡和百户任命了一名郡守。郡守每半年会召集一个包括 12 个自由民的陪审团，共同组成巡回审判法庭。该法庭每 6 个月左右开庭一次，审理包括抢劫、谋杀和盗窃在内的犯罪指控。[8] 偶尔，国王的巡回法庭会走进各个郡，并在当地驻留几个月，审查当地法院的活动，审理最复杂的案件（通常是涉及大量土地所有权或大笔财产继承权的纠纷），以及对最严重罪行的指控。

在 13 世纪，巡回法庭被巡回陪审团（assize）所取代，这种王室法庭在全国各地巡回审判，并接管了百户法庭的工作。[9] 与最终取代郡守的地方治安法官一起，巡回法庭听审"重罪"，即谋杀、抢劫和纵火等严重罪行，它也受理违反各种规定的指控，乃至公民个人之间的争端。尽管对重罪的私人指控将其称之为犯罪，但上诉者寻求的通常是如今的民事法庭会判处的赔偿。他们也可以对官员提出指控。最终，法院制定新的令状。根据这些令状，人们可以控告那些提供医疗服务、给马钉掌、运输货物，或任何未能控制动物或火灾的人玩忽职守。[10] 地方陪审团必须对这些指控进行调查，无论它们涉及的是财产、沉船、非法侵入还是水资源，又或者是发现了宝藏或不法分子、逃犯，以及偷猎者，还是诸如何时可以开办市集等问题。在动乱时期，他们必须调查有组织的暴力、法律程序的滥用和共谋等犯罪行为。到了 14 世纪末，地方陪审团还负责监督度量衡的使用，调查货币的伪造和剪裁（即刮去贵金属硬币的边缘）、要求雇主支付超额工资，以及制售劣质商品等行为。

　　然而，试图在巡回审判中寻求正义，既耗时耗力，又代价不菲。对大多数农民来说，纠纷的解决、地方事务的处理，或者是正义的伸张，都发生在庄园里。中世纪的英国农民住在乡镇、村落或农庄里，但从法律意义上讲，他们都属于庄园。农民耕种的田地属于庄园的主人，后者可能是诺曼领主、修道院、小修隐院，甚至是王室本身。规模较大的庄园可能拥有分散在不同教区或郡县的土地，因此一些紧邻的村庄可能分别属于不同的庄园。大多数农民都是贵族的附庸，也就是所谓的农奴。领主给予农奴在少量田地上耕作和在公共牧场上饲养牲畜的权利，而农奴需要向领主上交相应数量的产品并服劳役。农奴还得在领主的田地里干活，为领主碾磨谷物，运输木材，照料牲畜。只有部分佃农是自由民，他们拥有自己的土地，且不用承担上述义务，但即使是这些自由民，也必须参加领主组织的庭审。

　　诺曼国王将田产分封出去时，还授予了土地的新主人组织庭审的权利。[11] 领主下辖法律管事（bailiff）、执达官和管家，也就是负责管理庄园的官员。他们会每三周召集所有（男性）佃农，包括自由人和庄园的农奴在内，作为案件的听讼人（suitor）。在这些法庭上，听讼人将审查公共牧场、树林、河流和池塘的使用规则，决定谁可以让牛羊进入牧场，谁应该保护牛羊远离田野，村民可以让猪在哪片树林刨食橡子和榛果，谁可以在村里的池塘里养鹅。他们也征收税费，记录村民们的工作，调查引发骚乱和争吵斗殴的谣言来源，记录离开庄园者的名字。听讼人还必须受理领主的官员对违反规定的佃农提出的任何指控。指控内容可能是某个佃农没有出席领主组织的庭审，或者没有在领主的田地或磨坊里履行应有的义务；也可能是某个女人放任她饲养的牲畜啃食了领主的谷物，或者没有得到领主的许可就私自结婚，还可能是某个自由民拒绝向领主的仆人出售啤酒。他们也会受理诉讼，例如某人被指控没有支付租金，或试图未经许可出租田地，又或者是被人发现偷摘水果、毁坏玉米、偷猎或侵占邻居的土地。听讼人通常会对违规者处以罚款，但违规超过三次者可能会被送进监狱，或者坐在木桶上游街示众。

农民也会向法院提出自己的不满。比如一起案件的起因是某个粗心的狗主人放任他的狗咬死了原告的 24 只鹅。另一起案件则是因为一个狡猾的农民在邻居的土地上偷偷开辟了一条近路。另外，村民们也可能会抱怨庄园里酿造的啤酒和烘焙的面包质量不佳。在 13 世纪，国王授予一些贵族特别管辖权，让他们周游全国，举行"面包和啤酒巡回审判"（assize of bread and beer），以执行这两样产品的国家质量和价格标准。听讼人可能还必须决定，应该根据哪些风俗来做出判决，例如，两个儿子究竟哪一个应该继承父亲留下的土地，或者是否应该让他们各分一块。村民们可能会彼此苛责。例如，在贝德福德郡的克兰菲尔德，佃农的女儿杜斯声称有权继承父亲的土地，庄园法庭听讼人起初确认了她的诉求。然而，有人发现这位女士有一个私生子，而在此前的案例中，法院曾宣布，如此"越轨"的女儿将失去继承权。听讼人觉得有义务遵循这些判例，因此他们拒绝承认这位不幸的丧父之女的土地继承权。[12]

对大多数英国农民来说，庄园法庭是他们表达不满、登记土地交易和辩论共同关心话题的场所。佃农也可以聚在一起，向他们的主人提出关于公共资源管理或外来者活动的请求。如果另一个庄园的佃农侵占了他们的土地，他们可以尝试说服自己的主人进行调查，如有必要，还可以向所在百户区或郡的法院提起诉讼。正如学者所说，大多数人可能认为庄园法庭是"他们的"，在这里，远亲近邻可能会在审判时听取他们的意见，让他们得到比在王室法庭更多的同情心。[13]

如果某位农民拒不纳税，或被抓到实施盗窃，庄园法庭可以将他"驱逐"出村庄，并禁止他生火和饮水，这实际上使他成了逃犯。[14] 如果村民们发现任何不法行为，必须"奔走呼号"（raise the hue），这意味着所有听到通知的人都必须搜索嫌疑人。罪犯可能在教堂里避难，当地村民之后就会在那里看守；或者他可以"作出弃国宣誓"（abjure the realm），也就是说，承诺离开这个王国，而这必须由村民监督。如果发现尸体，验尸官会召集附近四个村庄的所有人进行调查，如果在收获期间，这可能会非常不便。在所有上述情况下，郡守都会前来检查村民和庄园管理者的行为是否正常。

在继承自盎格鲁－撒克逊时代的制度中，所有非自由民都应该被编进一个十户组（tithing），也就是一个至少由 10 人组成的集体，该集体对成员的行为负责。如果其中有人犯了重罪，郡守可以将其所在十户组的代表传唤到郡法庭。郡守还可以从治下的百户区召集代表团，成员在宣誓后呈报叛国、杀人、盗窃、纵火、强奸、偷猎等违法事件，来自各个庄园的任何流血事件，以及任何涉及"奔走呼号"程序的案件。郡守可以对不法者处以罚款和绞刑，那些更为专制的郡守则会威逼村民揭发自己的亲朋好友。复仇心切的农民可能会指控仇人实施了严重的不法行为，让对方焦虑和损失钱财，但他们也可能会团结起来包庇犯罪者，将未查明的罪行归咎于不知名的"流浪汉"。农民渐渐发现，参加郡级治安法庭的开庭是一种负担，但这确实给了他们参与司法的机会，也就是在某种程度上决定了法律是什么，又应该是什么。他们把这些想法带回了庄园法庭：被授予土地让他们获得权利，某些人有权从他人那里继承遗产，他们可以在被指控杀人或伤人时用自卫或意外事故的理由辩护。

通过这种方式，在王室法庭系统内制定的规则、惯例和原则，逐渐渗透到基层的庄园法庭。一条可以追溯到亨利一世时期法律的原则规定，任何人都不应该被地位比自己低下的人评判。这意味着，如果自由民在庄园法庭受到指控，必须召集自由民组成陪审团来审理他的案件。贵族应该知晓 13 世纪签署的《大宪章》，该宪章宣称，在没有可靠证人的情况下，领主的法律管事不得将自由民告上法庭，"任何自由民不得被逮捕、监禁、剥夺财产、流放或以任何方式被毁灭……除非通过其同等地位者的合法判决或依据国家法律"[15]。

13 世纪，随着识字变得越来越普遍，领主们开始雇用书记员来保存记录和账目。在庄园法庭的案卷上，书记们留下了与案件相关的笔记。[16] 随着人口的增加，他们开始挑选由 12 人组成的陪审团，而不是召集所有佃农作为听讼人。贵族领主效仿郡守要求陪审团在法庭上陈述案情的做法，也要求庄园法庭的陪审团调查和陈述案情，而不仅仅是就庄园管家的指控下达判决。国王还授予一些领主主持采邑法庭（court leet）的权利。采邑法庭负责审理更为严重的伤害和斗殴案件，有效地接管了郡法庭的司法管辖权。在采邑法庭，陪审团会同时审理多个案件。这比一桩桩地听审要快得多，但可能不那么公正。大多数陪审员不喜欢为了庭审付出时间和精力，毫无疑问，他们讨厌调查并告发邻居的行为。但很显然，他们可能也渴望看到罪犯受到惩罚。

由庄园法庭审理的案件，通常只关系到简单的事实认定，或者是对适当惩罚的判断，但陪审团有时确实必须根据当地习惯作出决定，就像前文提到的杜斯继承案那样。进入 13 世纪，庄园法庭开始更明确地区分自由民和农奴的权利和义务。这些都被记载进法庭的卷宗。如果人们认为主人无理剥夺了自己的土地，或者被同乡侵占了土地，就可以查阅相关记录。这一时期，王室法庭为土地所有权纠纷制定了更复杂的令状，一些新的令状随之被庄园法庭采用。人们开始使用标准文件记录销售和转让、财产结算和共同租赁等事务。庄园法庭也采用了王室法庭的若干诉讼形式，例如"新近侵占土地之诉"（novel disseisin)，和"收回继承土地之诉"（mort d'ancestor）。前者是一种主张土地所有权的方式，后者则通常用于继承权出现争议的情况。尽管在实践中，庄园法庭并非总能正确地使用这些复杂的形式。庄园法庭还必须就死税*（heriot）、监护权（对孤儿的责任）、婚姻救济†，以及其他有关继承的问题（如限嗣继承权、剩余地产权、财产归复权和临终财产转让等风俗）做出裁决。另外，他们也听取有关佃农婚嫁费（merchet）、通奸赎金（leyrwite）、对无主物和流浪家畜的所有权（franchise of waif and stray）、土地侵占（purpresture）和农奴滥用住房土地的指控。这些风俗延续了几个世纪，但随着更多统一的规则和分类的出现，法律程序的差异格局逐渐形成。

14世纪中旬，黑死病席卷英格兰，人口锐减，民生凋敝。在1381年爆发的瓦特·泰勒农民起义中，叛乱分子毁坏或焚烧了许多庄园法庭的案卷，以示对领主的蔑视。尽管这种反抗相当戏剧性，但它们并没有破坏庄园的司法制度。在接下来的几十年间，贵族领主重建了庭审记录制度，农民则继续向庄园法庭寻求成本较低且相对有效的司法救济。[17]渐渐地，在更多情况下，贵族们选择出租土地，而不是直接让农奴为自己耕种。他们对打理田产不再感兴趣，而是更倾向于买卖不动产。因此，他们允许陪审团来负责庄园的日常管理，例如确定田界、分派佃农和农民应付的租金和劳役、选举庄园管理人员，以及为空置物业选择佃农。庄园法庭的开庭次数也在减少，但直到16世纪，人们仍然在借助庄园司法制度追求正义，指控涉嫌盗窃者、试图索取过多税款的管理者、酿造劣质啤酒者，以及他们认为应该被赶出所在地区的麻风病患者。

庄园法庭仍然很重要，但它并不是农民寻求正义或指控犯罪的唯一途径。有关结婚、离婚、子女的合法地位和性犯罪的问题都应该提交教会法庭。在乡村教区（rural chapter）中，主教、教长和教区执

---

* 指农奴或佃户去世时，其家属需要向领主支付一定的贡品或费用。

† 指领主的女性家属结婚时，新郎或新娘需要向领主支付一笔费用，作为对领主的经济补偿。

事长们听取种种案情，包括有关遗嘱有效性或婚姻合法性的争议，基于婚姻协议的物品或金钱索赔，个人财产继承争议，对通奸、乱伦和重婚的指控，以及对异端和巫术的揭发。[18] 教会执事和其他教会官员会传唤那些没有在礼拜日去教堂或拒绝给孩子施洗的人，但这些轻罪通常只须忏悔，而不会惩罚。教区牧师和司教代理也会调查什一税的征收情况，后者指农民应该把谷物和园艺产品、羊毛、牛奶，以及新生的羔羊的十分之一捐给教会。精神层面的担忧也可能渗透进实际的交易安排。比如农民会用向上帝宣誓的方式来确认契约的建立；而如果有人违反了协议，双方往往也会向乡村教区请求仲裁。在审判时，尽管很少会有人就罪行提出异议，但神职人员仍然应当遵循源自罗马法的教会法诉讼程序。更困难的是如何评估已婚者通奸或未婚者私通的间接证据。有一种解决办法便是允许被告召集亲朋好友，用发誓的方式来证明自己的良好品行，这就是所谓的宣誓审判（compurgation）。[19]

至少在理论上，教会关心的是人们灵魂的状态，而不是他们的农业或社会生活的规范。但在中世纪的英格兰，无论男女，所有人都非常关心自己的名誉，并且经常为此求助于教会法庭。侮辱，尤其是那些在争吵中出现并涉及淫秽内容的侮辱，可能会造成严重的冒犯。许多人不惜冒着重新将自己所受侮辱公之于众的风险，也要在法庭上寻求重获清白的机会。15 世纪的记录显示，数百人公开抱怨他们被诽谤为"妓女"和"荡妇"，或是"婊子养的"，以及一系列其他带有性意味的侮辱，其中许多是女性。在威斯贝奇，交给教堂执事们判断的侮辱性称呼包括"流浪汉"（lundlelper）、"娼妇"（hormonger），以及一系列相关的变体，这些侮辱性词语可能带有民族主义色彩。在诺里奇的法庭，一名证人报告他曾听到被告说"你这个虚伪的佛兰德佬、品德败坏的鸟人"；在米德尔塞克斯，仆人们互相辱骂，称对方为"苏格兰货妓女"或"威尔士婊子养的"。

在黑死病爆发之前的大约一个世纪，羊毛贸易给英格兰居民带来了源源不断的财富，而人口数量也因此显著增加。在国王的特许下，新的城镇纷纷成立，商人们在此建立行会，以促进羊毛、羊皮、皮革、铅和锡的贸易。这正是中世纪商业的所谓五大主要产品。城镇设立了自治市法庭（borough court），地方官员在那里审判有关信用和债务、贸易纠纷、轻微暴力、财产损失的案件，以及其他违反城市法规的行为。[20] 城市的繁荣依赖于能够有效且廉价地解决商业纠纷的法院，而地方官员严格地控制着这些法庭。罚款还充实了地方财政。但不同自治市法院的管辖权和程序差别很大，而且一些城镇拥有多个法院，这些法院也会相互竞争。与此同时，采邑法庭监督什一税的征收，验尸官调查死亡原因，中心法庭则监督生活必需品的供给质量。[21]

受青睐的精英被允许举办集市，比如拉姆齐修道院的院长，而这些集市也有自己的泥足法庭（'pie-powder' court）。剑桥附近的一个小村庄圣艾夫斯举办的集市很快吸引了国际商人，而庄园领主则更多地占据着当地市场。在这里的泥足法庭，市长、法庭事务官和庄园管家会听取对不当行为的指控。他们必须在涉事的行商离开当地前就迅速做出判决。法庭可能会派执法人员前去扣押货物，或者给罪魁祸首加上刑具、投入囚笼，以示羞辱。随着羊毛贸易的扩大和英格兰经济的多样化，集市也进一步发展，最终，国王指示，在每个设有主要市场的城镇，都应该由商人选举官员来逮捕、审判、监禁和惩罚害群之马。大多数违法行为都与债务、违约和商品质量有关。例如，1275 年，圣艾夫斯的一名面包师指控一名女子私闯民宅，殴打妇孺，并在他的白面粉上泼洒了酵母。[22] 商人抱怨这让他损失了 3 便士。除此之外，他还想要半马克作为名誉补偿。法庭事务官允许被指控的女子传召证人以证明自己的良好品行，从而抗辩面包师虐待和破坏的指控。但宅中袭击（hamsoken）是一项严重的指控，因此法官们召集了由商人和城镇居民组成的陪审团来审理此案。这一过程遵循了庄园法庭和自治市法庭的传统流程，以确保审判商人的是由同侪组成的陪审团。

13、14 世纪，召集地方陪审团审理争端的做法在英格兰大部分地区流传开来。其范围拓展到德文郡和康沃尔郡，在那里，人们还在使用古老的方式开采锡矿。在罗马时代，冶锡工从康沃尔河和众多溪流的细粒砂中提取沉积物，在用花岗岩砌筑的小型风房中熔炼，这些风房散布在村庄之间的荒野上。[23] 锡工们可以在任何地方自由地划定所谓的矿区界限。例如，只要还在某个地区持续采掘，那么在该区域的角落放置岩石或牛蒡，就可以声称这里是属于自己的。到了 11 世纪中叶，当地郡守开始征收所谓锡税，也就是对冶炼锡矿征收的税赋。1198 年，理查一世的首席大臣在德文郡的埃克塞特和康沃尔郡的朗塞斯顿组织法庭。在法庭上，由锡工组成的陪审团决定与锡矿冶炼有关的法律和实践。该大臣还为这两个郡的锡矿区任命了首席管理人（chief warden），负责监督和执行当地的"古老习惯和自由"，并禁止锡工在官方授权的市场之外销售产品。1201 年，英王约翰确认，除了教堂和教堂墓地，锡工拥有在任何地方采矿的权利，哪怕是在主教、修道院院长或领主的土地上，"就像他们习惯做的那样"。当然，锡矿开采者必须向土地所有者支付部分利润作为"通行费"。英王还授予锡工自由民地位，这意味着他们不必向庄园领主缴纳份子钱、道路和桥梁通行费，也不必缴纳市场营业税。国王宣称，在对待锡工时，锡矿区的首席管理人必须"公平公正"，这可能包括将工人监禁在锡矿监狱，或没收任何被认为非法的个人财产。

锡矿的开采也给当时的法律带来了特殊的问题。在接下来的一个世纪里，锡矿首席管理人在德文郡和康沃尔郡的 8 个矿区都设立了法庭。被控犯下谋杀、误杀、致人伤残等严重罪行的锡工必须被提交王室法庭审理，相对轻微的案件则由当地陪审员审理。冶炼工、鼓风工、鼓风房的所有者、投资兴办企业的冒险家、冶炼工、运煤工，以及采矿器具的制造商都会求助于矿区法庭。这些法庭也会受理矿工和其他职业从事者之间的纠纷，但在这种情况下，将有一半的陪审员不是锡工。如果矿工毁坏了庄稼，土地所有者可能会提出诉讼。牧师可能会报告他抓到了在教堂墓地挖掘矿石的家伙。一名采矿工人指责领主将他从合法的河道作业中驱逐；另一名工人则声称遭到了福韦市长的非法监禁，后者指控前者制造的废物淤塞了港口。如果陪审团未能公平地裁断，工人们还可以直接向首席管理人提出上诉。

　　针对锡制品的质量评估和销售，行业制定了专门的程序。冶炼完毕后，在矿区法庭的监督下，锡工会在锡锭上加盖所有者的标记，再将产品打包带到矿区的城镇，交给负责管理监督锡矿交易的官员，后者用冲锤、砝码和天平给每一块锡锭称重并打上标记。然后，这些锡锭将被交给化验官（assayer），由其评估质量并确定相应的税额。锡锭的所有者必须先支付税款，才能把它们卖给聚集在城镇的伦敦商人或是锡器商的代理人。商人们从意大利和佛兰德斯远道而来，只为买到最好的康沃尔锡。锡矿区法庭对上述程序的监管一直持续到 16 世纪。1508 年，亨利八世在康沃尔郡建立了一个由 24 人组成的议会，该郡的 4 个矿区各选派 6 人，负责批准所有与锡的生产销售有关的法规、法案、条例和公告。此前，德文郡已经设立了独立的议会，监管锡的贸易。直到 18、19 世纪，这两个议会仍在与锡矿区法庭并肩工作。

　　在中世纪，英格兰王室还授予其他许多法院特许权。该国许多地区的林地、荒原和沼泽地都是国王眼中的猎场。撒克逊国王们酷爱行猎，征服者威廉更不断扩大为狩猎保留的土地范围。[24] 到了 13 世纪，这些森林为国王提供了餐桌上的食物、建筑工程的木材，也为国王的随从提供了罚款、租金等收入，以及举办体育活动的空间。亨利三世不顾男爵们的反对，于 1217 年通过了《狩猎场宪章》，确认了这些土地作为王室猎场的地位。不过，该宪章仍旧规定，任何人都不应"为了我们的鹿肉"——即为了偷猎——而失去生命或四肢；它还确认了当地人拥有的特权，他们可以在林地内开挖池塘、饲养家禽、采集野生蜂蜜、捡拾柴火、放牧牲畜，以及进行一定数量的采矿活动。60 年后，爱德华一世签署了另一项法案，以惩罚"侵占草木"（trespass in the vert）和"侵占兽禽"（trespass on venison）等罪行，也就是一切对王室林地的不当使用。

爱德华所制定的法案巩固了对林地的复杂管理体系，包括官方监督和处理相关事务的专门法庭。守林人和林务员管理着整片林地，包括猎杀野兽，打击非法活动，以及按照国王的要求捕杀野鹿并腌制鹿肉。主教、郡守和治安官必须把犯罪者带到巡回法庭法官面前，甚至可以传唤伯爵和男爵上庭，让他们解释发生在自己庄园内的活动。与此同时，地方社群选举了自己的护林官，后者直接向王室负责并执行与林地相关的法规。就像验尸官调查可疑的人员死亡一样，护林官也可以调查被害野兽的死因，并对轻微犯罪行为处以小额罚款。此外，护林官负责监督捡拾柴火、放养牲畜等行为，也为国王砍伐树木，采矿烧炭。贫穷的村民往往会放任自己饲养的猪溜进王室林地啃食橡子榛果，或者在法案禁止的时段和地区放养牲畜。有人甚至还会趁着夜色悄悄潜入林地，收集榛果、木柴或矿石。一些人采集野生蜂蜜，捕捉鹰鸟，胆大妄为者甚至砍伐树木，捕捉鹿兽，或者偷偷毁林开荒。大多数人被抓后会被处以罚款，尽管其中许多人因无力负担而被豁免。但如果裁决者怀疑存在偷猎行为，他们必须召集 12 名陪审员进行调查，并将犯罪嫌疑人扔到监狱里长期监禁，以等待下一次巡回法庭的审判。

林业巡回法庭通常每两到三年召开一次。不过，在 1282 年，爱德华一世要求迪恩森林的郡守任命 4 名大法官以召开巡回法庭，而上次的巡回法庭已经过去了足足 12 年。这一次，在格洛斯特举办的听证会持续了 10 个星期。其间，即便国王被迫抽身与威尔士人作战，听证会都未中止。有上千人出席了庭审，他们都是上次巡回法庭结束后被指控犯罪的被告，其中许多人度日如年，苦苦等待审判。庭审首日，法官审理了 58 起盗窃和捕猎野鹿的案件、2 起焚林开荒的案件，以及 72 起未能应召出庭或为他人提供担保的案件。即便护林官已经处理了许多轻罪，但巡回法官仍然必须审理超过 400 起当事人被指控"侵占草木"的案件，包括偷带并出售橡木、烧炭、砍伐树木和灌木丛，以及在林地里放牧牲畜。尽管护林官已经对偷盗林、畜产品的农民处以罚款，并没收了他们的马车、船只和牲畜，但这些护林官后来也因未能起诉所有罪行而被处罚款。

在玫瑰战争引发的混乱中，王室放松了对这些法庭的监督，但森林管理系统仍在继续运行。到了 16 世纪，由于海军舰队需要大量木材建造战船，伊丽莎白一世重新审视并恢复了林业巡回法庭制度。该制度一直延续了几个世纪，后来才逐渐被王室法庭系统取代。

与此同时，生活在海洋和主要河流附近的农民和工匠渐渐分化成渔民、水手、分销商和摆渡人，他们的活动都可能导致特定的法律问题，而这些问题将被提交给海事法庭。[25] 此外，如果有人捡到海难后被冲上岸的贵重物品，也可以向海事法官陈词，以捍卫自己保留这些物品的权利。14 世纪中期，英王爱德华三世控制了帝国海军，并赋予海军将领处理法律纠纷的权力。为了指导海事法庭的司法活动，国王下令收集一系列文件，包括《奥列隆惯例集》，后者在形式上参考了拜占庭商法，是关于海上贸易的法条和判例汇总，由阿基坦女公爵埃莉诺下令编纂，大概在 200 年前成书。至少在官方层面，海事法庭的法官应当将"关于海洋的古代习俗"与普通法结合起来，哪怕他们需要处理的仅仅是关于水手要求支付劳务报酬，或者货物损失和交付的纠纷。而且，就像泥足法庭一样，他们必须迅速为即将再次出海的水手和商人主持公道。

普通法法院的法官有时对海军的审判权嗤之以鼻，但在 16 世纪，亨利八世确认了海事法庭对所有海湾、港口、河流和溪流直到第一座桥梁下的部分享有管辖权。亨利八世宣布，海事法庭可以审理发生在海上的，涉及侵权、暴乱、溃败、非法集会、勒索、压迫、蔑视、隐瞒、包庇、共谋和其他暴行的案件，包括违反王国法律以及海事法院的法律、惯例和海事条例的行为。[26] 海军上将及其副手管理船只的销售，负责确认在河流或海岸发现的货物权属，登记商人的活动，并向使用英国港口注册的船只装载货物的外国商人颁发证书。商人，包括纺织工、皮革商、裁缝和制衣商，以及鱼贩、葡萄酒商、酿酒商和杂货商在内，通常会向法院提出货物损失索赔。例如当"爱德华"号在格林威治和布莱克沃尔之间沉没时，一位服装店老板就向船主提出索赔，要求赔偿他丢失的一包毡帽和其他贵重时装。与其他中世纪法庭一样，海军上将会召集一个主要由水手组成的陪审团。如果案件涉及外国当事人，陪审团还将包括外国人。荷兰、法国的商人和水手，德国人，以及少数意大利人、苏格兰人、西班牙人、丹麦人、瑞典人和希腊人，都会出现在英格兰的法庭上，其中许多人需要翻译。如果案情复杂，海军上将还可能不得不派副手前往欧洲其他地区，以获取关键证人的证词。

在海事法庭上，海军上将还密切关注着海事法规，并惩罚犯轻罪者。在伦敦，一名渔民因在比林斯盖特的官方海鲜市场以外的地方出售渔获而被定罪；他被判处两个月监禁，并被处以 4 英镑的巨额罚款。另一个人因持伪造许可证行乞而被处以两小时刑期。一名水手假意参军，却在拿到征召金后逃走，他在被抓获后被鞭打，并从水里被拖到最近的岸边。一名在船上割断绳子的男子则被沉入泰晤士河。更加匪夷所思的是，一名船长因送"大英陛下的臣民"出国接受教育而被判处一年监禁。[27] 河道的使用也造成了问题。一名男子向另一名男子提出索赔，指控后者阻止自己依法使用浅滩水道，迫使自己选择更为凶险的岔道，导致船上搭载的牲畜落水淹死。另外一位农民声称，邻居割断了自己用来拴系渡船的绳子，让它顺着阿伦德尔河漂走。[28] 但大多数案件的当事人从事海上职业，比如水手、船长、渔民、制帆工人和船上木匠，以及驳船工人、码头业主、码头苦力和引水员。

　　这些当事人之间的争执，并不总是需要海事专家的介入。比如下面这个案例。一天，一个名叫斯泰尔的引水员在格林威治阶梯（Greenwich Stairs）附近驾驶一艘小艇，他注意到另一个水务员塔克也在附近。突然，斯泰尔的船上有人对着塔克的船大喊"狡猾的恶棍"，尽管目击者后来声称这人"只是在开玩笑"，但塔克生气了，以"猥亵恶毒的言辞"回敬，接着对斯泰尔船长哈马德斯大喊"卑鄙无礼"的话。双方你来我往，互相对骂，并投掷杂物。斯泰尔的头被打破了。目击者称，他们听到塔克说，如果他杀死了斯泰尔，也毫不在乎。第二天，斯泰尔在当地一家名为"红衣主教的帽子"的客栈里醒了过来，头上"裹着包扎用的头巾"，这时，塔克起来道歉，表示"为自己的兄弟受苦感到抱歉"，如果双方都说话算数，他愿意赔偿损失。斯泰尔反驳说，这不仅仅是自己受伤和失去收入的问题，而是涉及哈马德斯船长的颜面，因此需要求助适当的法律程序加以解决。他向海军中将法院提起诉讼，不久法庭宣判，这位伤者有权要求卧床 3 周的赔偿金，同时还可以获得治病所需的医疗费。[29]

　　在伦敦郊外，海军中将巡视港口，召集陪审团陈述和审理案件。这些案件包括对一位在冰岛遗弃患病船员的船长的指控，以及关于不安全引航，未按约交付渔获，违反船员工资和雇佣协议的指控。另外，教会也会起诉渔民，要求后者支付其捕获产品的十分之一作为"什一捐"。法院调查船只和水手，核查船只的搁浅或损失，处理在海岸附近发现的遗失物。但这些司法活动仍需依靠当地人的支持和合作。海军上将朱利叶斯·恺撒爵士就曾前往英国西部的乡村巡视，试图指导当地水手该如何行事，但最终未果，铩羽而归。[30] 不过，在英国和西班牙的敌对关系所导致的诸多案件中，朱利叶斯·恺撒表现得更为出色。英国与西班牙的冲突期间，英王伊丽莎白宣布，可以对所有西班牙船只发动合法劫掠。弗朗西斯·德雷克爵士的舰队就曾在戒备森严的加的斯港扣押了一艘装载着西班牙葡萄酒、羊毛和杜卡特金币的货船，尽管船东对两国冲突保持中立。在英法关系紧张时，英国船只还会骚扰遇到的任何一般法国船只。当然，大使们对此进行了干预，他们向海军上将、枢密院，甚至女王提出抱怨和请求。[31] 这可谓海事法庭的全盛时期。

当亨利八世解散修道院时，他将教会土地分给了他最钟爱的支持者。如今，土地所有者以货币或实物形式缴税，但他们仍然可以强制佃农履行劳动义务。佃农继续为领主碾磨玉米、收割田地、挖掘和运输泥炭，甚至陪同领主进行军事远征。与此同时，英国人口迅速增长，在 1520 年至 1600 年间，几乎翻了一番。英王颁布了许多新的法律，并借此将许多行为认定为犯罪。诉讼数量随之攀升，在世纪之交的伊丽莎白统治时期达到了惊人的水平。在什鲁斯伯里，一个臭名昭著的恶霸曾在一年内对他的邻居提起了 16 次诉讼。[32] 学者尚无法确定如何解释这一转变，但可能是法律创新和新的诉讼方式鼓励了那些心怀不满者尝试诉讼。中央法院审理的案件数量大幅上升，自治市法庭亦然，而庄园法庭也继续发挥着重要作用。

然而，中央普通法法院逐渐扩大了自身的司法能力和职权范围。在接下来的几十年里，它们接管了林业法院的工作——尽管护林官将其监管林地的职责延续到了 19 世纪。中央普通法法院还吸收了泥足法庭、锡矿区法庭和海事法庭的职能。圈地运动和其他土地改革措施减少了庄园法庭的工作，不过，工业化让没有自治市法院的地区迎来人口增长，而这些地区的民事纠纷仍然需要靠庄园法庭来解决。直到 1925 年，土地改革期间，庄园法庭才被废除。

*　*　*

　　在中世纪，各地的法学家都在研究民法（罗马法）的法条、原则、例外和区别，而教会法院选择了教会法。法国法官借用罗马法的形式来制定普遍适用的法律，而英国法官在他们的令状系统中发展了管理土地占有和继承的技术形式。但大多数人，甚至是最高法院的法官，都认为习俗很重要，应该受到尊重。国王们也一再对此加以确认，他们承认地方法院的权威，下令将风俗记录成文，并指示矿区管理人、护林官和海军上将在审判中尊重传统。在地方法庭，人们可以感觉到法律根植于习俗。

　　更为集中的政府体制，以及更为专业的司法技术，逐渐将人们吸引到王室法庭和帝国法庭，在那里，法官运用法律做出权威性的裁定。但直到几个世纪后，这些法律才形成一个类似于单一制度的体系，并取代地方法庭的权威，特别是在英国。罗马法可能为这种立法提供了很多灵感，英国国王和法官颁布的令状也是。但法律的实质内容同样是自下而上地发展的，由基层民众解决身边问题的经验所形塑。

第十一章

审判之难

发誓、神判与证据

在美索不达米亚、印度和中国发展起来的法律体系，向民众承诺要捍卫正义，维护天道，以及提供宗教指导。纠纷通常被提交给法院和法官，但当事人也会找上调停人，不管是否有法律可供参考。农民和牧民可能会就田地和牲畜的归属出现争执，城镇居民则抱怨捣乱的邻居、危险的建筑和肮脏的沟渠，商人围绕售价喋喋不休，土地所有者处心积虑安排复杂的财产交易，官员勒索钱财，来自不同地方的乡民一言不合便大打出手。为了恢复秩序，陪审团做出裁定，法官加以判决，官员实施惩罚，调停人促进和解，长老给出切实建议，牧师参考道德规范，学者精心构建学术观点。

世界范围内法律程序的多样性，几乎不亚于社会形态的多元异质。但无论什么样的社会，都面对着一个问题，那就是如何确定事实真相。假设一名男子声称儿子遭他人杀害，而被告可能会抗辩，称杀人是为了自卫。如果一个女人抱怨遭到某人诽谤，后者可能会赌咒发誓，表示原告不过是听错了。商户可能会否认自己签署了贸易伙伴试图执行的协议。牧羊人可能会声称是狮子杀死了可怜的羔羊，而羊的主人却指责牧羊人粗心大意。到底该相信谁？尽管法律各不相同，但在古代社会中，世界各地的人们对这一最棘手的问题提出的解决方案，却惊人相似。

　　对现在的人来说，誓言和神判可能更像是某种异国情调，甚至是野蛮的代名词，但在古代社会，无论身处这个星球的哪个角落，人们都会祈求神灵裁定某人是否有罪。有时人们必须通过赌咒发誓来证明自己的清白或指控的真实性。在吐蕃，人们在神像面前的宣誓颇具戏剧色彩。中东的部落游民，可能需要召集几十人作为所谓的补赎者来宣誓证明清白。在其他地方，人们可能需要接受神判，即可以证明他们有罪或无罪的身体测试。印度吠陀时代的文献描述了神职人员应该如何准备神判。在非洲、高加索和基督教传入前的冰岛，仪式专家实施的肉体折磨之痛苦令人咋舌。在殖民主义和现代化浪潮将欧洲的法律体系传播到世界各地之前，相较于其他做法，宣誓和审判反而更接近于普遍的法律实践。最终，证据法取代了基于宣誓的指控和神判法所能提供的证明，但这些规则在很长一段时间之后才将刑事审判转变为我们今天所熟知的司法程序。与此同时，法官必须研究如何确定被告有罪，应当对被告处以何种惩罚。这不仅仅是被告需要面对的问题，基督教、印度教、佛教和伊斯兰教都认为，任何执法不公的法官都将面临神的惩罚和地狱之火，乃至悲惨至极的来生轮回。个中代价，可谓不菲。

＊　＊　＊

　　7世纪至9世纪，青藏高原上的悉补野王世系历经数代，终于将这个游牧部落的松散联盟变成了一个中央集权的强大帝国。作为将潜在竞争对手转变为忠诚臣民计划的一部分，吐蕃统治者举办了盛大的典礼，并安排边远地区的部落首领在仪式上宣誓效忠。这些戏剧性的事件都由神灵见证，并很可能伴有动物祭祀。[1]与此同时，统治者还需要苦心经营，以调解和控制部落之间经常爆发的、涉及血仇的争斗。长期以来，游牧民族一直在相互争夺牧场，掠夺邻近部落的牲畜，而这种传统延续至今。但在这一时期，可能是效仿中原王朝的做法，吐蕃统治者制定了一系列律法，以规定需要为谋杀或伤害支付的赔偿金，并惩罚故意制造麻烦的刺头。

王室狩猎就是一类可能引发冲突的事件。当时的吐蕃国王经常邀请宫廷成员在喜马拉雅山脉的山谷中追捕野生牦牛。[2]尽管这一时期的吐蕃已经形成了官爵品级制度，但毫无疑问，臣子之间的竞争并未因此消散。在狩猎场上，潜在的对抗很容易演变为暴力冲突。谁的箭射杀了猎物，谁的狗惊吓到了马背上的主人？另外，如果箭没有射中猎物，反而杀死了某个参与狩猎的大臣，附近的看客自然很容易怀疑这是一起谋杀。国王制定了两套规则来处理这些突发事件。他们详细规定了杀人或伤人后应支付的赔偿金额。金额的大小在很大程度上取决于作恶者和受害者的身份，这种做法强化了社会等级制度。但法律还规定，被控故意杀人者必须召集12人宣誓，证明自己无罪。如果能够做到这一点，就只需支付受害者的死亡赔偿金或伤害赔偿金；但如果无法召集足够多的人宣誓，就要因谋杀而被判刑。具体的刑罚包括流放，失去土地、财富，甚至生命，并眼睁睁地看着自己的家人沦为奴隶。[3]宣誓过程决定了被害人的死亡是意外还是谋杀。被告还可以要求由他人代为宣誓自己毫无责任，宣誓的具体内容就像律法条文引用的那样，"这不是我的箭"。在这种情况下，原告将受到惩罚。毕竟，诽谤和谋杀一样严重。

根据上述规则，宣誓人将提供证据，证明被告无意杀害或伤害受害者。但是怎么能证明行为人的想法呢？在狩猎场上，吐蕃王朝的高官身边或许簇拥着家人、仆从，但显然他的想法只有他自己才最清楚。而且任何吐蕃人都不会轻易宣誓。宣誓意味着召唤凶恶的保护神，而保护神可以对任何平白无故就呼唤他／她的人进行可怕的报复。只有了解被告是在要求他的同胞宣誓作证，才能理解这个过程的意义。证人不是直接证明被告的心理状态，而是肯定他的正直坦荡；他们是在表示可以相信被告的话，并确认被告不是那种试图伤害或谋杀对手的可耻之人。集体宣誓表达了宣誓者的忠诚，肯定了被告的荣誉，证明这起事件一定是意外，而不是故意犯罪。

　　几乎在同一时期，中世纪的欧洲也出现了类似的做法。[4] 不列颠群岛的居民仍然组成部族，进行血腥复仇，但到了 10 世纪，为了遏制和规范相关的暴力行为，英王爱德蒙一世颁布了一项法律，规定受害者的家庭只能报复杀人者本人，而不是杀人者所在部族的其他成员。诺曼人统治英国后，历代国王更进一步，彻底禁止了直接报复的行为。这一时期，杀人者必须向他的领主、国王，以及受害者的家人支付赔偿金。君主们开始直接惩罚罪行。但这也意味着要区分谋杀、意外和自卫杀人。和在吐蕃一样，英格兰的统治者也希望被告能带着一群人宣誓自己并非蓄意杀人。曾有一位自命不凡的贵族居然带了 50 名证人宣誓，他杀死对手是出于自卫，而不是处心积虑的谋杀。[5]

　　然而，在介入刑事案件之前，英格兰法官首先需要有人指控。对于严重的罪行，仅靠控告者的一面之词显然不足以立案。原告必须带上证人宣誓，确认案情确实存在。与吐蕃的相关程序类似，在英国，宣誓也须公开进行。整套程序都需要仔细准备，当宣誓者戏剧性地向全能的神灵祈祷呼告，整个仪式也达到高潮。这些复杂的程序旨在确保人们不会轻率地构陷他人。到了 12 世纪初的亨利一世统治时期，王室为宣誓制定了规范，相关法律规定，如果王室法官在没有其他证人的情况下受理了指控，并且被告没有被抓到现行，那么被告可以通过自己和两个邻居的宣誓来主张无罪。相比之下，如果原告在法庭上提供了充分的证据，法官可能会要求被告召集多达 36 名证人共同宣誓，为其作证。[6]

　　在中世纪的开罗，如果指控十分严重，犹太法庭也会要求证人出庭并宣誓作证。后世从犹太会堂藏经窟发现的文献描述了宣誓的情形：各方当事人聚集在犹太会堂，证人身穿黑袍，手举妥拉，宣读证词。他们有时会大声朗读"十诫"，包括那句庄严的声明，"妄称耶和华名的，耶和华必不以他为无罪"。在宣誓者看来，自己无疑是在直接向上帝呼唤。虚假宣誓是一种罪恶，会导致死后的惩罚，甚至很可能还有今生的种种负面后果。存世文献表明，当所有的准备工作完成后，社区长老往往能够进行干预，并说服浑身颤抖的证人做出让步。[7]

　　中东部族也发展出了宣誓作证的习惯。[8]如果谋杀证据确凿，像是尸体在敌对村庄里被发现，或者在一群人离开某地后不久被发现，又或者某人被发现衣服上沾有血迹，那么受害者的亲属可以召集50个人宣誓，以证实他们的怀疑。在这之后，他们要么直接报复，要么向凶手的家人索要死亡赔偿金。这些是关于指控的誓言，而除此之外，伊斯兰教法学者也提倡宣誓断案。如果发现尸体上存在暴力痕迹，受害者的家人就可以对尸体所在城区或村庄的所有成员，甚至包括在附近的任何人提出指控。如果上述居民拒绝对此负责，必须选派50名代表宣誓否认参与此事。任何拒绝宣誓者都将被监禁，直到他们宣誓或认罪。即使所有人都否认有罪，如果他们不能拿出令人信服的证据，那么仍然要向受害者的家属支付赔偿金。在其他情况下，杀人犯所在部落必须召集足够多的证人宣誓，表示已将袭击者从他们的部落中驱逐出去，以防止受害者部族的报复性袭击。伊斯兰教法学者将许多类似的传统习惯转化为法律，尽管他们也表示不赞成证人随意向神发誓的行为，并告诉人们不要对他们没有目睹的罪行宣誓作证。然而，这种宣誓仪式在世界各地，尤其是在中东的游牧部落中已持续了几个世纪。最晚在18世纪，也门的伊斯兰宗教团体就已在教法文件中记录了用宣誓断案来证明杀人行为并非故意的情形。[9]

　　宣誓，作为一种指控行为或否认罪责的手段，具有极大的普遍性。

但这个过程严肃而复杂，给宣誓者带来了沉重的道德负担。基督教学者指出，向上帝呼告会带来"极大的危险"。说假话，即使偶尔为之，也等于徒然地借取了神名，招致神的愤怒，几乎肯定会在死后产生恶报。被带进教堂的证人，面对牧师揭示的圣徒遗骸，理应陷入癫狂的状态。因为他们知道自己正在把灵魂置于危险之中。[10] 在中东，一位不得不发誓证明自己无辜的贝都因人恼羞成怒，转而威胁控告者，他好不容易才被亲属给拦下来。[11] 人们通过宣誓避免直接报复，但在彼此对立的紧张氛围中，宣誓过程本身就可能足以点燃积郁的愤懑之火。

　　能够通过宣誓来自卫，可谓一种特权乃至殊荣，因为只有地位足够高贵的被告才拥有这种选择。在整个中世纪，欧洲的法律体系继续依赖宣誓来证明无罪或有罪。许多英格兰臣民也坚持他们有权"执行自己的法律"，即宣誓以证明无罪。[12] 但最底层的人不能宣誓作证。流浪汉和奴隶没有宣誓的资格，作过伪证的人也不例外。吐蕃统治者也不允许穷人宣誓作证，理由是他们太容易被收买。人们认为，女性会因为对男性的忠诚而虚假宣誓，孩子也会因为心智未成而撒谎。仪式主办方可能会彻底推翻宣誓作证的结果，藏传佛教的喇嘛也不必召唤神灵。[13] 在大多数情况下，缺乏家族支持，提供不了足够宣誓者的人，往往在依赖宣誓审判的诉讼过程中处于不利地位。

　　那么，这些人如何证明自己的清白，或如何证明他们发起的指控的真实性呢？纵览世界，英国法院、吐蕃官员或其他地区的法官，都将神判作为解决之道。在典型的神判中，被告必须拿着灼热的铁棒或石头走上几步。随后，被烫伤的手掌将被包扎起来。如果几天后法官或牧师发现伤口已经愈合，这就是此人无罪的迹象。证人愿意对神发誓，就证明了他们已经意识到如作伪证，可能会受到神灵的惩罚，而经受神判者则是直接恳请上帝或其他神明显圣。这个过程本身表明了真实性。

　　关于神判的最早证据来自印度，相关记录可以追溯到公元前 7 世纪。[14] 某部吠陀的作者耶若婆佉描述了这个复杂的过程，指出相关传统根深蒂固。首先，需要由 4 名僧侣作法，为实施神判的场所赋予神圣性，并净化受神判者（proband）。，然后，受神判者必须背诵正确的誓词，并在神判开始之前向神献祭。耶若婆佉没有提供神判仪式的细节，但列出了被禁止接受神判的对象范围。后者包括那些可能无法坚持完成仪式的人，比如病人；以及任何拥有超能力的人，因为他们可能会操纵神判的结果。在中世纪的吐蕃，法官和调停者在需要确定有争议的指控的真实性时也会借助神判，尤其是在涉嫌盗窃的案件中。[15] 和印度教经典一样，关于宣誓和神判的藏文法律文献也在开篇列出了被禁止宣誓者的清单。这份文献还要求，调停人必须小心地确认接受神判者使用了正确的誓词，并确保神判程序正确进行。这些法律文献的编写者特别强调，神判中的誓词表述应该清晰，这样接受神判者就不能玩弄文字游戏，也就是借助片面的誓词表述"证明"自己的清白，从而逃脱神罚。

同一时期的法国传奇小说描述了执着于利用神判的种种策略的聪明主人公。[16] 这一时期，欧洲已经建立起神判的完备体系。[17] 最早的法兰克成文法起草于 6 世纪，其中明确提到使用"大锅"来测试被指控盗窃、作伪证和藐视法庭者。在这种神判中，接受者必须把手伸进锅中的沸水，从水里取出石头或戒指，然后将手包扎起来等待日后检验。这和前文提到的"手持烧红铁棍"的神判大同小异。7、8 世纪的爱尔兰法律著作中也提到了"大锅所揭示的真相"，后者有时也被称作"上帝所揭示的真相"。有人认为神判是被圣帕特里克带到了爱尔兰，但这一说法不太可信。[18] 早在 7 世纪末的英格兰，威塞克斯国王伊恩就曾提到，有小偷因为"大锅"的神判而被证明犯有盗窃罪。3个世纪后，他的继任者埃塞尔斯坦在律法中具体地阐明了如何进行神判。[19] 此时的神判可能包括热铁烫或浸冷水两种做法。在后一种情况下，证人将被脱去衣服并被捆绑成胎儿的姿势，然后沉进圣水。这种神判的理念是，水会拒绝不纯洁的东西，因此有罪的人会浮在水面上。埃塞尔斯坦还在法条中规定，在神判仪式举行之前，受神判者必须与主持神判仪式的神父一起待 3 天，只吃面包、水、盐和草药，并每天参加弥撒。原告和被告双方，每方参加神判的观察员都不得超过 12 人，且每人必须禁食 3 天。也就是说，每个人都必须认识到这一场合的严肃，以及祈求上帝显现神迹之过程的庄严。

中世纪的文学故事和其他书面记录，对神判过程的描述多少有些骇人听闻，但学者怀疑神判的实践远没有文字记录所暗示的那么普遍。神判仪式的初衷，是通过恐吓让证人招认实情。法国和英国的资料都记载了许多甘愿接受神判以证明其忠诚或贞洁的勇敢女性。然而情况更可能是这样：尽管牧师们已经做好了所有的准备，但在最后时刻，面对即将到来的恐怖且戏剧性的考验，许多答应接受神判的人还是打了退堂鼓。到了 9 世纪，欧洲的神判实践通常会包括一个专门用来给接受神判者施加心理压力的仪式。如果一个人准备接受神判，他首先要被隔离几天，穿上苦修者的服装，并由稍后负责主持神判仪式的牧师照料。在这段时间里，牧师如果认为受神判者撒谎了，他无疑会对后者施加巨大的压力。神判仪式通常在教堂或其他宗教圣地举行。在听完弥撒后，受神判者会向上帝祷告，并重复他的证词，而牧师将祈求上帝这位"公正的法官"赶走接受神判者心中的魔鬼。牧师也可能会援引《圣经》中苏珊娜（她被错误地指控行为不端）的故事，并请求上帝显圣：如果受神判者是无辜的，那么上帝应当保护他或她。[20]与此同时，铁匠可能正在加热接受神判者接下来需要手持的铁棒。或者其他人正在河流或水坑上方布置木板和绳索，准备将先证者投入水中。这一漫长的过程将加重人们的内疚感。如果被告坚持自己无罪，且审判仍在继续，则应由牧师宣布神判结果。烧伤真的愈合了吗？还是接受神判者真的沉到水下了？这一判断至关重要，而神职人员很可能富有同情心。事实上，确实有人抱怨，中世纪的神职人员很少做出有罪判决。

吐蕃人也使用烧红的铁棍或沸水来进行神判，其程序与中世纪欧洲的神判仪式几乎完全相同。[21] 但富有创意的社群想出了其他祈求神在这类仪式中显圣的方法。在冰岛，接受神判者必须在一块用棍子撑起并高出地面的泥炭块上行走，同时保持微妙的平衡，[22] 如果他摔下来，就算是有罪。但在 1000 年前后，当传教士们到达冰岛，当地人也开始使用热铁和沸水来作为神判的工具。20 世纪初，人类学家和殖民地官员记录了当时仍在实行的神判案例，它们来自撒哈拉以南的非洲和高加索地区、贝都因部落和兴都库什山脉。[23] 虽然许多神判是采用烧或烫的方式，但非洲的一些社群还会使用毒药。与欧洲的相关证据所反映的情况类似，对神判规范的描述比对真实神判案例的记录要常见得多。20 世纪 20 年代，人类学家爱德华·埃文思·普里查德对苏丹南部的阿赞德人（Azande）进行了广泛的实地调查，他说，他只发现了一次服毒神判的有力证据。[24] 某人被指控毒害了自己的父亲，部族的亲王按照传统，用给鸡服食毒药的仪式请教神谕，而神谕宣布，被告必须喝下毒药，接受神判。作为一名上流社会的贵族，这位被告派一名仆人代替自己喝下毒药，但这名仆人中毒身亡，他因此被宣布有罪。

尽管世界各地的人们纷纷采用复杂且通常令人痛苦的方式来确定真相，但在一个关系相对紧密的小型社群中，人们往往很清楚谁在做什么，谁可能要为罪行负责，谁的话又可以信任。进行彻底调查往往是最后的手段，应该已经能解决任何挥之不去的疑虑。也许这些神判的真正目的只是虚张声势，而不是实际执行。例如，尽管冰岛的法律文献提到了神判，并表示该模式可能是通过非官方的方式形成的，但对这些神判的具体描述，只能从几个世纪后才成书的半神话性质的萨迦史诗中找到。[25] 在这些史诗中，几名女性为了证明亲子关系而不得不接受神判；还有一名女性自愿提出接受这种测试，以证明自己的血统和继承权。在最理想的情况下，神判是最后的手段，是当其他证据都不成立时诉讼双方才会采取的做法。在一则冰岛传说中，案件的双方当事人都因为神父对结果的解释模棱两可而放弃接受神判。在另一个传说中，聪明的主人公竟公然试图操纵神判。[26] 人们不难发现，可以十分轻易地在这些故事中为神判找到一席之地，因为它能带给叙事戏剧性的结局和更加紧张的氛围，同时提供戏剧性的抑扬转折。但这并不意味着神判仅仅是某种叙事的手段，或是讲述者充满想象的虚构。神判之所以具有戏剧性，是因为听众熟悉其所涉及的内容及其所代表的意涵，哪怕冰岛也和中世纪的欧洲一样，威胁要采取神判手段的情况远比实际执行的更多。小型社群会发现神判是很有吸引力的做法，因为它能够为社群成员直接提供上帝或其他本土神灵降下的神迹，从而证明某人有罪，并为其应受的惩罚提供根据。神判能够一锤定音，这让它可能给持续的纷争带来终结，就算它只是证实了大多数人已经知道的事情。神判向所有人证明正义得到了伸张。

在中世纪的欧洲，神判也为那些审理更复杂案件的法官提供了保证。国王和领主都支持用神判来断案，并希望相关仪式由神职人员来执行。在9世纪,查理曼大帝宣称所有人都应该"相信神判"。这一时期,日耳曼和法兰克国王正在积累权力，提高地位，他们试图限制血仇，并负起捍卫正义的责任。由神职人员主持和解释的神判超出了国王的控制，也削弱了法官的权威。但无论如何，在证据确实相互矛盾或不确定的情况下，它的确提供了一种打破僵局的方法，尤其是在案件涉及据称私下发生的事件时，如性犯罪、盗窃或秘密谋杀。更重要的是，依靠神判，法官就不用为这些困难的、需要亲自决定自己同胞命运的过程负责。

如果要判处某人死刑，那么下达这一判决会更加困难。在中世纪的基督教世界，以及伊斯兰世界、吠陀印度和古代的吐蕃，神学方面的担忧给司法裁判者带来了沉重的道德负担。基督教学者明确表示，在"违背良心"的情况下，错误地判处被告有罪的法官将面临谴责。在《神曲》中，但丁生动地描绘了有罪的法官在地狱中遭受的折磨。实施血腥的刑罚，无论是处决还是残害，都充满了危险。[27] 寻求神的直接指示，是一种避免这些危险的方法。

中世纪的基督教神学家喜欢引用圣奥古斯丁的名言，后者宣称，法官必须公正，也就是依法行事。如果法官行为公正，而被告遭遇处决，那么杀死被告的是法律，而不是法官。[28] 中世纪的法官上任时，必须对圣物宣誓，承诺自己将做出公正的判决。然而，尽管所谓的"法律"给了法官一些保护，但当证据不足或相互矛盾时，它几乎毫无作用可言。中世纪的法学家尚未制定具有"举证责任"等概念的证据法。神判为法官提供了解决这一问题的方法，即用神的旨意来证明某人有罪。这样一来，法官就可以安心地给犯人判刑，因为上帝已经宣布这人是有罪的。另外，按照罗马法的程序，法官也坚持，无论间接证据多么充分，都得先有直接指控，才能做出刑事判决。但是，和法官一样，大多数证人不想为最终的血腥判决承担道德责任。因此，法官可能会听到谣言，了解到人们对罪犯持有怀疑，但发现没有人准备提出直接指控。在这种情况下，神判就可以通过让神灵提供直接证据来解决问题。

尽管神判和宣誓普遍存在，但基督教和伊斯兰世界的宗教领袖慢慢开始反对这些做法。神判的问题最多，而一些宣誓的做法同样问题重重。虽然它们可以帮助法官和证人避免严重的道德困境，但花了很长时间，才有了我们今天所依赖的陪审制和纠问制审判模式。

中世纪早期，大部分神判由基督教神职人员组织，但到了 13 世纪，教会领袖对这一仪式深感不安。[29] 12 世纪，在为亚美尼亚人所订立的法典中，密克西塔·高斯提出，只有在当事人均为基督徒，案情重大，且证人不足的情况下，才能采用宣誓作证的手段。[30] 他批评了在法庭上发生的所有"毫无意义的咒骂"，以及一些人宣誓的"可怕方式"，宣布儿童、老人，病人、即将分娩的妇女和忏悔者，不应出庭宣誓，而是应该找到亲属来代表自己发表意见。他还禁止税务官员和罪犯出庭，并规定醉酒者应等到清醒后再出庭作证。他还宣布牧师和僧侣不应宣誓，事实上，他们甚至不应该进入法庭。这一做法和吐蕃人的法律实际上是相似的，

　　不久之后，第四次拉特朗公会议也发表了类似的声明。1213 年 4 月，教皇英诺森三世召集基督教会的所有高级神职人员参会。翌年，71 位宗主教和都主教、412 位普通主教、900 位修道院院长及副院长前往罗马。腓特烈二世、君士坦丁堡的亨利，以及法国、英国、阿拉贡、匈牙利、塞浦路斯和耶路撒冷的国王都派出了特使。代表们花费了 3 周，讨论教皇提出的 70 条教法规范。教皇解释说，它们将打击邪恶，铲除异端，解决争端，维护和平，促进自由。这些教法中还包括有关法律程序的全新教令。法官有权调查不法行为并将犯罪嫌疑人传唤到法庭，而不是完全依赖提出指控的原告。英诺森三世还决定，神职人员不应再参加司法审判。与会代表对此表示同意。教会认定，神判存在两个问题。首先，神判是在"试探上帝"，也就是说，要求上帝提供凡人有罪或无罪的迹象，从而检验其威能；其次，如果神判可能会导致肉刑或死刑，那么神职人员事实上就参与了"血腥实践"。[31]

　　这项看似无害的教法，导致了一系列改革，并最终为证据规则奠定基础，后者几乎为所有现代国家法律体系所采用。但在短期内，对神判的禁令给法官带来了实际问题，也让证人和陪审员陷入道德困境。用其他惩罚取代血腥制裁并不现实。与肉刑和死刑相比，监禁的成本无疑十分高昂。《旧约》也明确指出，正义意味着适当的惩罚。上帝曾对摩西说："你不可容恶人活着。"1203 年，教皇英诺森三世也曾亲自宣布，为了公众利益，罪犯应该受到惩罚。[32] 因此，法官担心，如果未能起诉和惩罚犯罪行为，将引发公众骚乱。在神学层面，关于犯罪和血腥惩罚的问题依然尖锐。

教会的决定在英格兰产生了最直接的影响，在约翰国王灾难性的统治后，亨利三世被任命为王位继承人，他命令法官必须找到裁决争端的新方法。[33] 后者想出的解决办法，便是把下达判决的负担和道德责任交给陪审团。盎格鲁-撒克逊国王利用证人小组协助调查，诺曼国王则把他们变成了"陈述陪审团"。当法官在全国各地巡回审理时，他们会召集民众"陈述"当地案件。每个百户区（郡下的一个行政单位）需要提供 12 人，每个村（大致相当于一个庄园）则是 4 人。这些陈述者必须声明是否知道他们所在地区的任何人犯有或涉嫌犯有抢劫、谋杀或盗窃等严重罪行。这些罪行会受到血腥的惩罚。因此，英格兰农民和市民已经习惯了被传唤到法庭并互相指责。大多数人可能不喜欢告发他们的邻居，但亨利三世的命令让他们所处的境况大大恶化。这迫使他们不仅要对自己的同胞提出指控，还要对他们的罪行做出裁决。在实践中，这意味着他们必须将一些罪犯送上绞刑架，而他们的良心将因此承受可怕的后果。毫不意外，许多人拒绝或试图拒绝进入陪审团，但如果他们不提起诉讼，国王的官员就会对其处以罚金。许多人找到了避免判处他人极刑的方法。例如，他们可以给予被指控的牧师"神职人员特权"，因为神职人员不能受到血腥的惩罚。或者，他们可以认定被告犯有较轻的罪行，例如低估盗窃财物的价值。但这仍然让人感觉非常不适，给许多人带来了道德上的痛苦。

英格兰的陪审团审判制度很快就扩展到了民事领域。通过使用关于新占土地诉讼的令状，土地所有人可以在王室法庭提出财产索赔。在这里，被列入巡回法庭陪审团名单的陪审员将组成陪审团，对索赔作出裁决。[34] 在接下来的几个世纪里，庄园、市场、自治市、港口和林地法庭都采纳了陪审团制度。这一制度虽然历经变迁，但基本原则保持不变。[35] 1382 年，出于对首都世风日下的担忧，伦敦市长和市政官颁布了一系列法令，赋予地方法院起诉"荡妇""人尽可夫者""通奸者"和"骂街泼妇"的权力。[36] 伦敦的每个选区都选择了自己的市政官和陪审团，他们可以把罪犯送到刑场和监狱，或者把他们驱逐出社区。

　　法院要求陪审团的 12 人就判决达成一致，这确实为陪审员及其良知提供了一些安慰。且在有 12 个合格的人选之前，官员必须一直寻找陪审员。陪审团制度还为被告提供了一些保障。至少在 17 世纪，法官已经开始指示陪审团，必须"确信"被告有罪，才能下达有罪的判决，而认定重罪成立的证据必须"显而易见，毋庸置疑"。[37] 不过，都铎王朝的君主认为，他们应该打击犯罪，并限制能让陪审团从轻判决的方法。在 18 世纪，不列颠议会大幅增加了会被判处死刑的犯罪名目。这在很大程度上是为了保护新地主阶级的利益，特别是他们数量庞大的地产和猎场。在一系列刑事法规中，议会设立了新的死刑，罪名包括偷猎、破坏财产、纵火、枪击，甚至是投递恐吓信。[38] 臭名昭著的 1723 年《黑匪法》，规定了 50 多项不同的死罪。在接下来的几十年里，新出台的立法将管辖范围扩展至河流、海岸、啤酒花田和煤矿。此时，议会把死刑带来的恐怖当成一种社会控制手段。陪审员的职责就是让罪犯送死，而他们面临的问题也变得愈发极端。到了 18 世纪末，许多公民确信，法律对死刑的规定过于随意。因此，富有同情心的书记官、检察官和法官，帮助陪审员找到了开脱罪责、减轻惩罚和认定从轻情节的方法。[39]

　　不久，钟摆就指向了另外一端。许多批评指出，即便面对罪证确凿的案件，陪审团也不愿定罪。此时，法官开始将"合理怀疑"作为陪审团应该在裁决时使用的检验标准。[40] 他们会指示陪审员，如果证据的所有"道德可能性"都对被告不利，并且对于事实不存在"合理怀疑"，陪审员就有责任做出有罪认定。这不仅保护了被告，还让陪审员坚定地认为，如果他们认为证据足够有力，就可以问心无愧地做出有罪认定。一般认为旨在保护被告的原则，其实最初是为了安抚陪审团的良心。最终，法律解决了英国陪审员自 13 世纪以来一直在努力解决的道德问题。

同样的做法也跨越大西洋，流传到后来成为美利坚合众国的新大陆殖民地。在这里，19 世纪初，法官仍在指示陪审员，如果他们感觉"在道德上确定"，就应该做出定罪的决定。正如一位首席大法官所解释的那样，这意味着满足陪审员良心的确定性。他们可以无视无关紧要的怀疑，但应该认真对待道德问题。19 世纪的美国陪审团，在浓厚的基督教传统中成长起来，仍然为有罪判决引发的道德和神学后果所困扰。[41]

第四次拉特朗公会议的决定并未在欧洲大陆取得立竿见影的效果，毕竟在过去的几十年间，这里的法院一直在沿用神判的做法。[42]但法官同样面临着问题：根据罗马法确立的原则，原告需要提供被告犯罪的直接证据和至少两名证人的支持，才能让法庭给被告定罪。这样一来，无论间接证据多么令人信服，都几乎不可能起诉某人私下所犯的罪行。因此教皇英诺森三世宣布，为了公共利益，犯罪需要受到惩罚，这促使学者们重新思考整个刑事证据的基础。12 世纪伟大的教法学者格拉提安指出，即使没有指控或者直接证据，法官也可以对受到众人怀疑的"臭名昭著"的罪行进行审判。当某些法官认为缺乏决定性证据，他们也会做出较轻的判决。第四次拉特朗公会议指示法官可以直接将嫌疑犯传唤到法庭，而一些神学家据此提出，应该也能够强迫证人作证。通过这些手段，他们开始为司法拷问的实践建构基础。

和英格兰的情况一样，而且毫无疑问是出于同样的原因，欧陆诸国的证人往往不愿经历"在宣誓后指控某人实施犯罪或其他不当行为"的、令人震惊且不无危险的仪式。因此，学者制定了关于"不充分证明"（half-proof）的规则。在这类情况下，法官可以对被告刑讯逼供。这种方法的吸引力在于它能够直接证明犯罪存在。如果被告认罪，法官就不必担心其他证据的质量，进而安心地宣判。法官很快就利用他们新获得的这项权力传唤证人，并对被控犯下重罪者施以酷刑。自此，法官开始实行极端严厉的司法形式，而教皇对惩罚犯罪重要性的宣示再次让他们心安理得，认为殴打、致盲、烙印、割鼻和绞刑都符合公众利益。[43] 神学家和其他学者继续辩论这些惩罚的正当性，一些人对使用司法酷刑表示怀疑。但到了 16 世纪，职业法官群体开始出现，他们将酷刑视为常规流程，并不在意其合理性。直到 18 世纪，才有部分法官觉得可以在没有供词确定的情况下，基于"怀疑"来定罪处刑。渐渐地，司法酷刑遭到抛弃，我们今天所知的纠问式庭审程序开始形成。

并非只有欧洲的法学家在寻找能够替代刑事案件中宣誓和神判的手段，学者们发现，在任何地方，为收集证据和判决的过程制定法律规则都是一项挑战。在中国，孔子不赞成法家学者所倡导的严酷的法律程序，而是提倡道德教化的全新理念。但就连他和他的追随者也认识到，为了维护社会秩序，惩罚是必要的。中国政府官员比欧洲官员早几个世纪就提出了司法酷刑的想法，而不是诉诸神判。公元前 3 世纪，秦朝统治者起草的法典就已提到残酷的刑讯制度。如今我们已无法确定中国官员是否也会像基督教世界的官员那样担心错误定罪带来的后果。但很明显，中国人相信，在阳间为非作歹的法官将在阴间受到神灵的惩罚。在阴曹地府，判官会听取诉讼、调取证据并伸张正义。[44] 中国的地方官非常清楚，被告认罪并不代表尘埃落定，因为许多罪犯上诉的理由恰恰就是屈打成招，违心认罪，而错判误判的地方官也的确会受到上级的惩戒。但他们可能仍然认为，被告认罪，是对其实施血腥惩罚的最佳和最安全的理由。许多官员还把希望寄托在神明显灵上，认为老天能帮助解决棘手的案件。例如，他们可能会在城隍的塑像前审问顽固不化的证人，恐吓其招供，甚至在寺庙里进行审判。但这些活动并未被纳入官方司法系统。中国古代的立法者从未起草关于宣誓审判的规定，地方官吏也不会诉诸神判。他们必须直接获得供词，以证明对被认为实施犯罪者的惩罚是正当的。

与此同时，印度佛教徒极端反对使用酷刑。[45] 在围绕释迦牟尼生平的经典描述中，这位贤人放弃了财富和家庭，流浪苦行，并质疑统治阶级的种种做法。作为释迦牟尼同时代道德寓言而广泛流传的《本生经故事》收录了这样一则故事。一位王子发现，如果不发动战争，并对人民实施酷刑，自己就无法继承父亲的王位。他总结道，自己不可能同时成为一个好的国王和一个好的佛教徒。所以，像释迦牟尼一样，他放弃了与生俱来的王位继承权。佛教学者逐渐建立起复杂的阐释体系，指出刑罚还具有更为广泛的道德目的，并从改造和威慑的层面加以证明，但他们中的纯粹主义者仍然坚持认为所有的血腥惩罚都是有罪的。即便到了 20 世纪初，当时的西藏宗教领袖仍然拒绝批准对于特定罪犯实施凌迟的决定，认为这样做违背自己身为藏传佛教信徒的信念。[46]

至少在更极端的形式下，下令实施酷刑也会让印度教婆罗门良心不安，而他们通过宣布统治社会、发动战争和伸张正义是刹帝利阶层的职责，来避免这种困扰。[47] 因果报应的法则宣称，任何有罪之人，来生都会十分悲惨，所以国王和他们的法官一定和欧洲的同行一样，对错误定罪存在类似的担忧。但婆罗门向其保证维护和平与秩序正是他们的使命，并为之提供了起诉和惩罚罪犯的详细规则。一份中世纪印度教经典指出，"如果国王惩罚那些应受惩罚的人，并处死那些应受死刑的人，那就好像他做了十万次牺牲一样"[48]。这份经典接着描述了影响正确量刑的因素，解释了审判必须如何经历提交诉状、答辩、举证和判决的过程。在审判中，法官必须考虑并彻底审查证人的资格，还要权衡和评估其他形式的证据。正如该经典所言，所谓"凡人的审判"依赖于证人、文件和推论，而"神灵的审判"则主要利用那些会被我们认为是偶然事件的东西，包括誓言和神迹。在回顾刑事诉讼学时，这篇文献的作者并未提到印度教法官与中世纪基督教国家的法官经历着同样的神学焦虑，但他反复强调，法官只能将"神圣"证据作为最后手段。考验证人的形式取决于证人的种姓。证人必须在国王和婆罗门在场的情况下禁食，然后才能接受考验。这些关于审判程序和证据评估方法的详细规定，很可能使法官在所有情况（除了那些最棘手的案件）下都能问心无愧地做出有罪认定。

与此同时，伊斯兰世界的早期法学家也在将宣誓断案的传统正式化。但是，对于阿拔斯王朝的苏丹和哈里发建立的更为集中和复杂的法律体系来说，这些还远远不够。《古兰经》只对如何惩罚犯罪和为通奸、强奸或谋杀等需要受到血腥惩罚的罪行取证提供了简短的指导。几个世纪以来，伊斯兰教法学者制定了更为宽泛的法律程序规则与原则。但到了 11 世纪，他们非但不想办法帮助法官在困难的案件中定罪，反而呼吁法官避免就任何存疑的案件做出刑事处罚。[49] 伊斯兰教法学者认为自己是先知传统的继承人。从很早的时候起，他们就将自己的角色与哈里发及其官员的角色区分开来。世俗政府的法官，也就是卡迪，可以下达刑事判决，并由其他官员执行，但大多数学者不愿出任法官。教法学者有权定义法律是什么，但他们认为法官的工作在道德上是模棱两可的，受到腐败、胁迫和错误的危害。[50] 正如他们所声称的那样，伊斯兰教法学者认为自己的角色是所谓"虔诚的反对派"，也就是反对使用政治权力者。[51]

塞尔柱人从中亚崛起，席卷波斯，推翻阿拔斯王朝的统治者，并在现在的土耳其境内建立起新政府。这些新统治者强大而专制，敦促他们的法官严格执法，并允许其自由发布处决、鞭笞、公开羞辱和监禁的命令。在远离政府官员权力的伊斯兰学校里，伊斯兰教法学者对塞尔柱人滥用行政权力的做法感到担忧，认为需要对此加以制衡。他们搜寻了大量案件记录，从早期麦地那到当时的也门，寻找与疑罪从无原则相关的先例，试图限制刑事处罚的合法性。在阿拉伯语中，"疑罪"（shubha）一词含义广泛，伊斯兰教法学者认为它可以指对案件事实的怀疑、对法律的怀疑或对拟议惩罚的道德性的怀疑。为了给这一原则赋予坚实的神学基础，伊斯兰教法学者将其关联到先知生前的某份记载。这种解释最多算是模棱两可，但学者们大胆地宣称，只要案件存疑，法官都应该要求被告反复供述。法官应该对减轻处罚的情节进行调查，并解决任何有利于被告供述的不确定性。[52]

伊斯兰教法学者显然和基督教法学者有着相同的道德焦虑，但他们制定的规则却有着截然不同的目的。在欧洲，"合理怀疑"的原则与宣誓、司法酷刑和陪审团的使用，有助于法官判断什么时候使用血腥的刑罚是合理的，但伊斯兰教法学者告诉法官的却是什么时候应该心存怀疑。这反映了伊斯兰教法学者而不是法官对刑罚道德性的焦虑。他们没有为法官提供道德安慰，而是给后者的工作带来了不确定性因素，因为他们坚持认为大量案件都存在问题。伊斯兰教法学者的目的是，让良心不安的法官可以宣称自己受到伊斯兰教法的限制，从而对抗官员要求其判处犯人死刑的压力。这样一来，学者们就阻止了死刑判决的产生，也遏制了行政权力。几个世纪以来，确实有伊斯兰教法官严刑逼供被告，并判处后者死刑。[53] 但他们对来世后果的担忧，无疑将因为法学家的质疑而加剧。许多法官确实引用这些法学家的观点，以证明轻判的正当性，即使证据并不支持。[54]

*　*　*

只要有人认为自己有权约束和惩罚他人，刑罚过重或者错误判决的危险就会出现。几个世纪以来，许多人发现审判过程困难重重。誓言和神判是世界各地用来确认惩罚公正性的最基本手段，它们利用神灵的制裁威胁当事人，并试图直接确认被告有罪或无罪。渐渐地，替代做法开始出现，从中国的司法酷刑到英国的陪审团，从欧洲法院的纠问式庭审到伊斯兰世界的疑罪原则。最终，更多官僚政体建立了证据规则，通过定义审判中的合法行为，减轻了法官和陪审团的不适。他们还限制了法官和官员的权力。这是现代法律在经历了数百年的试错之后，为实现正义的承诺所提供的、最引人注目的新途径之一。

从首批立法者在石板上刻下宏大的声明开始，人们在寻求正义的路上一再诉诸法律，特别是设法限制法官和官员的权力。客观规则提供了一种确定感，即存在一种正确的做事方式。这些努力可能完全基于实用主义，比如希望通过商法建立和规范商业关系。但法律可能承诺正义并确认自治，这有时是通过维护当地风俗习惯来实现的，就像爱尔兰人、冰岛人、印第安社群和达吉斯坦部落所做的那样。法律还可以让人们觉得，通过遵守其规则，他们参与了更广泛的宇宙秩序，或是遵循了上帝为世界指明的道路，就像那些尊奉伟大宗教教义的人一样。在大多数法律体系中，法律也规定并限制了权力的行使方式，至少给人们提供了质疑统治者行为的可能性。这就是法治，一种自汉穆拉比时代以来就贯穿历史的脉动。唯一抵制这种想法的，就是着力维护纲常伦理的中国皇帝。

在现代世界，法治已成为与古代法律体系的宗教和宇宙观相抗衡的理想。本书的第三部分，讲述了传统何以消失，欧洲法律体系如何主宰世界的全过程。

第三部分　世界之治

第十二章

从王国到帝国

欧洲与美洲的崛起

　　如今主导世界的国内法系统（state law），主要基于 17 世纪以来在欧美诸国发展起来的法律体系。在这一时期，法律与国家及其统治流程紧密结合，令法律的规训潜力与其对正义和秩序的承诺结合在一起。根据联合国和世界银行等极具影响力的国际机构的看法，法律应该支持民主政体，实现高效监管，保护私有财产和个人权利，还应该设立独立的司法机构解决争端并决定刑事制裁。现代国家应该在明确划定的边界内行使主权管辖权。这无疑是一种成功且强大的模式。但这一切，究竟是如何出现的呢？

　　17 世纪，欧洲君主仍在围绕政治意义上的疆界发动伤敌一千自损八百的消耗战。纵览全球，这一时期主要的政治大国和最先进的法律体系都出自亚洲。清朝统治者建立了大清帝国，之后的 200 余年里，他们掌管着世界上最严密、最官僚的法律体系。身为穆斯林的莫卧儿人则将版图扩展到了印度北部的大部分地区，在那里，他们享有登峰造极的政治权力和经济繁荣。同样认可伊斯兰教法的萨法维王朝统治着波斯。奥斯曼帝国在君士坦丁堡达到了权力的顶峰，1453 年，他们推翻了拜占庭帝国的残余，控制了美索不达米亚、埃及、希腊和巴尔干半岛，并将北非的大部分地区变成了附庸。1683 年，奥斯曼的兵锋甚至叩响了维也纳的城门。奥斯曼帝国还制定了自己的成文法（kanun），即以沙里亚为基础的松散民法。正如学者所说："伊斯兰教法捍卫了世界经济体系，以及由亚美尼亚人、印度教徒和希腊人开创的国际商业文化，其发达程度丝毫不逊于欧洲。"[1]

欧洲君主敏锐地意识到奥斯曼帝国的强大实力，以及莫卧儿、清朝和萨法维王朝高度发达的文明，并渴望与这些国家的商人进行贸易。在 18 世纪，孟德斯鸠并不是唯一承认中国法律制度优越性的欧陆先贤。[2] 但是欧洲人已经深信自身的法律和宗教传统具有优越性，并对这些传统给人民带来的好处充满信心。当欧洲人开始移民美洲时，许多人宣称同时应该向美洲移植欧洲法律。考虑到这些法律的无序和杂乱，人们对依靠其管理世界尽头广袤大地的能力的信心，无疑令人吃惊。

在 17 世纪，欧陆法律还是局部的、重叠的、杂乱的。然而，在接下来的两个世纪里，欧洲大陆的法典化运动，将民法转变为一系列组织严密的国家法律体系。英格兰的法官则使普通法理性化，并成功地扩大其适用范围。类似的工作也在大西洋彼岸展开。在那里，襁褓中的美洲殖民地在寻求独立的过程中热情地拥抱法律。在战争、革命和殖民征服过程中崛起的欧洲国家，逐渐发展出强大的新型法律体系。

* * *

在中世纪，大多数欧洲法院使用民法以及习惯的混合规制体系。在法国，国王要求不同社群将自己的"习惯法"汇总成法典。1510 年，《巴黎习惯法》出版，并成为法国各地适用的标准。与此同时，巴黎的法院采用了罗马–教会法诉讼程序，即由教会根据罗马先例制定的教法程序。新的专业律师阶层随之出现，以执行这些程序。在西班牙，君主下令出台新的法律汇编，用来补充以《民法大全》为蓝本的《七法全书》。习惯法的规范和程序仍然很重要，尤其是在神圣罗马帝国的土地上，彼时，后者依旧主宰着欧洲。[3] 神圣罗马帝国的皇帝所统治的，是一个由日耳曼诸侯国和自由城市组成的松散联盟，大多数成员都拥有自成一体的司法体系，并且经常援引伦巴第王朝制定的封土法。

渐渐地，情况发生了变化。罗马皇帝颁布了若干一般法，特别是关于皇帝的选举和选举者的职责。1495 年，神圣罗马帝国的皇帝，马克西米利安一世，试图通过禁止世仇和其他未经官方允许的暴力以实现"永久和平"。[4] 他还建立了一个新的最高司法机关，即帝国枢密法院，负责受理来自帝国各地的上诉。几十年后，以意大利的法典为先例，神圣罗马帝国皇帝查尔斯五世在 1532 年颁布了《加洛林法典》。他要求没有受过法律训练的法官向学者寻求建议。布拉格、维也纳、海德堡和科隆的法学家如今声名日盛，这一举措既巩固了他们的地位，也增强了罗马法的权威。这一时期，许多渴望建立更有效的行政管理体系的德国王公，将民法视为建立官僚政体的有力工具，并以之对抗境内更强大的封建领主的独立地位。后来的皇帝们认识到民法可能让他们治下的不同领土实现统一，进而要求帝国的法官必须是训练有素的法学家，并沿用罗马–教会法的相关程序。随着职业律师群体的蓬勃发展，他们的社会权威和自命不凡引起了一些人的批评，但有影响力的改革者盛赞罗马法克制宗派主义的能力。[5] 对许多人来说，罗马法就代表着和平与公正的秩序。

在 1618 年，三十年战争爆发时，神圣罗马帝国的疆域包括了现在的德国大部，以及荷兰、意大利、比利时、捷克和波兰等地。其下辖的各君主国、公国、亲王国、教区、郡县、皇家修道院和村庄可能都有自己的法院，但这些法院都承认民法。律师们在巴黎、巴拉多利德和维也纳的法庭上长篇累牍地引用查士丁尼的《民法大全》。在苏格兰，詹姆斯五世也下令确认，应由受过民法训练的法官主持庭审。[6] 苏格兰法官接受大陆法系的书面程序，并用其代替普通法的救济手段；他们也从查士丁尼的文本中借鉴了所谓的"公平性"和"合理性"，作为苏格兰法律的补充。民法已经成为众多地方法院、统治阶层、风俗习惯和法律程序的参考指标，并为之提供了共同的原则。

在苏格兰边境以南，情况却大不相同。在 16 世纪中叶，英格兰对于这个世界而言还无足轻重，其法典、法院、法律原则和法律程序亦然。[7] 自 12 世纪亨利二世建立中央法院以来，英格兰君主及其议会不断颁布法令，以完善治理结构，增加财政收入，改善社会与经济。但是，高等法院适用法律的实质在很大程度上是由令状决定的。令状是诉讼当事人在陈述案件时必须使用的语言形式，而这种"普通法"还远远不够全面。普通人基本上遵循地方风俗生活，并期望其他人同样遵循这些风俗。

即使是那些普通法貌似渐成体系的中央法院，其下辖法庭的组成和管辖权也各不相同，不同法庭有时甚至会争夺特定的案件。王座法庭的法官审理涉及王室的案件；民诉法庭负责审理私人纠纷；财政法庭负责处理税收问题。在每年两次的巡回审判中，12 名王室法官在全国各地巡回审理当地案件。御前大臣是王室大臣中位阶最高的一位，他建立了自己的法庭，即衡平法院。其中，提诉方所需要遵循的程序比国王法庭的严格令状形式更为灵活，财政法庭和负责审理小额诉讼的小额债务索赔法庭也是如此。[8] 还有高等骑士法庭，以罗马法程序审理关于荣誉事务的诉求；以及皇家海军大臣法庭，拥有海事管辖权。

实际上，大臣管理人民生活的能力是有限的，而中央法院也无法解决所有的争端。是教会法庭在颁发结婚证，授予遗嘱认证，审理婚姻纠纷，征收什一捐，并审议性行为不端的指控，尽管它们受到王室权威的制约。庄园法庭继续审理当地案件，记录土地交易，在法律层面承认地方习惯和制度，尽管其逐渐被建立在城镇中的自治市法庭所替代，后者审理了大部分的债务偿付诉求。在这些城市法庭中，治安法官还负责审理对轻微犯罪的指控，而其他各种地方法庭则处理围绕市场、集市和森林发生的纠纷。

　　然而，律师和法官在陈述和辩论案件时，或者在利用令状和诉状的技术细节进行谈判时，都会谈到"国家的法律和习惯"。如果进一步追问，大多数法官可能会同意，普通法存在于法律专业人士的知识中，以及他们在高等法院使用的推理中。[9]15 世纪，民诉法庭法官托马斯·利特尔顿爵士撰写了《土地保有论》，尝试梳理复杂的土地所有和租赁制度。[10]该书提到了"律师的共同认知"和他们"对法律的理解"。同样在 15 世纪，王座法庭首席大法官约翰·福蒂斯丘爵士撰写了一篇关于英国法律的颂词，后者实际上是对引入新法院的批判。在这篇文章中，他赞扬了英格兰法律推理的品质，强调了法官用法律格言表达的基本原则。[11]法学家克里斯托弗·圣·吉尔曼在 1523 年创作了另一篇批判亨利八世的资政托马斯·沃尔西的文章，将普通法与上帝的意志及其永恒的法则联系起来。尽管可能并不系统，但学者和法官都热衷于强调英国普通法的品质及其悠久的历史源流。

　　就连下级法院的法官也动辄谈及英格兰法律的"卓越"，及其所维护的人民的"自由"。[12]在很大程度上，他们考虑的是司法程序中的保障措施，尤其是陪审团审判。17 世纪初，律师兼政治家弗朗西斯·阿什利宣称，每一个感觉受到威胁或压迫的英格兰人都会想到"没有自由人（应当）"（nullus liber homo）这个表达。《大宪章》第 39 条宣称，没有自由人应当在未经其同侪裁判或本地法律不允许的情况下被逮捕、监禁、没收财产、流放，或以任何方式受到伤害。该条款至今仍是事关英国人自由的基本宣言。[13]

　　到了 17 世纪初，伊丽莎白一世统治的末尾，英格兰的地方法官已经可以查阅大量关于法律及其历史、衡平法和法理学的廉价论文集，还有实用手册和法规摘录。[14] 这些出版物就法律程序提供了指导，而这恰恰是治安法官最需要了解的信息。此外，它们也讨论了法律的实质。此时的法院人满为患，人均提诉占比超过历史上的任何时期。[15] 但即使是高等法院适用的普通法，也还几乎没有形成系统化的规则和原则体系。没有哪本法律教科书试图做到全面深入，而庭审的成功取决于是否使用正确的令状。程序就是一切。在律师学院的训练中，法学生听取有关法规的诵讲，讨论模拟案例，并在他们的"年鉴"和诉状集上记录法律论点，而法官认为自己应该遵循前辈的推理和判决。然而，当时的案件报告仍很粗略，用早先判决约束后来法官的判例制度远未稳固。[16]

尽管此时的英格兰法律体系仍不完善，但人们仍然感觉法律是重要的，是具有自身权威的存在。这导致在 17 世纪初，英格兰君主和司法机构之间的政治关系异常紧张。亨利八世和他的女儿伊丽莎白一世都试图加强王室特权，借助枢密院发布宪章和公告，进而绕过甚至架空议会。伊丽莎白利用枢密院向商人授予专营权，并借此让这些商人垄断了某些类型的国际贸易。她还动辄以外国入侵或者国内动乱相威胁，扩大她所控制的法庭，也就是星室法庭的管辖范围。星室法庭为当事人提供了一种简易的司法形式，并公然宣称"非常规的违法行为不受普通法程序的约束"[17]。但她并没有完全抛弃普通法机制。甚至连坚决捍卫女王至高无上地位的神职人员理查德·胡克也认为，应该是法律引导女王（或国王），而不是让王室主导法律。他声称，作为国家的英格兰应像"竖琴或其他悦耳的乐器，其琴弦由一个人来调音和处理"[18]。这为其他人打开了一扇门，让他们可以利用法律挑战不受欢迎的王室倡议。

17 世纪初，詹姆斯一世登上英格兰王位，他的政治手腕显然不如前任娴熟。詹姆斯一世宣称，国王是所有法律的源头，他拥有法律，并有权定义、规范和管理法律。议会和国王法官显然都无法接受上述主张，就连詹姆斯一世的枢密大臣埃尔斯米尔法官和弗朗西斯·培根爵士也认为，国王的法律权力最终来自普通法。爱尔兰总检察长约翰·戴维斯爵士夸张地将法律称为"王国的共同习惯"，强调其历史悠久且永垂不朽。紧随其后的是国会议员托马斯·赫德利，他在1610年辩称，普通法是人类理性和远古习惯的产物，这些习惯是根据英国及其人民的特殊经历发展演变而来的。赫德利坚持认为，是普通法确立了议会制定法律的权力。[19]

同年，民诉法庭首席大法官爱德华·柯克爵士审议了关于伦敦医师学会管辖权的争议，即博纳姆医生案。[20] 在本案的判决书中，柯克宣称，法院不会执行任何"违背公理和理性、令人反感或无法执行的"议会立法。他还声称，普通法将"管辖这些议会立法"，并"判定其无效"。此前，柯克爵士与詹姆斯一世已经就法律管辖权进行了争论。在辩论中，柯克爵士宣称国王必须遵守法律，因为"法律保护了国王"。这意味着将首席大法官的权威置于国王的权威之上，因此激起了詹姆斯一世的"极大愤慨"。根据当时的一篇报道所说，柯克爵士不得不向詹姆斯一世道歉，"跪倒在地"以乞求谅解。[21] 但两人之间的对峙仍在继续。1616年，在一场围绕王座法庭和枢密院的管辖权展开的争斗中，冲突达到了顶点。在托管圣俸案中，其他法官被柯克说服，宣布国王阻止他们做出决定的企图是无效的。詹姆斯一世怒不可遏，他召集法官，撕毁了他们的判决书，并宣布他知道普通法是"对国王最有利的"。面对压力，其他法官卑躬屈膝，请求国王原谅，但柯克却坚持自己的立场，坚决捍卫其所认为的真理，遂被免去首席大法官的职务。后世研究者可能夸大了柯克对抗君主、抵制王室专制主义的决心，但毫无疑问，法官确信普通法的优越性。此后数十年间，通过法律限制国王权威，即提倡法治的思想，在法律界和政治界继续引发共鸣。在大西洋的另一边，柯克的论点也将引起轰动。

在上述辩论和争议中，有一些人也表达了担心，认为历经数个世纪的发展，普通法变得错综复杂，亟待加以整合。但是，爱德华·柯克爵士抵制编纂法典的呼声，坚持认为普通法的灵活和精细使其优于民法。[22] 被褫夺法官职权后，柯克在《英格兰法律总论》中着手描述"这个国家古老的普通法框架"。该书的标题显然是受到查士丁尼的启发。[23]《英格兰法律总论》的首卷于 1628 年出版，涉及财产和继承，主要参考了利特尔顿的《土地保有论》。第二卷阐述了"宣示英格兰基本法的主要基础"的成文法令。第三卷讨论刑法，第四卷则为读者展示了一张司法管辖的"地图"，包括"国王陛下的王国和领地内所有崇高、尊贵、可敬和必要的法院和法庭"。在书中，柯克承认教会法和民法，也承认森林法、捕拿抵偿法（law of marque）和商人习惯法，还包括泽西岛、根西岛、马恩岛的法律和习惯。除此之外，还有锡矿区法律，英格兰东部、西部和中部边境的法律，以及习惯的权威。[24]

就英格兰法律的整理而言，柯克的研究在一定程度上归纳出了法条的体系和规则，但其他学者认为，按字母顺序排列法条才是前进的方向。此外，还有人在试图整合法律程序，以解决法庭诉讼中臭名昭著的拖沓冗长。[25] 呼吁编纂法典的呼声仍在继续，但到了 17 世纪后期，试图对英格兰法律做出系统性概述的学者却都绝望地放弃了。[26] 法官马修·黑尔爵士辩称，在 14 世纪，爱德华三世就已从各种习惯法和地方法中提炼出了"整个王国都要遵守的唯一法律"，后者业已成为"作为国家的英格兰的面貌和宪法"。[27] 但是，正如他哀叹的那样，"这一法律的细节如此之多，各种事物之间的联系如此之繁，必须承认，无法把它简化成一个精确的逻辑方法，所以需要声明，在第一次，乃至第二次、第三次的尝试中，我确实感到绝望"。直到一个世纪之后，威廉·布莱克斯通的著作问世，柯克的研究才被超越。

到了 17 世纪，大多数欧洲国家都已采纳了民法的部分要素，尤其是在程序方面。但是，当身兼英格兰和苏格兰国王的詹姆斯一世试图在罗马法的基础上统一两地不同的法律传统时，他遭到了两国法官们的一致强烈反对。[28] 英格兰有自己的"普通法"，也就是"王国的共同习惯"，它保护了所有英格兰人的自由。这是英格兰人与生俱来的权利，不能延伸到苏格兰人身上。早前，在巩固了对威尔士的统治之后，亨利八世通过了《威尔士法律法案》，宣布"英格兰域内的法律、条例和法规"将取代威尔士的"不同和矛盾"的法律和习俗。但对于苏格兰，法官显然持有不同看法。1608 年，法官判定，苏格兰人可以向英格兰法院提起诉讼，主张在英格兰拥有的土地所有权，但英格兰的法院不能对苏格兰的土地行使管辖权。[29] 当英国君主派遣移民横渡大西洋时，这项判决引发了很大麻烦。殖民地的法律和习惯会发生什么变化？远渡重洋的新移民能否继续享受英国法律的保护？

继西班牙和荷兰探险家的开拓活动之后，16 世纪末，英国探险家也开始组织北美远征。伊丽莎白一世颁布了允许英国人建立海外定居点的特许状。詹姆斯一世有样学样，1606 年，他授予伦敦公司特许状，允许后者在弗吉尼亚建立永久定居点。该公司有权"制定、任命和建立一切形式的命令、法律、指令、指示、规章和仪式，只要它们对该殖民地而言是合适和必要的，并且与该殖民地的治理有关"。这些移民通常是贵格会教徒和清教徒，他们很快也在其他地区建立了小型社群，根据特许状，他们有权制定自己的法律，只要这些新法的内容与英国法律"接近""兼容"且"不抵触"。[30]

17 世纪中期，英格兰内战爆发，分散了政府的注意力，殖民地几乎一度可以实现自治。[31] 许多殖民地发展出强调非正式性和共识的司法形式。但随着人口的增长，大多数殖民地还是建立了遵循英国模式的法院，并选择当地领导人担任治安法官。早在 1618 年，伦敦公司就已经在殖民地引入了遵循普通法原则的财产保有制度，而到了此时，弗吉尼亚的律师也开始在财产纠纷中参考利特尔顿和柯克的法律著述。他们还在英格兰边境地区议会制定的法律中找到了有用的判例。事实上，在北美殖民地的律师中，很少有人接受过科班训练。许多人只是对法律感兴趣的门外汉，阅读过一些英国司法执业手册和法律评论，而治安法官学习的是为其编写的指南和关于遗嘱继承的论文集。不过，殖民者仍然意识到这些新设立的法院很有用，并纷纷向之求助。在 17 世纪，马萨诸塞殖民地法院审理了大量案件，起诉人包括商人、债务人、债权人、瑞典人、贵格会教徒、农民、工匠、仆人，甚至奴隶。[32]

回头看英国，北美殖民地的地位颇受争议，主要在于议会是否对殖民地拥有管辖权，或者王室是否可以直接管理这些领土。这一问题夹杂在以 1649 年查理一世被处决为顶点的英王和议会之间的紧张关系中，别具一番意味。一些法官支持国王，认为后者对国家的统治不受任何约束，而这种观点一度被认为可能会削弱柯克曾极力强调的普通法的权威及其控制君主专制的能力。在 1651 年出版的《利维坦》一书中，托马斯·霍布斯就曾发出著名的呼吁，希望由强大的统治者用法律维持秩序。[33]但普通法及其法官最终还是幸存了下来。奥利弗·克伦威尔承诺他和他的政权将维护普通法，尽管学者们就其是否"篡夺"了王位争论不断。毕竟，他需要普通法赋予的合法性。[34]

1688 年光荣革命后，詹姆斯二世被废黜，其女玛丽和她的丈夫奥兰治亲王威廉继位，自此，议会开始在国家治理中发挥更积极的作用，比如讨论并通过新的法规。但是王座法庭成功地维护了自身的权威，并开始尝试扩大其管辖权。[35]他们接管了更多传统上由教会法庭处理的案件，并制定了与商业活动有关的法律，又在一定程度上将其与欧洲大陆适用的法律相融合。这意味着王座法庭能够管辖商人习惯法的应用，也就是商人长期遵循的法律惯例。衡平法院和海事法庭仍然保有独立管辖权，但王座法庭的法官成功地限制了二者的职权范围，并最终将它们纳入普通法体系。

出于对地方政府不断变化的形势的关注，王座法庭的法官也扩大了他们能够判断的官员活动的范围。自都铎王朝时期起，市镇当局就已开始扩展职责范围，他们负责维护道路和桥梁，发放酒馆执照，执行劳动法规，照顾穷人和非婚生子的生活。王室特许状更授予他们举办市集和征收通行费的权力，许多市镇还制定了冗长的规章制度。例如，莱斯特的法律确认了居民使用公用土地的权利，要求居民遵守安息日的安排，并采取措施确保供制烛用的牛油、出售给穷人的煤和消防用的皮革桶足够。这些立法规定了人行道怎样修缮，出售时羊毛如何称重，并禁止任何来自其他郡县的"外人"来此出售面包和手套。[36] 这一时期，市政当局对城镇居民生活的监管范围，远超地方上的行会和庄园法庭。与此同时，英格兰沼泽区的围垦和排水导致了社会动荡，流离失所者揭竿而起，反抗这一在其看来主要有利于富有的埃塞克斯郡地主阶层的建设规划。他们对排水委员会成员、市议员和治安法官提起诉讼，而王室法庭早已做好了审理的准备。王室法庭的法官适时地制定了新的诉讼形式，允许人们对于"治理失当"提起告诉，并主张官员应该维护公共利益。官员自己也经常对同僚提起诉讼。这一时期，高级法院已可以就市政官员及其治理行为下达判决。

法官和治安法官继续强调《大宪章》，以及 1628 年提交给查理一世的《权利请愿书》和 1679 年《人身保护令修正案》所赋予的自由。[37] 这些法律共同保障人们免受任意逮捕的权利，以及在法庭上受到平等待遇和接受同侪所组成的陪审团审判的自由。正如一位学者所说，受过教育的阶层将以普通法和法院为中心的法律制度与正义、程序平等和积极同意的理念联结在一起，这使英国人摆脱了欧洲其他民族所面临的受压迫的状况。[38] 在实践中，通过累积，新立法造就了一套相对统一的原则，适用于救济穷人和劳动监管等方面。与此同时，许多地方法院采用了普通法的诉讼形式和程序，包括使用陪审团而不是助誓人（oath-helper）。[39] 所有这些，加上王座法庭对地方政府的干预，至少在某种程度上促成了一种共同的司法制度。然而，这仍然不是统一。

大多数北美殖民者也相信英国普通法能够带来的好处，但到了17世纪末，一些人已经开始主张不应该受英国议会所制定的法律的约束，[40] 毕竟他们离伦敦实在太远。但是，王政复辟后的英国议会并不打算放弃对海外权益的控制，也不打算放弃跨大西洋贸易的好处，而且，法国对跨大西洋贸易还构成了威胁。英国的各个政府机构试图争取更直接的控制权，措施包括向新殖民地授予特许状，例如宾夕法尼亚就要求总督将立法提交英国枢密院批准。与此同时，尽管那些更早建立的殖民地在"不抵触大不列颠法律"的前提下享有更多的立法自由，但为管理殖民地及其商业活动而设立的英国贸易委员会，仍然有权审查殖民地立法是否符合普通法。

这一时期，一些北美殖民地总督延揽英国律师加入他们的政府，但许多人发回的报告都显示，当时殖民地的法律状况令人惊愕地糟糕。1698年，贝洛蒙特伯爵理查德·库特前往纽约担任总督，他宣称此时的罗德岛总检察长"是一个可怜且不识字的技工，非常无知"，而他的前任"非常腐败、野蛮，并且毫不虔诚"。[41] 一位英国出庭律师评论说，弗吉尼亚的法院杂糅了衡平法庭、王座法庭、民诉法庭与海事法庭的职权，因此其"对法律的理解是错误的，诉讼的形式和方法往往也极不规范"。[42] 贸易委员会指示总督和其他行政人员采取措施以确保定居者的法律合乎标准。在这种压力下，北美殖民地的律师开始更为严格地参考英国法律和习惯。罗德岛议会想办法搞到了一本英国成文法汇编用来参照查阅。律师和法官仔细研究柯克关于财产法的著作，后者多次再版，且流传甚广。渐渐地，北美殖民地将其法律制度整合为更加统一的体系，并承认普通法的效力。与此同时，本地律师接受了更多专业训练。事实上，由于摆脱了英国法律制度繁复传统的掣肘，比起大西洋彼岸的英国同行，北美律师往往能够制定出更系统、更连贯的程序。[43]

　　一部分英国学者仍然相当困扰，认为英国法律不应直接应用于海外领土。在他们眼中，英国法律是一种治理形式，更是一种特权。法官兼法学家威廉·布莱克斯通爵士坚持认为，北美殖民地是被征服的土地，因此普通法不能直接适用于此。他认为，北美的法律之所以与英国类似，只是因为它是从英国人那里抄来的，而这顺带也意味着北美可以维持奴隶制，这种观点在英国引起轩然大波。但在 1765 年，布莱克斯通的不朽名著《英国法释义》的首卷面世了。该书甫一出版，北美地区的律师便纷纷迫不及待地订购，并如饥似渴地学习。[44] 该书的内容有些杂乱无章，但布莱克斯通在普通法规则的梳理上付出了艰苦卓绝的努力，而这正是新大陆殖民者发展其新生法律体系所需要的文本。该书的英国版本在北美地区售出了 1000 本，随后问世的北美版本又很快卖出了 1400 本。当时最杰出的北美律师都订购了这本书。后来担任美国联邦最高法院首席大法官的约翰·马歇尔声称，他在 27 岁前已经通读了四遍《英国法释义》。除了律师，布莱克斯通还把外行视为潜在的读者。农民、商人、木匠、线缆工、士兵和酒馆老板都在查阅此书。最初，一些更具独立意识的北美政客反对布莱克斯通的观点，即北美地区的居民不应享有普通法所规定的权利。法学家则对北美殖民地新法加以评注，并以此补充布莱克斯通的论著。但没有人怀疑，布莱克斯通的论述，是任何渴望了解、遵循和发展北美殖民地法律的有识之士的起点。[45]

　　与此同时，在英国，政治和司法活动的结合，继续推动着普通法的发展。1688 年以后，英国议会更频繁地召开常规会议，同时回应不断增加的新立法请愿。出于对社会问题的关切，治安法官、日益壮大的中产阶级，以及全新涌现的自由结社组织，纷纷展开游说，要求议会制定新法，提供更好的治安管理方案以及更有效的刑罚措施。有人提出了惩罚饮用杜松子酒和卖淫行为的立法草案，认为这些行为就是贫困、违法和混乱不断升级的症状和成因，尤其是在伦敦。他们还四下奔走，呼吁增设刑事犯罪罪名和对应的严厉刑罚。与对犯罪的道德恐慌相伴而来的，是对过度监管和滥用权力的焦虑，这套模式对现代世界来说可谓再熟悉不过。但到了 17 世纪 50 年代，议员们已经接受了为国家的日常治理立法的必要性。人们逐渐认为，法律不仅仅存在于古老的普通法原则中，也体现在议会的立法决定中。[46]

当然，依旧有人坚持，普通法的存在及其权威性并不依赖于王权或者议会。在表达不同意见时，激进派和辉格党人都将普通法作为反对专制统治的护身符。他们声称，普通法代表了一系列基本权利，这些权利受到政府保护，且未经人民同意不得更改。这些观点的灵感来自哲学家和法学家关于自然权利的理论。[47]17 世纪初，荷兰法律哲学家雨果·格劳秀斯在书中提出自然法与基督教原则等同。这一著作十分重要，并且为上述观点奠定了基础。同样在 17 世纪，英国哲学家约翰·洛克进一步发展了这些观点。他在自己关于财产所有权的著作中辩称，个人根据投入的劳动力拥有财产的自然权利。

这些关于自然法和权利的观念在大西洋彼岸产生了巨大的影响，尤其是与财产相关的部分。[48]英国在与法国的战争中耗资甚巨。战争结束后，英国便试图从繁荣的北美殖民地攫取更多收入。这不可避免地导致了怨恨和抵制，尽管这一时期英法双方拥有共同的法律遗产，但越来越多的北美殖民地人民决心实现自治，其中不乏律师。一些人抓住了柯克关于自由和财产权的观点，以及他在博纳姆医生案中将法律的权威置于王室权力之上的著名陈述。不少人都谈到英国人的基本权利，并宣称英国君主及其政府推行的法律控制措施违反了自然正义的原则。尽管柯克及其同时代人从未认真质疑过议会的权威，但北美的活动家们却以自然法的术语谈论普通法，认为普通法保证个人享有一系列基本权利和自由。法律要求的是人民自下而上的同意，而不是统治者自上而下颁布的具体规则。

除了以上论点之外，还有这些主张：是殖民者向北美原住民购买了土地，并用劳动加以改良；英国王室不能撤销他们向北美颁发的特许状；殖民者为英格兰抵御法国及其天主教势力提供了宝贵的财富。这些论点跨越了宗教和地域的分歧，成功地吸引了北美人民，帮助他们创造出共同的政治和法律文化。布莱克斯通强调人类与生俱来的、固有且不可侵犯的权利的重要性，这也为上述论断提供了宝贵的支持。[49] 到了 18 世纪 70 年代中期，约翰·亚当斯更宣称，新英格兰地区的法律不是源于英国议会，甚至不是源于普通法，而是源于自然法。他主张，"我们的祖先在移民时有权享受英国的普通法"，但仅限于他们愿意接受的部分。1776 年，《独立宣言》获得通过，其序言援引了自然法的原则，宣布"我们认为这些真理是不言而喻的：人人生而平等，造物者赋予他们若干不可剥夺的权利，其中包括生命权、自由权和追求幸福的权利"。

实际上，独立后的美国各州继续使用和发展他们从英国祖先那里继承的普通法。在《独立宣言》发表时，英国普通法已经在美国法院及其程序、律师提出的论点，以及法官引用的格言中扎根，以至于没人试图建立任何其他制度来替代。[50] 在北美，人们无法再向位于伦敦的枢密院提起上诉，但他们仍然会阅读布莱克斯通所著的《英国法释义》，并在法庭上引用英国判例。关于自然法和自然权利的思想，与英国普通法的实践和原则结合在一起，为现代世界其中一个主要法律体系奠定了基础。

然而，英国普通法并非没有批评者。1811 年，英国学者、社会改革家杰里米·边沁致信美国第四任总统詹姆斯·麦迪逊，提议为美国制定一部全新的法典。边沁声称，这将使这个新生国家摆脱普通法这一"仍套在你们脖子上的"、无言、无限、无形的"枷锁"。[51] 边沁只不过是众多衷心相信大西洋两岸都需要成文法的改革者中的一员。在英国和美国，他们的观点基本被束之高阁，但在欧洲大陆，情况则明显与此不同。在这里，声势浩大的法典化运动正处在紧要关头。

18 世纪末，法国因革命陷入混乱，神圣罗马帝国解体，加上美洲的发现和移民的浪潮，这些似乎激发了欧洲学者和改革者的热情，令他们就国家议会的主权和法律的权威展开新一轮论辩。一些人迫切希望知道，议会主权的理念如何与自然法保护个人自由免受暴政侵犯的理念相协调。立法机构是否至高无上，抑或法官是否可以无视违反自然法原则的成文法？个人能否依靠其固有的权利来避免统治者或政府的暴政？

上述争论的基础是几个世纪以来学者们发展出的关于自然法和自然权利的理论，这一时期，英国的约翰·洛克和其他政治改革者也开始采用这些理论。欧洲大陆的学者则提出了万国法的概念，即一种适用于所有人的普遍原则，无论他们身在何处。这些学者借鉴了罗马的"万民法"概念，即所有国家共同的法律，与罗马公民享有的合法特权不同。16 世纪，法国法学家查尔斯·迪穆兰就试图将罗马法及原则和习惯法的理念结合起来，他的尝试为这一新理念奠定了基础。17 世纪初，雨果·格劳秀斯提出，可以通过观察所有文明共有的法规来寻找自然法的原则。格劳秀斯及其同侪的理论很快在整个欧洲赢得了尊重，学者开始在罗马经典中寻找自然法原则。一些人试图将自然法的理念与基督教神学联系起来，比如德国法学家塞缪尔·冯·普芬道夫就认为是上帝为人类创造了自然法。但并非所有学者都如此执着于神学。德国数学家、哲学家戈特弗里德·莱布尼茨呼吁建立一种基于逻辑的法律体系。法国学者让·多马也在其出版于 1689 年的民法著作中，根据他所理解的自然法的逻辑原则，对罗马法加以重塑。与英国一样，这一时期的大陆法学家所提出的种种观点，都意在建立某种超越政治权威或政治分歧的法律形式，无论它们是植根于古代传统、基督教神学、逻辑学，还是人类的共性。

17世纪，三十年战争的动荡促使学者更加务实地思考法律的目的及其可能实现的目标。许多人开始相信，人们需要一个公正的法律体系，可以超越统治者的个人激情和敌意，毕竟君主们发动的战争几乎摧毁了欧洲北部人民的生活和生计。另一方面，《民法大全》毕竟是罗马皇帝的作品，而查士丁尼曾宣称自己拥有排他性的立法权。罗马法谚断言，君主"免受法律约束"（'legibus solutus'），且"帝王的意志有法律的效力"（'quod principi placuit legis habet vigorem'）。中世纪和近现代欧洲学者用上述格言来简单地说明王室的权威，尽管其作者，也就是罗马法学家乌尔比安，想要表达的是另外的观点。[52] 这些理性主义自然法学者一向主张，应当根据统治者的意愿，创造一套完整的法律，且这些法律可以用简单而合乎逻辑的方式表述。通过这种方式，他们试图将统治者享有主权的概念与自然且公正的法律理念结合起来。不出所料，《威斯特伐利亚和约》结束了三十年战争，而那些因之兴起的欧洲国家，其领导人都热衷于制定国家法律法规，将其视为统一领土、限制地方领主和法官权力的工具。昔日的《巴黎习惯法》，以及神圣罗马帝国的刑法典，显然难堪大任。

一些学者反对用一部单一的法典来归纳、固化法律的观点，典型代表正是法官兼哲学家孟德斯鸠。在出版于1748年的《论法的精神》中，孟德斯鸠认为任何法律都必须与其所属的社会相关，包括特定的气候、经济、传统、礼仪和宗教，而在自然法或神学的原则中寻找普遍观念显然是错误的做法。但大多数统治者推进了制定综合性法典的计划。首先是巴伐利亚公国于1756年出版的法典，呈现了民法的德语版本。随后，普鲁士的腓特烈大帝委托编写了一部体量庞大的法典。该法典于 1794 年完成，有大约 1.9 万个条文，此时的普鲁士国王已经是腓特烈·威廉二世。在奥地利，神圣罗马皇后玛丽娅·特蕾西娅于 1753 年颁布了一部私法法典，也就是《特蕾西娅法典》，总共有 8000 多个条文。特蕾西娅的继任者对该法典进行了广泛修订，它最终在 1812 年出版，而此时神圣罗马帝国已然崩解。[53]

在此时的法国，编纂综合性法典的势头正盛。那些渴望用激进计划来建立新世界秩序的革命者对此大力支持。1799 年，当拿破仑·波拿巴以第一执政的身份掌权，他马上任命了一个小型委员会来编纂民法典。[54] 拿破仑宣称，这部法典将和新历法、公制计量系统，以及教育改革一起，为法国人民带来法律和秩序，他还亲自主持立法委员会的讨论。拿破仑认为，该法典将废除封建主义，并以统一且简明的新精神取代所有罗马法。实际上，罗马的先例在很大程度上塑造了这部新法典的结构和内容。委员会遵循查士丁尼《法学阶梯》的结构来编纂新法典，而法典中有关私有财产的重要法律更是基于罗马思想来制定的。拿破仑还强调了法律体制应基于"理性"，这同样是一个与罗马法密切相关的概念。

拿破仑对于建立帝国的野心绝非寻常。他效法罗马皇帝，将托加袍和宝剑放入自己的衣橱，并在政府中设立了元老院和保民院。这位法国统治者热情拥抱查士丁尼的观点，认为统治者的意志应该构成法律。正如学者所评论的那样，他和查士丁尼一样，痴迷于一种信念，即他的使命是主宰和重新安排世界，并像上帝一样统治自己所创造的生灵。[55] 拿破仑坚持认为法律本身不能改变：法律专家可以使用法律，但不得做出司法解释。而且，与 1300 年前的罗马皇帝一样，拿破仑毫不迟疑地驳斥了任何主张法律可以超越统治者权威的学术观点，并主张绝对王权，但法国法学家不为所动。1815 年，拿破仑在滑铁卢战败，波旁王朝复辟，法国学者随之审查并修订了拿破仑时期的法律，令其适应新宪法。被流放到圣赫勒拿岛的拿破仑对学者态度的变化感到震惊，但修订后的民法典得以延续，至今仍被视为法国法律的基础。

在其他地方，孟德斯鸠所倡导的，任何法律都必须植根于其自身社会背景的理念，得到了强有力的支持。在欧洲各地的大学里，师生们就是否应该编纂法典展开激辩。一派是法典化倡导者；另一派则是以弗里德里希·卡尔·冯·萨维尼为首的德国历史学派的成员，他们反对法典化，认为法律是从社会和历史背景中产生的，并且就应该这样自然地生成。但最终是前者在论战中获胜，他们说服新德意志帝国的统治者制定了一部综合性法典，并于1900年出版。另一波欧洲法典编纂浪潮由此发端。其中诞生的许多法典都明确地建立在法国民法典的基础上。法国民法典也形塑了北美路易斯安那的法律。在此后的几十年里，它更影响了其他许多殖民地。

* * *

20世纪初，莫卧儿王朝被征服，奥斯曼帝国摇摇欲坠，清王朝行将覆灭。在欧洲，国家体制或多或少已经建立，普通法和民法正被移植到世界各地。与此同时，美国正在积聚经济和军事力量。仅仅两个世纪之前，欧洲法还只能算是一个由规则、习惯、原则和制度组成的大杂烩，但雄心勃勃的政府制定了法律，用来管理大片领土。通过创造一系列罪名和刑罚，他们将法律转变为规训的工具。内战的混乱也让许多人将法律视为一种工具，认为它帮助强大的统治者将秩序强加给不安分的民众。随着这些理念的形成，许多人都在法律程序中感受到压迫和不公。但法官和律师仍然对法律的实质和作用抱有理想主义的看法。法学家渴望赋予法律罗马民法的理性和智力层面的复杂性；自然法学派求助于基督教神学和人类共性的理念；英国法官则声称他们在维护普通法的古老传统。那些极具影响力的学者认为，法律应该是理性且公平的，可以保护个人，界定财产，促进商业。法律既是权利的源泉，也是控制的工具。上述理念被布莱克斯通发扬光大，并在北美受到了热烈的追捧。它们同样被殖民地政府用来证明，他们的法律将给生活在世界其他地区的、所谓"尚未开化"的居民带来秩序和文明。

第十三章
殖民主义

法律输出

　　欧洲人并不是首个将法律和政府体系强加给新领土和新人口的族群。汉穆拉比在其麾下大军所到之处竖起铭刻帝国法律的巨石；中国皇帝在广袤的华夏大地建立了中央集权的官僚机构；罗马皇帝卡拉卡拉宣布治下的所有帝国臣民都将享受罗马法带来的好处；莫卧儿人则把波斯法律和治理架构带到了印度。自古以来，立法者就会从遥远的传统和先例中借鉴和复制不同于当时的全新法律范式。

　　从历史上看，通常，这些新法与已经确立的法律传统差不多可以和谐共存：中世纪的犹太人和穆斯林比邻而居，各自遵守不同的法律；莫卧儿人允许印度教国王继续用他们自己的法律来管理自己的领土；建国之初的罗斯王子、主教和商人分别为自己的领地制定了独立的法规。然而，相比于全球历史上任何其他形式的法律，欧洲殖民主义及其法律的影响范围都更大，且更全面地居于主导地位。当然，这主要归因于 18 和 19 世纪发生的地缘政治事件。但不可否认，这一时期，欧洲列强已经发展出了行之有效的全新官僚政府，并依靠法律作为规训工具和监管手段。他们引入的所谓"理性"的法律体系，很快遮蔽了大多数殖民地的固有法律体系，并迅速使后者边缘化。

＊　＊　＊

这一切都发生在 1492 年克里斯托弗·哥伦布扬帆前往美洲的数月后。应西班牙王室的请求，教皇亚历山大六世发布教皇诏书，授予其对西半球所有土地的"所有权"（dominium）。在西班牙，阿拉贡王国的费尔南多二世和卡斯蒂利亚王国的伊莎贝尔一世刚刚重新征服了伊比利亚半岛上的最后一个伊斯兰政体，也就是奈斯尔王朝治下的格拉纳达。这对夫妻联合统治的共主邦联，其军事实力一时无两。获得教皇的许可后，他们立即调配军力横跨大西洋。这些欧洲征服者在墨西哥与阿兹特克帝国作战，接着征服玛雅，然后挥师向南杀向秘鲁，逐步击破当地人的军队，废黜其统治者，摧毁他们的城市。欧洲军队消灭了发达的文明，烧毁了当地的记录，并给南美人民带来了疾病和饥荒，因此后世对上述南美王国的法律实践知之甚少。虽然现存的书面文献很少，但可以确认的是，阿兹特克人曾将部分刑事法条记录下来，而且所有这些王国都存在系统的政府和行政结构。

西班牙人征服之残酷，众所周知。然而不太为人所知的是，西班牙神学家和哲学家对此强烈反对，并且就这些探险活动的合法性展开旷日持久的辩论。[1] 大多数人对原住民遭受的苦难感到震惊，许多人也对教皇诏书背后罗马帝国的愿景，也就是以皇帝为立法者的理念，感到不安。通过授予西班牙君主统治权，教皇俨然有权将世界任何地方的主权私相授受。神学教授弗朗西斯科·维多利亚在 1539 年发表了一篇直率而有批判性的演讲，萨拉曼卡大学和科英布拉大学的学者也纷纷跟进。他们围绕"万民法"展开法学论辩，认为其作为适用于所有人的共同法律，也应该被用来调节西班牙人和北美原住民之间的关系。[2] 维多利亚的同侪、修士巴托洛梅·德拉斯·卡萨斯坚持认为，殖民征服不仅是残暴和不公正的，而且是非法的。这最终促使 1550 年皇帝查尔斯五世召集了一场辩论，由德拉斯·卡萨斯对阵人文主义学者胡安·吉尼斯·德塞普尔韦达，后者试图捍卫征服的合法性，理由是原住民习俗违反自然法则。德拉斯·卡萨斯在很大程度上压倒了对手。但西班牙君主显然不会宣布何者赢得辩论，更不会停止征服的脚步。对于美洲古文明的拯救，为时已晚。

征服的结果之一，便是西班牙人将新的政府形式强加给其在南美洲殖民地的原住民，而葡萄牙人也在巴西殖民地有样学样。[3]查理五世宣布征服者将仅在殖民地保留与卡斯蒂利亚法律不冲突的当地法律传统，并成立了印度群岛皇家最高议会，以对美洲领土行使法律管辖权。该委员会制定的条例规定，整个西班牙帝国都应当遵守卡斯蒂利亚律法，也就是《七法全书》和后续立法，以及西班牙专门为美洲颁布的新法律和法令。

西班牙对美洲的征服，开创了欧洲国家一系列殖民冒险的先河，后者最终将欧洲形式的法律输出到世界各地。但关于殖民活动合法性的辩论仍在继续。欧洲人可能拥有压倒性的军事和经济实力，但他们仍然觉得有必要为自己的活动寻求正当性。学者试图从基督教、理性和自然法中寻找促进文明发展的模式，而这些都为现代国家和法治理念奠定了基础。

德塞普尔韦达认为，征服是向异教徒弘扬基督教的第一步。法国人远征北美时使用了同样的理由，早期的英国探险家也是如此。进入 16 世纪，极具影响力的学者理查德·哈克卢伊特鼓吹，应通过殖民的方式履行在异教徒中传播福音的义务。1609 年，詹姆斯一世签署特许状，批准弗吉尼亚公司在北美建设殖民地，同时宣布该公司应该向"仍生活在黑暗中、对上帝的真正知识和崇拜一无所知的人"传播基督教，以便"及时将他们拯救出来"。在法庭上，爱德华·柯克爵士宣布，原住民的传统法律"违反了上帝和自然的律法"，在被征服时即告失效。学者威廉·斯特拉奇将英国对北美的殖民类比到罗马人对英伦诸岛——"我们所生活的这块野蛮的岛屿"——的征服。他声称，英国人有责任教化"异教徒和野蛮人"。[5]

但正如西班牙人所发现的那样，很难为彻底征服提供正当性，来到北美的殖民者开始为自己的行为寻找新的合理性论据。[6]他们声称自己是在对"无人居住"的土地进行"改良"，并表示美国领土"几乎无人居住"，因此自己和平占领了这些土地。事实上，他们遇到了世代在此居住耕作的原住民，并通过谈判购买了部分猎场和渔场。最初，原住民乐于出售土地，用所得购买工具、武器和装饰物品。但到达此地的殖民者越来越多，其中许多人开始质疑原住民的所有权。北美土地辽阔，人口稀少。鉴于这些殖民者来自人口过剩的英格兰，他们认为利用这片几近荒芜的土地是理所应当的。

与此同时，哲学家们也在发展关于财产的全新学说，并找到了质疑原住民权利的理由。1651 年，《利维坦》出版，托马斯·霍布斯在该书中指出，财产权的存在取决于有效的政府；而在 1689 年出版的《政府论》（第二篇）中，约翰·洛克将产权与耕种紧密联系在一起。按照这种思路，如果原住民不耕种他们的土地，而只在土地上打猎，那么殖民者就可以合法地搬进来。用洛克的话来说，只要新来者开始开垦田地，也就是"将自己的劳动与土地相结合"，他们就对这些土地享有所有权。其他学者也捕捉到了上述想法。瑞士法学家埃默·德瓦特尔撰写的关于国际法的论著极具影响力，其中谈到了人们在自然法状态下耕种土地的义务。这样一来，按照他的说法，尽管对秘鲁和墨西哥等文明帝国的征服是"可怕的篡夺"，但在北美建立殖民地可能是完全合法的，"只要是在正当范围内"。[7]

这些论点后来为欧洲向北美中西部的大草原地区扩张提供了理由，但北美东海岸的大多数原住民群体都主要从事农耕，因此，在这里，殖民者继续通过签订合同的方式向其购买土地。同时，他们也很容易用"不文明"和"无法无天"来诋毁原住民。当时，关于人类进步的想法开始流行起来，在殖民者看来，北美原住民处于文明发展的早期阶段，尚未掌握书写技能，也未发展出治理国家的技艺。[8]是否具有法律，逐渐成为文明的重要标志。毕竟，早在《奥德赛》中，荷马就把独眼巨人描述为"目空一切""无法无天"的家伙。[9]一些人认为，原住民哪怕反对殖民者占领他们的土地，也会感谢殖民者带来的好处，毕竟后者将"他们的野蛮生活方式转变为欧洲文明礼貌的习俗"。[10]

实际上，许多殖民者在向原住民购买土地时耍了花招，诱骗后者签下他们并不理解的合同。殖民者还会与无法代表整个原住民部落的所谓代表谈判，或者干脆威胁使用武力。原住民面临的主要问题是，防止非法侵占土地的权力属于英国人控制的法院。不过至少名义上还存在这种救济机制可以指望，而有时原住民也的确通过英国人的法院获得了赔偿。乔治三世认识到许多定居者所犯下的暴行，并在1763年发布了一项王室公告，禁止私人土地买卖。也就是说，只有殖民地政府才能根据经过适当谈判的条约获得土地。大多数总督急于维持有利可图的毛皮贸易，因此接受了必须尊重原住民领土所有权的事实。但这一公告也间接地让殖民者与原住民更加疏远，同时，殖民者也更加难以意识到原住民拥有土地所有权。

对于北美原住民来说，在殖民者争取独立后，情况变得更糟。在独立战争期间，大多数北美原住民都支持英国，因为英国政府至少承认他们的权利，这样一来，新成立邦联的各州领导者显然不太可能多么维护原住民的利益。起初，新创立的美国联邦政府以及许多州政府奉行激进的土地政策，他们强迫原住民群体缔结"条约"，这实际上是强行无偿没收后者的土地。18世纪80年代，美国政府重新开始向原住民购买土地，宣称承认所谓"印第安人"的土地所有权。但想要扩张领土的殖民者不断向政府施压，要求放宽相关限制。面对重重压力，美国官员采取了不道德的手段，例如向原住民赊销商品，然后要求其用土地折价偿还。还有其他许多欺骗乃至赤裸裸的胁迫。许多人，尤其是美国东海岸地区的早期移民，真心希望妥善对待原住民，但那些在边境地带苦苦挣扎的新移民，对那些在他们想要耕种的土地上自由游荡的原住民深感不满。

1823 年美国的一项判决，最终剥夺了原住民对土地享有的财产权。在著名的约翰逊诉麦金托什案中，法官认定原住民仅仅"占有"北美土地，而不拥有其"产权"。这个区别至关重要，其使得联邦和州政府在法律层面上更容易逼迫原住民迁离故土，建设印第安保留地，以及强行分割原住民集体拥有的部落土地。虽然相关的法律论证很复杂，但它们背后的事实是，到这时为止，殖民者已经削弱了大多数北美东部原住民群体，而殖民地的边界已经向西迁移，来到了游牧者世代居住的大草原。此时，律师们可以引用联邦最高法院的判例，声称原住民是"残暴的野蛮人"，指责他们"在美国的土地上游荡"，却从来不从事农业生产，只知道发起战争。[11] 现在约翰·洛克的论点被证明特别有用。后来成为美国第六任总统的约翰·昆西·亚当斯就坚持认为，原住民只对他们实际耕种的一小部分土地拥有权利。在 1814 年《根特条约》谈判期间，他告诉英国代表团，美国人民决不会容忍"任由大片领土永远荒芜凋敝，仅供几百个野蛮人在上面猎杀野兽"的做法。

安德鲁·杰克逊是亚当斯的继任者，他对原住民的态度甚至更加冷漠。当时居住在美国东部的原住民大约有 8 万人，而他签署的《印第安人迁移法案》，迫使其中的大多数人迁移到密西西比河以西。在 1830 年的国情咨文演讲中，安德鲁·杰克逊基于"进步"的理由为自己的政策辩护："一面是覆盖着原始森林的国家，只生活着几千名野蛮人。另一面是一个幅员辽阔的共和国，由城市、城镇和繁荣的农场点缀，以艺术或工业所能实现的一切进步装饰，居住着超过

1200万个幸福的人，洋溢着自由、文明和宗教祝福。有什么好人会更喜欢前者？"

文明意味着进步，进步意味着产权。美国已然以英国普通法为基础建立了土地所有权制度，根据该制度，政府享有美国所有领土的最终所有权。这使得它可以用政策来剥夺那些狩猎、捕鱼和遵循古代生活方式的原住民的种种权利。这一切的背后，是人们意识到了私有财产是发展和进步的根本。

在接下来的一个世纪里，欧洲人推行的许多殖民计划背后都潜藏着同样的想法。

英国人虽然正在逐渐失去对北美殖民地的控制，但他们已经切实巩固了在亚洲和中东获利颇丰的贸易项目。[12]15世纪，葡萄牙和荷兰的水手们绕过了好望角，进而与萨法维王朝和莫卧儿王朝等繁荣帝国建立了联系。欧洲人对这些国家的先进技术感到敬畏，被伊斯法罕和德里金碧辉煌的穆斯林宫廷晃得眼花缭乱——这些宫殿甚至可以与奥斯曼帝国宏伟的首都君士坦丁堡媲美。与此同时，在印度洋周边地区，中国商人也在与印度人、波斯人、奥斯曼人和阿拉伯人开展贸易活动。

到了17世纪中叶，三大伊斯兰教帝国都被内部的紧张局势和冲突所削弱。称霸一方的地方豪族开始挑战苏丹的控制，欧洲列强则凭借军事力量来主导贸易网络。英国人在这场竞赛中姗姗来迟，他们将经营活动交给东印度公司管理，后者在印度海岸线周围建立了贸易据点。最终，英国东印度公司巩固了在加尔各答的业务，并从此与莫卧儿王朝建立了一定的友好关系。1739年，波斯统治者纳迪尔沙洗劫德里。东印度公司抓住机会，大肆扩展业务。1757年，在镇压了孟加拉纳瓦布的抵抗后，东印度公司很快将自己的影响扩展到了整个印度东北部。就在几年后，经过所谓谈判，莫卧儿皇帝沙·阿拉姆授予东印度公司在孟加拉和比哈尔邦征税的权力（diwani），这实际上使其成为该地区的统治力量。

在罗伯特·克莱武的领导下，东印度公司的军事力量开始在印度进行武力扩张，对抗并击败地方统治者，进而占领后者的土地。许多欧洲人将穆斯林政权视为可怕的专制政体，认为其穷兵黩武，穷奢极欲，盘剥私人财产和商人阶级。因此，克莱武起初在英国受到了高度赞扬。辉格党政治家罗伯特·麦考利不吝溢美，称赞其"将和平、安宁、繁荣和自由赐予几个世纪以来一直受到压迫的、数以百万计的印度人"。但治理"摩尔式专制"（Moorish despotism）的土地完全是另一回事。被派去向民众征税的东印度公司管理人员发现会计账簿都是用波斯语书写的，而这些记录反映出的财产关系相当复杂。他们对此感到困惑，并且对印度人口征收重税。这导致孟加拉在 18 世纪 70 年代爆发了可怕的饥荒，数百万人因此死亡，东印度公司也被推向破产边缘。这一时期，英国政界人士开始调转枪口，大肆挞伐东印度公司的头头脑脑以牺牲当地居民为代价来谋取一己之私。出离愤怒的霍勒斯·沃波尔就谴责"东印度公司及其禽兽团队犯下的罪恶"。印度观察家们也注意到了不公，却只能无助地眼睁睁看着本国财富流向英国。

为了保住英国在印度的利益，新任英国首相诺斯勋爵采取措施加强对东印度公司的控制。1772 年，他任命沃伦·黑斯廷斯为孟加拉总督，并在加尔各答设立了最高法院，其法官由王室任命。[13] 许多英国人继续批评该公司对待印度本地人的做法，并担心腐败官员会将"东方的专制"引入英国。几年后，印度的马拉塔人击败了东印度公司的军队，但也于事无补。1784 年，英国议会战略性地降低了中国茶叶的进口关税，刺激茶叶进口大幅增长，改变了东印度公司的经济命运。继任印度总督康沃利斯引入了新的税收和财产所有权规则。之后他便可以主张，东印度公司的治理已然遵循"欧洲政策的所有规则和体系"。[14]

东印度公司的军队也在挫败后重新集结，围攻德里，并在 1803 年从马拉塔人手中夺取了帝国的控制权。莫卧儿王朝的统治如今彻底沦为摆设。1813 年，东印度公司的特许状续期，其中提到英国王室对东印度公司在印度的所有领土拥有"无可置疑的主权"。[15]

在此发展过程中，来自印度的持续抵抗，以及殖民主义者眼中当地摇摇欲坠的国家政体，让许多人认为和平只能通过绝对主权来保证。[16]种族优越论和关于政府演变的新观念强化了上述态度。到了19世纪，英国的人口扩张、经济发展和政治改革催生一个更加统一的国家精英阶层。该阶层通过议会运作来治理国家，利用监管和审计恩威并施，而不是依赖传统贵族权利和特权。得益于农业生产力的提高、土地价值的上升和房地产市场的增长，统治阶级很容易相信其政府模式和私有财产制度具有优越性，并且坚持认为这些制度应该对外输出到殖民地。

在政坛颇具影响力的英国政客与官员大肆诋毁印度政府"独断专行"，指责其"既不基于法律，也不基于人民的意见和情感"，还对印度人的所谓"变态和堕落"大放厥词。[17]东印度公司的一名员工报告称，印度的法律只不过是穆斯林统治者的意愿。他解释说，原告或许还指望从基层法院获得公平的救济，但法官恣意裁判，根本不受规则或书面证据的约束。[18]相比之下，英国人堪比"统治种族"，而其特有的"道德独立性"非常适合统治，这是一个在政界经常听到的短语。1800年，新任印度总督韦尔斯利勋爵解释说，东印度公司的官员最初模仿了印度王公的专制，但"根据英国的宪政原则"，他们已经改革了自己的统治方式。此时，帝国在印度的扩张，可以被描述为一场十字军东征，是为了向那些在莫卧儿帝国统治下受苦受难的人引入所谓的文明政府和法律形式。

上述英国人的观点，反映了这一时期在欧洲广泛传播的思想。从16世纪起，法国商人和冒险家就在非洲海岸建立了设防城镇和贸易飞地。在这里，他们遇到了孟德斯鸠所描述的"狂野的阿拉伯人"，并认为他们不过是一群"流寇"。[19]后来，哲学家和数学家尼古拉·德·孔多塞提出应该尊重非洲人的利益，但他仍然将后者视为"等待接受文明洗礼的人"。[20] 在整个欧洲，关于征服"异教徒"并迫使其皈依的思想已经为推动文明的计划所取代。18 世纪末，德国哲学家康德认为，殖民活动将开辟贸易路线，推动交流，从而创造一个真正的世界秩序。他的观点与孔多塞相呼应，后者呼吁建立一个全球文明，将跨越种族、宗教和文化分歧的人们团结起来。但对这两个人来说，这意味着在世界范围内建立基于欧洲法律和政治原则的秩序。[21]

在印度，尽管"东方专制者"遭到诋毁，但英国官员深知自己必须谨慎行事。吸取了在美国身上的惨痛教训，这一时期的英国殖民者不愿意推动大规模移民，也不愿意直接强占领土，或是剥削、奴役原住民和劳工。[22] 他们清楚莫卧儿帝国建立了复杂的税收制度，并且大多数英国官员都充分意识到试图干预和管理本就拥有一套复杂治理体系的领土的危险，哪怕这是一片处于混乱状态的土地。尊重当地法律和政府结构成为东印度公司的政策。问题是如何理解这些传统。被派去评估和征收土地收入的公司员工，发现了大量根本无法使用西方术语加以解释的类封建权利和义务。波斯土地法的复杂性让英国殖民者头疼不已，描述财产所有权的中世纪文本更是难以掌握。比起书面记录，印度人似乎更依赖口头传统、风俗和当地惯例，而这并不能起到任何帮助作用。[23]

在授予东印度公司种种权力时，莫卧儿帝国的皇帝曾要求英国东印度公司必须"按照先知的教法和帝国的法律"管理其新属地。因此，当沃伦·黑斯廷斯在 1772 年担任印度总督时，他宣布应该按照莫卧儿帝国的传统宪法来进行治理。[24] 他鼓励年轻的同事学习梵语、波斯语和阿拉伯语，也就是印度人使用的学术和行政语言，进而建立与印度法律和制度相适应的政府结构。黑斯廷斯熟悉莫卧儿人的方法，他研究过《阿克巴则例》（Ain-i-Akbari），这是一部 15 世纪的波斯典籍，讨论了治理的技术，包括对税收和司法的规定，以及对杰出统治者素质的详细描述。黑斯廷斯宣称，印度的制度应该得到尊重，东印度公司员工应该识别并记录当地的土地所有权。问题是，按照英语做出的分类并不总是符合印度人的想法和安排。

当英国议会下的某个委员会主张在东印度公司控制的印度领土上引入英国法律和机构时，黑斯廷斯大力游说以反对此计划，并辩称孟加拉的古代宪法非常完备。他说，印度教徒"拥有亘古不变的法律"。此外，他也指示驻扎在印度当地的官员加深对当地人的了解，同时提高税收、维持秩序和伸张正义。[25] 在地方法院，英国殖民者与印度教法和伊斯兰教法专家同堂共审，后者可以就相关法律问题向英国人提供建议。黑斯廷斯正确地认识到印度教徒和穆斯林拥有复杂的法律和司法体系，但他同时认为，在一个神权国家，宗教学者必须制定出被当作法律的行为规则，且这些规则必须被记录在法典当中，或者至少可以汇编成一套规则，由英国法官来阅读和应用。他对印度古代的法论印象深刻，认为那就是法典，而不仅仅是婆罗门学说、智慧、宗教原则、仪轨和实际管理指导原则的混合体。他坚持认为，所有的婆罗门都深谙法典奥义，穆斯林统治者也对法论尊重有加，所以迫切需要解决的问题是提供法论的英文版本，供英国人在印度殖民地的地方法院使用。万事俱备，只欠他下令编译了。由于遍寻加尔各答都找不到一个精通梵语的欧洲人，黑斯廷斯聘请了若干孟加拉梵学家（pandit），将最相关的法论翻译成波斯语，再由东印度公司的一名员工将其翻译成英语。1776 年，翻译的最终结果《印度教法典：梵学家之规训》（*A Code of Gentoo Laws, or Ordinations of the Pundits*）正式出版。

1783 年，威廉·琼斯爵士被任命为加尔各答刑事法院法官，他延续了黑斯廷斯的做法。琼斯学习过阿拉伯语和波斯语，他认为，尽管英国法律优于印度法律，但如果不使用暴力，显然无法推行。他宣称，"必须保护当地人的法律不受侵犯"，也就是法院的判决必须符合印度的法律传统。在琼斯看来，问题在于当时没有与查士丁尼《民法大全》相当的权威印度法律著作，这意味着法官只能依赖将法律铭记在脑中的印度学者。显然，他真正担心的是这些学者的可靠性。在琼斯所接受的英式法律传统训练中，普通法可以通过既有判例的积累而逐渐形成，并且可以在实践中适应不断变化的环境。然而，他和黑斯廷斯一样，都认为印度习俗亘古不变。这意味着早期法律文本具有最大的权威性。正如琼斯所见，法论既是法律文献，又是宗教文献。因此，他提议在黑斯廷斯工作的基础上编纂一份完整的印度教和伊斯兰教法摘要。琼斯委托一些梵学家从最古老的文本中摘取相关的法律原则，并按照他所指定的类别（如合同、继承和物权），科学地加以整理和编排。当然，这和查士丁尼要求学者从古罗马材料的荟萃中提炼新法的做法如出一辙。琼斯宣称，英国政府将以这种方式给予印度本地人"公正管理的保障"，"如同查士丁尼给予他治下的希腊和罗马臣民的安全保障那样"。他还表示，到那时，印度人就能够在英国统治下过上充实而富有成效的生活。然而，琼斯是在直接用欧洲的术语解释印度法律，仿佛可以无视这些法律的印度教基础。

琼斯在 1794 年去世，而科尔布鲁克承其衣钵，完成了这部印度教法摘要的翻译。[26] 科尔布鲁克学习过梵语，相较于琼斯而言，他更好地掌握了印度教法和伊斯兰教法的性质，并且更能理解印度教传统中的各种法律文本和解释原则，而这一传统明确反对建立任何固定或特定的法律规范。对此，科尔布鲁克得出的结论是，需要建立一个系统来帮助法官确定哪些律法文本更具权威性。但时间、资源和行政职责的种种限制，使他力有未逮。英国总督在印度发掘并应用印度传统法律的目标最终落空。

与此同时，借由 1793 年的《永久协议》，印度建立了独立的司法机构，并至少在理论上确立了法治。[27] 法律本应定义和保护所有主体的私权。在接下来的几十年里，一些印度精英的确能够利用新的产权制度来调整商业活动。然而，在面对印度诉讼当事人时，本应由英国殖民法官和官员来"认定"并承认当地习惯和宗教规范，但在缺乏有效法律文献的情况下，这些英国管理者仍然在很大程度上依赖于梵学家的建议。印度人不可靠的形象由来已久、根深蒂固，对于那些刚在英国学成不久的新移民而言尤其如此。他们可能在历史课上读过詹姆斯·密尔编写的《英属印度史》。该书在 1817 年出版，其中对印度人的"虚伪与背信弃义"不乏贬损之语。密尔甚至从未踏足过这个国家，他并不清楚英国的制度让梵学家感到困惑，更不明白大多数原告往往受到蔑视，对于法律规则一头雾水，面临伪造证据的质疑。即使是认真、公正的官员，也疲于奔命，苦于应对当地习惯的差异、法律规范的模糊，以及印度教习惯和伊斯兰教法之间的龃龉。[28] 当然，英国普通法同样是从多元且模糊的习俗和实践中发展起来的，但英国官员显然认为，自己的法律体系要比实际情况更加合理。

19 世纪，根据普通法原则，英国法官和官员有效地发展了适用于印度法院的民事法律。他们支持以市场为导向的规则，并巩固了基于私有财产而非身份的权利和关系。[29] 婆罗门梵学家继续坚持种姓的重要性，这加剧了方方面面的不平等，尤其是在税收领域。他们作为教法权威所掌握的新权力使种姓等级制度得以巩固，这对大部分人来说是灾难性的。与此同时，印度商人依赖亲属和种姓网络来进行商业活动，而许多土地属于公共所有。但法院决定将这些土地定性为"祖传土地"，并按照类似"信托"的方式处理，从而将复杂而历史悠久的印度财产关系转变为英国律师熟悉的类别。与此同时，殖民地法官还采用了他们熟悉的英国先例制度，将早期判例视为指导和权威的法源。

1837 年，负责印度教育改革的托马斯·麦考利提议修订印度刑法典。[30] 他认为"印度和阿拉伯的全部本土文献，还不及一个出色的欧洲图书馆中的一个书架"，并主张用英语取代波斯语作为行政语言。1860 年，在英国正式宣布对印度的直接统治后不久，由麦考利起草的刑法典获得通过。该刑法典在理论上是基于最基本的法律原则制定的，但它实际上融合了许多印度本土的社会和宗教规范。殖民地法官意识到，如果他们希望自己的判决生效，就必须尊重这些传统规范。很快，殖民地官员就对这部刑法典表示不满，声称对暴力行为的惩罚手段需要比该法典所允许的更严厉、更迅速，尤其是在当时印度的西北边境——1867 年，总计 16 名欧洲人在该地区被杀或受伤。在这一地区，那些实施"谋杀性袭击"的人需要"学会服从"，而当地官员被允许在处理连环谋杀的"特殊险情"时超越法律赋予他们的权力。[31] 为了镇压"狂热分子"置人于死地的暴行，《谋杀暴行法》得以通过。具有极大讽刺意味的是，当时供职于东印度公司的哲学家约翰·斯图尔特·密尔宣称，印度人还没有为代议制政府做好准备。他写道："要想训练人民，使其能够拥有更高层次的文明，强有力的专制政体本身就是政府的最佳模式。"[32]

最终，殖民当局解雇了所有梵学家，自行制定了几乎所有的商业、刑事和程序法，殖民地法官则遵循英国的判例制度，在审判中使用案例报告。尽管沃伦·黑斯廷斯和威廉·琼斯爵士尽了最大的努力去探索和保护印度的本土法律体系，尽管梵学家们提出了种种意见和建议，但英国当局最终还是在印度各地建立起了英国的普通法体系。传统的印度法律和司法实践都是分散的，其基础更是几个世纪以来积累的词义艰深晦涩的文本和宗教学术。即便殖民地的官员能够理解，它们也永远无法融入殖民当局所建立的法律架构。欧洲关于法律确定性和合理性的观念，以及关于最高权威和执法结构的设想，与印度教的法论和伊斯兰教沙里亚的规则和实践相去甚远。哪怕印度的古代法律多么注意自身的细节和形式是否合法，其学者和法官多么权威，它也无法抵御英国"理性"的冲击，及其"改善"和"教化"所谓"东方专制"国家的决心。

19 世纪 30 年代，西班牙和葡萄牙丢掉了最后一块南美殖民地，而英国和法国的帝国野心愈发膨胀。[33] 几个世纪以来，葡萄牙和荷兰商人在印度、马来西亚和东印度群岛的飞地与亚洲商人进行贸易，而西班牙和法国商人则集中在非洲海岸线。这一时期，英国和法国主导着大部分世界贸易。与此相对应，他们在中国、日本、暹罗（泰国）、尚吉巴岛、马斯喀特和日渐衰弱的奥斯曼帝国都获得了领事裁判权。这些新的制度安排降低了贸易关税，并允许欧洲人摆脱殖民地当地法院和法律的约束。

在世界的其他地方，英国和法国还在强行吞并新的领土，包括1826年并入英属印度的缅甸和马来西亚的马六甲飞地。后者在1824年被荷兰人割让给英国，并很快被使用武力强行"平定"。在此期间，英国还占领了新加坡。自18世纪末以来，英国人一直在澳大利亚的部分地区定居，此时他们把领地扩展到新西兰，并在1840年与毛利人签署了《怀唐伊条约》。与此同时，法国人入侵并征服了阿尔及利亚，这是他们的首片非洲领土。法国还强行占领了现在的越南、柬埔寨和缅甸等地。荷兰东印度公司也在南非和印度尼西亚建立了殖民地，他们以前在那里维持着贸易站。

1830年，法国海军占领了阿尔及利亚的首都阿尔及尔，最终，法国政府决定将阿尔及利亚的领土全部并入法国。[34] 来到此地的法国移民当然希望法国政府能够给他们分配土地，但阿尔及利亚人口众多，大约一半的农田属于瓦合甫，即伊斯兰教信众的宗教捐献。这些被捐献的农田一部分用来供养宗教机构，另一部分实际上就是家族财产。此前，法国学者已经在撰写有关北非伊斯兰教法的论文，而他们在此时质疑，认为属于家族的这部分瓦合甫既不道德又非法，阻碍了对土地的"有效"开发。这一观点是在证明1844年法国殖民当局没收此类土地的正当性，尽管大多数穆斯林拒绝将这类土地作为私有财产处理。法国政府还接管了资助宗教机构的责任，后者正面临着资源流失的境况。最终，法国政府最终决定在阿尔及利亚扶持伊斯兰教法体系，也就是所谓的"穆斯林-阿尔及利亚法"（le droit musulman-algérien）。这一做法的部分原因是为了不让穆斯林争取完全的政治权利。但是，将伊斯兰教法集中化和将其置于官僚机构和程序之下的做法，实际上与沙里亚的流动性和分割性相矛盾，等于改变了伊斯兰教法的实质。就像在印度的英国人一样，法国殖民者是在欧洲模式的基础上构建了一种全新的法律形式。

到了19世纪末，紧随法国人的脚步，英国、意大利和德国也进入非洲，各自宣称占领了大片领土。为了避免欧洲列强再次爆发消耗性的冲突，德国总理奥托·冯·俾斯麦于1884年在柏林召开国际会议，为欧洲各国在非洲的领土获取制定基本方针。这就是所谓"瓜分非洲"的开始，在接下来的30年里，非洲大陆近九成的地区都落入欧洲手中。入侵阿尔及利亚之后，法国向西非派遣远征军，以达喀尔为据点，将数片领土整合到单一总督的领导下。法国军队与东非大草原的统治者对峙，并最终击溃了晚近由伊斯兰教神职人员建立的强大的图库勒帝国（Tukulor Empire）。[35] 最后，他们战胜了达荷美王国纪律严明的军队。该国由丰族人建立，并经营着靠奴隶劳作维持的大型棕榈树种植园。到了20世纪初，法国人在非洲统治了大片土地，包括现代毛里塔尼亚的大部分地区，以及塞内加尔、科特迪瓦、几内亚、布基纳法索、马里、尼日尔和贝宁。

为了克服穆斯林的"狂热主义"，法国人在阿尔及利亚建立了学校和医院。到了19世纪70年代，他们通过教育、法院和特定的部门办公室展开文化变革计划。在西非，法国人采取同样的政策，起初是建设铁路网络，再是发起卫生项目，并明确地宣布这是基于"文明化"的使命。正如20世纪初的法属西非总督欧内斯特·鲁梅所宣称的那样，这个想法不仅仅是为了维持秩序和促进商业："我们有更高的抱负和更广泛的意图：我们真诚地希望为非洲开启文明的大门。"[36] 这意味着扩大通信、提供医疗援助、促进卫生、提供教育、发展农业，以及"最后但并非最不重要的是，保障个人权利和最神圣的权利——即个人自由——享有保障"[37]。

在鲁梅看来，为了建立一个公平且人道的司法体系，以及保障法治，殖民者有必要行使解决争端的最终权力。但殖民者建立的新法庭必须尊重非洲当地的习惯。毕竟他们的目的不是把非洲人变成法国人。在城市地区，他们将应用法国法律处理诉讼，不过穆斯林也可以就家庭事务诉诸沙里亚法庭。然而，在与非洲酋长签订的条约中，殖民国家同意尊重当地风俗。因此，在农村地区，由非洲酋长组成的地方法院将在处理原住民事务时使用习惯法或伊斯兰教法。在地方法院之上，是由一名法国行政长官主持的"圆桌法庭"，该法庭负责审理重罪，并听取上诉。

尽管表面上尊重非洲习惯，但鲁梅认为，当地人需要良好司法的保障，而只有法国官员才能提供这种保障。他命令行政人员调查并记录当地关于婚姻、合同、世袭和继承的习惯做法，并以"这些做法普遍缺乏的清晰性"对其分类。也就是说，根据自然法这一"所有立法的源泉"的基本原则来修改当地的习俗。在刑事案件中，肉刑将被监禁取代，神判则将被废除，这样一来，这些法律程序才能"符合适用于所有国家的刑法原则，无论其文明程度如何"。[38] 对非洲习俗的尊重，仅限于承认其中符合法国法律原则的做法。

至少在起初，英国人没有明确地在非洲履行其"教化使命"。英国殖民者在他们认为缺乏有组织政府的地区建立了"保护领"，但对原住民的制度持悲观态度，并很快决定必须实施新的法律体系。[39] 殖民统治者指示当地官员按照英国法律行事，仅在非洲原住民之间发生的案件中使用本地法律，前提是这些当地规则与英国法律"不抵触"。派驻新殖民地的英国官员大多不具备丰富经验，也缺乏资源去设立复杂的司法机构和法律程序。资历尚浅的年轻殖民地官员在工作时往往心怀恐惧，而非洲大草原也让他们经常感到孤独不安。这些殖民官员往往不知道如何维持非洲人之间的和平，更不了解非洲人的生活和冲突。他们通常会按照自己认为合适的方式伸张正义，也就是根据所谓的"自然正义"来判案。英国官员对非洲原住民在受害时只要求获得赔偿的做法感到困惑，因为在他们看来，包括谋杀在内的犯罪都应该受到惩罚，而不仅仅是赔偿。他们也对当地人在受到指控时自愿接受服毒神判的做法感到震惊。许多英国官员觉得必须镇压暴力，于是诉诸简易判决的程序。他们一方面直接告诉当地居民某些事情是被禁止的，做了会带来严厉的惩罚；一方面惩处居民轻微的过错，例如"浪费时间买食物"或"围坐在火旁而不是工作"。[40] 忽视非洲人关于不法行为的想法，无助于增强殖民者在非洲人眼中的权威。

到了 20 世纪初，英国殖民当局认识到，理想中高人一等的"白人正义"并未实现。尽管许多官员真诚地试图实现"迅速、高效的司法"，但现实情况却大不相同。在北罗得西亚（今天的赞比亚），律师的持续抱怨促使英国政府在当地任命了一个皇家委员会。该委员会宣称，"政府有责任教化人民，并维护和平与良好的秩序"，这意味着引入英国对于"不法行为"的理解。该委员会建议用监禁和罚款来代替传统的非洲赔偿制度，因为所有"文明国家"都接受这些制度。但许多当地行政人员反对该委员会的建议，因为他们意识到，这些建议意味着将异族的正义观念强加给非洲人。大多数人倾向于尼日利亚总督卢吉勋爵倡导的"间接统治"理念。卢吉将本土司法机构描述为"原始异教徒的原始法庭"，但他认识到，只有支持它们，殖民地政府才能确保自己的权威。

卢吉的论点得到了采纳，1929 年，《原住民法院条例》（Native Courts Ordinance）授权非洲地方法院处理刑事案件。其他英国殖民地的政府也纷纷效仿。实际上，这意味着殖民地官员必须承认非洲酋长的权威，这加强了后者的地位和权力。可能是心中还残存着世袭贵族的形象，殖民者积极鼓励酋长像小国领主那样行事，听取诉讼并传授智慧。但这种程序显然不具备法律的特征。身为原告的原住民会提出他们的问题，同时就事件的后果进行辩论，在特定的社会关系背景下判断对与错，而不是试图利用法律原则和事实问题得出合理的结论。[41]非洲的诉讼程序有自己的逻辑，但几乎没有形成一套规则体系，无法像当地殖民管理者所希望的那样，以书面形式直接应用。

在 19 世纪早期的几十年里，许多非洲族群卷入战争，遭受入侵，卷入奴隶贸易，所有这些都颠覆了传统的权力结构、规范和冲突解决程序。然而，从殖民列强的言论来看，似乎非洲习惯法存在固定的内容，可以整理成法规在法庭上使用。英国官员还希望酋长对殖民者在税收、林业、卫生和农业生产法规中引入的新罪行做出裁决。这一时期，非洲酋长们被迫孤立地理解相关法规，而不是联系相关的案件事实，并且开始以"法律"的术语进行对话。由酋长主持的法庭开始查阅文件并保存书面记录，禁止神判的做法，并坚持区分犯罪和侵权行为。最终，所谓"犯罪企图"，也就是蓄意犯罪的概念也登场了，而这在传统的赔偿谈判中从来都不重要。酋长们正在按照英国模式制定新的法律，哪怕他们并未意识到这一点。

欧洲的军事力量和组织能力给许多非洲精英留下了深刻印象，让他们决定支持殖民者的司法"合法化"计划。一些地区官员和传统领导人确实意识到了灵活司法的好处，而关于新法律项目是否明智的辩论仍在继续。但争取独立的民族主义领导人普遍认为非洲法律应该应用于"适当"的法院，并反对建立两级终审制的设想。

到 20 世纪 60 年代，许多前英国殖民地纷纷独立。这些新兴国家的代表在达累斯萨拉姆会面，讨论法院的作用和管辖权。[42]代表们一致认为，所谓的"习惯法"应继续成为其法律体系的重要组成部分，但他们确认了创建一个"统一"法律体系的重要性。该体系将把非洲习惯法与他们从殖民政府继承的规则和程序结合起来。这一结论隐含着下列假设，即非洲习惯法仍然存在，其形式与过去大致相同，可以被记录下来，并无缝地融入新的政府结构。但是，就像在印度一样，这种做法的前提在于推定历史和传统中的法律体系非常接近欧洲形式，哪怕实际情况并非如此。

殖民政府不止在印度和非洲苦苦尝试理解、记录和应用原住民法律。在 20 世纪，荷属印度尼西亚的法学家说服殖民政府记录、承认和适用当地的阿达提，也就是穆斯林群体的习惯法。[43] 这有效地规范和固定了一套不断变化的习俗、实践和规范。尽管这一点非常重要，但它很难算作为殖民统治提供了良好的基础。当印度尼西亚迎来独立，并最终建立起自己的国家法律体系时，它依旧效仿了荷兰殖民主义者所引入的模式，仅模糊地承认了从过去到现在都一直影响着原住民生活的古老习惯法。

在世界范围内，记录和应用当地法律的殖民项目都得到了当地精英的支持与合作。法律的存在已经成为文明发展的一个重要标志，因此没有人想否认他们的祖先曾经制定过自己的法律，即使并没有相关的文字记录存世。这意味着精英们实际上必须从传统政府体系所特有的灵活规范和实践中创造一种新的法律，也就是所谓的"习惯法"或"传统法"。

即使印度拥有古老且复杂的法律传统，当地精英也很快接受了欧洲关于法律和政府的理念。莫卧儿王朝的统治阶级是东印度公司殖民活动的首批受害者之一，他们亲眼见证了王朝被迫授予殖民者征税权的悲惨过程，世界发生了翻天覆地的变化。正如一位穆斯林诗人所说："每一颗心都燃烧着悲伤，每一只眼睛都充满了泪水。"印度教知识分子认为，"白脸新贵"的夺权预示着一个新的恶魔时代。[44] 印度穆斯林学者沙·伊斯梅尔·沙希德借用英国人的说法来批评殖民统治者的计划，宣称那些在行事时无视沙里亚或习俗的人是"暴君"。但头脑灵光的印度人学会了适应新的政治秩序，而孟加拉的高种姓印度教徒能够从土地产权的新框架中获益，进入商业和贸易世界，并把儿子送到加尔各答接受英语教育。面对拿破仑战争，许多人支持英国。出生于 1772 年的印度人拉姆·莫汉·罗伊发起了一场雄心勃勃、颇具影响力的运动，要改革烧死寡妇等印度传统陋习。从长远来看，对英国权利和自由观念的熟悉，让印度民族主义者有信心反抗针对个人的侮辱，抱怨英国法律赋予统治阶级的特权。从 19 世纪初开始，在争取自决时，印度民族主义者一直在使用法律和权利的话语体系。[45]

无论如何，欧洲殖民列强将新的社会和政治理念引入其殖民地，而这些观念继续塑造着后殖民时代的宪法，尤其是在渴望参与新兴国际秩序的本土精英手中。这些新的民族国家明确界定了领土，拥有自己的语言、宗教习惯和法律。这一切的背后，是关于普遍进步和国际秩序的理念，该理念承认"国际礼让"，即强调在一个由平等政治实体组成的世界中尊重彼此的法律。在这种模式下，欧洲形式的政府、法律和产权形式，在亚洲和非洲文明那种更具流动性、更分化的社会中站稳了脚跟。

在 20 世纪，这些观念把持了话语权。世界各地的新兴国家和后殖民政权都转而效仿欧洲的法律模式。甚至那些没有被殖民的国家，也选择以法国民法典作为新法律体系的基础，希望这能让他们更容易地参与新的经济和商业秩序。拉丁美洲的后殖民国家早已采用了欧洲模式。巴西的法律主要源自葡萄牙人，这些法律反过来又影响了阿根廷。与此同时，1855 年制定的《智利民法典》以拿破仑的民法典和西班牙《七法全书》为基础，还吸纳了教会法的元素；19 世纪的日本明治宪法以德国（普鲁士）模式为基础，1932 年建立的泰国君主立宪政府则用基于民法原则的法典取代了印度教的法论。类似的情况也出现在 20 世纪初的中东，在建立于奥斯曼帝国垮台后的半殖民地保护国中。就连在毛泽东领导下坚定寻找自己道路的中国，最终也采用了基本类似于欧陆法系的法律形式及实践。中国在 20 世纪末奉行改革开放政策，发展经济并参与国际贸易体系，而中国的领导人也发现他们需要的是国际伙伴能够理解的法律。历史最为悠久的传统中华法律体系，最终为欧陆法系所取代。

＊ ＊ ＊

欧洲列强在世界各地输出和实施的法律，主要是作为政府的工具而存在的。它们旨在支持新生的殖民地政府，规范商业，并在庞大的人口中强行建立某种秩序。官员可能在口头上支持印度的古老法律或非洲的习俗，但只会承认那些符合全新官僚架构的法律。道德和宗教，以及印度教、犹太人和穆斯林复杂的宗教律法，还有那些更具流动性和协商性的、被非洲人用来解决争端的仪式，在很大程度上被排除在法律之外，局限在孤立的领域当中。

然而，殖民项目并不是完全基于实用主义目标。欧洲人觉得需要证明自己的行为是正当的，于是他们声称自己的法律将带来变革：高效的行政管理、私有财产制度、个人权利和法治。这是文明的承诺。后来，从殖民统治中获得独立的国家，其统治者最终接受了这种法律模式，甚至那些从未被殖民的国家也是如此。他们背弃了有数百年历史的精深法学传统，还有此前统治者用来维持秩序的种种机制和方式。到了 20 世纪末，大多数国家都已采用了欧陆法模式，并在联合国占有一席之地。然而，这种法律体系固然强大，但并没有完全掩盖之前的一切。

第十四章

在国家的阴影下

现代世界的伊斯兰教法

19 世纪末，新近崛起的欧洲国家致力于推动建构全新的国际秩序。以法、英为首的所谓"列强"在其攫取的殖民地和属地建立了官僚政府、法律和土地所有权制度，并要求派驻当地的总督借此建构"文明"政体。在印度，法论的规定和婆罗门梵学家的权威被简化为"属人法"（personal law），后者只由专门的家事法院颁布和适用。1911 年，清朝覆灭，传统法律体系宣告崩溃。到了 20 世纪 50 年代，中华人民共和国更彻底扫清了传统法律体系的所有残余。

但伊斯兰教法并没有那么容易打败。20 世纪初，曾经伟大的穆斯林帝国已然土崩瓦解，其由法院、法官和法学家构成的网络随之灰飞烟灭，化为历史尘埃。为了追求现代性和模仿欧洲范式，奥斯曼苏丹、埃及领导人和伊朗国王都开始了规模空前的改革计划。然而，学者们并没有彻底失去此前的地位和影响力。事实上，在 20 世纪，沙里亚的复兴，以及按照伊斯兰教法治国的呼吁再次抬头。在中东和北非，穆斯林占多数的国家仍然声称承认伊斯兰教法；而包括埃及的穆斯林兄弟会和沙特阿拉伯的瓦哈比派在内，反对西方治理模式的政治运动也呼吁严格执行伊斯兰教法。

就上述政治运动是否在试图实施任何真正可以被称为"伊斯兰教法"的规范而言，学界与评论界不无争论，大多数人甚至质疑建立伊斯兰国家的可能性。[1]试图实施伊斯兰教法者面临的问题是，所谓的沙里亚从未成为一套完整的国家制度，甚至从未成为国家制度的一部分。伊斯兰教法学者乌理玛向来与掌权者的统治保持距离。他们会颁布法特瓦，也就是对教法议题的诠释，并为法官提供建议，但他们认为自己在道德层面上高于国家任命的官员。在实践中，人们在日常生活的许多领域依照沙里亚的指导行事，在这些情况下，所谓的斐格海，即对伊斯兰教法规则和原理的探讨，与当地习俗和实践相互融合。如此一来，社会规则与道德规则和宗教仪轨几乎没有区别，调解人在寻求能切实解决人们争端的办法时也会援引这些要求。上述做法已被国家建设和新式法院、法律的引入所破坏，世俗政府也难以将其纳入国家架构。但在许多情况下，沙里亚法庭仍在审理家庭纠纷，伊斯兰教法学者依旧保有权威。极具魅力的宗教人士继续鼓动民众运动甚至革命。伊斯兰教法仍然是一股不可忽视的力量。

* * *

15 至 18 世纪，萨法维王朝、莫卧儿王朝和奥斯曼帝国的统治者通常相互尊重。他们以波斯语通信，遵循既定的礼仪和习惯。奥斯曼帝国起源于安纳托利亚半岛。在 14 世纪，名为乌古斯的突厥部落在那里站稳了脚跟。[2]1453 年，征服者穆罕默德占领君士坦丁堡，开启了奥斯曼帝国的扩张序幕，他的继任者将疆域扩展到中亚和北非。1517 年，麦加、麦地那和耶路撒冷等古城相继落入奥斯曼帝国的统治，正是这些古城的领导人说服阿拔斯哈里发迁居君士坦丁堡。*奥斯曼苏丹很快意识到，为了确保自己在民众眼中的合法性，急须拉拢伊斯兰宗教学者，即哈乃斐派的乌理玛。因此，他们大力资助伊斯兰学校，并有效地让君士坦丁堡成为伊斯兰世界的宗教教育中心。大穆夫提，也就是苏丹的首席顾问，保留了废黜不称职的统治者的权力。废黜统治者的情况仅仅偶有发生，但无论如何，苏丹可以借此宣称自己维护了伊斯兰教法的正义。

然而，对于此时的奥斯曼帝国而言，几乎早在 1000 年前，斐格海的规则就已在阿拉伯世界的沙漠中形成，它显然无法为一个正在崛起的军事大国提供其所需要的法律资源。因此，在 16 世纪，被西方人尊称为"大帝"的"立法者"苏莱曼颁布了一系列新法。他所立"成文法"（kanun），参考了希腊语中"规则"（canon）一词，制定了关于拦路抢劫、盗窃、伤害、杀人、通奸、高利贷、税收和土地保有权的规则和惩罚，还设立了世俗法庭。苏莱曼谨慎地获得了乌理玛的首肯，这些新法也在许多方面承认了伊斯兰教法，但它们必然与沙里亚存在龃龉。苏莱曼大帝还在每个主要省会城市各任命了一名大卡迪，也就是首席法官，并授权其裁断案件，包括对政府官员的投诉。这位奥斯曼帝国的统治者试图确保自己所立成文法和沙里亚的适用更加标准化。

到 1566 年苏莱曼统治结束时，他所统治的已是伊斯兰世界最大也最强的帝国。但在接下来的一个世纪里，帝国的统治逐渐支离破碎，军纪也日趋败坏。17 世纪，奥斯曼大军第二次围攻维也纳城，这可以看作帝国的回光返照。但到了 19 世纪初，在两个世纪的战争后，

---

*　此处的"阿拔斯哈里发"并非历史上实际存在的阿拔斯王朝首领，而是马穆鲁克王朝的傀儡哈里发，只负责宗教事务。公元 1517 年，奥斯曼苏丹赛利姆一世终结了埃及马穆鲁克王朝的统治，因此获得麦加等圣地的实际掌控权。奥斯曼帝国由此代替马穆鲁克王朝成为伊斯兰世界的统领。阿拔斯哈里发从开罗迁居君士坦丁堡，是赛利姆一世获得哈里发头衔、成为伊斯兰世界实际首领的铺垫。

奥斯曼帝国败于俄罗斯人之手。阿拉伯半岛分裂了，阿尔巴尼亚军事领导人穆罕默德·阿里控制了埃及。1838 年，面对欧洲力量的威胁，奥斯曼统治者与英国签署了一项条约，同意推动经济自由化和行政改革。1839 年 11 月，在君士坦丁堡的托普卡珀皇宫，《花厅御诏》（Edict of Gülhane）大张旗鼓地颁布了。在诏书中，苏丹马哈茂德二世宣布了一系列措施，以"令良好治理的恩泽遍布奥斯曼帝国的各省"。他的继任者改革了银行系统，重组了军队，建立了新式学校，并为政府建立了官僚机构。这一时期，奥斯曼帝国统治者收紧对伊斯兰学校的控制，并褫夺其收入。他们任命受薪官员代替伊斯兰教法学者担任政府职位，又建立了一所世俗大学。他们还建立了一个新的立法机构，有权独立于乌理玛制定成文法。

在土耳其语中，"坦齐麦特"（tanzimat）一词意为"重组"，而所谓的"坦齐麦特"改革旨在将欧洲法律和行政标准引入奥斯曼帝国，以确保"公民平等、自由"取代《古兰经》和沙里亚的原则。欧洲人并未对上述改革留下太多印象，反而对奥斯曼帝国试图挪用西方习惯和服饰风格的做法嗤之以鼻，但奥斯曼帝国确实引入了西方法律的理念和形式。马哈茂德曾承诺效仿法国，制定一部新刑法典。此后，他的儿子建立了商事法院和司法部，而司法部对沙里亚法庭和新式民事法院均享有管辖权。这一时期的法律改革者早就认为伊斯兰教法庞大臃肿、难以适用、落后过时，如同"没有海岸的海洋"。新的《奥斯曼帝国民法典》（Mecelle）则用奥斯曼土耳其语写成，共 16 卷，1851 个条文，最终于 1876 年完成。[3] 起草者称，这部法典以欧洲法为形式，以伊斯兰教法为内核，相当于"文明国家"的民法。

与此同时，在 19 世纪初的埃及，穆罕默德·阿里正在推行自己的改革计划。[4] 他鼓励埃及制造商和贸易商参与国际市场，而他的继任者积极推行现代化计划。阿里在精英阶层中推广法国文化，并欢迎来自欧洲的商业投资。但埃及经济在新的世界秩序中苦苦挣扎，而这引发了民众的不满。1881 年，在中产阶级和少壮派乌理玛的煽动下，埃及军队发动叛变，试图消除欧洲在埃及的影响。为了维护自身利益，英国人介入埃及局势，支持这位如今已不得人心的统治者。在英国驻开罗领事克罗默勋爵的推动下，埃及引入新的土地所有权制度，并大力建设基础设施。这位领事几乎表现得像一位殖民地行政长官，既宽厚仁慈，又居高临下。和他的非洲同侪一样，克罗默计划通过使埃及更加欧洲化来实现文明化。

　　在更远的东方，伊朗的国王同样在推行自己的现代化计划，尽管相比之下，他们并没有那么成功。自萨法维王朝以来，强大的国王和有影响力的伊斯兰教领袖之间的紧张关系一直是这个政权的突出特点。[5] 在 16 世纪和 17 世纪之交，伊朗的统治者是阿拔斯大帝，他曾宣称自己是什叶派伊玛目的代表，后者是伊朗历史上的宗教领袖。他把最有影响力的法官请进法庭，推动习惯法，而不是伊斯兰教法，在刑事案件中的适用。毕竟《古兰经》和圣训都对刑罚语焉不详。但乌理玛中的权威保留了自身的影响力，并且坚持什叶派的正统教义。在 18 世纪早期，官员的无能乃至种种琐碎的复仇削弱了国王的统治，萨法维王朝被入侵的阿富汗人击败，又被来自高加索地区的卡扎尔部落推翻。新兴的卡扎尔王朝大力资助宗教机构，但他们从未完全成功获得什叶派乌理玛的支持。教法学者继续主导法官教育。他们在 19 世纪 30 年代和 70 年代抵制法律改革，坚称他们可以通过颁布法特瓦来推翻任何帝国法令。

　　19 世纪末，曾经的伊斯兰帝国都在经历转型。印度处于英国殖民统治之下，奥斯曼、埃及和波斯的统治者则在追求自己的现代化进程。即使这些统治者声称自己的新法以沙里亚为基础，但他们无疑都在坚持欧陆法系式的立法愿景。不过，除了波斯的乌理玛，还有人在抵制西式立法。在发现石油之前，阿拉伯地区经济凋敝。然而，作为先知的出生地，这里对所有穆斯林来说仍然十分重要。18 世纪中叶，奥斯曼帝国仍然统治着阿拉伯半岛，但与此同时，罕百里教法学派（逊尼派伊斯兰教法学派之一）的法学家穆罕默德·伊本·阿卜杜勒·瓦哈卜召集了大批追随者，呼吁发动圣战。[6]认识到这场宗教运动蕴藏着巨大潜力，当地的一位王子穆罕默德·本·沙特宣布建国，并在该国强制推行伊本·阿卜杜勒·瓦哈卜对沙里亚的愿景。穆罕默德·本·沙特压制部落习俗，残酷打击当时流行的苏菲教派及其信众。瓦哈比派和沙特政权保持着伙伴关系，随着运动规模的壮大，其领导人占领圣城，平坟扬灰，屠杀拒绝改信自己所属伊斯兰教派的穆斯林。1818年，奥斯曼帝国试图镇压这场运动，但为时已晚。许多朝圣者对瓦哈比派净化伊斯兰教的承诺印象深刻，并纷纷效仿，在整个中东和北非开展类似的运动。这些最终发展成为20世纪声势浩大的伊斯兰复兴运动。

　　然而，并非所有的伊斯兰改革者都主张走上同一条道路。19世纪末，出于对欧洲影响的担忧，学者兼政治活动家贾马尔丁·阿富汗尼呼吁世界各地的穆斯林拥抱现代化进程，接受技术和科学训练，同时遵守伊斯兰教原则。[7]他周游各地，激励支持者发起政治运动，并且获得了成功。穆罕默德·阿卜杜勒是贾马尔丁的合作者，他在1899年被任命为埃及的大穆夫提，随后在埃及推动了明确的现代化议事日程。他主张灵活看待伊斯兰教和斐格海，认为应该使之适应此时的社会、经济和政治条件。穆罕默德·阿卜杜勒对后来一代中东学者产生了巨大影响，让他们敢于批评正统的伊斯兰教。然而，在这些改革派探索将伊斯兰教法原则纳入新宪法框架的可能性时，还出现了另外一些拒绝灵活理解伊斯兰教的人士，他们将前者的所作所为称为"偏离正道的堕落行为"。这些嫌隙造成了伊斯兰世界的分裂，并一直延续到今天。

　　到20世纪初，中东地区的改革运动开始朝着不同的方向发展。明确追求现代化的领导人信奉欧洲式的政治和法律；穆斯林改革者试图使伊斯兰教适应不断变化的世界，保守势力则坚持更传统的伊斯兰教教义。随着越来越多拥有大量穆斯林人口的国家在北非、中东和南亚建国或独立，上述势力在 20 世纪开始分道扬镳。

第一次世界大战后，土耳其新总统凯末尔·阿塔图尔克果断地将政府与伊斯兰教机构及宗教权威切割开来。为了追求明确的世俗改革计划，凯末尔废除了苏菲教派，关闭了伊斯兰学校，并停止培养乌理玛。在发表声明批评沙里亚的缺陷及其与现代世界的格格不入之后，凯末尔用基于瑞士民法的新法典取代了《奥斯曼帝国民法典》。[8] 1922 年，埃及领导人终于摆脱了英国的直接影响，决心制定自己的民法。1948年，《埃及民法典》出版，起草者阿卜杜·拉扎克·桑胡里的态度比凯末尔来得温和，他解释说，自己的目标是在埃及重建现代化的沙里亚，即在形式上效仿西方的民法，但内容仍然以沙里亚为基础。[9] 中东的大多数新生国家都遵循类似的道路。叙利亚严格复制了埃及的法典；伊拉克和科威特则向桑胡里咨询本国法律起草的相关事宜；约旦在 1976 年颁布的法典与阿拉伯联合酋长国制定的法典亦遵循同样的模式。相较而言，在民法典本身和习俗都无法给予司法者充分指导的情况下，埃及法律要求法官考虑沙里亚的原则，而约旦的法典则要求法官直接用斐格海来填补法律的空白。但在形式上，所有这些新法典都是欧洲式的民法典。

在 20 世纪初的伊朗，民众的动荡和宗教领袖的不满削弱了卡扎尔王朝的政权。在第一次世界大战期间，伊朗被奥斯曼帝国、俄罗斯和英国军队瓜分。[10] 在英国的支持下，巴列维·礼萨·汗于 1921 年发动军事政变，推翻了最后一位卡扎尔王朝的君主。卡扎尔王朝曾根据比利时模式起草了一部宪法，创立了民选议会（Majlis）。在民选议会和主张灵活对待伊斯兰教法的学者的支持下，礼萨·汗着手建立伊朗的现代制度。这位伊朗统治者建造了新的工厂和政府大楼，禁止女性佩戴面纱，引进西式服装。他强迫游牧部落定居，这破坏了他们的独立性，更灾难性地摧毁了他们的生计。他还建立了国家法院体系，并就民事诉讼程序立法。尽管家事法仍然保存着部分沙里亚的原则，但在接下来的 20 年里，这位国王有效地改变了伊朗的法律体系。他还没收了乌理玛机构把持的财富，并将其置于政府控制之下。毫不奇怪，在保守的宗教分子群体中，不满情绪高涨，许多人继续坚持更为正统的沙里亚。在所有的伊斯兰世界现代政权中，伊朗显得格外脆弱。1953 年，在英国和美国的策划下，伊朗爆发政变。1979 年的革命又戏剧性地推翻了巴列维政权。

就在伊朗的西面，一位沙特王子重新统一了在第一次世界大战期间被占领的阿拉伯半岛，并于 1932 年建立了现代沙特阿拉伯王国。[11] 沙特国王继续与受瓦哈比派启发的宗教领袖密切合作，而后者在普通民众中享有极高的声望。乌理玛决心维护沙里亚法庭至高无上的地位，并成功地限制了沙特国王在 20 世纪 50 年代和 70 年代试图建立的行政结构和法规。这些学者努力将新规则的适用范围限定在新型社会问题上，比如国籍的定义、社会保险的提供、机动车辆和枪支的监管等，即使是这些应对新问题的新措施，也只能算是行政规章，而非法律。乌理玛反对法律编纂和新型法院的设置。唯一的例外是沙特国王于 1955 年设立的申诉委员会，该组织负责处理对政府的投诉并执行外国判决。该委员会明确地借鉴了沙里亚传统，而乌理玛对于该委员会的存在持容忍态度。另外，石油的开采在极大程度上改变了该地区的经济结构，因此国家急须出台新的商业法规，国王们说服了乌理玛，双方就这些法规的实施展开合作。20 世纪 80 年代，王室长老委员会（Board of Senior Ulama）颁布了一系列法特瓦，详细指导如何处理不同罪行。他们还允许申诉委员会处理商业纠纷。但宗教学者继续坚持沙里亚法庭的优越性，进入 21 世纪，他们仍然有效地控制着沙特宪法和法律的改革。

在伊斯兰世界，沙特阿拉伯是唯一如此广泛地抵制改革运动的国家，该国的乌理玛亦极大程度地保留了传统权威。在也门，奥斯曼帝国从 1872 年开始控制其南部地区，并试图引入《奥斯曼帝国民法典》。[12] 在当地占主导地位的宰德派（什叶派分支）学者反对这些以逊尼派教义为基础的法律。1919 年，该地区再次独立，也门领导人回归到更为传统的治理形式。但 1967 年，反对殖民主义者的革命在也门爆发，也门民主人民共和国就此诞生。新政府着手进行行政和法律改革，宣布沙里亚是"万法之源"。1975 年，也门政府成立了伊斯兰教法学者委员会，以制定一整套新的法律。由此产生的法典声称，法典中的法律从沙里亚原则中来，且相关解释必须基于伊斯兰教法学理论。尽管如此，与中东大部分地区一样，像这样直接引入一部成文法典，本身就破坏了传统伊斯兰教法学者的权威，以及他们对斐格海的解释和应用方法。

第二次世界大战后，独立运动席卷欧洲帝国，非洲也出现了几个以穆斯林为人口主体的国家。经历意大利短暂的殖民统治后，利比亚在第二次世界大战期间被同盟国占领。1951 年，利比亚国王伊德里斯一世在回国前，要求埃及法典的编纂者桑胡里也为利比亚制定一套新的法律。在摩洛哥，穆罕默德五世以"统一和清晰"为目标编纂了家事法，并鼓励律师接受西方训练。这些新的法律专业人士实际上取代了伊斯兰教法学者，他们认为斐格海晦涩、复杂、无序且难以适用。[13] 在苏丹、突尼斯和毛里塔尼亚，穆斯林同样占据人口多数。这些国家的民众支持沙里亚，但没有领导人采用传统形式的伊斯兰教法。当地精英无论对殖民统治如何不满，但总归是在欧洲的学校和大学接受教育，早就开始认同欧洲的政府和法律形式。他们会在宪法中提到伊斯兰教和沙里亚，但同时也肯定了欧洲殖民主义者遗留下来的政府架构和法律体系。无论如何，如果想加入联合国，几乎没有其他切实可行的选择。[14] 1962 年阿尔及利亚爆发独立战争之前，法国人一直将这片土地作为法国的一部分来管理。[15] 他们在 19 世纪重新规定了当地的财产所有权和管理方式，废除了为众多宗教机构提供捐赠的瓦合甫。法国人还集中控制了伊斯兰教育，并限制了对伊斯兰学校的资助，这大大减少了伊斯兰学校的数量，同时也削弱了伊斯兰教法学者的影响力。在阿尔及利亚独立后，其新制定的宪法甚至并未宣称要以沙里亚为基础。

大多数穆斯林占人口多数的新兴国家以伊斯兰教为官方宗教，并在宪法中承认沙里亚。一些国家甚至直接声称本国的法律是基于沙里亚而制定的。然而，许多学者怀疑这些说法的一致性，不管他们是否信仰伊斯兰教。这些学者认为，包括 1948 年的埃及民法典在内，实际应用伊斯兰教法的尝试都只是将从沙里亚衍生的规则纳入了民法框架，而忽视了伊斯兰教法所要求的、与民法从根本上不同的适用和推理形式。[16] 即使是"将沙里亚编纂成法典"这个行为，都会扭曲法律，破坏法律的开放性，或者法学家解释法律的能力。[17] 沙里亚毕竟是真主制定的律法，法学家的工作只能是解释性的，而非决定性的。尽管立法者可以基于伊斯兰教目的来制定法律，但这些法律永远不可能像现代国家法律那样具有决定性或全面性。虽然一些学者坚持认为改良后的伊斯兰教法原则可以并且应该被纳入现代法律体系，但另一派观点坚持，如果没有固定的教条，那伊斯兰教法就完全不适合世俗国家的政治结构。[18] 沙里亚整合了仪式、道德、社会和政治规范，将学者的权威置于一切王公贵族之上。他们坚持认为，沙里亚是一项"反国家体制活动"，在这一体系中，律法高于一切。

沙里亚也不包含现代民族国家所必需的各种法律制度。[19] 例如，它没有提供一般的契约理论，而是为不同类型的合同制定了具体的规则，这些合同对当今的商业世界来说过于有限。它也没有提供关于侵权行为的一般理论，更不用说允许成立有限公司或合伙企业的法律了。桑胡里制定的法典引入了民事法律来填补这些空白，就连沙特阿拉伯也制定了新的商业纠纷规则。

尽管如此，包括美国、英国和其他地方的少数族裔在内，伊斯兰世界的穆斯林仍在继续向宗教领袖寻求建议，并向伊斯兰教法院寻求解决家庭纠纷的办法。要求建立新的沙里亚法庭的呼声也在不断增加。

与此同时，另外一派伊斯兰改革者呼吁回归更正统的宗教和法律实践。他们一度成功地迫使本国政府更加认真地对待他们维护沙里亚的主张。在 20 世纪初的埃及，除开受到瓦哈比派影响的萨拉菲运动之外，还兴起了一场截然不同的伊斯兰运动。年轻的埃及教师兼伊玛目哈桑·班纳，自称对苏伊士运河上穆斯林工人遭受的不公待遇感到震惊。[20] 因此，他在 1928 年发起了一场反对西方帝国主义的运动，获得了民众的支持，并创立了穆斯林兄弟会。班纳主张改革伊斯兰教法，使之适应不断变化的世界，并强烈反对保守派乌理玛在开罗爱兹哈尔大学的主导地位。班纳从未明确指出新的沙里亚将采取何种形式，但它的主要目标是实现"哈基米亚"（hakimiyya），即"真主统治"。班纳告诉他的追随者要专注于责任和信仰，不区分治理和宗教的规则。该运动发展迅速，在 10 年内吸引了大约 50 万名成员，其分支遍及埃及及其他地区。班纳主要致力于建立宗教道德和伊斯兰教法，但埃及政府担心他太受欢迎，于是在 1948 年禁止了穆斯林兄弟会。除了迫害该运动的领导人，改革派总统贾迈勒·阿卜杜勒·纳赛尔还控制了爱兹哈尔大学，将其大部分财产国有化，并将其学者排除在国家法院之外。但穆斯林兄弟会继续在中东、北非等地区传播，还蔓延到巴基斯坦、马来西亚和印度尼西亚，并在班纳颇具影响力的继任者、多产作家赛义德·库特布的领导下蓬勃发展。

1956 年，苏伊士危机爆发。1967 年，埃及又被以色列击败。穆斯林兄弟会得以重组。埃及新总统安瓦尔·萨达特释放了许多兄弟会成员，并重新起草了宪法，将伊斯兰教法描述为"立法的主要来源"。但埃及议会和司法机构都由自由世俗主义者组成，因此穆斯林兄弟会成员将数起诉讼提交到埃及最高宪法法院，认为埃及的一些法律是"非伊斯兰性质的"。他们还发现世俗法官普遍缺乏同情心，也不愿意定义法律符合沙里亚这件事可能意味着什么。但最终，在 1993 年，埃及最高宪法法院宣布，新的立法必须符合广义的《古兰经》法律原则，这些都是根据伊斯兰教法学者几个世纪以来的共识所定义的。最为重要的是，法院认定，任何法律都不应该危害穆斯林的利益。它还确认，下级法院法官应参考哈乃斐教法学派的斐格海。然而，在实践中，大多数法官此前接受的法律训练让他们对沙里亚或其推理模式知之甚少，更不用说熟练运用古典阿拉伯语了。即使在最高宪法法院，法官仍然更多地关注司法实务，而不是经典的斐格海。只有在教义符合宪法的宗旨和原则时，他们才会提及一二。[21]

2011 年 2 月，埃及爆发了群众运动，这为穆斯林兄弟会提供了新的机会，其领导人穆罕默德·穆尔西于 2012 年 6 月当选埃及总统。穆尔西宣布，沙里亚的原则与现代民族国家的政治架构之间没有矛盾，现代民族国家可以在促进法治、个人自由和机会平等的同时，弘扬伊斯兰教的价值观。埃及的萨拉菲派显然不赞成这种对伊斯兰教法的灵活解释，他们成立了光明党，以促进对沙里亚更严格的执行，并宣布其目标是建立一个伊斯兰国。[22] 埃及军方在 2013 年 7 月罢免了穆尔西，并取缔了穆斯林兄弟会。

当同为逊尼派穆斯林的瓦哈比派、萨拉菲派和穆斯林兄弟会在中东推行各自的伊斯兰教法愿景时，在更远的东方，什叶派穆斯林正在推行另外一套大相径庭的改革计划。[23] 1979 年，什叶派伊玛目鲁霍拉·霍梅尼在伊朗发动革命，推翻了末代伊朗国王巴列维，着手建立基于伊斯兰教原则的政治秩序。霍梅尼的宪法规定，应由一名代表原教旨什叶派伊玛目的法学家（jurist-in-charge）担任最高领袖，而霍梅尼本人是第一任。霍梅尼宣布已确定的沙里亚法都是不可更改的（这是伊斯兰教法的最基本原则之一）。他领导下的伊朗政府最初专注于引入可视的伊斯兰象征，比如坚持女性佩戴面纱，并禁止夜总会、饮酒、音乐和舞蹈。与此同时，伊朗政府只是逐步尝试改革国家结构，同时沿用巴列维王朝的民法典，也就是在很大程度上延续了巴列维王朝的法律体系模式。最终，霍梅尼开始将法律视为实现社会正义的工具，而不是可以挑战最高政治权威的优越体系。他宣布，作为伊玛目的代表，他拥有对法律问题作出解释或裁定的最高权力。在伊朗，这种权力甚至能够撼动伊斯兰的核心支柱，只要它符合伊斯兰政权的利益需要。这戏剧性地改变了霍梅尼最初的立场，让个人权威实际凌驾于沙里亚之上。

　　与此同时，霍梅尼政权继续依赖西方法律形式。伊朗贯彻实施了《古兰经》中提到的刑法，虽然这些法律都受到限制，但它仍然通过制定法律的形式来规定其他罪行所面临的刑罚，而不是允许法官行使自由裁量权，就像伊斯兰教义中"酌情改判"（ta'zir）的原则那样。霍梅尼设立了宪法监护委员会来审查新的立法，但该委员会既有沙里亚专家，也有接受西式训练的律师。在实践中，伊朗政权的许多新法律也受到西方先例的启发，它继续参与国际法律秩序，与其他国家签订条约。总而言之，伊朗的法律制度确实融入了一些伊斯兰教法原则，但它在本质上仍然采用了西方的法律框架。

　　在其他地方，伊斯兰教法学者采取了不那么具有革命性的策略，比如他们试图改革家事法，使之更符合伊斯兰原则。20 世纪 70 年代以来，随着石油的开采及石油价值的急剧上升，利息的问题也浮出水面。当海湾国家开始更广泛地参与国际经济秩序，伊斯兰教法对高利贷的禁止显然会成为问题。[24] 因此，律师们着手开发金融工具，让穆斯林能在不违反沙里亚的情况下参与金融和银行交易。埃及曾试图创建伊斯兰教银行体系，在此基础上，法学家们设计了各种形式的商业伙伴关系，允许其成员在不收取利息的情况下分享利润。他们还使用了"穆拉巴哈"（murabaha），也就是符合伊斯兰原则的销售合同，与传统的西方金融协议非常接近。在随后的几十年中，中东的银行和金融中心急剧扩张，提供通过教法"筛选"的金融产品，承诺投资者可以在遵守沙里亚原则的同时从商业冒险中获利。国际机构设立了由知名伊斯兰教法学者组成的沙里亚委员会，就涉及穆斯林参与者的交易提供建议。当然，更传统的伊斯兰教法学者批评了这些新型金融工具，因为它们违反了沙里亚的目标，包括避免获利、囤积、贿赂和投机。在沙特阿拉伯，乌理玛保留了最大的影响力，他们的这些反对意见实际上将新型法律文书的应用限制在私人合同事项上，而银行业的特别委员会可以就这些事项提供建议和裁决。[25] 但这些声音没能阻止伊斯兰世界的各大生产部门在现代商业秩序中进行大规模投资。

因此，令伊斯兰教法适应现代世界变化的尝试各不相同。虽然伊斯兰商人借用种种创造性的方法来克服利息禁令，但瓦哈比派和萨拉菲派的态度更为传统，而这引发了一系列戏剧性的冲突，部分伊斯兰组织甚至呼吁对西方进行暴力圣战。1996 年至 2001 年，塔利班一度实际控制了阿富汗，该组织由一群学生组成，声称要推广伊斯兰教法的严格解释。博科圣地如今也已在尼日利亚北部站稳脚跟，而穆斯林在这一区域的几个州都占据人口多数。这个组织成立于 2002 年，反对西方式教育，并与尼日利亚政府多有暴力冲突。另外一个激进组织是青年党，成立于 2006 年的索马里。当地长期战乱，局势动荡。"基地"组织从中东的萨拉菲派运动中诞生，而在 2013 年，与基地组织有联系的逊尼派圣战分子发动叛乱，反对叙利亚总统巴沙尔·阿萨德，并自立"达伊什"（Daesh），即"伊斯兰国"。2014 年，伊斯兰国宣布在其领导人阿布·巴克尔·巴格达迪的领导下建立世界范围内的"哈里发国"。然而，这些伊斯兰激进分子是活动家，而不是乌理玛；他们是在发起军事运动和试图建国，而这些都和伊斯兰教的原则关系不大，至少从更正统的教法原则来看是这样。对于伊斯兰教，这些激进分子主要是摆出了坚持个人道德重要性的姿态。军事上的成功让他们得以颁布行政法规。他们还向主要城镇授予特许权，用安全和服务的承诺换取民众的忠诚，令其按照伊斯兰教义行事。不可避免地，这些激进分子是在向某种现代民族国家的框架靠拢，而不是建立传统的伊斯兰哈里发国。[26]

无论现代世界是否还能有真正的哈里发国，乌理玛在沙特政权内的法律权威仍然是压倒性的。国家之外，在更地方性的环境中，伊斯兰教的斐格海也还在为商人提供实际可行的规则，哪怕是几乎不存在任何正常运作政权的索马里地区也是如此。许多商人都在管理商业事务时求助于伊斯兰教法，因为他们发现伊斯兰教法非常适合规模相对较小的贸易，特别是在涉事双方是同一社群的成员时。[27]其他国家也任由并未成文的沙里亚蓬勃发展。在苏丹，殖民政权和后殖民政权都承认法律传统的多样性，并没有试图控制所有的法律实践或权威来源。[28]巴基斯坦、毛里塔尼亚、也门、利比亚和苏丹都试图将基于沙里亚的法律纳入国家的法律体系。印度尼西亚、马来西亚和阿尔及利亚等国则允许沙里亚法庭管理家庭事务，即使它们的宪法中几乎没有提及沙里亚。

在所有这些动荡和改革中，沙里亚法院继续悄然工作。在许多地方，沙里亚法庭都尽最大努力来按照主流伊斯兰教法中的惯例和原则解决争端。[29]从马来西亚到摩洛哥，它们审理有关婚姻、离婚、遗嘱、遗产、监护权和赡养费的案件。例如，在黎巴嫩，族群的多元导致宗教信仰的多元，包括德鲁兹教、犹太教、不同派别的基督教和几个伊斯兰教派，为此，政府承认了共14类不同的家事法庭。这些教派管理自己的法律，任命自己的法官。在黎巴嫩，什叶派和逊尼派法院都起源于奥斯曼时代。政府只能稍微干涉其工作，尽管它在1962年指示二者都必须采用民法程序。[30]这意味着在什叶派上诉法院，主持审理的谢赫（长老）需要坐在民事法官身侧，后者就程序问题向其提供建议。然而，谢赫的长袍和头巾都是宗教礼服，这身装束会让所有人相信他所援引的法律内容。在当地的司法实践中，什叶派诉讼当事人首先需要向某位谢赫上诉，后者会在他朴素的办公室里审理案件。对此，一位谢赫曾解释说：作为穆斯林，他们必须身体力行来赢得尊重，这意味着不能炫耀财富；在法庭上，他们也应该展现人性，采取"兄弟"的态度。他还说，要成为真正的教法裁判者，必须与那些面临道德困境的人感同身受。作为传统的穆斯林法官，谢赫应该培养更为高尚的道德情操，这样才能体现沙里亚的原则，而不仅仅是应用具体的规则。然而，根据黎巴嫩法律，谢赫还必须遵守程序规则，这可能会带来困境，即其所谓沙里亚和国家法律之间的紧张关系。沙里亚原本就有对程序的规定，但如果当代法官犯了程序性错误，他们还会受到民事律师的谴责。与此同时，普通公众可能会反对这种过分注重法律细节的做法。"他对你大喊大叫，把你赶出去，这是不对的。"一位失望的诉讼当事人曾如此抱怨一位态度强硬的法官。[31] 人们总认为谢赫应该善良温和，但事实上，沙里亚法官一直因为态度过分严厉而被批评，这促使最优秀的伊斯兰教法学者更倾向于穆夫提代表的道德权威，而不是卡迪代表的法律权威。但只有在现代国家语境下，谢赫所面临的困境才变得更加尖锐。

尽管存在种种紧张关系，沙里亚法庭在整个伊斯兰世界仍然很受欢迎，即便在并未得到国家正式承认的情况下。在东非，19世纪90年代，英国和德国在划分彼此势力范围时，都允许卡迪主持的法庭继续工作，[32] 而独立后的肯尼亚政府也采取了同样的做法。沙里亚法庭仍然颇受欢迎，尽管它们是宪法辩论的主题，以及21世纪初穆斯林和基督教徒之间紧张关系的焦点。与此同时，坦桑尼亚在独立后废除了沙里亚法庭，但自20世纪90年代以来，该国一直面临着重建沙里亚法庭的强烈呼声。在印度，作为殖民制度的替代，穆斯林神职人员在19世纪设立了自己的法院，而在伊斯兰教神学院接受训练的法官继续审理和裁决家事案件。[33] 理论上，印度的各邦法院可以适用伊斯兰教法，但这一点从未被明文规定。面对这一情况，沙里亚法庭是一种受欢迎的替代方案。英国也成立了伊斯兰教理事会，在那里，受尊重的穆斯林调解人会向各方施压，要求各方达成符合伊斯兰教法的解决方案，即使他们没有执法权或卡迪的地位。一些伊斯兰教法学者通过起草复杂的婚前协议，来帮助穆斯林在家庭事务中遵守伊斯兰规范。即使无法获得国家法律体系的强制执行，这些依据教法做出的婚前协议也可能被认为有效。[34]

　　无论是否被纳入国家正式承认的法律体系，所有这些伊斯兰教法院和委员会都试图应用伊斯兰教法的原则，同时承认教法学者的权威。具有讽刺意味的是，正是在一些公开奉行伊斯兰教义的国家，法官才可以利用已成文法化的沙里亚来考虑新形式的索赔。[35]1979 年伊朗革命后，身为大阿亚图拉的霍梅尼废除了家事法，理由是家事法不承认穆斯林妇女的家庭角色。此时的法官应该遵循沙里亚的规定，并参考霍梅尼的意见。但法律官员和诉讼当事人都对由此产生的混乱表示抗议，他们呼吁颁布更统一的家事法，并最终说服政府恢复欧洲式的家事民法。20 世纪 90 年代的新法院由受过民事诉讼训练的法官管理，还有受过大学训练的书记员协助法官办公。在这里，受过教育的伊朗女性发现，她们可以捍卫成文法赋予她们的个人权利，而这在更为传统的沙里亚法庭上是不可想象的。

　　当然，穆斯林不只是在法庭上和沙里亚打交道。虔诚的信徒在日常生活的许多领域都试图遵守教法规则，他们仍然会向穆夫提咨询法律问题，而什叶派穆斯林可能会求助于有"马尔贾"（marja）之称的教法权威，这一称号意为"仿效的源泉"。传统意义上，穆夫提和马尔贾既包括为苏丹和高级卡迪出谋划策的知名学者，也包括没那么出众的、为农村人口和当地法官提供指导的普通人。现代性的进程改变了他们的地位，他们已经不能在沙里亚法庭以外的地方直接向法官提供建议。但是，埃及政府延续了奥斯曼苏丹的传统，于 1895 年任命了国家级别的穆夫提，历任履职者都在重新塑造自己的角色。他们会颁布法特瓦以支持政府的现代化议程，[36] 还有人在媒体上发表长篇大论，试图证明沙里亚如何能够适应现代生活。

许多马尔贾拥有人数庞大的个人追随者，在外交上也有影响力。在 21 世纪初，什叶派教徒最为关注的三位马尔贾中，最杰出的莫过于伊拉克纳杰夫神学院的高级神职人员赛义德·阿里·侯赛尼·西斯塔尼。[37] 数百万信徒宣布效忠西斯塔尼，这使他积累了巨大的财富，而他把这笔钱用来支持世界各地的伊斯兰机构。西斯塔尼本人遁世修隐，尤其是在什叶派神职人员经常受到迫害的萨达姆·侯赛因统治时期。然而，西斯塔尼一直在为追随者出版图书，包括为生活在西方的什叶派信众提供的生活指南。2003 年，以美国为首的西方军队入侵伊拉克，在此期间，西斯塔尼最终选择干预世俗，呼吁召开大选，选出议会，而不是任由美国任命政治高层。眼见西斯塔尼对伊拉克什叶派人口的影响日益明显，美国改变了政策。到 2004 年，西斯塔尼促成了停火。在短暂地成为众人关注的焦点后，这位伊斯兰智者又悄然回归超然的教法权威地位。

黎巴嫩的著名马尔贾，大阿亚图拉穆罕默德·侯赛因·法德拉拉则更热衷于政治活动。他推动年轻人接受教育，并通过慈善和教育组织网络倡导"反帝国主义"政治。法德拉拉拥有自己的广播电台和一个颇有人气的网站，定期授课，且著述颇丰，包括 25 卷《古兰经》考据和 15 本法理学著作。虽然在写作上采用古典风格，但这位伊斯兰教智者试图让非专业人士也能阅读自己的法律著作，因此他对技术术语和裁决背后的推理都做出了解释。他关心当代议题，就医学和科学伦理发表意见，如 DNA 证据的可采性。他还发布了许多法特瓦，以回应个人的咨询请求。和西斯塔尼一样，法德拉拉对穆斯林有着巨大的影响，无数穆斯林阅读过他的著作，查阅过他的网站，征求过他的意见。

除了这些著名学者之外，伊斯兰世界还有许多不那么雄心勃勃的学者和领导人，甘于扮演更为传统的角色。尽管偶尔会卷入政治，但他们通常更专注于向个人请愿者提供建议，偶尔才会利用现代媒体。历史上，也门的教法由一位什叶派伊玛目负责管理，他将学术与政治结合在一起，这是伊玛目这一什叶派特有角色的性质所决定的。同时，包括著名法学家在内，也门其他伊斯兰教法学者则与政府保持距离，作为独立的穆夫提，为沙里亚提供权威解释。在也门革命和 20 世纪 70 年代的成文法立法活动之后，穆夫提继续履行自己的职责。[38] 也门司法部效仿埃及的做法，任命了一位负责全国事务的穆夫提。这位穆夫提在也门首都萨纳办公，并支持各个省份的地方穆夫提工作。

20 世纪 70 年代，在也门南部高原的省会城市伊卜，一名人类学家经由介绍结识了一位当地的穆夫提。这位穆夫提每天下午在自家楼上接待当事人，而当地居民会聚集在房间中见证裁判过程。在这里，人们嚼着轻度成瘾的卡特叶（qat），靠在矮垫上谈论当地事务，当事人则陆续前来，或者就争议寻求建议，或要求穆夫提认证其即将提交给法庭的文件。农人们穿着敞领衬衫，裹着宽松头巾，双手开裂，打着赤脚。他们在穆夫提面前深深鞠躬，咨询种种事务，包括结婚或离婚、有问题的遗产，以及宗教捐赠。穆夫提穿着室内服装，头戴无檐小帽，披着白色长袍和马甲，把能够证明其学者身份的头巾、匕首和外套放在门口。面对来者，穆夫提会立即给出建议。他用一支传统的芦苇笔在诉状上书写法特瓦，其表达方式简单甚至略显神秘。没什么文化的大老粗可能需要明白人来帮助解释。在 20 世纪 90 年代退休之前，这位穆夫提一直在就房地产交易、法律纠纷和婚姻安排等事务提供建议。

与此同时，在首都萨纳，共和国穆夫提（Mufti of the Republic）也在家里接待当事人。他还会参加每周一次的法特瓦广播节目，这档节目邀请了 4 位伊斯兰教法学者来回答听众提出的问题。该节目的听众数以千计，因此穆夫提需要发布易于理解的法特瓦。正如一位嘉宾所说，传统的穆夫提发布法特瓦的方式是手写一份简短的便条以供求助者参考，但广播的听众必须立即就能理解穆夫提的话语，因此他们在节目上必须表述得更清晰、更易懂，毕竟很多广播听众没有受过任何教育。电视台也会播出法特瓦节目，戴着头巾和长袍、留着胡子的长者聚集在一起，用他们的智慧回应观众的提问。借助现代媒体，穆夫提的法特瓦可以接触到更多的受众。

沙里亚继续影响着穆斯林生活的方方面面。穆夫提利用法特瓦向信众提供直接建议，卡迪在沙里亚法庭上下达裁决，而高级穆夫提和马尔贾都拥有政治影响力。例如，在塞内加尔，传统的苏非教派领袖马拉布特（marabout）一边靠花生生产致富，一边利用自己的宗教地位极大程度地影响国内政治。由于人们会讨论道德问题，也会私下咨询关于如何表现得像一个好穆斯林，伊斯兰教法规范也在以更间接的方式影响日常生活。沙里亚的指导不仅关系到个人的道德，还对家庭、财产和商业关系做出规定，而有进取心的活动家找到了将这些规则和原则传达给普通人的新方法。

在 20 世纪 70 年代席卷伊斯兰世界的伊斯兰复兴浪潮中，一场伊斯兰女性主义运动在开罗发起了。[39] 这场运动的肇始，是宰娜白·安萨里在 20 世纪上半叶培训了众多女达瓦（da'iyat)，即女性伊斯兰教传教士。虽然她成立的组织和穆斯林兄弟会同时被纳赛尔解散，但随着开罗社区清真寺的激增，女达瓦也随之增加。她们最关心的问题是如何引导女性成为虔诚的教徒，并提供相关的教学和建议，包括女性着装和言语标准、成人和儿童的适当娱乐、家庭管理和财务、照顾穷人，以及公共辩论的适当用语。她们曾有意主张恢复沙里亚，以之取代埃及民法，但并未付诸实践。不过，她们坚持认为适当的宗教行为会对世俗和法律事务产生影响。

这场以开罗为中心的伊斯兰女性主义运动成功地利用了大众媒体，并抓住了普通人读写能力提升的机会，正是这些新兴事物让伊斯兰经典在埃及得到广泛传播。新的教法指南大量问世，其中是作者对宗教义务、品格培养和正直道德的阐释。街头小贩兜售关于斐格海的小册子和由穆斯林兄弟会委托编写的 3 卷汇编本，后者颇受欢迎。人们可以购买布道的录音磁带，还可以在常常播出流行法特瓦的广播和电视节目中寻求宗教指导。伊斯兰女性主义运动特别倾向于利用手册形式的斐格海汇编为受众制定相关指南。在中产阶级为主的社区，女达瓦会借鉴学界法律评论的悠久传统，提出一系列法律观点，并强调听众必须自行做出选择。在劳工阶层聚居区，这些女达瓦则会在演讲中穿插虔诚的格言和简短的《古兰经》经文。和也门的穆夫提一样，开罗的女达瓦几乎不区分法律、道德、宗教仪式和个人虔诚。她们小心翼翼地避免冲突，回避伊斯兰主义者和世俗主义者之间持续的紧张关系。但无论如何，她们所宣扬的教义深深植根于传统的伊斯兰教教义和沙里亚的权威。

* * *

沙里亚从最开始就不仅仅是一套法律体系，它是在为伊斯兰世界的虔诚信众提供仪式和道德指导。它不像国家法律体系那样提供某种固定的法律体系或单一的连贯教条，反而提供了可以由专家学者加以阐释的指导规则。最重要的是，沙里亚专注于个人义务，几乎不涉及刑事犯罪，而犯罪最初是留给哈里发处理的。它的宗旨不在于强加秩序或坚持正义，尽管斐格海可以而且经常被用来解决争端。沙里亚可以被视为某种道德纲领，旨在引导人们沿着安拉的道路走向世界。这是一种与现代国家截然不同的秩序观。

许多穆斯林认为，沙里亚可以而且应该在现代世界拥有更大的权威，它可以成为对抗现代政府和国家政体自身局限性和非宗教性的平衡力量。穆斯林占人口多数的国家试图将沙里亚原则纳入民事法律体系，并声称支持沙里亚，但与此同时，它们一直在削弱传统法学家的组织力量及其权威。"伊斯兰国家"这一概念存在严重问题，臭名昭著的"达伊什"就是最佳的明证。但伊斯兰教法的权威来自真主，而伊斯兰教法学者继续为法律纠纷提供比官僚机构更具说服力的指导和更有效的解决方案，其中一些人甚至已经在国际冲突中起到显著的干预作用。

伊斯兰教法学者们远离政治领袖，并声称教法原则可以指导哪怕是最强大的统治者。尽管这种互动很难与特定国家的政治结构兼容，但它的确是一种法治形式。当那些最杰出的学者赢得数以百万计信徒的尊重，伊斯兰教法也随之保留着自身的权威和影响力。

第十五章

背道而驰

部族、村镇、网络与帮派

当各国领导人在联合国大会就座，他们共同代表着被整齐地划分成一个个主权国家的世界。每个国家都对本国人口、经济和环境负责，同时需要维护自身的法律体系。这些措施通常旨在规范人们生活中最细微的方面，从商品的买卖方式，到房屋和公共空间的安全、家庭关系的组织，以及金融系统的效率。维护和平与秩序应该是一项国家工程，然而，不管国家法律体系的影响多么强而有力，它都不像政府通常让我们相信的那么疏而不漏、无往不利。必须承认，现代世界秩序并非只有伊斯兰教法及其法学家这一种替代品。

部落通常会无视中央政府，自行制定或实施法律；分散在世界各地的乡村社区保留着自己的宪章；即使在现代美国的心脏地带，贸易协会也不鼓励其成员向州法院上诉。法律和法治精神之间的复杂互动并没有完全为现代国家所接受。与此同时，虽然规模有限的社群会为了可预测性、秩序和自治而制定规则，但并非所有组织都会转向法治精神。明确规则意味着让规则可见，而有些人为了避免审查，会更喜欢把规则和结构隐藏起来。另外，反法治精神也是黑帮和黑手党组织反抗国家的有力工具。

＊　＊　＊

在近现代社会，逐水草而居的游牧民族之间仍会像数百年前那样因世仇而爆发冲突。按照亚洲、中东和非洲牧民的共同模式，争端可能会发展成暴力和反暴力的冤冤相报，甚至导致仇杀。显然，任何部族首领都必须努力尝试制止这种循环。老练的调解人可能需要说服部族成员接受赔偿，而不是继续实施报复。中央政府必然会鼓励游牧民族定居，用法治与刑事制裁来取代部族习惯，中国也不例外。但在青海、甘肃等省的茫茫草原，游牧民族的传统做法，一直持续到21世纪。[1]

千百年前，牧民便在广阔的青藏高原饲育绵羊和山羊，并驯化了漫山遍野自由徜徉的野生牦牛。山谷中融化的冰川积雪使生活在这里的人们得以灌溉农田、种植青稞。人们逐渐在村庄聚居，兴建寺庙。其中一些部落联合起来，形成了吐蕃王朝，并在6至8世纪统治了这一地区。然而，在较高的牧场上，游牧民族继续放牧着牦牛和羊群。藏族诗歌、传奇故事和宗教文本中充斥着牧民的生活图景。到了现代，牧民仍然穿着羊皮大衣，把马拴在当地特有的黑帐篷外；妇女们戴着沉重的珊瑚首饰，把牛奶打成黄油。严冬时节，寒风呼啸，尘土飞扬，气温骤降，游牧生活变得艰苦；但到了夏天，牧民可以在用牦牛毛编制的宽敞帐篷里休息。男人们团坐在帐篷正中央的火塘周围的地毯上，啜饮着奶茶，用黄油和奶酪拌食青稞粉，或者在照看放牧的牲畜时慵懒地晒着太阳。与此同时，大部分家务都是由女人们负责的。

中华人民共和国成立后，青藏高原地区的农牧活动一度集体化，但从20世纪80年代开始，政府允许牧民重新联产承包。近期，中国政府说服牧民定居，退耕还林、退耕还草，借此改变当地群众过去的生活方式，增加地方税收。但至少在21世纪之初，当地百姓的生活，仍然留有深刻的历史烙印。

安多是历史悠久的地区，其范围相当于如今青海省的大部分。在这里，每个部落都有数千顶帐篷，这些帐篷又组成大概40处营地。牧民们平时就在帐篷内吃饭、社交和睡觉。早春时节，妇女们在羊圈旁边搭起窝棚，青壮男子在那里昼夜值守，防止牲畜受到袭击。他们饲养凶猛的獒犬以阻止入侵者，许多成年藏獒身上满是幼时不小心留下的撕咬伤痕。但是，即便高度警惕，袭击还是会发生。曾有一名男子发现自己的一些羊在一夜之间突然不见了，于是打算骑马追赶。他宣布，将召集同伴追捕并殴打小偷，对此，他的家人几乎没有阻拦之意，而是让孩子跑去找当地德高望重的长者。突袭是对受害者的侮辱，按照当地的习惯，需要立即进行报复。所有男人的腰间都佩戴着装饰繁复华丽的藏刀，他们的放牧任务并不繁重。虽然他们的母亲、姐妹和妻子承担着帐篷周围的大部分劳动，以及照顾孩子的工作，但如果必要的话，男人们可以放下一切实施报复。他们一直在"时刻备战"。[2]

邻居经常会因为草场而争吵，不同营地之间也会爆发小规模的争斗。但是，如果袭击者来自其他部族，突发事件很容易导致肢体冲突，甚至群体械斗。双方都会召集帮手，而冲突将不断升级。在最严重的情况下，部落头人会召集分散在各处的部族成员以全体出击。有母亲曾谈到在枪击中失去的儿子时流下了眼泪，而一名部族首领讲过从靠近边境的营地招募士兵的困难。对家庭、营地和部族的忠诚就是一切。

大多数冲突，在达到爆发阶段之前就已经得到和平解决。每个人都能回忆起发生在自己部族身上的严重暴力事件，而这些悲剧最终通过支付赔偿金迅速得到解决。每个人都知道，谈判和避免复仇循环才是更好的选择，尽管年轻人可能群情激愤，而且必须在他人眼里表现得极为愤怒。当然，必须归还被盗财产，并支付赔命的血钱或伤残金，作为对生命或伤害的赔偿。如果事态严重，就可能需要在当地喇嘛的帮助下，谈判休战，然后请受人尊敬的调解人帮忙协调。根据20世纪30年代生活在青藏高原藏族牧民中的一位美国传教士的描述，在草原上的营地，调解人穿梭于居住在不同的帐篷中的两方之间。调解人听取了有关伤害结果和身份地位的激烈争论，并试图说服愤怒的牧民考虑接受赔偿。³这种争端解决模式可谓由来已久。14世纪的一份法律文本描述了调解人的"伟大"，以及他们为平息情绪和促使各方达成协议而不得不使用的巧妙论据。⁴一如既往，认为自己遭受冤枉的愤怒族人从断然拒绝赔偿开始。荣誉或面子要求他们直接复仇。然后，熟练的调解人耐心地在双方之间进行斡旋，聆听不无挑衅的指控，引用崇高的原则，并逐渐削弱顽固的拒绝妥协的态度。家庭成员、部族成员和调解人缓慢而耐心地施加压力，直到各方最终接受赔偿。在最顽固的宿怨中，他们可能不得不求助于藏传佛教的高僧大德。调解技巧高超的喇嘛赢得民众的尊重，而他的参与，可能最终会促使本应白刀子进红刀子出的部族男子"极不情愿"地接受妥协。

调解人根据具体事实处理个案，并就适当的赔偿进行协商。赔偿金额取决于伤害的严重程度、事件的经过，以及各方的地位。严重伤害他人的家伙可能会面临逮捕、审判，乃至入监服刑的命运。即便如此，在部族关系中，凶手家属仍需支付赔偿。家属可能会对双重惩罚表示不满——他们的儿子已经入狱，为了支付赔偿金不得不变卖牲畜——调解人对此表示同情。但是，正如一位调解人指出的那样，司法判决并没有"伸张正义"——起码没有给受害者任何好处，并用一句传统格言概括了这个问题，"受两种法则约束的人就像一匹配有两副鞍座的骏马"。因此，正义必须通过谈判来实现。这取决于事件的具体情况、受害者的身份以及辩护者的口才。

这些做法显然与法治精神背道而驰。正义只能通过谈判才能得以实现。但西藏牧民确实有其传统法律。在青海南部的果洛，从历史上看，不同部族组织偶尔会结成联盟，共同面对外来者的威胁。但争斗和世仇让各部关系长期不睦。经验丰富的调解人向我们解释了解决最棘手争端所需的技能、演讲的重要性、华丽的言辞展示，以及调解所需的漫长谈判。但同时，这些调解人也提到了部族的传统习俗。其中一人提到了一套复杂的规则，这些规则与其刚才描述的谈判过程毫无相似之处。这位调解者并未声称这些所谓传统法律规则在调解过程中真正得到了应用，甚至对此只字未提，但这些传统规则显然很重要，而且已经被记录下来。本书作者在当地书店买到了 20 世纪 80 年代编写的两卷地方志，其中包括对于相关传统法律的记载。参与编写地方志的作者证实，果洛藏族一直遵守部族习惯。他解释说，尽管此前的法律文本大都在历史剧变中湮灭，但他和其他编写人员走访了当地藏族长者，还原了相关史实。

地方志中记载的果洛藏族传统法律详细而明确，规定了针对不同身份者的确切赔偿金额。与古代藏文法律一样，现代版本的文献中也提到允许当事方通过赔偿践行正义。同时，还需要复杂的程序：凶手必须在休战前交出他在袭击中使用的马和枪，而这是果洛藏民仍然遵循的规则。但很明显，这些所谓传统法律并未直接适用，甚至在调解过程中都没有被提及，而它们所勾勒的森严的地位等级与游牧民族相对平等的身份之间几乎没有关系。那么，为什么还有人不厌其烦地把它们写出来，为什么调解人仍然如此对其毕恭毕敬？

历史上，西藏中部的农民大部分实际上是农奴，居住在庄园中，与贵族家庭或当地寺院存在人身依附联系，但果洛藏族长期以来一直捍卫着自身的相对独立性。他们抵抗过蒙古和穆斯林的入侵，甚至坚持自愿，而非被迫向当地寺庙敬献香火。20 世纪初，俄罗斯旅行者记录了一位果洛部族人的话，他轻蔑地或许不无夸张地宣称，"我们果洛人只承认我们自己的法律"。[5] 制定自己的法律是某种卓尔不群的标志。不过，他们并没有完全忤逆地方政府和佛教机构的权威。

历史上，果洛藏民慷慨地支持藏传佛教。他们会送儿子出家，并给予德高望重的喇嘛最高礼遇。他们的传统法律提到了松赞干布，以及其据说用来拟定成文法的宗教原则。果洛藏族参考了这些原则，然后制定了自己的传统法律。通过这种方式，他们将自己的法律文本与松赞干布这位通过引入教法律令而将文明引入西藏地区的统治者联系起来。事实上，果洛传统与吐蕃律令至今并无相互照应之处。

那么，彼时，这些所谓法律到底是干什么用的？正如另一位调解人所解释的那样，在过去，果洛地区的主要家族经常聚集在一起讨论法律条文，通过这种方式，将调解人解决争端的原则标准化。由此，补偿谈判可以看起来比以往任何时候都更加简明有序，更受规则约束。也许这就是重点。历史上，青藏高原的生活动荡不安，不时爆发突袭暴力、世仇循环、部族反叛，以及来自朝廷的干预。即使从未被直接适用，但传统法律的整洁有序，以及其中规定的应协商赔偿的原则，创造了一种道德秩序感。这是一种植根于部族自治的秩序，但在道德上与传统法律和宗教传统产生联系。中华人民共和国成立后，这些传统律法习惯得到了精心保护，借此指引西藏地区普通民众的生产生活。

* * *

藏族牧民并不是唯一制定自身传统法律的游牧群体。在也门北部高原，当地部族曾在 18 世纪就和解与合作制定了详尽的协议。[6] 和藏族牧民的做法一样，这些协议也以复杂的保护和保障体系为基础，规定了进行报复和谈判赔偿的方式。选择定居生活的农民同样制定了法律。在阿尔及利亚东北部的卡比利亚高地，历史上的柏柏尔人形成了独特且独立的村庄，他们所居住的石屋散落在田野和橄榄林中。[7]16 世纪，该地区被奥斯曼帝国统治，但只有外来官员能够进入的少数地区才曾履行缴纳赋税或者服兵役的义务。柏柏尔农民会前往当地的集市，也会前往沿海港口寻找工作，但他们的文化和语言与低地邻居一直截然不同。柏柏尔人还能够自主地管理内部事务。这意味着他们能够维持自己社群的内部秩序，并谨慎地调节与外界的关系。在大多数村庄，民选头领每周召开一次大会，所有成年男子均应参加。头领还与助手和村里的伊玛目一起组成了理事会，讨论并制定被称为"卡农"（qanun）的村规。伊玛目可能会帮助制定村规，有时还会将村规与其他重要事项一起以书面形式记录下来。不同村庄一起组成了更大的部族聚落，后者相当松散，只负责组织每周的市集。

1857年，在殖民扩张的早期浪潮中，法国军队征服了位于如今阿尔及利亚北部的卡比利亚地区，同时向巴黎发回了关于这些独立族群的报告。法国公众一厢情愿地认为这符合他们理想中的、过着自给自足和谐生活的农民形象。学者很快就来到这里，争相记录当地所谓"习惯法"的事例。根据当地伊玛目的口述，学者们从当地的村规中摘取规则，将其大量编纂成册。他们将这些村规翻译成法语，并根据拿破仑民法典中的法律类别对其组织、分类。事成之后，这些记录被呈送给殖民地治安官，供其在处理柏柏尔人事务时参考。

法国人记录的许多村规在内容上都有不同版本，显然反映了不同村庄的习惯，但它们大多遵循一个相对标准的形式。伊玛目似乎主要向法国学者阐述了每个部族中最大村庄的规定，且几乎可以肯定这些阐释为村规本身添加了伊斯兰教色彩。在此之前，无法确定柏柏尔人的村规在多大程度上留下了书面记录，但这些规则肯定以某种形式存在，比如对个人和集体的犯罪和惩罚的规定清单。每份文字记录都包含介绍性段落，恭敬地提到宗教学者、伊斯兰教的法官卡迪、《古兰经》，甚至还包括奥斯曼苏丹。在这些段落后，是一长串违法行为以及相应的罚款。这些村规要求村民参加集体活动（如筑路和维护河道）和公共活动（如每周的村民会议、葬礼和共同祈祷）。它们要求村民协调他们的农业活动，还有关于着装的规定和旨在限制炫富或浪费家庭资源的禁奢规则。大多数村规要求村民在新生儿出生、割礼、结婚或老人死亡时向村里的基金缴纳小额款项。这些规定明确了嫁妆的金额和家庭在婚礼庆典上的开销额度，一些条款甚至规定女性不得嫁给低于自己身份的男子。

这些规则显然是为了维护社群的安宁。几乎所有村规都明确指出，任何与人争执或参与任何形式暴力的村民都必须缴纳罚款。奇怪的是，它们几乎没有提到谋杀和身体伤害的情况。不过，柏柏尔人有着报复和补偿的悠久传统，这些传统必定充分地规范了相关的程序。在传统做法不适用的情况中，例如在家庭内部发生杀人事件时，村庄社群就必须介入。有几部村规允许村民理事会在特殊情况下——例如有人为了获得遗产而杀害亲属时——没收凶手家庭的所有财产。其他村规对村中头人和其他官员的行为加以规范，比如对未履行职责或挪用村级资金的人处以罚款。从所有罚款中收取的金额应用于集体用餐和村庄改善。这些规定还要求村民尊重他们的官员，否则将面临进一步的罚款。

许多村规都试图强制村民在公共场合表现良好。任何村民都禁止在街上留下粪便或其他垃圾；禁止在村里洗衣服污染泉水；禁止改道水流；禁止对着清真寺小便；禁止在街上赛跑或唱猥亵歌曲。人们不应该在别人家门口撒谎或偷听；女性必须穿着得体，黑纱遮面；异常的性行为和争斗尤其受到制裁。一些村规详细列举了村民不应该使用的武器种类，一旦违反，就将缴纳对应额度的罚款。有些规则对在他人争吵中选边站的人施加特别严厉的惩罚。另一些则惩罚未能及时干预、遏制暴力者。这些村规还明确表示，向苏丹乞求正义会给整个村庄带来耻辱，这一错误会招致巨额罚款，而试图向其他村庄寻求正义或允许陌生人干预村庄事务也是如此。通过这些方式，村规实际上成了村庄的宪法，规范和控制社群内部的生活，并营造与外界的距离感。

柏柏尔农民经常与来自其他村庄的人通婚，或迁移到其他地区寻找工作机会。因此，几乎所有的村规都规定，如果村民在村内还保有财产，就有义务向本地基金捐款。一些村规更禁止对外出售土地。通过这种方式，村规乡约界定了"村庄成员"的范围。这些村规还精细地规定了应如何招待外人。作为一个整体，村庄必须能够为外来者提供保护。如果村民不向陌生人提供住宿和食宿，就将面临罚款，而如果他们伤害了上门避难的人，更要受到惩罚。但很明显，任何一户家庭在邀请外人上门时都必须谨慎，特别是在接待因逃避报复而远走他乡者时。村庄的名誉取决于能否保护社区免受外来者的伤害，而这些外来者通常被认为是混乱、腐败和流言的源头。这意味着要谨慎管理外来者与所有与之接触者的关系。

法国军队抵达卡比利亚时，柏柏尔人早已皈依伊斯兰教，且毫无疑问地尊重伊玛目的权威。然而柏柏尔人也认识到，他们的社群有时可能需要偏离沙里亚的规则。一份村规明确指出，尽管伊斯兰教法要求切断一只手作为盗窃的惩罚，但"这不是我们的习惯"。同样，许多村规认识到，"不允许妇女继承"这一柏柏尔人的习惯违反了沙里亚的规定，但它不会受到谴责。这一习俗的诞生可能是为了避免土地流失到外人手中的难题。总之，柏柏尔人的村规将村庄及其风俗与更广泛的伊斯兰教法世界以及伊斯兰教法的权威区分开来，就像与邻近村庄和各种外来者区隔开一样。

19世纪末和20世纪，法国对卡比利亚地区的殖民统治方式由军事管理转向民事，这一政治变革给当地的村庄生活和规则制定都带来了变化。随着殖民政府的控制范围扩大到高地，村民们开始将从殖民地官员那里学到的新概念和新术语用到村规当中。村庄不再需要处理谋杀和盗窃行为，也不再驱逐恶棍并没收其财产。但柏柏尔人的社群在很大程度上保留了自主性。第二次世界大战后，法国人认可了某些柏柏尔人村镇的独立地位，将其类比为有自己"市长"的"市政中心"，而这些村民以其传统的村规为基础，积极地制定新的自治规则。20世纪 60 年代，阿尔及利亚独立，现代化的力量接踵而至，卡比利亚的柏柏尔人村庄逐渐难以控制其成员，许多村民借此机会前往阿尔及利亚的首都学习，或是移民到巴黎，或者前往任何村庄以外的地方寻找工作。尽管如此，大多数村庄仍然坚持为本地建设项目捐款，村民们曾自豪地向一位来访的人类学家展示了社群资助铺设的道路、电力供应线路和水管。他们还坚持反对激进武装分子的势力，要求年轻人从城镇返回时剃掉胡须，摘下头巾。在 20 世纪 90 年代中期的柏柏尔文化复兴运动中，许多柏柏尔人村庄签订集体协议，以控制节日和庆祝活动的费用。与曾是传统村规重要部分的禁奢法一样，新规定也对订婚仪式上的礼物和婚礼费用进行了限制。这些新规定似乎从未得到执行，至少没有被彻底地执行，但村民们仍以此为荣。如果没有其他替代，它们仍然可以被视为村庄自治的标志，以及村民能够与国家以及对他们造成威胁的激进组织相抗衡的象征。

* * *

在世界各地，许多小族群都会制定类似的法律来规范内部事务，以维持自身独特性和自主性。就像柏柏尔人制定村规那样，在 16 世纪的西班牙，农村居民也曾制定并维护自己的法律，借此与试图干涉他们事务的国王和牧师保持距离。[8]在中世纪的开罗，犹太人社群也以自己制定的规则来管理内部事务。中世纪的意大利城市则制定了自己的宪章。[9]制定法律的能力似乎常常是独立的重要标志，哪怕只是制定非常普通的行为规范。[10]当然，立法的模式各不相同。在中世纪，德意志城镇通常各自制定法规，但到了 14 世纪，一些城镇会要求邻近城镇的法律官员为自己提供立法建议，进而与该城镇结成所谓"母女"关系。[11]在这种情况下，法律实践建立的是自愿依赖关系，而不是确定的独立关系。

　　还有一些社群完全拒绝立法和法治精神，即使立法不难，他们仍会根据不成文的规则和习惯管理地方事务。在远离果洛所在草原的青藏高原另一侧，拉达克在历史上曾是一个王国，尽管它也需要向中国政府及西藏地方政府称臣纳贡。如今，该地处于印度的非法控制之下，地广人稀，交通不便，冬季大雪封山动辄数月。当地居民居住在分散的独立村庄中。围绕着村庄的是人工开凿的沟渠，引来冰山融水灌溉土地田野。这些水道清楚地标出了田地和村庄的边界。在 21 世纪初，这一地区依然少有道路，这意味着任何前往当地城镇的旅程——例如参观政府办公室，获得医疗服务，购买家庭用品，领取政府口粮，或陪同儿童前往当地寄宿学校——都需要艰难地翻越高山。在冬天，这甚至意味着要穿越一个危险的峡谷，踩着冰层结成的道路。毫不奇怪，无论是教师、医生，还是开发者，很少有外人到此拜访。

　　尽管历史上该地居民向当地寺庙和土地所有者纳税，但他们一直管理自己的事务。在印度实际控制该地后，这些村庄实际上实现了自治。21 世纪之初，那些相对偏远的村庄仍然由村长管理村务，而村长一职由村里的主要家族每年轮换派人担任。[12] 大多数农业事务遵循既定模式。村里还有许多其他义务轮流履行，但高级喇嘛的来访、当地寺庙的修缮，以及有关重大节日的决定，都需要村民理事会的全体同意。在这类情况下，就像发生重大冲突时那样，村长会召集所有成年男子，而这是所有拉达克居民都非常重视的事情。他们会协商怎样合理地安排集体事务，或耐心地说服因分歧愤怒的村民握手言和。不过，与柏柏尔人和西班牙村庄不同，该地居民没有记录任何的当地规则。说到"风俗"，他们所指的是着装、食物准备和招待客人的传统方式。对于节日或庆典的举办，他们有一套严格的历法，具体日期由村里识得天象的行家确定。他们有关于继承的规则，有对于职务轮换的规定，并且对如何解决冲突有着明确的预期。然而，所有这些都没有被书写成文，某个村子保存了一份篇幅不大的集体决定档案，内容主要与财产问题相关，但他们也没有成文的基本法。

　　这里的村民完全有能力书写基本法。他们当中的许多人都是识字的——将近一千年前，藏传佛教僧侣就在该地区建立了寺院，并且带来了学术传统。历史上，该地的国王和贵族将图书馆和档案馆保存下来，而村民尊师重教，把儿子送到当地的寺院修行。甚至在官方学校设立之前，这里就具有识文断字的传统，通常是由父亲教儿子识字，以便将来能够阅读宗教经文。到了 21 世纪初，这里的大多数居民都能读写。如此说来，当地的村民一定是在深思熟虑之后才决定不制定成文律法。即便被遵循法治精神的寺院、宫殿、官员所环绕，他们仍然按照不成文的规则和习惯管理自己的事务。这本身可能是在抵抗外来者，比如古时向他们收取地租的地主。一旦有了成文的基本法，这些村落的组织形态就会更加明显，村民受到外部干涉的可能性也就越大。事实上，村民们可以对外来者和官员表现得尽极尊敬，就像他们也对如今来访的开发建设人员表现得尽极尊敬一样。这些客人试图帮助村民提高农业生产力，带来种种进步，而村民们可以同意他们的所有要求，并在到访者离开后悄悄地将刚刚发生的一切置于脑后。

　　在世界各地，独立的村庄以自己的逻辑发展了自己的治理形式。它们一般按照内部规则和历史先例来管理村务，但只有少数村子留下了成文记录。毕竟案件的书面记录和成文法规都是可以查阅的，而许多人可能并不希望如此。[13]

＊　＊　＊

　　类似的模式也出现在现代世界其中一个法治程度最高的社会的核心地带。20 世纪 70 年代，一位当时正在后殖民时代的非洲部族中从事科学研究的法律人类学家，发现纽约时装业者与国家政权保持距离的方式似曾相识。[14] 在纽约，通过建立关键人物之间的个人联系，服装生产和零售网络可以在很大程度上规避经由美国联邦批准的工会条例的管控。当时的时尚产业和现在一样变幻莫测。季节性趋势的变化可能会突然催生对某些商品的巨大需求，但仅仅几个月后，零售商就会为抛售同样的服装而苦苦挣扎。在平均售价超过 300 美元（这在当时是一笔不小的数目）的高端成衣市场，服装由时装屋设计和生产，后者的代表在业内被称为"批发商"（jobber）。时装屋将大部分制造工作交给分包商，而分包商又在他们的车间中成批雇用缝纫女工。面对不断波动的需求，零售商会向批发商下订单，批发商又会临时委托分包商一次性生产大量服装。因此，分包商手下的车间将不得不要求裁缝在几天内加班加点以按时完成订单，而这远远超出了工会法规允许的范围。

理论上，服装行业的经营受到承包商和批发商共同组成的协会与国际女装工人工会之间的合同约束。国际女装工人工会明确指出缝纫女工需要获得适当的工资，并限制了她们的工作时长。工会的业务代理人将定期访问每个车间，参与业务讨论，并确保双方遵守商定的条款。和工会代理人主要对接的是分包商的车间经理，她通常被称为"车间女士"（floor lady），负责在车间监督团队生产，与批发商及其代表就价格和订单进行谈判，并维持和工会的良好关系。实际上，工会代理人了解服装行业是如何运作的，也知道分包商必须要求其员工的工作时长超过工会协议允许的时间。分包商必须想办法满足意外的市场需求，以及弥补其他工作不饱和时段带来的损失。每个人都希望工会代理人实际上不会强制他们执行协议中规定的工作时间。作为对代理人"通情达理"的回报，分包商的车间经理会为代理人精心挑选礼物，比如作为圣诞礼物的威士忌或昂贵的连衣裙，又或是祝贺代理人孩子出生、毕业或结婚的礼物。分包商和车间经理与每个工会代理人都建立了个人关系，甚至会为彼此的孩子提供医疗或就业方面的建议，车间经理还会亲自监督代理人妻子服装的制作。他们也和批发商代表保持着类似的关系，后者负责向分包商提出委托，并负责检查成品服装，也就是实际上把控着流向分包商的订单。与此同时，缝纫女工必须选择加班，而她们通常也愿意如此，因为她们意识到只有这样才可能获得这份工作。

通过上述手段，分包商和工会代理人之间的关系遵循了明确存在但不成文的规则，这让他们可以完全无视工会的要求。与此同时，现金流困难可能意味着分包商必须向工人贷款，而工人通常能够提供帮助。批发商也可能会向分包商借钱来进行某些私人商业投资。各方都在相互勾结，最大限度避免履行劳动合同的相关条款，破坏这些条款本应为他们提供的保护。如有需要，他们会彼此提供资金融通，或推迟结算工作报酬的时间。大多数人都知道自己理论上享有的合法权利，但没有人希望强制执行这些权利。

于是，在时装行业，那些最成功的企业主和代理人小心翼翼地编织了一张人际关系网。如果管理得当，人们可以从中获得更大的好处，同时也不会有人坚持用合同限制彼此。当然，工会的代理人可以强制分包商履行协议；任何人都可以上诉到州法院，要求按照合同条款来付款。然而，那些希望有所作为的人必须遵循一套替代规则，即向他人赠送礼物，给予好处，并期待从同业者那里得到回报。

* * *

与此同时，在纽约的另外一个区域，一个由商人组成的关系网控制着钻石市场，许多参与者都是犹太人。[15]无论过去还是现在，纽约钻石交易商俱乐部都是美国最大和最重要的钻石交易网络，或者说"交易所"（bourse）。它汇集了进口商、批发商、制造商和经纪人。20世纪80年代，研究人员发现，超过八成进入美国的毛坯钻石，以及相当比例的抛光钻石，均由该俱乐部经手分销。俱乐部会员人数有限。

即使是非会员也试图在该俱乐部位于曼哈顿中心的办公场所进行交易，但他们必须获得会员的引荐。

钻石交易商俱乐部会员的身份能够提供进入重要商业网络的敲门砖和值得信赖的声誉。当然，这也意味着要遵守一系列规章制度，从而满足入会要求。入会的钻石交易商必须在钻石行业工作至少两年，且必须配合俱乐部董事会的相关调查。任何会员都可一票否决新人的申请，而被接纳的新会员还需要接受两年的试用考察。入会后，会员需要一次性支付 5000 美元，然后是每年 1000 美元的年费。会员都极度珍惜自己的会员资格，因为它代表着商业信誉。但考虑到交易规模的限制，以及某种意义上的排他性，董事会将会员数限制在 2000 人左右。入会规则并不特别烦琐，但等待入会的名单却排得很长。

对于会员子女及其配偶和遗孀的入会申请，俱乐部设有倾斜性的规定。这反映出该俱乐部起源于犹太家族关系网的底色。此时的犹太家族网络仍然在国际钻石贸易中占据着重要的地位。从 15 世纪末犹太家族在阿姆斯特丹和安特卫普等贸易中心定居以来，他们一直部分控制着钻石贸易。纽约钻石交易商俱乐部的章程中，许多条款是对会员应当如何进行交易的具体规定，这些条款可以追溯至犹太律法和犹太人几个世纪以来形成的商业习惯。例如，俱乐部章程规定，钻石交易商可以通过使用意第绪语的"祝你好运"（Mazel und Broche）或其它类似的短语来表示接受口头报价。交易商还必须遵守不成文的规则和习惯，包括在承诺交易前确定市场状态和适当价格的程序。例如，买家会对一块钻石出价，但允许卖家花时间考虑。同时，卖家会把钻石放在信封里，用特定的方式折叠和密封，并签上报价条款。另外，卖方也会采用类似的程序，给买方提供做决定的期限。在这两种情况中，双方都理解这些不成文的做法同样具有约束力。

俱乐部章程要求每位会员签署一份仲裁协议，承诺将一切争议提交俱乐部解决，而不是向州法院上诉。俱乐部董事会任命了多名仲裁员组成交易厅委员会（Floor Committee），负责处理大多数俱乐部成员之间的争议。一名仲裁员曾解释说，在面对纠纷时，仲裁员们会参考俱乐部的规则，但也会考虑到贸易惯例、常识和某些犹太法律；如果仲裁者认为情况恰当，他们还会援引适用于州法院的普通法原则。仲裁员希望促成妥协，但不会做出事实认定。这使得加入俱乐部的交易商很难向正式的司法系统上诉，但他们可以求助俱乐部仲裁员所组成的上诉委员会。无论如何，纽约州法院承认俱乐部成员签署的仲裁协议的排他性，通常拒绝受理相关方提起的上诉。一些交易商抱怨委员会裁决的武断性，但大多数俱乐部会员认为，与州法院冗长的程序相比，内部仲裁既便宜又快捷。甚至一些非俱乐部会员也会将他们的争议提交俱乐部仲裁，这是因为他们看重仲裁过程的隐私性，希望能够保护自己的声誉。

纽约钻石交易商俱乐部还制定了对陷入经济困难、无力偿还债务的会员的救济程序，从而避免将案件交由破产法院处理。按照纽约州的破产程序，债务人在支付其未偿债务的一定比例之后就能重新上路，但俱乐部的政策显然并没有这么宽大。意识到其成员需要在国内和国际行业保持声誉，俱乐部实际上要求负债的会员全额偿还所有债务，否则将被永久开除出俱乐部。俱乐部没有能够执行其规则和决定的直接手段，但确实拥有非常强大的制裁措施，包括褫夺交易机会、驱逐出会和名誉损害。根据章程，交易厅委员会可以对任何未能履行义务或以其他方式从事所谓"不相称"行为者罚款，或暂停其交易资格。此外，俱乐部有权公布任何未能遵守仲裁结果的经销商的照片。作为最后手段，俱乐部可以要求犹太教拉比法庭进行干预，并威胁将违规者驱逐出犹太教社群。在一个信任和声誉至上的行业，这些都是非常有效的制裁措施。

在20世纪80年代中期，纽约钻石交易商俱乐部开始尝试新的管理手段，一些年轻会员开始使用书面合同代替长辈依赖的口头协议。

在接下来的几十年里，俱乐部无疑发生了重大变化，但它仍然像互助会一样运作，并且继续由犹太成员主导。俱乐部拥有诸多设施，包括一家犹太餐厅和一间犹太教堂。他们为会员提供医疗服务和社会委员会性质的协助，并为团体旅行协商折扣，这类旅行通常被安排在时长一个月的年度休会期。这些活动带来的个人联系让会员更加信赖彼此，也让他们更加遵守商业活动中的种种不成文规则。俱乐部还加强了许多业务活动的保密性，包括仲裁结果在内。所有这些都减少了外部竞争，并有助于对抗政府的监管。

* * *

纽约钻石交易商俱乐部的章程公开，所有会员都可免费获取，对此感兴趣的研究人员也是。章程制定精细，内容明确，哪怕是俱乐部的董事和相关委员会也得对其保持尊重。通过这种方式，俱乐部的官员以某种方式认可了法治。但该俱乐部的部分活动对外界保密，包括仲裁裁决和破产安排。除了提高俱乐部的声望、营造某种神秘气氛，以及保护俱乐部成员的声誉外，这种隐秘策略也将国家干预拒之门外。在纽约，另外一类家族也采取了类似的隐蔽手法，不过是为了掩盖更为邪恶的活动。

黑手党主要由意大利裔家族组成，他们在多年间已然发展出了一个复杂的网络，并借此从事精密、暴利且非法的所谓"保护"业务。在此过程中，通过执行一套保密守则，他们成功地让自己的组织、成员，以及大部分活动躲开了执法机关的注意。纽约黑手党在大西洋彼岸的意大利表亲是西西里岛黑手党，二者有着千丝万缕的联系。相较而言，西西里岛黑手党向当地居民提供"保护"服务的历史更为悠久，他们控制着当地商业，并为抵御所谓"威胁"而收费，无论这些威胁是真实存在的，还是黑手党所造成的。黑手党提供的服务包括执行法外合同，调解纠纷，以及确保某种形式的秩序。长期以来，学者一直在争论：这些黑手党究竟是在模仿国家架构或组建另一种形式的政府，还是仅仅作为企业或"兄弟会"运作？如果答案是前者，那么黑手党的这些组织在多大程度上与真正的国家和政府相似？[16] 一些人甚至声称，黑手党的结构和组织原则都和真正的法律类似，其成员必须遵守严格的行为准则。他们的依据来自所谓"叛徒"（pentiti）的供词，也就是那些背弃黑手党并为检方作证的人。但包括黑手党组织的内部结构和层级在内，这些规范从未形成成文的法条或法典。所谓的"缄默法则"（omertà），使得帮派规则和组织结构变得模糊难解，有时甚至对黑手党组织自己的成员来说也是如此。事实上，正是这种模糊让它无法成为类似法律的存在。

西西里岛黑手党起源于 19 世纪初。当国家无法保护企业免受匪患侵害时，地方暴力团体就会趁机介入，逐渐发展出更有组织的保护形式。他们向合法经营的企业索要保护费，并庇护其他参与非法活动者。到了 20 世纪初，法官口中的黑手党就像是某种具有所谓"法律规范"（ordinamento giuridico）的组织。在成员口中，西西里黑手党又叫"我们的行当"（Cosa Nostra）。该组织由不同地区的不同"家族"组成，各家族都有自己选出的领导人。部分黑手党被大家族所支配，尽管其中也存在和其他人没有血缘关系的成员。直到 20 世纪 70 年代，被当局抓获的黑手党成员还会矢口否认自己属于当地或地区的黑社会组织，并声称自己是遵守共同行为规范的"体面人士"。但随着反黑手党运动和接二连三的检方公诉，黑手党组织的高层逐渐曝光。终于，一些"叛徒"承认，每个西西里黑手党家族的领导人共同成立了一个委员会，以规范家族之间的暴力行为，并在一定程度上协调各个家族的活动。同时，每个家族也都有自己的委员会、领导和代表，以及成员入会的规则和仪式。每个家族都要求成员的绝对忠诚和严格保密。

这些知情者描述了黑手党成员需要承担的义务。他们必须相互尊重，时刻防备不要让外人渗入他们的组织。一些人甚至谈到了西西里黑手党的所谓"十诫"。根据这些线索，研究人员逐渐拼凑出一套被黑手党普遍接受的规范。[17] 这些规范包括：成员不应直接自报家门，以避免渗透者可能带来的危险；不应参与卖淫；应尊重彼此的妻子，应始终说实话。另外，黑手党分子无法更换自己所属的"家族"。最重要的是，他们有责任保持缄默。这意味着他们不应该知道或试图了解太多其他的组织内幕，并且应该使用暗号、手势和黑话进行沟通，避免对敏感信息做出明确的表述。这些缄默原则的设立显然是为了向外界隐瞒组织结构和实践的细节。西西里岛黑手党的组织非常复杂，其理事会和等级制度也是。然而，黑手党的结构、规则或程序从未被书面记录。事实上，与黑社会组织有关的任何内容都不应被书面记录，这是一条绝对的禁忌。[18] 无论如何，黑手党的存在及其运作机制在很大程度上不为国家当局所知。其他法外组织也有类似的情况，其成员使用暗语交流，以避免使用更明确的沟通方式。[19]

黑手党"家族"不需要依靠法律来行使权力。他们从合法和非法的商业中攫取资源，并且依靠声望有效地管理着组织的各种活动。于后者而言，黑手党使用或命令使用暴力的能力尤为有效。黑手党行使着提供"保护"、执行协议和调解争端的权力。然而，他们并未建立官僚机构，其成员也很少像现代政府的官员那样扮演固定角色或履行明确职责。这样一来，那些最强大的黑手党成员就可以在适合的时候更改规则。20 世纪 80 年代初，科利昂的黑手党头目萨尔瓦托雷·里纳领导着一个"家族"联盟，该联盟接管了西西里岛的大部分黑手党。萨尔瓦托雷·里纳让这个联盟变成了准独裁政权，直到他在 1993 年入狱。在里纳掌权的期间，他的一些实力强大的盟友公然违反了以前被视为神圣不可侵犯的原则，例如成员需要保持婚姻忠诚，或者女性不应被卷入黑手党事务。他们甚至谋杀了几名对手和他们的妻子、姐妹与母亲。[20] 如果规则从未被书面记录，它们就无法限制内部程序的滥用。从这点来看，黑手党不承认法治。

* * *

在当今世界，许多部族、村庄、俱乐部和黑手党或多或少地背离了国家及其行政控制。有的组织使用成文法来强化内部团结和排斥外人的模式；有的则拒绝事事遵守法律，并依赖不成文的规则和期望来维持秩序。有的组织以完全合法的手段来确保组织内部的争端不用借助政府司法体系来解决，有的则在从事保护和敲诈业务时诉诸暴力和保密原则。上述种种组织都以不同的方式限制着国家的权力及其监管公民生活、维护公共秩序的使命。

在这种种做法中，有一些完全符合法治精神，仅仅将其视为简单的规则显然不合逻辑。它们可能没有现代国家所赋予的规训权力和执法手段，但法治精神有其自己的力量。牧民、柏柏尔人村民和纽约的钻石商人都制定了类似法律的行为规则，有效地规范和控制了成员的生产和生活。当这些规则变得明确，它们也就获得了自己的生命，进而有能力保证秩序、公正和可预测性。这些规则约束着村庄头领，规定他们可以向村民收取多少罚款，或者限制钻石交易商俱乐部可以实施多大程度的制裁。如果年轻的柏柏尔人毕业生不知道要求族人捐款的古老村规，他们还会如此积极踊跃地为村里的基金捐款吗？

但社会秩序的建构或维持从来就不单纯依赖法律。牧民的不成文规范、纽约服装贸易商的共识，以及黑手党头目的命令都有效地管理着成员的生活和活动，尽管它们导致的互动全然不同。不成文的规范可能会被改变、误记，乃至忽视，而明确的书面规则可能被用来反对藐视规则者，这些人必须为自己辩护，并且会被谴责。想要专制地控制和压迫他人，就必须避免明确规则。黑手党头目们就极力隐瞒他们的组织及结构，这证明了成文规则所蕴含的力量和潜力。无论我们是否称之为"法律"，这些法律化的实践都可以用来限制权力，并提供一种统治世界的有效手段。对法治的躲避正是走向独裁的道路。

第十六章
超越国界

国际法

　　为了将会员之间的争议排除在州法院之外，同时维护自身的规则和条例，纽约钻石交易商俱乐部可谓竭尽全力。但是，通过公布内部规章制度，它也塑造了自己享有崇高声誉且自治程序公平透明的组织形象。包括国际钻石制造商协会在内，许多国际组织同样游离在国家的结构和权力之外。行业协会、金融组织、跨国公司，以及互联网监管机构和国际体育机构，都制定了超越国界的法律，为其成员网络提供协调手段、共同标准，甚至惩戒程序。这些国际组织的雄心壮志与曾经制定了跨国贸易实践原则的商人们惊人地相似，那是在许多个世纪之前，所谓的现代国家甚至还未形成。

　　不像国家的立法，这些法律没有直接执行机制的支持，也没有任何"世界政府"来确保各国遵守国际公约和决议。联合国可以对其成员国施加压力，但不时有桀骜不驯的领导人藐视公约，操纵决议，不顾谴责实施侵略行为。那么，为什么各国还要向联合国派遣代表？为什么还有压力团体继续游说制定新的国际法？消除压迫、维护人权、减轻贫困和保护地区文化遗产的运动往往以新的立法收场。这些项目与美索不达米亚国王的做法没有太大区别，都是承诺通过制定一系列法律规则来为人民伸张正义，哪怕这些法律可能从未得到全面落实。除了国家的规训权力之外，法律和法治精神，也具有其自身的权力。

* * *

为促进国际贸易而制定的规则，不乏历史悠久的先例。两千多年前，沿着丝绸之路运送货物的商人创造了记账系统。与来自遥远国家的合作伙伴进行复杂的讨价还价时，贸易商需要确信货物会被交付，资金会被清点，损失会按照他们之前约定的方式分摊。他们制定的规则和文书，为最早一批成文法的制定奠定了基础。到了中世纪，阿拉伯商人将香料从印度群岛贩运至埃及的亚历山大；非洲商队穿越撒哈拉沙漠，向突尼斯运送黄金；蒙古商帮的驼队在克里米亚港口卸下中国丝绸和瓷器，这些商品将在此装船，运往北非和南欧。

犹太商人曾主导着这一贸易。他们在地中海两岸的城镇中聚居，并在向遥远的土地贩运商品时使用标准的代理和合作协议。[1] 他们的合作伙伴将这些颇具异国情调的商品带到了法国北部香槟的大型集市。大批商人聚集在此，用本地商品交换稀有的奢侈品。在这里，商人还可以将争议提交给专门法庭，那里的法官熟悉标准的贷款协议、抵押事务和代理安排，可以在商人离开本地之前迅速宣判。此后，意大利商人开始取代犹太人，控制了长途贸易。他们模仿犹太人的合伙安排，为了收到不同币种的货款而发展出日益复杂的合同和汇票系统。专业公证人起草了将可能出现的困难和分歧都考虑在内的协议。这一方面是为了帮助买卖双方，让他们不至于诉诸法庭；另一方面则是为了引入法律条款，来设定具有约束力的义务。[2]

在远东，中国台湾地区的商人收购岛上盛产的大米、蔗糖和樟脑，将其运往大陆。到了 19 世纪，海峡两岸许多素昧平生的商人，完全依靠贸易惯例来确定货品损失和质量缺陷的责任，起草复杂的法律合同规定彼此的权利和义务。双方竭尽全力确保签订的法律文件足够清晰，足够详细，以避免地方官府的拖延。中国的地方官员并不总是了解这些交易的商业背景，当时的法律也无法对交易的执行提供太多帮助。³在某种程度上，国际钻石生产商协会的情况就是这种贸易关系的现代版本。还有许多商业和金融网络也制定了自己的规则、公约和条约，其中一些植根于早已确立的合作模式。

19世纪，正式的国际立法走上历史舞台。随着欧洲国家划定边界，跨国商人、金融人士和经济学者开始担心新的边界会给自由贸易带来障碍。于是，1847年，一个比利时协会举办国际会议，邀请来自不同国家的政治经济学者汇聚一堂。与会代表同意鼓励本国政府起草商业条约和谈判关税问题。⁴同时，技术发展促使科学家和工程师将工具、技术和措施标准化，以供国际社会使用。⁵工程师在英国和法国之间铺设了海底电报线，之后又铺设了第一条跨大西洋电缆。此后，在1865年，20个国家的代表聚集在巴黎，成立了国际电报联盟。代表一致认为，应该确保设备标准化，制定统一的操作说明，并规定共同的关税和会计规则。电话的发明导致了另一次在柏林举行的国际会议，会议代表们起草了电话使用的国际规则：以5分钟通话时间为一个计费单位；如果还有其他人要求使用该线路，那么拨打电话的时长被限制为10分钟。⁶电气工程也需要标准化。来自国家物理实验室的科学家们齐聚一堂，解决开发精准电气测量单位的艰巨任务。与此同时，在1906年，英国和美国的研究所共同成立了国际电工委员会，以维持行业标准。航空业的诞生导致了对国际合作的进一步需求，包括就通用无线电呼号达成协议。到了1914年，第一次世界大战开始时，已有数十个组织在协调电报、邮政、铁路和公路等国际基础设施的开发和使用。欧洲各国政府和国际机构纷纷召开会议，制定度量衡标准，保护知识产权，协调科学研究。

人道主义关切也在催生国际立法。19 世纪初，在英国境内废除奴隶制的运动取得成功后，活动人士成立了英国和外国反奴隶制协会（British and Foreign Anti-Slavery Society），以在全世界范围内废除奴隶制。该协会于 1840 年召开世界反奴隶制大会，也就是后来的反奴隶制和保护原住民协会（Anti-Slavery International），后者一般被认为是现存最古老的人道主义国际组织。[7] 其他国际公约倡议改革监狱，而国际劳工运动则开会讨论国际劳工标准的制定。[8] 但最终，是战争导致了最为协调一致的人道主义运动。1859 年，瑞士商人亨利·杜南亲眼看见了索尔费里诺战役的惨烈后果，对士兵和受伤平民因为无法得到及时救治而遭受的痛苦深感震惊。回到瑞士后，他成立了一个小型委员会，致力于成立一个中立性的国际组织，为战争伤员提供护理。1863 年，在杜南的领导下，该组织在日内瓦召开了国际会议。次年，瑞士政府邀请了欧洲所有国家以及美国、巴西和墨西哥的代表参加会议。在这里，他们通过了《日内瓦第一公约》，也就是"改善战地武装部队伤者病者境遇之公约"。这便是红十字国际委员会的开始，也是迄今仍在规制战争的种种公约的开始。

受到日内瓦公约成功通过的鼓舞，同时担心欧洲军备竞赛的后果，1899 年，俄罗斯沙皇尼古拉二世在海牙召开了一次国际和平会议。由此产生了《海牙第一公约》，即《和平解决国际争端公约》。该多边条约就受伤战斗人员和战俘的治疗制定了法律，禁止军队抢劫或杀害投降者、攻击未设防地点、强迫被占国平民服兵役，以及集体惩罚（即对整个阶级或群体的惩罚）。代表们还决定，国际争端应由常设仲裁法院解决。

与此同时，美国在华传教士有感于吸食鸦片的恶果，发起了一场反对国际毒品贸易的运动。最终，这场运动得到了美国国会和西奥多·罗斯福总统的支持，后者于 1909 年在上海发起了万国禁烟会（International Opium Commission）。随后，1912 年，在海牙召开的国际会议上，欧洲 9 个国家以及中国、日本、波斯、俄罗斯和暹罗（现泰国）签署了《国际鸦片公约》，一致同意"尽最大努力控制或促使控制所有制造、进口、销售、分销和出口吗啡、可卡因及其他鸦片类物质的行为"。

认识到所有这些国际倡议都在创造新的法律形式，一群学者和律师聚集在一起，成立了一个国际法研究所。1873 年，他们创立了国际法研究院，并创办期刊，供学者讨论新法律的性质，以及这些新法律与早期哲学家制定的法律模式在实质上有何不同。在更为实际的层面上，痛感于当时普鲁士、奥地利和法国之间爆发的战争，很多人希望制定法律来限制国家实施暴力的能力。[9] 国际法学会成员托比亚斯·阿赛尔提倡建构一种全新的国际私法制度，以协调让一国在特定情况下承认另一国法律的规则，主要是在涉及婚姻和商业协议的跨国事务中。1893 年，由阿赛尔发起，第一次海牙国际私法会议召开。在会议上，若干国家的代表同意协调所在国关于结婚、离婚和监护的法律。

亨利·杜南和这些国际法学家都希望通过国际层面的动议来遏制战争，而他们也都为第一次世界大战的血腥恐怖感到迷茫。然而，这场战争也带来了全新的尝试，即创建一个能够确保国际和平的国际组织。来自 32 个国家的外交官参加了巴黎和会，并同意建立国际联合会，也就是所谓的国联，其常任理事国为法国、英国、意大利和日本。[10] 盟约宣称，国联的使命是通过集体安全、裁军、和平解决国际争端等措施来维护世界和平，避免战争发生。国联还在海牙设立了常设国际法院，以解决国家间的争端，该法院最初广受欢迎并得到广泛使用，海牙会议也确认了国际法院有权解释其公约。但国联的目标显然不仅仅局限于此。它也成立了多个机构来应对其他全球问题，并推动新的自由贸易协定。战争极大地增加了飞机的使用，因此，在国联的支持下，一场关于空中航行管理公约的国际会议于 1919 年在巴黎召开，讨论空域主权这一困难但重要的法律问题。国联还成立了国际空中航行委员会，为空中交通、飞机识别和飞行安全制定规则。[11] 1926 年，国联成员国决定加大力度促进各国法律的彼此协调，国际统一私法协会（也就是如今的 UNIDROT）因此成立，作为海牙国际私法会议成果的补充。[12] 该协会也为其他国际组织起草公约，比如国际空中航行委员会。另外，它还为货物销售、商业合同和金融工具制定示范法、基本原则和合同指南。这一组织延续至今，其最新颁布的国际法内容涵盖新兴市场证券、太空资产、卫星系统、采矿和建筑设备，以及历史文物等领域。[13]

　　巴黎和会承接了国际劳工运动的工作，成立了国际劳工组织。该组织致力于限制工人的工作时间，禁止雇用童工，并让船东对影响船员的海事损害承担责任。随后，国联成立了知识产权合作委员会（联合国教科文组织的前身）、难民委员会、奴隶制委员会和常设中央鸦片委员会。另外，国联下设的卫生组织响应此前多次公共卫生领域国际会议的倡议，继续落实霍乱、黄热病和黑死病的防治措施。在这次国际合作的浪潮中，一些国家协会于 1926 年成立了国家标准化协会国际联合会，以制定技术的国际标准，这就是国际标准化组织的前身。

　　和国联同时，红十字国际委员会也在继续其人道主义工作，并每隔几年召开一次国际会议。出席会议的有国家组织成员、政府代表和技术专家。1929 年，该委员会制定了《关于战俘待遇的日内瓦公约》[14]。1922 年，20 个国家人权组织成立了国际人权联盟（FIDH），但它的光芒在很大程度上被红十字会和国际劳工组织的人道主义努力所掩盖。这一时期，将人权视为国际法重要力量的概念尚未成熟。

　　事实证明，第二次世界大战对日内瓦公约的稳定性构成了严峻挑战。1941 年 6 月，德国宣布这些国际公约不适用于其在东方战线（即苏德战争）的作战行动，理由是苏联没有签署这些公约。[15] 但德国领导人仍在口头上支持国际战争法，哪怕他们正在发动一场毫无疑问的种族灭绝战争。他们甚至还设立了一个法律部门，负责讨论敌人所谓的"战争罪行"。这一冲突非但没有削弱人们对国际法的信心，反而鼓励许多人主张采取新措施。面对在英格兰南部爆炸的德军炸弹，从波兰逃亡至此的国际律师赫希·劳特派特仍在畅谈现代世界的"基本和多方面的团结"。在他看来，各国在消除私人暴力和战争方面存在共同利益。第二次世界大战后，他坚持不懈地呼吁承认"反人类罪"，认为应该采取措施加强法治。其他国际法学家则主张制定更为严格的规则来控制暴力和防止暴行。[16]

第二次世界大战后，同盟国作为战胜方，在纽伦堡设立国际军事法庭，以审判纳粹德国的领导人。此时，劳特派特关于承认"反人类罪"的论点受到广泛关注。该国际法庭的决断是，可以根据司法的一般原则对被告进行审判，且这些原则凌驾于任何国内法律和上级命令对被告的影响之上。这似乎导致了国际法的新发展，甚至可能催生国际刑事法庭。但与此同时，同盟国转而考虑成立一个新的世界组织来确保世界和平与全球安全，这就是联合国。早在第二次世界大战期间，关于如何取代国际联盟的讨论就已开始。因为国际联盟显然未能阻止这一眼前的灾难。1945 年 4 月，美国和英国邀请苏联和中国的代表协助召开第一次联合国国际组织会议。在这次会议上，50 多个国家政府的代表起草并签署了《联合国宪章》，宣布联合国这一新生国际组织的目标是维护国际和平与安全、促进国家间的友好关系、推动国际合作和协调相关国际活动。联合国的五大机构之一就是负责和平与安全的安全理事会。各国代表还参加了联合国的外交会议，并在会上制定了关于核武器、裁军、化学武器和地雷的各种国际条约。

1948 年，第三次联合国大会通过了《世界人权宣言》。这次大会还设立了国际法院，以取代海牙的常设国际法院。在纽伦堡审判中英国检方负责人戴维·麦克斯韦·法夫爵士的积极推动下，欧洲国家成立了欧洲委员会，该委员会于 1953 年通过《欧洲人权公约》，并于 1959 年设立人权法院。然而，国际刑事法院并未成立，尽管代表们起初对此满怀热情。联合国的组织结构特点在于承认各国主权和彼此之间签署的国际协议，而不是促进一系列旨在取代各国立法和司法活动的国际法律原则。[17]

与此同时，联合国的一些成员国正在齐心协力地推动建立新的经济秩序。1944 年 7 月，美国邀请了 44 个同盟国的代表，参加在新罕布什尔州布雷顿森林举行的会议。代表们讨论了如何在战后规范国际货币和金融秩序，并起草了建立国际货币基金组织和世界银行的协议。次年，这两个机构都成立了，并且都成了联合国的下属组织。随后，联合国召开了贸易和就业会议，缔结了关税及贸易总协定。关贸总协定降低了跨境贸易关税，并每隔几年举行新一轮谈判，最终于 1995 年成立了作为独立机构的世界贸易组织。联合国大会还设立了国际贸易法委员会，以协调和统一商业安排。与国际统一私法协会一样，贸易法委员会主持制定各项公约，起草了示范法和立法指南。但需要指出，国际统一私法协会和海牙会议都在各自继续开展工作。1955 年，海牙会议将自己确立为一个常设组织，也就是如今的海牙国际私法会议（HCCH）。[18] 联合国还成立了各种附属组织与机构，并与之合作，以协调和规范专门领域的活动。1957 年作为自治机构成立的国际原子能机构和 1947 年作为联合国机构成立的国际民用航空组织就是案例。

除了这些商业和技术项目，联合国也致力于通过专门机构来促进社会和人道主义利益，如成立于 1945 年的粮食及农业组织，以及成立于 1948 年的世界卫生组织。后来，粮食及农业组织和世界卫生组织联合设立了食品法典委员会，其总部位于罗马。该委员会制定国际食品标准，并解决有关消费者安全和保护的争端。1946 年，联合国大会成立了联合国儿童基金会，以向儿童提供应急食品和医疗保健。同年还成立了联合国教科文组织。两年后，在联合国教科文组织总干事的鼓励下，各国政府代表和保护组织联合成立了世界自然保护联盟，该联盟与联合国教科文组织和欧洲委员会协商，公布了一份濒危物种名单。联盟于 1968 年主持制定了《非洲自然和自然资源保护公约》，又于 1974 年制定了《濒危野生动植物种国际贸易公约》。[19]

联合国及其机构赞助的国际会议、公约和组织范围继续扩大。但是，尽管联合国在广泛的领域开展工作，拥有无与伦比的能力，可以将国家和全球组织的代表召集在一起，但它并未垄断国际协议和立法。与联合国一起，其他国际团体和组织继续促进有关国际合作与协调的规则、标准和程序的建立，其中许多是在金融领域。[20]

总部位于瑞士巴塞尔的国际清算银行，肇始于 20 世纪 30 年代的海牙会议。10 个参会国家的代表成立了该银行，以监督德国支付战争赔款。第二次世界大战后，国际清算银行与国际货币基金组织合作，承担起稳定各国货币的任务。此后，在 20 世纪 70 年代，随着国际金融市场的快速增长，以及德国和美国主要银行的倒闭，来自十国集团（最初联合创立国际货币基金组织的国家）的中央银行行长们创建了巴塞尔银行监理委员会。该委员会与国际清算银行合作，将世界各地的银行监管机构整合在一起，就共同的规则和标准达成一致。在接下来的几十年里，国际清算银行倡导成立了诸多国际委员会，以促进金融和银行标准的建立与维护。它也与国际保险监管协会合作，为保险业制定标准。2008 年，全球信贷危机促使 19 个国家和欧盟组成了二十国集团，以促进金融稳定。这一组织在很大程度上取代了十国集团。

此时的瑞士巴塞尔已成为全球金融监管的中心，但国际金融倡议仍在不断增加。总部设在马德里的证券委员会国际组织监管着全球的证券和期货市场。1989 年，由全球七大发达国家经济体组成的七国集团成立了反洗钱金融行动特别工作组以打击洗钱。2001 年，14 个国家和地区的竞争执法机构共同建立了国际竞争网络，以促进竞争法主管部门之间的国际合作。

安全问题也导致了一系列国际倡议，比如在苏联解体后，其前加盟国有不少都加入了美国主导的《关于常规武器和两用物品及技术出口管制的瓦森纳安排》。2003 年，在美国总统乔治·布什的倡议下，一些国家同意签署《防扩散安全倡议》，并遵守其关于大规模杀伤性武器信息共享的原则。为了应对国际贸易中存在的道德问题，联合国继续促成具体的制度安排。例如，对血钻贸易的担忧，导致了金伯利进程证书项目在 2003 年出台。类似的情况还有监督竞争网络的区域机构，包括 1969 年在南美成立的安第斯共同体、1989 年成立的亚太经济合作组织，以及 1993 年成立的非洲商法协调组织。[21]

有些时候，为了共同应对全球性的问题，不同的组织会开展并行项目。例如，在 20 世纪 90 年代，随着全球经济衰退和部分知名公司破产，破产的跨国影响变得尤为突出。截至 1999 年，亚洲开发银行、欧洲复兴开发银行、国际货币基金组织、世界银行和国际贸易法委员会都已制定了不同的跨国破产规则。[22] 但到了 2012 年，国际贸易法委员会确定了一套关于跨国破产的单一规范，该规范目前得到所有其他组织的承认。在另外一些时候，国际组织会努力协作，汇聚各方力量。例如，2015 年，联合国国际贸易法委员会、国际统一私法协会和海牙国际私法会议启动了一个雄心勃勃的项目，以协调国际销售法规则。[23] 与此同时，数个国际组织都响应了保护文物和将被盗文物归还所在国的倡议。联合国教科文组织为文化财产交易商制定了一项国际道德准则，而国际博物馆协会则列出了失踪和非法转移文物的清单。[24]

上文提到的这些国际组织大多数由国家代表和国家监督机构的成员主导，或至少受其影响，但私营组织也在制定国际协议和规则。例如，1985 年，衍生品交易商群体成立了国际掉期和衍生工具协会，为相关交易制定标准合同和语言形式。2008 年，来自不同国家的若干财富基金经理成立了主权财富基金国际论坛。与国际钻石生产商协会一样，这些国际组织制定了一系列标准，以确保相关实践达到最佳水平。此外，许多行业也成立了行业协会，如国际航空运输协会。这些协会可以对不同行业的监管发挥重要作用，例如国际人用药品注册技术要求协调理事会就同时吸收了制药厂商和国际监管机构的成员。上述所有组织的目标都是让国际交易更加顺畅，建立信任，并提供解决争端的手段。这些目标与500年前创造国际贸易标准合同和规则的中世纪商人所努力的方向，并没有太大区别。

一些研究人员和法学界人士对这些国际规则和协议的泛滥感到担忧，并表示为这些规则排列优先顺序非常困难。[25] 其他人则关注贸易协会制定的非正式法律，探讨如何使其更民主、更负责任。但这些担忧大多源自对国家法律理念的坚持。不可避免的是，仍然会有组织临时成立，也会有条约和流程被临时制定；而它们的努力对全球发展是必要的。

目前，放眼全球，互联网的重要性毋庸置疑。而它的发展正是一个典型的案例。互联网最初由创建这一信息系统的工程师和研究人员管理。1986年，在美国政府的支持下，这些研究者成立了互联网工程任务组，为互联网的发展制定技术标准。然而，出于对更广泛问题的担忧，部分互联网先驱于1992年成立了一个新的组织，即互联网协会，目的是促进网络世界的自由、公平、普遍和稳定发展，以及让所有人都能受益于此。互联网工程任务组在互联网协会的支持下运作，并继续召集工作组。大多数情况下，这些组织的成员会通过协商达成共识，进而制定新的标准。与此同时，互联网协会在全球范围内吸收成员，其会员规模发展到包括10多万个组织和个人的程度。互联网创始人之一蒂姆·伯纳斯·李还建立了万维网联盟，该联盟提供了另外一个讨论技术标准的重要途径，并定期为互联网工程任务组和互联网协会提供咨询。以上的三大组织都与国际标准化组织和国际电工委员会开展合作。

域名系统是互联网用户之间最大的争议来源之一，也是互联网组织的一个主要争议点，该系统负责为用户可以创建和管理的网站名称分配数字地址。[26] 最初，这项任务由一名居住在加利福尼亚州的个人执行。直到 1998 年，美国商务部国家电信和信息管理局才宣布将通过成立国际域名和网络分配公司来改进该系统。从技术角度而言，这是一个国际非政府组织，由全球董事会管理，根据与美国商务部和互联网工程任务组的合同执行域名分配。成立一年后，国际域名和网络分配公司最终制定了统一的域名争议解决政策，其中包括确定域名滥用和恶意注册的标准，也就是所谓的"网络抢注"。一些学者将这类政策及其应用称为"互联网法"。实际上，国际域名和网络分配公司鼓励用户求助于成熟的仲裁服务。[27]

直到 2016 年，国际域名和网络分配公司的运作仍然依靠一种独特的公私合作模式，而美国政府通过国家电信和信息管理局对其使一定的控制权。但 2013 年，国际域名和网络分配公司、互联网工程任务组和互联网协会在一次会议上共同呼吁实现国际域名和网络分配公司的"全球化"，而参会代表们决心创造"一个包括所有政府在内的所有利益相关者平等参与的环境"。[28] 事实证明，这一过程漫长且复杂，但最终美国国家电信和信息管理局将其控制权让给了一个总部位于加利福尼亚州的非法人协会，该协会由国际域名和网络分配公司内部的支持组织和代表终端用户的组织组成。[29] 此后，更多的国家政府开始参与互联网管理。然而，围绕着 2003 年和 2005 年信息社会世界峰会和 2012 年国际电信世界会议的决议，进行了漫长的谈判。许多参与者选择宣传自己的指导方针、示范法和一般原则。[30] 透明度、问责制和公平性的理想，只能慢慢融入这一国际监管体系。

国际体育领域也存在国际机构和仲裁程序。[31] 1904 年，7 个欧洲国家共同成立了国际足球联合会，以监督国际足球比赛。该联合会很快扩展到欧洲以外的地区，在十年内便先后增设了南非和美洲足球协会。如今该组织负责筹办主要赛事，尤其是世界杯（1930年首次举办）。国际足联还执行一系列竞赛规则，而这些规则由英格兰、苏格兰、威尔士和爱尔兰足协于1886年创建的国际足球协会理事会负责制定。到目前为止，该理事会超过半数的成员依旧来自上述足协。

在国际足联创建的这个时期，法国教育家、历史学家顾拜旦男爵也成立了一个小型委员会来组织现代奥运会，这便是国际奥林匹克委员会的开始。在1896年雅典奥运会成功举办后，国际奥委会得以延续。该组织自行选举成员，目前约有100名来自不同国家的委员。国际奥委会承认各国和各地区奥林匹克委员会，并为这些组织的章程和活动制定规则。它还为每届奥运会设立组织委员会。这些组织与各个单项运动的国际联合会一起组成如今的"奥林匹克运动"。

1984年，国际奥委会设立了体育仲裁法庭，审理与奥运会有关的争议。但兴奋剂问题很快就成为全球体育界需要共同面对的一大难题。1989年，欧洲委员会制定了《反兴奋剂公约》。该公约包括一份违禁物质和违禁方法清单，还制定了相关法规，打击所有体育运动中的药物使用。十年后，国际奥委会召开国际会议，该会议承认了"打击体育运动中的兴奋剂使用"的重要性，并成立了世界反兴奋剂机构。[32] 2004年，世界反兴奋剂机构制定了《世界反兴奋剂条例》，以协调全世界所有体育项目和各个国家的反兴奋剂立法。

与此同时，国际奥委会已将体育仲裁法庭转变为独立机构，由专门的国际理事会管辖。该法庭的管辖范围也从奥运会扩大到所有国际体育项目。[33] 体育仲裁法庭的大量工作都与兴奋剂指控有关，特别是在世界反兴奋剂机构成立之后。每逢奥运会，该法庭都会异常繁忙，甚至不得不在2016年夏季奥运会前几天召集一个特别法庭来审理刚刚曝光的兴奋剂案件。但它也会处理其他案件，比如运动员性别验证的争议、直布罗陀能否加入欧洲足球协会联盟的问题，以及北爱尔兰足球协会和爱尔兰共和国足球协会之间关于球员代表哪方出战资格的分歧。

　　这些国际组织都制定了类似法律的规则和原则,如果有实际需要,它们还会设定仲裁法庭,而不是等待各国政府签订国际协议。这些组织往往与各国官方组织有往来。如果国家政府不承认它们的规则和决定,许多国际组织将难以运作。例如,在《世界反兴奋剂条例》出台后,联合国教科文组织又于2005年制定了《反对在体育运动中使用兴奋剂国际公约》。大多数国家很快批准了该公约,同意受该公约规则的约束。另外,国际奥委会也是联合国的观察员。但还有许多有影响力的规则、组织和程序是在没有政府官方代表参与的前提下创立的。其中不乏颇有影响者,有的组织甚至可以有效地控制某些重要的全球资源,比如国际域名和网络分配公司。

　　制定国际法需要时间和努力,即使是联合国公约和多边条约的影响力也不一定能覆盖全球,[34] 比如在汇率的调整上,有些国家就会与国际货币组织的倡议不同。不过,哪怕缺乏执行机制的支持,许多协议和规则仍然是有效的。这些国际组织制定了种种规则,比如关于域名注册的规定。它们也制定了技术人员和其他用户必须承认的标准。像国际奥委会、钻石生产商协会和国际域名和网络分配公司这样的机构必须处理纠纷,建立仲裁机制,制定程序规则,以解决不可避免的公正和公平问题。

　　学者继续对这些全新法律体系的目的和效果表示担忧。他们认为,大量国际组织为了新的全球精英的利益而支持国际资本主义,而这些促进自由贸易、国际金融制度和经济自由主义的法律体系,以及为武装干涉别国事务的举措辩护的法律体系,正在创造一种新的帝国秩序。[35] 这些学者指出,即使是那些有明确理想主义目标的法律,或是那些促进人权和正义的法律,也往往代表西方的价值观和理想。自"冷战"结束以来,关于人权的言论爆炸性增长,而这可能导致外来的价值观被强加给其他地区。这种反思不无道理。

　　第二次世界大战结束后,《世界人权宣言》和《欧洲人权公约》带来的狂热退潮,对"以权利作为国际法律秩序基础"的信念荡然无存。联合国仍致力于制定尊重公民权利和政治权利的法律,并于1966年通过了《公民权利及政治权利国际公约》,以及与之并行的《经济、社会及文化权利国际公约》。但美苏之间的"冷战"给这些倡议蒙上了阴影,1968年,纪念《世界人权宣言》20周年的国际会议在德黑兰举行,这场会议被许多人认为是失败的。以色列和多个伊斯兰国家在会上爆发激烈论战,而这显然无助于问题的解决。

　　20世纪70年代末,人们对人权重新产生了兴趣。联合国先后制定了《消除对妇女一切形式歧视公约》(1979)《禁止酷刑和其他残忍、不人道或有辱人格的待遇或处罚公约》(1984),以及《消除基于宗教或信仰原因的一切形式的不容忍和歧视宣言》(1981),《儿童权利公约》(1989)等国际法文件。美国总统吉米·卡特在外交政策上的伦理愿景鼓舞了不少社会运动,令它们再次努力推动国际人权事业,这反过来又重新激起了国际法学界的兴趣。[36]"冷战"结束和苏联的解体,进一步激发了对人权理念的热情。社会运动成功地推动了一系列国际公约和宣言的通过,包括《在民族或族裔、宗教和语言上属于少数群体的人的权利宣言》(1992)、反对种族主义的《德班宣言和行动纲领》(2001)、《残疾人权利公约》(2006),《联合国土著人民权利宣言》(2006)和《农民和其他农村地区劳动者权利宣言》(2018)。另外,联合国还在1986年通过了《发展权利宣言》,并在2014年发布的《人权事务委员会第35号一般性意见》中提到对性少数群体权利的保护。[37]1993年,联合国人权委员会成立。这就是如今联合国人权理事会的前身。世界各地的倡议组织都会在辩论和运动中援引人权的概念,以促进对少数民族、难民、囚犯、战争受害者和人口贩运受害者的更多保护。

　　在实践中,许多人权公约和宣言的原则都难以落实。这些原则既笼统又模糊，也缺乏法院和有效国际机构的支持机制。例如，联合国颁布的《禁止酷刑和其他残忍、不人道或有辱人格的待遇或处罚公约》要求签署国将所有酷刑行为定为刑事犯罪并提起公诉。在1988年签署该公约时，英国的确根据当时的《刑事司法法》正式确立了酷刑罪。[38] 然而，在接下来的30年里，没有英国公民被控实施酷刑，而唯一被定罪的是一名在阿富汗犯下相关罪行的阿富汗"军阀"。在2003—2004年的伊拉克战争期间，一群英国士兵在巴士拉将一名伊拉克囚犯殴打致死，但即使如此，英国检察官在起诉这些士兵时，仍然选择指控他们犯下其他罪行而非酷刑罪。相对而言，过失杀人、不人道待遇、殴打和实际身体伤害等罪名，远比概念模糊的酷刑罪更具体、更容易证明。

并不是所有人都相信"人权"的说法。虽然"人的权利"（les droits de l'homme）的概念在法语世界根深蒂固，但对许多说英语的人来说，这个短语出现在20世纪40年代的联合国会议上时，它听起来很新鲜，也很陌生。[39] 沙特阿拉伯代表团向《世界人权宣言》起草委员会提出抗议，称该委员会的成员"在很大程度上只考虑了西方文明承认的标准"，而委员会的任务并非"宣布一种文明优于所有其他文明，或为世界所有国家建立统一标准"。沙特人特别关注宗教自由的保障，以及妇女选择婚姻伴侣的权利。[40] 人类学家也对"普遍权利"的概念提出了强烈批评。1947年，美国人类学协会主席警告说，推广"普世价值"观会鼓励人们忽视文化差异，导致人们对那些不以人权为思考基础的思想和理念缺乏尊重。[41] 自那时起，就有许多人指责人权法及其拥护者将西方文化价值观强加给根本不属于这一概念的族群或场域。1993年，在维也纳举行的世界人权会议上，几个亚洲国家的代表重启了这一辩论，要求独特的"亚洲价值观"也得到尊重。[42]

对"普世价值"的批评不无道理。许多锐意创新的人权律师相信西方文明及其价值观的优越性。在给《纽约时报》的一封信中，有人甚至将 1966 年的《公民权利及政治权利国际公约》描述为"对西方价值观和我们（美国）意识形态的致敬"[43]。历史上，即使在西欧，寻求捍卫自身利益和生计的人也未曾使用所谓权利的概念。例如，在近代早期的英国，穷人会根据《济贫法》赋予他们的权利请求救济，但他们不会使用"权利"的话语体系，大多数人甚至从未提及他们曾意识到所谓的权利。[44] 即使在今天，一些地区的村民在社区内外的谈判中，也不会诉诸任何权利概念。[45] 佛教徒被教导以复杂的哲学方式否认自我的本质及其情感，而这同样无法与将个人视为权利主体的理念共存。然而，人权的语言体系却在激增。1994 年，当尼泊尔的藏传佛教徒为建立一个世俗而非印度教的国家而游行时，他们举起了写着"世俗主义是一项人权"的横幅。[46] 这些佛教徒自称是享有权利的人，尽管他们信奉的宗教教导他们否认对世俗事物的依附。

　　一直以来，这都是人权运动的悖论之一。尼泊尔佛教徒利用人权的概念来吸引国家的注意，这可能是因为他们也意识到这种语言的国际通用性。然而与此同时，他们也能毫不费力地将政治论点中的工具性语言与他们用来谈论自己作为佛教信徒的概念分开。从亚马孙雨林到非洲大草原，世界各地的原住民群体都在引用《联合国土著人民权利宣言》中的话，主张他们享有所谓"自决权"。[47]20 世纪 80 年代，在夏威夷爆发的一场主权运动已经开始使用权利的术语。土地冲突和新的文化意识觉醒，促使所谓"夏威夷族"（Kanaka Maoli），也就是 18 世纪来到该岛的波利尼西亚人的后裔，发起了反对美帝国主义的运动。在这一运动中，他们很快开始引用联合国文件和人权宣言中的表述。该运动的成员在 1993 年组织了一个法庭，以"审判"美国对其主权国家的侵占。在该法庭上，检察官根据夏威夷族的法律指控美国，并援引国际条约、美国宪法和联合国宣言。夏威夷族使用其他国家的当权者也能理解的话语，是为了利用西方法律的形式来引起人们对这一斗争的关注。

　　许多这类运动都是由受过教育的精英领导的，他们能够自如地使用国际法的话语体系。但还有一些人继续抵制他们眼中的西方帝国主义，特别是在伊斯兰世界。他们往往特别在意促进妇女权利和平等的议题，认为这与他们的宗教价值观相矛盾。然而，世界各地的原住民、边缘化族群乃至贫困人口，已经开始意识到人权话语的力量，并纷纷加以采用。这可能不是他们最初讨论自己的利益和问题的方式，但这是一种当权者可以听懂的语言。

　　在国际舞台上，人权法一次又一次地成为有力的辩论工具，而这就是法律通常的运作方式。诉讼当事人求助于律师，将他们的主张转化为法官能听懂的论点，即使这有时似乎会扭曲当事人的故事，遗漏当事人最关心的事情，并且使用的是当事人几乎听不懂的术语，而且这在国内法院和国际环境中都会发生。然而，国内法院的诉讼当事人的主张通常是实际的诉求，而在世界舞台上诉诸人权法的当事人往往试图进行道德意义上的辩论，以便在长期的社会改革运动中获得关注。事实上，一位参与1948年《世界人权宣言》起草委员会的黎巴嫩哲学家为禁止酷刑条款的模糊性辩护，认为这主要是一种道德声明。他表示，借此将有国际文件留下白纸黑字，"纳粹德国的非人行为让有良知的人类震惊不已"。[48]

　　相比之下，互联网先驱在立法时更多地考虑到实现国际协调的实际目标，而人权活动人士的立法主张则是在使世界变得更美好的长期运动中做出道德声明。不过，二者都发现，创建明确规则的简单方法，为他们提供了强大的资源。

　　"冷战"的结束，以及人们对人权的重新关注，促使活动人士重新提出设立国际刑事法院的想法。为对1991年爆发的巴尔干战争期间犯下的暴行作出回应，他们说服联合国设立前南斯拉夫问题国际刑事法庭。[49]在此后的24年中，前南问题国际法庭受理了对161名参与冲突者的起诉，从普通士兵到将军和警察指挥官，一直到塞尔维亚总理斯洛博丹·米洛舍维奇。该法庭总共进行了 110 次审判，90 人被判有罪。随后，联合国又在 1994 年成立了卢旺达问题国际刑事法庭。最终，常设国际刑事法院在 2003 年成立，其审理范围包括战争罪、种族灭绝罪、危害人类罪，以及侵略罪。

这些对国际法和国际法院产生的新热情，有一部分凝聚在"过渡司法"的概念上，2001 年，活动人士在纽约建立了过渡时期司法国际中心。该组织呼吁，在从冲突或国家镇压"过渡"至民主政权的国家，采取措施"纠正大规模侵犯人权行为的遗留问题"。它推动刑事起诉、受害者赔偿、机构改革和真相委员会的建立，以此在权利的层面弥补受害者，让他们"看到犯罪者受到惩罚，了解真相，并获得赔偿"。[50]但事实证明，以战争罪起诉任何人都是出了名的困难。2007 年，在总统选举期间，肯尼亚发生暴力事件，造成 1000 多人死亡。此后，肯尼亚国内外的活动人士都极力主张应将肇事者绳之以法。国际刑事法院检察官随即宣布反人类罪不应"逍遥法外"，并承诺除非肯尼亚自己的司法系统采取行动，否则将对主要犯罪者提起诉讼。他们也确实对几名前政客提出了指控。肯尼亚政府表面上与国际刑事法院合作，但在两名被告当选为该国总统和副总统后，检察官发现收集证据变得更加困难，诉讼也停滞不前。[51]

尽管遭遇了这样和那样的挫折，在战争和冲突后，热情的活动人士仍在推动正义的实现。他们试图追究加害者的责任，并为受害者争取赔偿。在哥伦比亚、卢旺达和塞拉利昂，相关团体为战争罪法庭成员提供咨询，启动受害者帮扶项目，并促进罪犯改过自新。这些活动人士满怀热情和希望，但这些活动收效甚微。在塞拉利昂，该国的内战历时 11 年，直到 2002 年才结束，而参战者大多不愿意参加真相与和解委员会，因为他们害怕被起诉。[52]虽然内战双方签订的和平协定宣布实行大赦，但联合国宣布，赦免的范围不包括任何犯下种族灭绝罪、危害人类罪或其他严重侵犯人权罪者，因此没有一名参战者愿意冒这种风险。后来，一名联合国代表宣布塞拉利昂的真相与和解委员会是成功的项目，但在实践中，当地社群所制定的、让参战者重返社会的战略，与过渡司法规范所要求的程序往往分歧巨大。塞拉利昂人更关心这些前军人是否会成为良好的社群成员，而不是追究他们在战争中的责任。由此，过渡司法的理想与当地社群的实际关切并不相符。

　　当追求和平和维护正义的要求产生冲突，相关的国际运动内部也出现了紧张局势。在南非的真相与和解委员会，这一问题得到了充分且细致的讨论。无论在何处，和平缔造者都继续面临着两难境地：应该推动大赦，还是发起刑事诉讼？自1999年以来，联合国为冲突解决进程的参与者颁布了一系列准则，包括收到国际刑事法院逮捕令者应当受到何种待遇。[53] 为了通过谈判解决这些困难，国际组织制定了所谓的"和平法"，试图根据人权法、人道主义法和国际刑法为和平进程制定准则和指导方针。[54] 无论这一称呼是否使用了正确的术语，至少有一个追求在冲突后维护正义的国际网络正在努力制定普遍适用的规则和标准。无论这些倡议面临着怎样的实际困难，人们对法律和法律程序的力量仍然坚信不疑。

＊　＊　＊

　　以有效的侦查、审判和惩罚手段为后盾并旨在维护社会秩序的刑法，无疑是现代国家的重要成就之一。刑事立法和司法与旨在规范社会生活诸多方面的详尽法律一起，为新的社会方案奠定了基础，并且促进了经济发展。世界各国都在声称自己才是和平、秩序和繁荣的源泉。但是，我们所生活的这个世界被整齐地划分为民族国家，每个民族国家都有享有政治与司法主权，这堪称世界历史的一个相对较新的发展阶段。早在商人为长途贸易制定实用的规则和工具，以及传教士试图引导他们的追随者沿着上帝为世界制定的道路前进时，法律就已跨越国界。在现代世界，国际组织基于务实目标制定规则，希望能促进大型网络之间的协调和监管。与此同时，还有许多活动人士努力推动若干理想主义目标的倡议，希望能让这个世界变得更为美好。

专制统治者经常打着法律的旗号实施控制、压迫和排斥。借由国际公约来限制严重的暴行似乎只会无功而返。但联合国通过的决议，作为一种国际谴责的手段，让即使最死硬的独裁者也不能完全熟视无睹。在国际舞台上，许多法律的价值并不是如何实际约束政府权力，而在于其所代表的意义。人权和相关的国际法是道德宣言。之所以会有许多人认为这些声明具有号召力和影响力，是因为它们用白纸黑字将冲突、歧视、伤害和压迫的混乱现实表现出来。任何想要让自己的观点被听到的人，都可以援引这些国际法中的概念。同样，尽管对反人类罪的起诉与定谳困难重重，人们还是对于这类国际刑事审判乐此不疲，因为它们具有重大象征意义。在这一切的背后，隐藏的正是对法律能力的持续信念，即相信法律能带给我们一个更有序、更文明的世界。法律的可能性，远远超过了现代国家的规训权力和执行机制。

结论

众法之治

　　法律是一种看似简单的世界秩序形塑手段。它明确地表述了我们用来描述自己所生活的社会应该如何运作的一般规则，以及支持法官做出司法裁决的具体规则。当古代美索不达米亚国王在泥板上刻下条文，以及中国立法者在竹简上写下刑罚，他们也是为了做到这些。这些古代统治者的法律是一种不露声色的声明。但是，一旦它们被明确地表达，并且触及大众，这些古代立法就为一种全新的社会秩序创造了可能。这些关于赔偿、惩罚和责任的务实表达，承诺为社会公众带来更为公平的社会秩序。它们阐明法官应该如何裁决案件，明确国王制定规则的权力，并指导官员如何进行惩罚。通过明确规则，立法者将自己的话语变成了法律，而法律本身也成为一种独立的社会力量。

　　早期美索不达米亚立法者的社会抱负，与古代中国统治者的治世理念大不相同。中国统治者的治世理念，也与印度教婆罗门的立法初衷存在差别。在美索不达米亚，当越来越多的债务威胁到社会稳定，乌尔纳姆随意地起草了关于犯罪和赔偿的规定，比如"如果一个男人与他的原配妻子离婚，应向她支付一量度（约430克）的银币"。这一做法显然意在强化其为子民伸张正义的承诺。在战国末期，面对仍然四分五裂的人心，秦国统治者制定了严刑峻法，将其作为规训民众、确保帝国统一的手段。在恒河平原，婆罗门精心编制教法文本，将信众的基本规则与达摩的原则结合起来，并借此确保自己是位于社会等级制度顶端的精英，甚至在宗教层面拥有高于国王的地位。上面提到的三个立法范例分别基于不同的基本原则：在美索不达米亚是正义、在中国是纲常，在印度则是责任。但无论哪种范式，都为后来制定的几乎所有法律制度奠定了基础。

中东法律传统拥有最悠久、最深远的影响。美索不达米亚制定的法律相继启发了以色列祭司、希腊和罗马公民，最终是伊斯兰教法学者。后来，罗马法影响了整个欧洲的立法。彼时，犹太和伊斯兰的法律传统已经走上完全不同的道路，但它们的源头仍然可以追溯到乌尔纳姆对其人民的承诺。与此同时，印度教的法律已经被婆罗门传播到整个东南亚地区。佛教学者甚至照搬印度教法，用来为自己的国王创立律法体系。历代中国皇帝都依靠立法来维系与日俱增的帝国版图，并指示中央帝国的各级官员用同样的法律来管理生活在偏远疆域的各色人等。这些法治传统沿着不同的道路延续了两千多年。仅仅在过去的几个世纪里，西欧地区制定的法律才几乎主导了整个世界。

在上述发展过程中，生活在不同时空的人都在输出、输入、借鉴、移植彼此的法律及司法范式。微型社群，甚至部落成员，都抓住了这种技术带来的可能性，并将其用于多种目的。中世纪的犹太商人利用法律来规范他们的贸易关系；爱尔兰的书记官快乐地写下以蜜蜂养殖为主题的复杂法学文本；柏柏尔人村民起草村规来规范结婚庆典和水井的使用；伊斯兰教法学者创造了短小精悍但深奥难懂的法学杰作；还曾有一位亚美尼亚牧师制定法典，试图保护本族人民免受塞尔柱王朝法官的伤害。不过是阐明一般规则这样的简单行为，却可以通过多种方式使人类社会变得井然有序。

＊　＊　＊

在最基本的层面上，法律提供了维持社会生活秩序的手段。世界各地的法律制度都惩罚谋杀、规定对伤害的赔偿、规范婚姻和继承、免除债务人的责任，以及保障子女的抚养。人们生活在一起，就会产生这些问题。大多数法律还规定了财产交易和贸易关系的规则。法律帮助政府与商人协调和规范各自致力实现的目标：它既指导我们如何在开车上街时避免事故，也为国际技术制定统一标准。但并非所有法律的生效都需要直接执法手段的支持。达吉斯坦的村民没有警察或监狱，但他们也制定了规则来规范公共财产的使用。大多数中世纪商人尊重商业法庭的裁决，即便他们本可以轻而易举一走了之。哪怕在当今世界，没有直接执法权的国际贸易组织，同样颁布了希望其成员遵守的标准。

统治者之所以求助于法律，是因为他们将臣民、事物和人类活动划分成不同的类别和阶级，并规定其间的关系，从而更广泛、更有效地治理国家。统治者用法律来定义什么行为算得上犯罪，以及怎样才是适当的惩罚；规定如何出售、租赁和继承财产；明确具有约束力的合同或有效婚姻的条件；确认社会等级，明确权利与身份归属，并阐明不同阶层的人的不平等权利和义务。通过这些方式，法律支持着纪律、等级和集权控制的制度。

但规则不仅仅是维持社会秩序或政府治理的实际手段。法律还象征着立法者希望实现的社会，向人民承诺正义和公平。它是实现具体目标的手段，更是一种文明的愿景（通常是统治者或神职人员许下的宏愿）。在中世纪早期，欧洲国王及其顾问照搬罗马法所使用的高级拉丁语表达，并将这些古老法律导致的不合逻辑的结果小心地书写在珍贵的羊皮纸上。缅甸的法学家也照搬了印度教婆罗门创作的法经，尽管种姓差别在佛教社会中并无太大意义。虽然这些法律可能不切实际，但仍然十分重要。它们是对理想愿景的表达，而不是实用的指南。后来者试图复制早前更伟大的文明，或重现历史上盛世政权的秩序。这些法律反映出人们理想中的宇宙观，并创造了文明世界的愿景。

普通人也出于各种原因求助于法律，且他们往往也在追求正义。居住在阿特拉斯山脉的柏柏尔族村民反复将他们与邻近村庄的争端提交给当地法官，以证明自己对水源的权利更为优先。在中世纪的开罗，也曾有两名犹太女孩坚持要在犹太会堂审判自家兄弟的不公行为。法律指明了正确的行事方式。当英国农民在庄园法庭上审判邻居时，他们会照搬国王法庭的法律程序。而印度工匠协会也会制定规则来规范成员制作产品的工艺标准。对于在遥远的土地上建立贸易殖民地的亚美尼亚人来说，法律关乎身份问题。法律代表了更为先进的秩序和文明世界，这就是为什么生活在撒哈拉腹地图亚特小绿洲的农民会采用复杂的伊斯兰教物权法，即使这意味着他们不得不把驴子分成几部分出售。法律提供了一种得体的语言系统，且时至今日，仍然如此。同样，法律也给人们提供了用来反对不公、压迫并抗争强权的话语体系。早在公元前 5 世纪，在要求制定有关债务和惩罚的法律时，罗马公民就意识到了这一点。这既不是他们第一次追求法治，也不是最后一次。使用抽象概念表述一般规则的简单技巧在理念的层面创造了秩序，而这种秩序可以成为正义的有力象征。

在最强大的法律体系背后，通常隐藏着关于神权、宇宙秩序或自然法的意识，而统治者一概承诺要通过立法来防止或纠正混乱和不公。中国的皇帝声称，作为天子，自己代表和平与稳定，而臣民需要受到纲常法纪的约束。印度国王为婆罗门提供资金，后者坚持认为印度教徒需要按照达摩的要求行事，以避免悲惨的轮回重生。世界各地的现代国家在为刑罚制度辩护时都强调，如果不惩罚罪犯，就会出现混乱与脱序。我们仍然继承了霍布斯的观点，即认为没有国家约束的人生是"孤独、贫困、污秽、野蛮而又短暂的"。[1]

各地的统治者都声称要促进和平、秩序和繁荣，并坚持认为只有人民跟随他们的脚步，并给予他们足够的权力，他们才能更好地追求这些目标。颁布法律是明确这些目标的一种手段，它明确了统治者将如何管理资源、遏制犯罪、重新分配财富，或实现目前公众想象中的任何目标。

仅仅用了三百多年，法律就已经和民族国家紧密地联系在一起。如今，西欧的法治模式与话语体系主导着世界。当然，国家体系并不像我们的政府希望我们相信的那样全面、有效或连贯。微型社群继续按照自己的规则生活；穆斯林遵循他们的穆夫提给出的法律指导；国际组织则制定了一系列规章，将不同国家的人民团结在一起。但欧洲统治者将规训实践、务实技巧和理想主义愿景结合在一起，创造了一个强大的法治模式，这些要素源自美索不达米亚、中国和印度的最早立法者的创新。这一法治模式蕴含着关于自然法和人性的朴素思想。随后，经济、技术和军事实力的跃进，让欧洲列强得以将自己的法律输出到世界各地。欧洲人声称他们将为其他地区的原住民带来"文明"，并清除过时的"专制"或"原始"统治模式。到了 20 世纪，这已成为某种约定俗成的国际秩序愿景：经过适当程序选举出来的政府将促进和平与繁荣，维护民主，尊重人权。这在很大程度上相当于中国皇帝所援引的宇宙秩序和印度教婆罗门所阐述的教法秩序，后两者正是殖民列强迫切地想要取代的。

* * *

通过种种承诺，历史上的统治者制定了其臣民可以信赖的法律。而且，尽管最专制的统治者采用了惩戒手段，许多普通人仍然相信法律的力量能够创造公正的社会秩序。希望通过新法律来遏制腐败官员权力的不仅仅只有公民大会上的罗马公民。中世纪的法国农民很快就意识到了在法庭上对抗领主甚至子爵和主教的可能性，并且抓住了机会。不顾当地的世俗统治者的干涉，甚至无视了伊斯兰教法长老谢赫的威势，达吉斯坦部落制定了自己的法律。20世纪初期的藏族牧民仍然声称部族习惯的效力优先，这让来到此地的俄罗斯旅行者都深感震惊。夏威夷民族主义者甚至成立了自己的法庭，以审判美帝国主义的殖民侵略罪行。

　　法律本身并无善恶倾向。历史上，许多法律的制定都带有追求私利、玩弄权术的色彩。日耳曼国王在立法时觊觎的是罗马皇帝的权力和地位。汉穆拉比作为冷血无情的战争狂人，想通过立法来给后世留下一个良好的形象。制定法律的宗教权威及其治下机构经常为了自己的利益而积聚权力和资源。威权主义领导人则经常引用法律来使他们的行为合法化。当代政府试图让我们相信，他们对危机的掌控能力远比实际情况更大。文明、能力和人权的愿景，可能只是野心和贪婪的屏障，或者只是追求权力的遮羞布。但是，只有当人们相信这些所谓的法治愿景所投射的价值观时，它们才会起作用。一旦法律明确阐述了人们相信的愿景，它们就可以被用来抗衡任何对其视而不见的当权者。而这，便是法律既能赋予权力正当性又能限制权力的根据所在。

　　一旦法律条文变得明确，人们就可以援引、依赖或直接使用这些规则来反对腐败和规则的滥用。汉穆拉比宣称，任何人都应该能够在自己所留下的石柱上阅读法律，并据此寻求正义的救济。他还描述了任何藐视这些规则的继任者都会受到的可怕诅咒。这种对法治的阐述可谓生动。法律专家几乎总是能够对抗政治权力。印度婆罗门信奉达摩至上的愿景，甚至认为自己可以依据教法来罢黜国王。在中世纪的欧洲，教皇声称有权界定国王的世俗司法权。在伊斯兰世界，虽然强大的哈里发支持伊斯兰宗教法官卡迪，但作为教法学者的穆夫提将自己与世俗权力区隔开来，并主张自己拥有更高的权威。如果想获得民众的支持，哈里发和卡迪就都必须尊重穆夫提给出的法律意见。哪怕是在 2003 年，离群索居的穆斯林权威学者阿里·西斯塔尼都能够果断地干预伊拉克冲突，坚持要求成立民选政府，这让原本只想任命一个傀儡政府的美国当局颇为尴尬。欧洲殖民者通过所谓法治来管理他们占领的土地，他们几乎无视当地自古以来的法律和习俗、公平或正义，强行推广自己国家的法规。事实上，殖民者经常将原住民排除在法律的保护范围之外。但最终，原住民精英能够将这些新的法律原则转化为反对殖民者的利器，并提出强有力的独立论据。如果法律阐明了统治者对世界的看法，并使其权力合法化，那么法律也可以被用来遏制或推翻统治者的权力。

这就是为什么在人类历史的进程中，政治权力的行使者和声称有权解释法律的学者与法官一再剑拔弩张。在英国，爱德华·柯克爵士向詹姆斯一世提出挑战，宣布国王无权解释法律。柯克的所作所为，为在 4 个世纪之后任职于英国最高司法机关的布兰达·黑尔提供了范例——她裁定鲍里斯·约翰逊首相领导的英国政府为了实现脱欧目标而采取的延宕英国议会议事的手段属于非法。[2] 当法官宣布政府的行政措施违法，那些强大的政府当然会感到愤怒。没有统治者喜欢权力受到约束，但在历史进程中，法律仍然一再被如此运用，周而复始。

* * *

法律可以使社会愿景变得具体而明确，让所有人都能耳濡目染、感同身受。它可能是国王君主、宗教精英、社群或国家的承诺，也可能是他们寻求合法权力的手段。但一旦明确，这一愿景就获得了生命。规则和司法判例的公布，让它们变得固定，进而获得权威性。这就是为什么法律既可以是权力的工具，也可以是抵制权力的手段。严厉的统治者可能会让法律屈从于自己的意志，利用其来实施控制和压迫，并为自己的行为辩护。但在大多数情况下，这些统治者都会发现，只要有人能够接触到法律结构和程序，并证明法律已经被违反，那么这些法律就会成为反抗统治的工具。规则可以被用来对抗藐视规则者的行为。独裁者可能会撕毁立法规范，但这一举动必然冒天下之大不韪。暗箱操作、含混模糊，以及严格保密，这些始终都是独裁者、黑手党头目和暴君的常用手段。

然而中国永远是那个例外。千百年来，通过声称自己既是复杂法律体系的源头，也是法律保护的最终目标，中国古代统治者成功地营造出了一种观念，即社会秩序不仅取决于规范社会的严刑峻法，还在于皇帝作为天子所代表的上天意志。中国的帝王既结合了君王和圣师这两种角色，又结合了权力和权利这两种力量，而这种模式历经各个朝代得以延续。再没有其他统治者能够做到这一点。在欧洲，君权神授学说可谓命运多舛。肆无忌惮的统治者废除了法律，开除了法官，关闭了宗教学校，或者宣布自己可以像大阿亚图拉霍梅尼那样凌驾于世俗法律之上。但无一例外，没有哪一个取得了像中国封建统治者那样的成功。

无论在人类历史进程中多么普遍、多么持久，法治进程并非不可阻挡。问题不在于法律是善还是恶，甚至不在于法治能在多大程度上成功地抑制权力滥用。法律可以起到制衡权力的作用，但权贵往往可以避免其影响。问题的实质在于法律如何做好本职工作，以及我们每一个人如何利用法治的承诺和潜力，让这个世界变得更美好。人们一而再、再而三地相信法律，希望借此将自己遭遇的不公经历转化为能够被主持公道者聆听的法律观点，但法律本身无法改变世界。为了确保公正，法律必须得到执行。站在汉穆拉比法典石柱前的美索不达米亚公民，需要一位法官倾听他们引用的法律。罗马公民奋斗了几十年，才建立起能够确保实现法律所承诺之正义的政治机构。然而，等到查士丁尼编纂法典时，这些政治权利早已不复存在。如果当今世界的各国统治者还要宣称自己维护法治，那么他们就需要尊重他们的法官。

法院需要开放，法律需要公平。如何做到这一点，以及应该如何做到这一点，都远远超出了本书所能讨论的范围。但我们这些普通公民需要法治，为此，我们应该理解什么是法律，以及法律运作的原理。

法治有着悠久的历史。这是过去 4000 年来人类取得的伟大成就。但在人类历史上，所谓法治，又只是沧海一粟般的存在。法治一次又一次出现在人类历史长河中，对抗和挑战掌权者，但其既非无可避免，更非无懈可击。这正是人类需要直面的一大缺憾。

致　谢

这本书的思想起源是牛津"法治精神"研究计划。2009—2018年间，来自不同学科和机构的诸多同侪发表了鼓舞人心的论文和案例研究，引发了关于法律性质和历史的激烈辩论，结集出版了 4 卷本研究成果（Legalism, OUP）。上述研究过程为本书论点的铺陈奠定了基调。在此，特别感谢保罗·德雷希和朱迪思·舍勒给予"法治精神"研究计划的倡议和见解，以及给予研究计划支持的牛津大学各机构。其结果，便是以实证研究为基础的、富有成效的学术探索。

牛津大学慨然提供了带薪休假的机会，让我能够有一整年的时间撰写本书手稿，而在此期间，社会法律研究中心的各位同事，友好地承担了本应由我负责的教学和行政职责。

作为一项内容丰富的写作计划，本书一方面需要探索全新的方向，一方面需要努力打动新的读者群体，这无疑是一项艰巨的任务。我的写作能够完成，很大程度上要感谢几个好友的热情鼓励。在此必须感谢尼尔·阿姆斯特朗、尼克·斯塔加德特、安德鲁·波斯特、罗斯玛丽·卡梅隆和马克·罗斯曼的支持和帮助。是他们，帮助作者将思辨性的想法整合到一个令人信服的创作思路之中。

重要的是，本书的观点说服了我的经纪人克里斯·韦尔贝洛夫。名如其人，他很棒。克里斯慧眼识珠，发现了本书的潜质，并愿意帮助学者出身的作者艰难地蜕变为职业作家。克里斯说服了两位优秀的编辑接手此书，他们分别是普路费尔出版公司（Profile Books）的埃德·莱克和备西克出版公司（Basic Books）的布莱恩·迪斯特尔伯格。在这 3 位专家的指导下，手稿得到了极大的完善，尤其是非常棘手的各章标题选择——我们就这个问题交换的电子邮件，可能比其他所有问题加起来都要多。

许多朋友和同事耗费时间阅读各章草稿，并提供了详细的专业建议，提醒作者避免很多严重的错误和遗漏。如果仍有错讹，我将负全部责任。安德鲁·波斯特、吉拉德·库珀、大卫·盖尔纳和迈克尔·洛班对本书引言和结论提出了富有洞察力的评论和建议。乌尔里奇·博尔赫斯就早期犹太法律、大卫·盖尔纳就印度教问题（又一次！）、欧内斯特·考德威尔就古代中国、克里斯蒂安·萨纳就伊斯兰世界、汤姆·兰伯特就盎格鲁－撒克逊法律、爱丽丝·里奥就中世纪欧洲、玛丽娜·库尔基扬就早期罗斯、詹姆斯·麦科米什就中世纪英国、朱迪斯·舍勒就现代伊斯兰教，给予作者极大助益。在此，必须特别感谢乔治·坎特。当我鲁莽地试图将罗马法历史浓缩成 26 页的文字，是他纠正了我的许多错误，让成品更加完善；还有迈克·麦克奈尔，他在本书关于近现代欧洲的章节中贡献良多。很幸运能够与他们成为同事和朋友，在此表示衷心感谢。

本书的初稿由备西克出版公司的凯尔·吉普森精心编辑。他不时发出的"引人入胜"和"哇"之类的溢美之词，以及对于文稿完善的感性建议，令我备受鼓舞。另外，桑德拉·阿塞尔松在接到通知后立即介入，以极高的效率搜集了大量图像。总而言之，能够与备西克出版公司的整个团队开展合作，实属幸运。

尼克·斯塔加德特自始至终关注本书，直到最后，仍在提供宝贵的建议，并几乎通读了全部手稿。

最后，必须感谢所有那些我斗胆参考借鉴的学者。如果没有过去几十年的学术研究发掘出这些关于过去的族群、社会和法律的知识，如今的我不可能成功地跨越如此宏大的时间和空间维度，进行如此广泛的研究。要解开古代语言的谜团，用最简单的考古学背景揭开零碎和晦涩文本的含义，往往需要付出耗费时日的艰苦工作，而艰苦付出的结果，经常是举步维艰甚至一无所获。其他学者收集大量证据，借此告诉我们最近的法律发展，同时敏锐地分析全球事件。本书提到的许多出版物都来自各所大学的考古学系、古典文学系、历史学系和古代语言学系，以及我所在的人类学系。目前，人文学科的科研资助遭到无情挤压（人类学的情况也没有好到哪里去），但毫无疑问，相关学术研究的重要性遭到严重低估。一旦相关科研部门遭到裁撤，就有可能彻底丧失从过去遗留下来的脆弱资源中学习的机会。借由本书，我向那些仍然准备直面重重障碍，决意解决最为艰深晦涩的历史文献中所蕴藏难题的学者致敬，尤其是名字看起来仍然怪怪的牛津大学东方研究所（Oriental Institute），而本书所列参考书目不可能把他们一一列举。

注 释

引言　法之应许

1　值得一读的当代文献，参见 Glen Ames, *Emnome de deus: the journal of the first voyage of Vasco da Gama to India, 1497–1499*, Leiden: Brill, 2009。卡利卡特（Calicut）在文中的拼写为 Kozhikode.

2　关于《摩西五经》的写作存在诸多的争论，但可以肯定，其创作者借鉴了某些更早期的资料。参见 John Barton, *A history of the Bible: the book and its faiths*, London: Allen Lane, 2019, ch. 1。

3　相关规则参见《利未记》第九章和《申命记》第十四章相关记载。

4　相关问题的源起，参见 Mary Douglas in 'The abominations of Leviticus', in *Purity and danger: an analysis of the concepts of pollution and taboo*, London: Routledge and Kegan Paul, 1966。

5　斯坦因本人关于这次探险及发现的说法，参见 Aurel Stein, *Ruins of desert Cathay: personal narrative of explorations in Central Asia and westernmost China*, London: Macmillan, 1912。该藏经洞被封存的原因至今不明。

6　相关讨论，参见 Brandon Dotson, 'Divination and law in the Tibetan Empire', in M. Kapstein and B. Dotson (eds), *Contributions to the cultural history of early Tibet*, Leiden: Brill, 2007; Fernanda Pirie, 'Oaths and ordeals in Tibetan law', in D. Schuh (ed.) *Secular law and order in the Tibetan Highland*, Andiast,

Switzerland: International Institute for Tibetan and Buddhist Studies, 2015。

7　这是借用人类学家克利福德·格尔茨 (Clifford Geertz) 的观点，他将宗教描述为一种"文化系统"，为社会提供了某种模式，而不是提供了社会的模式。参见 *The interpretation of cultures*, New York: Basic Books, 1973。

8　Pauline Maier, *American scripture: making the Declaration of Independence*, New York: Knopf, 1997.

9　例见 Kay Goodall, 'Incitement to racial hatred: all talk and no substance?', *Modern Law Review* 70: 89–113, 2007; Secret Barrister, *Fake law: the truth about justice in an age of lies*, London: Pan Macmillan, 2020。

10　参见 Sandra Lippert, 'Law (definitions and codification)', in E. Frood and W. Wendrich (eds), *UCLA Encyclopedia of Egyptology*, Los Angeles, 2012, https://escholarship.org/uc/item/0mr4h4fv; Christopher Eyre, *The use of documents in Pharaonic Egypt*, Oxford University Press, 2013。

11　Eyre, *The use of documents*, 9, 15.

第一章　美索不达米亚与神圣之所

1　Martha T. Roth, *Law collections from Mesopotamia and Asia Minor*, Atlanta: Scholars Press, 1995, 16–17.

2　相关背景，参见 Amanda H. Podamy, *The ancient Near East: a very short introduction*, Oxford University Press, 2014。

3　Podamy, *Ancient Near East*, 33.

4　Jerrold S. Cooper, *Sumerian and Akkadian royal inscriptions*, vol. 1, New Haven, CT: American Oriental Society, 1986.

5　诸神先知传达给兹姆里利姆的神谕，参见 Roth, *Law collections*, 5。

6　《汉穆拉比法典》的相关内容，参见 Roth, *Law collections*, 71–142; Jean Bottéro, *Mesopotamia: writing, reasoning, and the gods*, trans. Z. Bahrani and M. Van De Mieroop, Chicago: University of Chicago Press, 1992。另外的译本，参见 M. E. J. Richardson, *Hammurabi's laws: text, translation, glossary*, Sheffield, UK: Sheffield Academic Press, 2000。文中相关英译基于罗斯 (Roth) 的著作，并以标准编号为对应法律排序。

7　参见 David Graeber, *Debt: the first 5,000 years*, New York: Melville House, 2011, 214–17。

8   Roth, *Law collections*, 133–42.

9   Laws 59 and 60.

10 Law 48.

11 Law 135.

12 Law 170.

13 Sophie Démare-Lafont, 'Law I', in *Encyclopedia of the Bible and its reception*, vol. 15, Berlin: de Gruyter, 2017; Bernard S. Jackson, *Wisdom laws: a study of the Mishpatim of Exodus 21:1–22:16*, Oxford University Press, 2006, 12n50.

14 Laws 1, 6, 14, and 129. "自由民盗窃自由民幼年之子者，应处死。"(Law14); "倘失物之主不能领到知其失物之主提出知其失物之证人，则彼为说谎者，犯诬告罪，应处死。"(Law 11).

15 Laws 195–201.

16 Laws 215–17.

17 Laws 218–20.

18 Law 278.

19 Law 206.

20 Laws 266–67.

21 Sophie Démare-Lafont, 'Judicial decision-making: judges and arbitrators', in K. Radner and E. Robson (eds), *The Oxford handbook of cuneiform culture*, Oxford University Press, 2011, 335–57.

22 Roth, *Law collections*, 213ff.

23 Roth, *Law collections*, 153ff.

24 Hannah Harrington, 'Persian law', in B. A. Strawn (ed.) *The Oxford encyclopedia of the Bible and law*, Oxford University Press, 2015.

25 雅典城邦的律法，参见 A. Andrews, 'The growth of the Athenian state', in J. Boardman and N. G. L. Hammond (eds), *The Cambridge ancient history*, 2nd ed. vol. 3, pt. 3, Cambridge University Press, 1982。

26 Raymond Westbrook, 'Barbarians at the gates: Near Eastern law in ancient Greece', in Westbrook, *Ex Oriente Lex: Near Eastern influences on Ancient Greek and Roman law*, ed. D. Lyons and K. Raaflaub, Baltimore: Johns Hopkins University Press, 2015.

27 总体背景，参见 John Barton, *A history of the Bible: the book and its faiths*, London: Allen Lane, 2019; Michael Coogan, *The Old Testament: a very short introduction*, Oxford University Press, 2008。

28   对于《摩西五经》的起源以及不同版本之间的关系，学者多有争论。参见
      Barton, *History of the Bible*, ch. 1。

29   Exodus 19–23.《申命记》(Deuteronomy 12–26) 中包括一套类似的教法，但似
      乎版本较新，可能是在公元前 2 世纪约西亚治下写的。

30   Exodus 21:3–4. 相关英译参考了英文《圣经》标准本 (RSV)。

31   Exodus 21:1–22:16. 文本并没有区分不同的律法，但即便是《申命记》中的
      相关规定，篇幅长度也远远不及《汉穆拉比法典》。

32   Barton, *History of the Bible*, 84.

33   本书作者的观点，大体参考了 Jackson, *Wisdom laws*。如其所讨论的那样，学
      界围绕相关教法的起源、适用和意义，存在不同看法。

34   Exodus 21:23–25.

35   Leviticus 25:39–46.

36   Laws 196–200.

37   David P. Wright, *Inventing God's law: how the covenant code of the Bible used
      and revised the laws of Hammurabi*, New York: Oxford University Press, 2009.

38   相关讨论，大体参考了 Jackson, *Wisdom laws*。

39   一些学者认为，《申命记》中关于效忠誓言的某些段落，参考了亚述人的盟
      约。参见 Jeremy M. Hutton and C. L. Crouch, 'Deuteronomy as a translation
      of Assyrian treaties', *Hebrew Bible and Ancient Israel* 7: 201–52, 2018。

第二章　印度婆罗门：宇宙的秩序

1   本章涉及的历史细节，参见 Romila Thapar, *From lineage to state: social formations
     of the mid-first millennium BC in the Ganga Valley*, Bombay: Oxford University
     Press, 1984; Hermann Kulke and Dietmar Rothermund, *A history of India*, London:
     Routledge, 1986; Richard Gombrich, *Theravada Buddhism: a social history from
     ancient Benares to modern Colombo*, London: Routledge and Kegan Paul, 1988;
     Wendy Doniger, *The Hindus: an alternative history*, Oxford University Press,
     2009。

2   Thapar, *From lineage to state*, 24.

3   Thapar, *From lineage to state*, 104.

4   Kulke and Rothermund, *History of India*, 44.

5   Kulke and Rothermund, *History of India*, 40.

6　Patrick Olivelle, 'Dharma's ā stra: a textual history', in Timothy Lubin, Donald R. Davis, and Jayanth K. Krishnan (eds), *Hinduism and law: an introduction*, Cambridge University Press, 2010.

7　本节中的细节主要参考了 Kulke and Rothermund, *History of India*, 53, and Thapar, From lineage to state, ch. 5。

8　Olivelle, 'Dharma's ā stra'; Albrecht Wezler, 'Dharma in the Veda and the Dharma's ā stras', *Journal of Indian Philosophy* 32: 629–54, 2004.

9　《政事论》相关内容，参见 Timothy Lubin, 'Punishment and expiation: overlapping domains in Brahmanical law', *Indologica Taurinensia* 33: 93–122, 2007, at pp. 99–102; Kulke and Rothermund, *History of India*, 63–64。

10　Patrick Olivelle, 'Manu and the Arthaśāstra: a study in Śāstric intertextuality', *Journal of Indian Philosophy* 32: 281–91, 2004.

11　Olivelle, 'Dharma's ā stra'.

12　D. R. Davis, Jr, 'A historical overview of Hindu law', in Lubin et al., *Hinduism and law*.

13　Doniger, *The Hindus*, ch. 12.

14　关于法经和法论，参见 Patrick Olivelle, with the editorial assistance of Suman Olivelle, *Manu's code of law: a critical edition and translation of the* M ā nava-Dharma'sāstra, South Asia Research, Oxford University Press, 2004; Olivelle, 'Dharma'sāstra'; Robert Lingat, *The classical law of India*, trans. D. Derrett, Berkeley: University of California Press, 1973。

15　婆罗门阶层的意识形态，参见 see Gombrich, *Theravada Buddhism*, ch. 2。

16　《摩奴法论》的介绍说明，参见 Olivelle, Manu's code. 其他英译本，参见 Oxford University Press's World Classics series, *The law code of Manu*, 2004。

17　本书作者对于法论的介绍参考了 Olivelle, *Manu's code* and 'Dharma's ā stra', 以及 Donald R. Davis, Jr, *The spirit of Hindu law*, Cambridge University Press, 2010。

18　Olivelle, *Manu's code* (8.47–343).

19　Olivelle, *Manu's code* (8:143–44).

20　中世纪印度的相关实践，参见 Donald R. Davis Jr, 'Centres of law: duties, rights, and jurisdictional pluralism in medieval India', in P. Dresch and H. Skoda (eds), *Legalism: anthropology and history*, Oxford University Press, 2012; and his 'Intermediate realms of law: corporate groups and rulers in medieval India', *Journal of the Economic and Social History of the Orient* 48:

92–117, 2005; Bajadulal Chattopadhyaya, '"Autonomous spaces" and the authority of the state: the contradiction and its resolution in theory and practice in early India', in B. Kölver (ed.) *Recht, Staat und Verwaltung im klassischen Indien*, Munich: R. Oldenbourg Verlag, 1997。

21　Olivelle, 'Dharma's ā stra', 44–45.

22　Lubin, 'Punishment and expiation', 107–8.

23　Davis, *Spirit of Hindu law*, 117.

24　Olivelle, *Manu's code*, 41

25　Sheldon Pollock, *The language of the gods in the world of men: Sanskrit, culture, and power in premodern India*, Berkeley: University of California Press, 2006, 67–68.

26　Pollock, *Language of the gods*, 255–56.

27　Gombrich, *Theravada Buddhism*, 37.

28　Olivelle, *Manu's code*, 169–74.

29　Donald R. Davis, Jr, 'Recovering the indigenous legal traditions of India: classical Hindu law in practice in late medieval Kerala', *Journal of Indian Philosophy* 27: 184–91, 1999.

30　Lubin, 'Punishment and expiation', 111–14; Ananya Vajpey, 'Excavating identity through tradition: Who was Shivaji?', in S. Saberwal and S. Varma (eds), *Traditions in Motion*, Oxford University Press, 2005.

31　Richard W. Lariviere, 'A Sanskrit jayapattra from 18th century Mithil ā ', in R. W. Lariviere (ed.) *Studies in dharma'sāstra*, Calcutta: Firma KLM, 1984, 49–65.

32　Bajadulal Chattopadhyaya, 'Autonomous spaces'.

33　On the Vanjeri, see Davis, 'Recovering the indigenous legal traditions'.

34　Davis, 'Recovering the indigenous legal traditions', 167.

35　关于禁欲苦修，参见 Whitney M. Cox, 'Law, literature, and the problem of politics in medieval India', in Lubin et al., *Hinduism and law*。

36　关于希瓦吉的其他论述，见 Vajpey, 'Excavating identity'。

37　Olivelle, *Manu's code* (10.74–80, 11.55–124).

38　本段以及下述段落，参见 Davis, 'Recovering the indigenous legal traditions'.

39　Lubin et al., *Hinduism and law*, 3。

40　Doniger, *The Hindus*, 325.

41　Ananya Vajpey, '*Śudradharma* and legal treatments of caste', in Lubin et al., *Hinduism and law*.

42　J. D. M. Derrett, 'Two inscriptions concerning the status of Kammalas and the application of Dharma's ā stra', in J. Duncan Derrett (ed.) *Essays in classical and modern Hindu law*, vol. 1, Leiden: Brill, 1976.

43　Davis, 'Recovering the indigenous legal traditions', 197–98.

44　这一部分内容，参见 Lingat, *The classical law of India*, 267–70。

45　Clifford Geertz, 'Local knowledge: fact and law in comparative perspective', in *Local knowledge*, New York: Basic Books, 1983, 200, quotation slightly amended.

第三章　中国的帝王：法典、刑罚与官僚制度

1　相关历史细节，总体参见 Morris Rossabi, *A history of China, Chichester*, UK: Wiley Blackwell, 2014。

2　商代社会与政治结构，参见 Yongping Liu, *Origins of Chinese law: penal and administrative law in its early development*, Hong Kong: Oxford University Press, 1998, 22–29。

3　《康诰》及随附诸篇，据称源自这一时期的相关文献，而学者认为它们确实代表了当时中国贵族的观点。参见 Liu, *Origins of Chinese law*, 43, 122–24; Geoffrey MacCormack, 'Law and punishment in the earliest Chinese thought', *Irish Jurist* 20: 335–51, 1985。相关文本，参见 James Legge, *The Chinese classics*, vol. 3, Hong Kong: Hong Kong University Press, 1960, 48。

4　关于青铜器铭文，参见 Laura Skosey, 'The legal system and legal traditions of the Western Zhou (ca. 1045–71 B.C.E.)', PhD diss., University of Chicago, 1996。

5　Liu, *Origins of Chinese law*, 50–52.

6　周代法律制度，参见 Ernest Caldwell, 'Social change and written law in early Chinese legal thought', *Law and History Review* 32: 1–30, 2014; Ernest Caldwell, *Writing Chinese laws: the form and function of legal statutes found in the Qin Shuihudi corpus*, London: Routledge, 2018; Liu, Origins of Chinese law, ch. 5。

7　我们对于这一时期历史的了解大多来自《春秋》及其评注。《春秋》是一本相当简练的编年史，据说其作者是伟大的学者孔子。该书的重要注释《春秋左氏传》可能是由孔子的一位弟子撰写的。《左传》的成书时间大概是战国中后期

（前 403—前 221 年），并反映了当时的理念和思想，但我们也可以从中了解到许多周代思想的细节。参见 Caldwell, 'Social change', 5–6; Liu, *Origins of Chinese law*, 128–38. For the text, see Legge, *Chinese classics*, vol. 5, 710。

8　儒家思想，参见 Caldwell, *Writing Chinese laws*, ch. 2。

9　Caldwell, 'Social change', 20.

10　Caldwell, 'Social change', 14–18.

11　秦代相关情况及据说出自商鞅的《商君书》，参见 Caldwell, *Writing Chinese laws*, ch. 3; Liu, *Origins of Chinese law*, ch. 6, esp. 175–77。

12　Ulrich Lau and Thies Staack, *Legal practice in the formative stages of the Chinese Empire: an annotated translation of the exemplary Qin criminal cases from the Yuelu Academy collection*, Leiden: Brill, 2016.

13　判例与评论，参见 Lau and Staack, *Legal practice*, particularly 27–45。

14　关于官员为何与竹简一起埋葬，争论持续至今。参见 Anthony J. Barbieri-Low and Robin D.S. Yates, *Law, state, and society in early imperial China: a study with critical edition and translation of the legal texts from Zhangjiashan tomb numbers 247*, Leiden: Brill, 2015, 107–9。

15　Lau and Staack, *Legal practice*, 174–87.

16　在法条释文中，这些罚款的单位表述为"盾牌"或"盔甲"，如"赀一盾""赀一甲"。但根据里耶秦简，实际作为罚款交付的是其他物品或货币。在此感谢欧内斯特·考德威尔的提示。

17　Lau and Staack, *Legal practice*, 188–210.

18　这一时期的法律制度，参见 Barbieri-Low and Yates, *Law, state, and society*。

19　参见 Barbieri-Low and Yates, *Law, state, and society*。

20　Barbieri-Low and Yates, *Law, state, and society*, 99–100.

21　Barbieri-Low and Yates, *Law, state, and society*, 100–101.

22　汉隋两代立法，参见 Geoffrey MacCormack, 'The transmission of penal law from the Han to the Tang', *Revue des droits de l'antiquité* 51: 47–83, 2004。

23　MacCormack, 'Transmission', 54–55.

24　MacCormack, 'Transmission', 73–74.

25　法典的翻译与评论，参见 Wallace Johnson, *The T'ang Code*, 2 vols., Princeton, NJ: Princeton University Press, 1979–1997。

26　学者估计占比约为百分之三十至百分之四十，参见 Derk Bodde and Clarence Morris, *Law in Imperial China: exemplified by 190 Ch'ing Dynasty cases (translated from the Hsing-an hui-lan)*, Cambridge, MA: Harvard University

Press, 1967。

27 Philip Huang, 'The past and present of the Chinese civil and criminal justice systems: the Sinitic legal tradition from a global perspective', *Modern China* 42: 227–72, 2016.

28 相关法律实践，参见 Philip Huang, *Civil justice in China: representation and practice in the Qing*, Stanford, CA: Stanford University Press, 1996。

29 参见 Taisu Zhang and Tom Ginsburg, 'China's turn toward law', *Virginia Journal of International Law* 59: 277–361, 2019。

30 Jérôme Bourgon, 'Chinese law, history of, Qing dynasty', *The Oxford international encyclopedia of legal history*, Oxford University Press, 2009, 176.

第四章 代言人与法学家：古罗马的智力追求

1 早期罗马相关问题，参见 Tim Cornell, *The beginnings of Rome: Italy and Rome from the Bronze Age to the Punic Wars (c. 1000–264 BC)*, London: Routledge, 1995; Kathryn Lomas, *The rise of Rome: from the Iron Age to the Punic Wars (1000–264 BC)*, London: Profile Books, 2017。相关历史介绍，参见 Mary Beard, *SPQR: a history of ancient Rome*, London: Profile Books, 2015; Robin Lane Fox, *The classical world: an epic history of Greece and Rome*, London: Folio Society, 2013。

2 早期罗马神庙相关内容，参见 Charlotte R. Potts, 'The development and architectural significance of early Etrusco-Italic podia', *BABESCH* 86: 41–52, 2011。

3 贵族和平民这两个阶层的分化是逐渐发生的，但分化的起源是富裕的政治精英和这一时期新形成的平民团体之间的对立。

4 R. Westbrook, 'The nature and origins of the twelve tables', *Zeitschrift der Savigny-Stiftung für Rechtsgeschichte* 105: 74–121, 1988, 这篇文章认为是美索不达米亚法典通过腓尼基人驻意大利的贸易和外交使团产生了影响，而不是希腊法典。而决疑式这一形式当然是相似的。

5 相关文本，参见 M. H. Crawford, *Roman statutes*, vol. 2, London: Institute of Classical Studies, School of Advanced Study, University of London, 1996。

6 《十二铜表法》相关内容，参见 Elizabeth A. Meyer, *Legitimacy and law in the Roman world*, Cambridge University Press, 2004, 26。

7 可参见 Richard E. Mitchell, *Patricians and plebeians: the origin of the Roman*

state, Ithaca, NY: Cornell University Press, 1990。

8　早期立法，参见 David Ibbetson, 'Sources of law from the Republic to the Dominate', in D. Johnston (ed.) *The Cambridge companion to Roman law*, New York: Cambridge University Press, 2015。

9　Seth Bernard, 'Debt, land, and labor in the early Republican economy', *Phoenix* 70: 317–38, 2016.

10　Lomas, *Rise of Rome*, ch. 9.

11　Bernard, 'Debt, land, and labor'.

12　该观点基于单一来源，因此备受争议，但一些学者认为这是可能的。参见 Cornell, *Beginnings of Rome*, 247–28; Seth Bernard, *Building mid-republican Rome: labor, architecture, and the urban economy*, Oxford University Press, 2014, 123–24。

13　Alan Watson, *Law making in the later Roman Republic*, Oxford: Clarendon Press, 1974, ch. 2.

14　Philip Kay, *Rome's economic revolution*, Oxford University Press, 2014, 10, 327.

15　这里所指为《霍尔腾西法》(Lex Hortensia)，参见 Lomas, *Rise of Rome*, ch. 14。

16　关于罗马的法律实践，参见 Richard A. Bauman, *Crime and punishment in ancient Rome*, London: Routledge, 1996; Alan Watson, *The spirit of Roman law*, Athens: University of Georgia Press, 1995, 3, 然而，他们关于早期罗马的许多结论仍有争议。

17　祭司问题，参见 Alan Watson, *The evolution of Western private law*, Baltimore: Johns Hopkins University Press, 1985, 22。

18　Watson, *Evolution*, 5–6, ch. 1.

19　总体参见 Andrew Lintott, *The constitution of the Roman Republic*, Oxford University Press, 1999。

20　Callie Williamson, *The laws of the Roman people: public law in the expansion and decline of the Roman Republic*, Ann Arbor: University of Michigan Press, 2005, ch. 3.

21　Williamson, *Laws of the Roman people*, xii–xiii.

22　此时，罗马已经从排他性的贵族政权发展为竞争性的寡头政权，参见 Cornell, *The beginnings of Rome*, 342。

23　波利比乌斯将希腊政治理论应用于罗马宪法，他的论证是简略的，但他清楚地相信，"人民"在推翻腐败政权和允许更民主的宪法崛起方面发挥了至关重要的作用。参见 F. W. Walbank, 'A Greek looks at Rome: Polybius VI revisited', in his *Polybius, Rome and the Hellenistic world: essays and reflections*, Cambridge University Press, 2002; Lintott, Constitution, chs. 3 and 12。

24 根据波里比乌斯的说法，每年生产量为 35 公吨。Kay, *Rome's economic revolution*, ch. 3.

25 Beard, *SPQR*, 199.

26 相关律法参见 Williamson, *Laws of the Roman people*, Appendix C。

27 这一事件的描述，参见 Watson, *Law making*, 7–8。

28 关于副执政官及其活动，参见 Lomas, *Rise of Rome*, 296–97; Bruce W. Frier, *The rise of the Roman jurists: studies in Cicero's* 'pro Caecina', Princeton, NJ: Princeton University Press, 1985, ch. 2; T. Corey Brennan, *The praetorship in the Roman Republic*, Oxford University Press, 2000; Watson, Law making, chs. 3–5。

29 最早的敕令可以追溯到公元前 213 年。Watson, *Law making*, 1。

30 这一点得到了《埃布提亚法》(Lex Aebutia) 的确认，参见 Anna Tarwacka, 'Lex Aebutia', in the *Oxford classical dictionary*, 5th ed. Oxford University Press, 2019。

31 法律程序，参见 Frier, *Rise of the Roman jurists*, 64–65, ch. 5; A. H. J. Greenridge, *The legal procedure of Cicero's time*, Oxford: Clarendon Press, 1901。

32 Frier, *Rise of the Roman jurists*, 59–62.

33 Lintott, *Constitution of the Roman Republic*, ch. 9; A. N. Sherwin-White, 'The *Lex Repetundarum* and the political ideas of Gaius Gracchus', *Journal of Roman Studies* 72: 18–31, 1982.

34 Derek Roebuck and Bruno de Loynes de Fumichon, *Roman arbitration*, Oxford: Holo Books, 2004, ch. 5.

35 Frier, *Rise of the Roman jurists*, 157.

36 Cicero, *Topica* 65; Watson, *Law making*, 103.

37 Watson, *Law making*, 103.

38 Frier, *Rise of the Roman jurists*, 158–60, ch. 4.

39 Watson, *Law making*, 117–22.

40 西塞罗对韦尔斯的起诉及相关背景，参见 Frier, *Rise of the Roman jurists*, 48–50, ch. 2; Brennan, *Praetorship*, 446–50。

41 Williamson, *Laws of the Roman people*, ch. 2.

42 Brennan, *Praetorship*, 450–51.

43 Frier, *Rise of the Roman jurists*, 149. 西塞罗在英国的地位相当于一名刑事出庭律师，专门为主要涉及事实问题的案件进行法庭辩护。在衡平法院工作的律师在出庭时往往不那么出风头，他们更像法学家。

44 案件细节，参见 Frier, *Rise of the Roman jurists*, ch. 1。

45 Alan Watson, *Rome of the XII Tables: persons and property*, Princeton, NJ: Princeton University Press, 1975, 175.

46 Jill Harries, *Cicero and the jurists: from citizens' law to the lawful state*, London: Duckworth, 2006.

47 Brennan, *Praetorship*, 608.

48 法学家相关问题，参见 Frier, *Rise of the Roman jurists*, esp. ch. 4; Watson, *Law making*, 108–9。

49 事实上，西塞罗没有成为一名法学家，他的大多数同学也都担任了其他公职，但他们的训练一定遵循了类似的模式。

50 我们对谢沃拉的财产无从了解，但其住宅体现出罗马富人住宅的典型特征。参见 Fox, *Classical world*, ch. 34; Beard, *SPQR*, 318–28。

51 Watson, *Law making*, 104–6.

52 相关拟制，参见 Yan Thomas, 'Fictio Legis: L'empire de la fiction Romaine et ses limites Médiévales', *Droits* 21: 17–63, 1995。

53 Clifford Ando, *Law, language, and empire in the Roman tradition*, Philadelphia: University of Pennsylvania Press, 2011, 6–18.

54 Ari Z. Bryen, 'Responsa', in S. Stern, M. del Mar, and B. Meyler (eds), *The Oxford handbook of law and humanities*, Oxford University Press, 2019, 675–77.

55 Watson, *Law making*, ch. 15.

56 Frier, *Rise of the Roman jurists*, 120–23.

57 这句拉丁语是"Dolus mal(us) abesto et iuris consult(i)"。参见 Bryen, 'Responsa', 675。

58 人口和公民权问题，存在很大争议。参见 Walter Scheidel, 'Italian manpower', *Journal of Roman Archaeology* 26: 678–87, 2013; Myles Lavan, 'The spread of Roman citizenship, 14–212 ce: quantification in the face of high uncertainty', *Past and Present* 230: 3–46, 2016, at p. 30。

59 Bryen, 'Responsa', 679.

60　哈德良希望通过法律解答权（*ius respondendi*）达到的目的是不言自明的。
Bryen, 'Responsa'。

61　关于帝王崇拜的发展，参见 Clifford Ando, *Imperial ideology and provincial loyalty in the Roman empire*, Berkeley: University of California Press, 2000, esp. ch. 9。

62　Cicero, *De Re Publica*, 1.39.1; Ando, *Imperial ideology*, 9–11, 47–48.

63　参见 Ando, *Imperial ideology*, 383; Clifford Ando, 'Pluralism and empire: from Rome to Robert Cover', *Critical Analysis of Law* 1: 1–22, 2014, at pp. 9–11。

64　关于这一法令及其含义，有大量文献。例见 Ando, *Imperial ideology*, 395, and the introduction to his *Citizenship and empire in Europe, 200–1900: the Antonine constitution after 1800 years*, Stuttgart: Franz Steiner Verlag, 2016, 9。

65　Ando, *Citizenship*; Tony Honoré, 'Roman law ad 200–400: from cosmopolis to Rechtstaat?', in S. Swain and M. Edwards (eds), *Approaching late antiquity: the transformation from early to late empire*, Oxford University Press, 2006.

66　Bruce W. Frier, 'Finding a place for law in the high empire', in F. de Angelis (ed.) *Spaces of justice in the Roman world*, Leiden: Brill, 2010.

67　这一时期的法律改革，参见 Honoré, 'Roman law ad 200–400', and his *Emperors and lawyers*, 2nd ed. Oxford: Clarendon Press, 1994。

68　Ando, *Imperial ideology*, 362–83.

69　Myles Lavan, 'Slavishness in Britain and Rome in Tacitus' *Agricola*', *Classical Quarterly* 61: 294–305, 2011, at p. 296.

70　Ando, *Imperial ideology*, 339–43.

71　这一时期的立法，参见 Tony Honoré, *Law in the crisis of empire*, 379–455 *AD: the Theodosian dynasty and its quaestors*, Oxford: Clarendon Press, 1998。

72　Peter Stein, *Roman law in European history*, Cambridge University Press, 1999, 46, 60.

第五章　犹太和伊斯兰教法学者：世界的教法之路

1　相关背景，参见 David N. Myers, *Jewish history: a very short introduction*, Oxford University Press, 2017；犹太法的历史沿革，参见 N. S. Hecht, B. S. Jackson, S. M. Passamaneck, D. Piattelli, and A. M. Rabello (eds), *An introduction to the history and sources of Jewish law*, Oxford: Clarendon Press, 1996。

2   Peretz Segal, 'Jewish law during the Tannaitic period', in Hecht et al., *Introduction*, 101.

3   Plural of Gaon.

4   加昂相关问题，参见 Gideon Libson, 'Halakhah and law in the period of the Geonim', in Hecht et al., *Introduction*。

5   相关背景细节主要参考了 Joseph Schacht, *An introduction to Islamic law*, Oxford: Clarendon Press, 1964, and Marshall G.S. Hodgson, *The venture of Islam: conscience and history in a world civilization*, vol. 1, Chicago: University of Chicago Press, 1961。还有亚当 J·希尔弗斯坦的精彩作品，见 Adam J. Silverstein, *Islamic history: a very short introduction*, Oxford University Press, 2010。

6   Hodgson, *Venture of Islam*, 161ff., ch. 2.

7   Schacht, *Introduction*, ch. 3.

8   本节参考了 Hodgson, *Venture of Islam*, bk. 1, ch. 3, and Schacht, *Introduction*, chs. 4–6。

9   这是相关学术辩论的焦点。本书作者在很大程度上支持沙赫特 (Schacht) 而非哈拉克 (Hallaq) 的观点，即虽然穆罕默德时代的《古兰经》传统和实践一定为后来的法律实践奠定了基础，但在这一时期，伊斯兰教法官卡迪基本上依赖的是非伊斯兰教法源和他们自己的判断。Schacht, *Introduction*; Wael B. Hallaq, *The origins and evolution of Islamic law*, Cambridge University Press, 2005; Wael B. Hallaq, *Sharī'a:theory, practice, transformations*, Cambridge University Press, 2009.

10   下文主要讨论的是逊尼派及其教法。但与此同时，凭借着伊玛目们的法学著作，什叶派教法传统也在发展。这些伊玛目将自己看作先知的继承人。相关内容可参考 Robert Gleave 的著作。

11   Hodgson, *Venture of Islam*, bk. 2.

12   Marina Rustow, *The lost archive: traces of a caliphate in a Cairo synagogue*, Princeton, NJ: Princeton University Press, 2020. 此前有观点认为，他们是从中国俘虏那里学到这些技术的。

13   逊尼派和什叶派传统认可的是不同的圣训，这也是他们的不同之处。但从结果看，二者并无太大差别。Hodgson, *Venture of Islam*, 326–32.

14   Hodgson, *Venture of Islam*, 337.

15   相关律法，参见 Schacht, *Introduction*, ch. 7。

16   相关问题，参见 Schacht, *Introduction*, ch. 11。

17   相关细节大体参见 Hodgson, *Venture of Islam*, bk. 2, ch. 3, and Schacht, *Introduction*,

80–82 and chs. 6 and 7。

18　Schacht, *Introduction*, 80.

19　沙斐仪相关内容，参见 Schacht, *Introduction*, chs. 7 and 10。

20　Hodgson, *Venture of Islam*, 326–36.

21　Schacht, *Introduction*, ch. 9.

22　到了 12 世纪，一些学者认为，所有重要的教法问题都已解决，而单独诠释法源来作出法律裁决的进程，也就是所谓的伊智提哈德 (ijtihad)，其大门也已关闭。参见 Wael B. Hallaq,‘Was the gate of *ijtihad* closed?’, *International Journal of Middle East Studies* 16: 3–41, 1984; Wael B. Hallaq,‘On the origins of the controversy about the existence of mujtahids and the gate of ijtihad’, *Studia Islamica* 63: 129–41, 1986。另外，哈拉克的观点（见 Introduction, ch. 10）与沙赫特有矛盾，后者提出了一个更早的日期。相关总结参见 David S. Powers,‘Wael B. Hallaq on the origins of Islamic law: a review essay’, *Islamic Law and Society* 17: 126–57, 2010。

23　Schacht, *Introduction*, ch. 11.

24　Schacht, *Introduction*, 84.

25　Hodgson, *Venture of Islam*, 347.

26　Hodgson, *Venture of Islam*, 349.

27　这一节的相关历史，参见 Silverstein, *Islamic history*, ch. 1。

28　Schacht, *Introduction*, 84.

29　法学家相关，参见 Norman Calder, *Islamic jurisprudence in the classical era*, Colin Imber (ed.) Cambridge University Press, 2010, 161。

30　纳瓦维相关，参见 Calder, *Islamic jurisprudence*, ch. 2。

31　Calder, *Islamic jurisprudence*, 101–2.

32　Calder, *Islamic jurisprudence*, 94.

33　Calder, *Islamic jurisprudence*, 92–95, 112–15.

34　Calder, *Islamic jurisprudence*, 92.

35　On Subki, see Calder, *Islamic jurisprudence*, ch. 3.

36　Calder, *Islamic jurisprudence*, 119.

37　Calder, *Islamic jurisprudence*, 124–25.

38　Calder, *Islamic jurisprudence*, 127.

第六章　欧洲的君主：罗马衰亡后的司法与习惯

1　本章第一部分的背景主要来自 Peter Heather, *The fall of the Roman Empire: a new history of Rome and the barbarians*, Oxford University Press, 2005。相关的法律细节则基于 Peter Stein, *Roman law in European history*, Cambridge University Press, 1999。

2　étienne Renard, '*Le pactus legis Salicae*, règlement militaire Romain ou code de lois compilé sous Clovis?', *Bibliotèque de l'école des chartes* 167: 321–52, 2009.

3　Patrick Wormald, 'Lex scripta and verbum regis: legislation and Germanic kingship from Euric to Cnut', in P. H. Sawyer and I. N. Wood (eds), *Early medieval kingship*, Leeds: University of Leeds, School of History, 1977, 28; Patrick Wormald, *The making of English law: King Alfred to the twelfth century*, Oxford: Blackwell, 1999.

4　Wormald, 'Lex scripta', 25–27.

5　《萨利克法》相关参见 Katherine Fischer Drew, *The laws of the Salian Franks*, Philadelphia: University of Pennsylvania Press, 1991。虽然国王对法律负责，但许多法律条文可能来自习惯法或议会的决定。参见 T. M. Charles-Edwards, 'Law in the western kingdoms between the fifth and seventh century', in A. Cameron, R. Ward-Perkins, and M. Whitby (eds), *The Cambridge ancient history*, vol. 14, *Late antiquity: empire and successors, a.d. 425–600,* Cambridge University Press, 2001, 274–78。

6　《学说汇纂》的希腊文名称为" Pandects"。

7　Stein, *Roman law in European history*, 40–43.

8　阿里乌斯派，即基于阿里乌斯观点的基督教义。阿里乌斯生活在 256—336 年之间。在涉及三位一体性质的问题上，他的观点不同于主流基督教。

9　Matthew Innes, 'Charlemagne's government', in J. Storey (ed.) *Charlemagne: empire and society*, Manchester University Press, 2005.

10　Alice Rio, *Legal practice and the written word in the early Middle Ages: Frankish formulae, c. 500–1000*, Cambridge University Press, 2009.

11　Drew, *Laws of the Salian Franks*, 132–39.

12　Wormald, *Making of English law*, 46–47.

13　Wormald, 'Lex scripta', 23. 对其观点的肯定，见 Charles-Edwards, 'Law in the western kingdoms', 相关质疑见 Thomas Faulkner, *Law and authority in the early Middle Ages*, Cambridge University Press, 2016, and Rosamond McKitterick, *The Carolingians and the written word*, Cambridge University Press, 1989。

14 盎格鲁－撒克逊法的翻译，参见 F. L. Attenborough, *The laws of the earliest English kings*, Cambridge University Press, 1922。相关分析见 Tom Lambert, *Law and order in Anglo-Saxon England*, Oxford University Press, 2017。

15 Charles-Edwards, 'Law in the western kingdoms', 265–66.

16 Lambert, *Law and order*, ch. 5.

17 Wormald, 'Lex scripta', 14–15.

18 George Molyneaux, *The formation of the English kingdom in the tenth century*, Oxford University Press, 2015.

19 伍尔夫斯坦二世的立法，参见 Lambert, *Law and order*, ch. 5。

20 这一部分的内容，大多参见 Charles M. Radding, *The origins of medieval jurisprudence: Pavia and Bologna, 850–1150*, New Haven, CT: Yale University Press, 1988。关于伦巴第法，参见 Katherine Fischer Drew, *The Lombard laws*, London: Variorum Reprints, 1988; Charles-Edwards, 'Law in the western kingdoms'。

21 进一步细节，参见 Chris Wickham, 'Land disputes and their social framework in Lombard-Carolingian Italy, 700–900', in W. Davies and P. Fouracre (eds), *The settlement of disputes in early medieval Europe*, Cambridge University Press, 1986。

22 博洛尼亚及其重要性，参见 Stein, *Roman law in European history*, ch. 2。

23 Stein, *Roman law in European history*, 54.

24 罗马法在欧洲的影响，参见 Alan Watson, *Legal transplants: an approach to comparative law*, Charlottesville: University Press of Virginia, 1974。

25 Stein, *Roman law in European history*, 54–57.

26 安茹王朝的律法，参见 Wormald, *Making of English law*; John Hudson, *The formation of the English common law: law and society in England from the Norman Conquest to Magna Carta*, London: Longman, 1996。

27 王室法庭的发展流变，参见 Paul Brand, *The origins of the English legal profession*, Oxford: Blackwell, 1992。

28 Anne J. Duggan, 'Roman, canon, and common law in twelfth century England: the council of Northampton (1164) re-examined', *Historical Research* 83: 379–408, 2009, at p. 402.

29　Paul Brand, 'Legal education in England before the Inns of Court', in A. Bush and Alain Wijffels (eds), *Learning the law: teaching and the transmission of law in England, 1150–1900*, London: Hambledon Press, 1999, 54–55.

30　法学教育，参见 Brand, 'Legal education'; J. H. Baker, 'The Inns of Court in 1388', *Law Quarterly Review* 92: 184–87, 1976。

第七章　在边缘：基督教和伊斯兰教之外的立法活动

1　作为背景知识，关于历史上的爱尔兰，参见 Clare Downham, *Medieval Ireland*, Cambridge University Press, 2018; Robin Chapman Stacey, *The road to judgment: from custom to court in medieval Ireland and Wales*, Philadelphia: University of Pennsylvania Press, 1994。

2　关于爱尔兰各国国王，参见 Francis Byrne, *Irish kings and high kings*, London: B. Y. Batsford, 1973。

3　Marilyn Gerreits, 'Economy and society: clientship in the Irish laws', *Cambridge Medieval Celtic Studies* 6: 43–61, 1983.

4　关于这些精通法律者，或者说早期律师，参见 T. M. Charles-Edwards, Review of the 'Corpus Iuris Hibernici', *Studia Hibernica* 20: 141–62, 1980; Jane Stevenson, 'The beginnings of literacy in Ireland', *Proceedings of the Royal Irish Academy: Archaeology, Culture, History, and Literature* 89C: 127–65, 1989。

58　世纪初，一位作家曾将博览群书的神职人员、传统的爱尔兰学者，以及天赋异禀但博学不深的诗人这三类人区分开来。见 Stevenson, 'Beginnings of literacy', 161–62。

6　D. A. Binchy (ed.) *Corpus iuris hibernici: ad fidem codicum manuscriptorum recognovit*, Dublin: Institute for Advanced Studies, 1978. 相关律法，参见 Fergus Kelly,*A guide to early Irish law*, Dublin: Institute for Advanced Studies, 1988; Charles-Edwards, Review of the 'Corpus Iuris Hibernici'; Thomas Charles-Edwards and Fergus Kelly, *Bechbretha*, Dublin: Institute for Advanced Study, 1983; Marilyn Gerreits, 'Money in early Christian Ireland',*Comparative Studies in Society and History* 27: 323–39, 1985。

7　Fergus Kelly, *Early Irish farming: a study based mainly on the law-texts of the 7th and 8th centuries ad*, Dublin: Institute for Advanced Studies, 1997.

8 Charles-Edwards and Kelly, *Bechbretha*.

9 Gerreits, 'Money', 329–30.

10 Downham, *Medieval Ireland*, 66.

11 Gerreits, 'Money'.

12 相关法律实践，参见 Richard Sharpe, 'Dispute settlement in medieval Ireland', in Wendy Davies and Paul Fouracre (eds), *Settlement of disputes in early medieval Europe*, Cambridge University Press, 1986。

13 对于 Stacey, *Road to judgment*, ch. 5。

14 Charles-Edwards, Review of the 'Corpus Iuris Hibernici'; Charles-Edwards and Kelly, *Bechbretha*, 25ff.

15 Fergus Kelly, *Marriage disputes: a fragmentary Old Irish law-text*, Dublin: Institute for Advanced Studies, 2014.

16 Kelly, *Guide to early Irish law*, 7.

17 Stacey, *Road to judgment*, 22.

18 针对国王的法律规定，参见 Kelly, *Guide to early Irish law*, 18–26。

19 T. M. Charles-Edwards, 'A contract between king and people in early medieval Ireland? *Críth Gablach* on kingship', *Peritia* 8: 107–19, 1994.

20 Stacey, *Road to judgment*, 16ff.

21 这一部分，大量参考了 William Ian Miller, *Bloodtaking and peacemaking: feud, law, and society in saga Iceland*, University of Chicago Press, 1990, 更多细节见 Jón Jóhannesson, *A history of the old Icelandic commonwealth: Islendinga saga*, trans. H. Bessason, Winnipeg: University of Manitoba Press, 1974。

22 Miller, *Bloodtaking*, 223.

23 Miller, *Bloodtaking*, 222–23.

24 Miller, *Bloodtaking*, 227, 257.

25 Jóhannesson, *History*, 40.

26 部分学者怀疑这些出现在后来抄本中的法律条文不都是原创的。但弗拉基米尔和他的儿子几乎肯定颁布过这种性质的法令。见 Simon Franklin, *Writing, society and culture in early Rus, c. 950–1300*, Cambridge University Press, 2002, 152–56。相关法律的分析，参见 Daniel H. Kaiser, *The laws of Rus': tenth to fifteenth centuries*, Salt Lake City: C. Schlacks, 1992; Simon Franklin, 'On meanings, functions and paradigms of law in early Rus', *Russian History* 34: 63–81, 2007。

27 Franklin, *Writing*.

28 相关法律，参见 Kaiser,*Laws of Rus'*, 14–19。两版《罗斯法典》的出版日期和编纂者都存在争议。

29 Simon Franklin and Jonathan Shepard, *The emergence of Rus, 750–1200*, London: Longman, 1996, 224.

30 关于这些写作的出现，见 Franklin, *Writing*, ch. 1。

31 Franklin, *Writing*, 38–39.

32 Franklin, *Writing*, 184. 这封信在 12 世纪上半叶写成。

33 Kaiser,*Laws of Rus'*, 20–34. 增补版《罗斯法典》可能诞生于这一时期，但编纂者不详。

34 Franklin, *Writing*, 140.

35 Franklin, *Writing*, 149.

36 Franklin, *Writing*, 151–52.

37 Franklin, *Writing*, 137.

38 在 11 世纪中期为了洞窟修道院而从拜占庭引入的规章包括了这部分内容。Franklin, *Writing*, 143–44.

39 Kaiser, *Laws of Rus'*, 20–34.

40 感谢玛丽娜·库克奇扬对这些文件的总结概括。

41 Elena Bratishenko, 'On the authorship of the 1229 Smolensk–Rigatrade treaty', *Russian Linguistics* 26: 345–61, 2002.

42 其中包括 *Zakon Sudnyi Liudem*, 'Court Law for the People'，最初由保加利亚学者翻译，但以拜占庭法律为基础。其他人则直接查阅希腊文献，并翻译拜占庭帝国法律的摘要，这些摘要的译本称为《法律节选》(Ecloga) 和《法律手册》(Prochiron)。参见 Franklin, *Writing*, 137–39。

43 该文本的翻译与解读见 Robert Thomson in *The Lawcode (Datastanagirk') of Mxit'ar Goš*, Amsterdam: Rodopi, 2000。更详尽的背景介绍，见 Peter Cowe, 'Medieval Armenian Literary and Cultural Trends', in R. Hovannisian (ed.) *The Armenian people from ancient to modern times*, vol. 1, Los Angeles: University of California Press, 1997, 297–301。

44 Thomson, *Lawcode*, 22.

45 Cowe, 'Medieval Armenian', 299.

46 Cowe, 'Medieval Armenian', 300.

47 Cowe, 'Medieval Armenian', 301; Krikor Mahsoudian, 'Armenian communities in eastern Europe', in Hovannisian, *Armenian people*, 1:62–64.

第八章 恪守教法：印度教、犹太教和伊斯兰世界

1 南印度相关背景，参见 Rajan Gurukhal, 'From clan to lineage to hereditary occupations and caste in early south India', *Indian Historical Review* 20: 22–33, 1993–1994。

2 Donald R. Davis, Jr, 'Responsa in Hindu law: consultation and lawmaking in medieval India', *Oxford Journal of Law and Religion* 3: 57–75, 2014, at p. 61.

3 Bajadulal Chattopadhyaya, '"Autonomous spaces" and the authority of the state: the contradiction and its resolution in theory and practice in early India', in B. Kölver (ed.) *Recht, Staat und Verwaltung im klassischen Indien*, Munich: R. Oldenbourg Verlag, 1997, 8–9. 类似的表述参见《摩奴法论》，Patrick Olivelle, with the editorial assistance of Suman Olivelle, *Manu's code of law: a critical edition and translation of the* Mānava-Dharma 'sāstra, South Asia Research, Oxford University Press, 2004, 169。

4 当地的交易方式与相关制度安排，参见 Donald R. Davis, Jr, 'Intermediate realms of law: corporate groups and rulers in medieval India', *Journal of the Economic and Social History of the Orient* 48: 92–117, 2005, and his 'Centres of law: duties, rights, and jurisdictional pluralism in medieval India', in P. Dresch and H. Skoda (eds), *Legalism: anthropology and history*, Oxford University Press, 2012。

5 D. R. Davis, 'A historical overview of Hindu law', in Timothy Lubin, Donald R. Davis, and Jayanth K. Krishnan (eds), *Hinduism and law: an introduction*, Cambridge University Press, 2010, 20.

6 Davis, 'Responsa', 65.

7 埃及的经济与社会环境，参见 S. D. Goitein, *A Mediterranean society: an abridgment in one volume*, Jacob Lassner (ed.) Berkeley: University of California Press, 1999。

8 Mark R. Cohen, *Jewish self-government in medieval Egypt: the origins of the office of Head of the Jews, ca. 1065–1126*, Princeton, NJ: Princeton University Press, 1980.

9 Shelomo Dov Goitein, *A Mediterranean society: the Jewish communities of the Arab world as portrayed by the documents of the Cairo geniza*, vol. 1, Berkeley: University of California Press, 1967, 329–30.

10 对这批藏经窟文献的详细讨论，参见 Goitein, *Mediterranean society*, 6 vols.,

Berkeley: University of California Press, 1967–1993。

11　这些书记员及其誊写工作，参见 Eve Krakowski and Marina Rustow, 'Formula as content: medieval Jewish institutions, the Cairo geniza, and the new diplomatics', *Jewish Social Studies: History, Culture, Society* 20: 111–46, 2014。

12　Goitein, *Mediterranean society*, 2:332.

13　Goitein, *Mediterranean society*, 2:324.

14　犹太法庭及相关程序，参见 Goitein,*Mediterranean society*, 2:1971。

15　Goitein,*Mediterranean society*, 2:323.

16　法庭程序，参见 Goitein, *Mediterranean society*, 2:334–44。

17　Goitein, *Mediterranean society*, 2:336.

18　Goitein, *Mediterranean society*, 2:331–32.

19　Goitein, *Mediterranean society*, 2:331.

20　Goitein, *Mediterranean society*, 2:328; 3:210–11.

21　Goitein, *Mediterranean society*, 2:328.

22　Phillip I. Ackerman-Lieberman, *The business of identity: Jews, Muslims and economic life in medieval Egypt*, Stanford, CA: Stanford University Press, 2014, ch. 2.

23　Marina Rustow, *Heresy and the politics of community: the Jews of the Fatimid caliphate*, Ithaca, NY: Cornell University Press, 2008, ch. 10, 278–80.

24　Goitein, *Mediterranean society*, 2:327–28.

25　Krakowski and Rustow, 'Formula as content'.

26　David N. Myers, *Jewish history: a very short introduction*, Oxford University Press, 2017, 17.

27　本节内容大体参考了 David S. Powers, *Law, society, and culture in the Maghrib, 1300–1500*, Cambridge University Press, 2002。

28　1897—1898 年，在非斯，一个由 8 名法学家组成的委员会制作了总计 12 卷的石版印刷教法。这些教法的印刷版，参见 Rabat: Ahmad al-Wansharisi, *Al-mi'yar al-mu'rib wa-l-jami' al-mughrib 'an fatawi 'ulama' Ifriqiya wa-l-Andalus wa-l-Maghrib*, M. Hajji (ed.) Rabat, Morocco: Wizarat al-Awqaf wa-l-Shu'un al-Islamiyah lil-Mamlakah al-Maghribiyah, 1981–1983. See Powers, *Law, society, and culture*, 4–6。

29　关于萨利姆的这桩案件，参见 Powers, *Law, society, and culture*, ch. 1。

30　相关争议，参见 Powers, *Law, society, and culture*, ch. 3。

31　Powers, *Law, society, and culture*, 140.

32　Judith Scheele, 'Rightful measures: irrigation, land, and the shari 'ah in the Algerian Touat', in P. Dresch and H. Skoda (eds), *Legalism: anthropology and history*, Oxford University Press, 2012.

33　总体参见 Michael Kemper, 'Communal agreements *(ittifāqāt)* and *'ādāt*-books from Daghestani villages and confederacies (18th–19th centuries)', *Der Islam: Zeitschrift* für Geschichte und Kultur des islamischen Orients 81: 115–49, 2004。更多背景参见 Moshe Gammer, *Muslim resistance to the tsar: Shamil and the conquest of Chechnia and Daghestan*, London: Cass, 1994。

34　Kemper, 'Communal agreements', 121.

35　Kemper, 'Communal agreements', 127–28.

36　Kemper, 'Communal agreements', 132.

37　For these events, see Gammer, *Muslim resistance*.

38　Kemper, '*Adat against shari'a*: Russian approaches toward Daghestani "customary law" in the 19th century', *Ab Imperio* 3: 147–72, 2005.

39　Kemper, 'Communal agreements', 144–45.

第九章　中古时期中国的国法与天道

1　Paul R. Katz, *Divine justice: religion and the development of Chinese legal culture*, London: Routledge, 2009, ch. 1.

2　Donald Harper, 'Resurrection in Warring States popular religion', *Taoist Resources* 5, no. 2: 13–28, 1994.

3　Anna Seidel, 'Traces of Han religion in funerary texts found in tombs', in Akizuki Kanei (ed.) *Dōkyō to shūkyō bunka*, Tokyo: Hirakawa, 1987.

4　关于地方法律实践，参见 Valerie Hansen, *Negotiating daily life in traditional China: how ordinary people used contracts, 600–1400*, New Haven, CT: Yale University Press, 1995。

5　Hansen, *Negotiating daily life*, ch. 2.

6　隋唐时期的情况，参见 Patricia Buckley Ebrey, *Cambridge illustrated history of China*, 2nd ed. Cambridge University Press, 2010, ch. 5; Morris Rossabi, *A history of China*, Chichester, UK: Wiley Blackwell, 2014, chs. 5 and 6。

7　关于唐朝的法典，参见 Wallace Johnson, *The T'ang Code*, 2 vols., Princeton,

NJ: Princeton University Press, 1979, 1997。

8　关于唐代的大赦，参见 Brian E. McKnight, *The quality of mercy: amnesties and traditional Chinese justice*, Honolulu: University of Hawaii Press, 1981。

9　关于唐代中国西部疆域的地方法律实践，参见 Hansen, *Negotiating daily life*。

10　Hansen,*Negotiating daily life*, 42.

11　宋代的相关历史背景，参见 Rossabi, *History of China*, ch. 6; Brian E. McKnight and James T.C. Liu, *The enlightened judgments: Ch'ing-ming Chi. The Sung dynasty collection*, Albany: State University of New York Press, 1999; Ebrey, *Cambridge illustrated history*, ch. 6。

12　Marco Polo, *The description of the world*, trans. A. C. Moule, compiler Paul Pelliot, vol. 1, London: Routledge, 1938, 320.

13　Marco Polo, *Description of the world*, 1:329.

14　这一时期的更多细节，可参考 Jacques Gernet, *Daily life in China on the eve of the Mongol invasion, 1250–1276*, London: Allen and Unwin, 1962。

15　宋代法律制度和司法活动，参见 Brian E. McKnight, *Law and order in Sung China*, Cambridge University Press, 1992; Ebrey, *Cambridge illustrated history*, 150–54; Ichisada Miyazaki, 'The administration of justice during the Sung dynasty', in J. R. Cohen, R. R. Edwards, and F-M. C. Chen (eds), *Essays on China's legal tradition*, Princeton, NJ: Princeton University Press, 1980。

16　宋代地方行政，参见 Rossabi,*History of China*, ch. 6; McKnight and Liu, *Enlightened judgments*, 'Introduction'。

17　关于《清明集》这一书名，Valerie Hansen 将其音译为 "Qingmingji". McKnight 和 Liu 则将其意译为 "*The enlightened judgments*"。

18　McKnight and Liu, *Enlightened judgments*, 63–68.

19　McKnight and Liu, *Enlightened judgments*, 417–18.

20　McKnight and Liu, *Enlightened judgments*, 146–47. 相关引用因为格式原因稍有调整。

21　McKnight and Liu, *Enlightened judgments*, 208–10.

22　相关判例参见 McKnight and Liu, *Enlightened judgments*。

23　McKnight and Liu, *Enlightened judgments*, 170–72.

24　McKnight and Liu, *Enlightened judgments*, 355–56.

25　McKnight and Liu, *Enlightened judgments*, 354.

26　相关判例参见 R. H. Van Gulik, *T'ang-yin-pi-shih: 'parallel cases from under the pear tree'*, Leiden: Brill, 1956。

27　Miyazaki, 'Administration of justice'.

28　McKnight and Liu, *Enlightened judgments*, 152–53.

29　McKnight and Liu, *Enlightened judgments*, 453–54.

30　Hansen, *Negotiating daily life*, 103.

31　上诉制度，参见 Brian E. McKnight, 'From statute to precedent', in his *Law and the state in traditional East Asia: six studies on the sources of East Asian law*, Honolulu: University of Hawaii Press, 1987。

32　McKnight, *Law and order*, 17.

33　Miyazaki, 'Administration of justice', 69.

34　McKnight and Liu, *Enlightened judgments*, 213–15, 226–27.

35　Hansen, *Negotiating daily life*, 97; McKnight and Liu, *Enlightened judgments*, 154–55, 440–41.

36　McKnight and Liu, *Enlightened judgments*, 154–55.

37　McKnight and Liu, *Enlightened judgments*, 432–35.

38　McKnight and Liu, *Enlightened judgments*, 180–83.

39　Katz, *Divine justice*, 47–50. 清代相关实践，参见 Philip Huang, *Civil justice in China: representation and practice in the Qing*, Stanford, CA: Stanford University Press, 1996。

40　McKnight and Liu, *Enlightened judgments*, 226–27.

41　McKnight and Liu, *Enlightened judgments*, 150.

42　相关实践，参见 Matthew H. Sommer, *Polyandry and wife-selling in Qing dynasty China: survival strategies and judicial interventions*, Berkeley: University of California Press, 2015。

43　Hansen, *Negotiating daily life*, ch. 7.

44　Katz, *Divine justice*, ch. 2.

45　这一时期的地方司法实践，参见 Huang, *Civil justice*。

46　Sommer, *Polyandry*.

第十章　中世纪欧洲的司法与习惯

1　欧洲大陆的相关发展，参见 Peter Stein, *Roman law in European history*, Cambridge University Press, 1999, ch. 4。

2　神圣罗马帝国的相关情况，参见 G. Dahm, 'On the reception of Roman and

Italian law in Germany', in G. Strauss (ed.) *Pre-Reformation Germany*, New York: Harper and Row, 1972。

3　这一段的相关内容，参见 Alan Watson, *Sources of law, legal change, and ambiguity*, Edinburgh: T&T Clark, 1985。

4　Esther Cohen, *The crossroads of justice: law and culture in late medieval France*, Leiden: Brill, 1993; Paul Hyams, 'Due process versus the maintenance of order in European law: the contribution of the ius commune', in P. Coss (ed.) *The moral world of the law*, Cambridge University Press, 2000, 64–65.

5　塞普提曼尼亚的法律实践，参见 Fredric L. Cheyette, 'Suum cuique tribuere', *French Historical Studies* 6: 287–99, 1970。

6　Howard Bloch, *Medieval French literature and law*, Berkeley: University of California Press, 1977, 8–9.

7　Michael Clanchy, 'Law and love in the Middle Ages', in J. Bossy (ed.) *Disputes and settlements: law and human relations in the West*, Cambridge University Press, 1983.

8　F. W. Maitland, *Select pleas in manorial and other seignorial courts*, vol. 1, *Reigns of Henry III and Edward I*, Selden Society, London: B. Quaritch, 1889, xxxi. 这段描述来自颁布于 1166 年的《克拉伦登法令》。

9　巡回陪审团的相关情况，参见 Anthony Musson, *Medieval law in context: the growth of legal consciousness from Magna Carta to the peasants' revolt*, Manchester University Press, 2001; Anthony Musson and Edward Powell, *Crime, law, and society in the later Middle Ages*, Manchester University Press, 2013。

10　Musson, *Medieval law*, ch. 4.

11　有关庄园法庭的文献十分丰富，本章主要参考了 Zvi Razi and Richard M. Smith, 'The origins of the English manorial court rolls as a written record: a puzzle', in Z. Razi and R. M. Smith (eds), *Medieval society and the manor court*, Oxford: Clarendon Press, 1996; Lloyd Bonfield, 'What did English villagers mean by "customary law"', in Razi and Smith, *Medieval society*; John S. Beckerman, 'Procedural innovation and institutional change in medieval English manorial courts', *Law and History Review* 10: 197–253, 1992。

12　Beckerman, 'Procedural innovation', 221.

13　Paul Hyams, 'What did Edwardian villagers understand by "law"?', in Razi and Smith, *Medieval society*, 98ff.

14　刑事程序问题，参见 H. R. T. Summerson, 'The structure of law enforcement in thirteenth century England', *American Journal of Legal History* 23: 313–27, 1979; Hyams, 'What did Edwardian villagers understand?'。

15　This is Chapter 38. See Beckerman, 'Procedural innovation', 227.

16　关于这些变化，参见 Beckerman, 'Procedural innovation'。

17　后期情况，参见 Christopher Harrison, 'Manor courts and the governance of Tudor England', in Christopher Brooks and Michael Lobban (eds), *Communities and courts in Britain, 1150–1900*, London: Hambledon Press, 1997。

18　关于教会法庭，参见 Charles Sherman, 'A brief history of medieval Roman canon law in England', *University of Pennsylvania Law Review* 68: 223–58, 1920; David Millon, 'Ecclesiastical jurisdiction in medieval England', *University of Illinois Law Review* 1984, 621–38; Hyams, 'What did Edwardian villagers understand?'。教会法庭也可能审理严重的刑事案件，例如损害教会财产的暴力行为、对修道院女院长的袭击、对修女的绑架，以及围绕教会财产所有权引发的许多纠纷。

19　L. R. Poos, 'Sex, lies and the church courts of pre-Reformation England', *Journal of Interdisciplinary History* 25: 585–607, 1995.

20　自治市法庭的情况，参见 Richard Goddard and Teresa Phipps, *Town courts and urban society in late medieval England, Woodbridge*, UK: Boydell and Brewer, 2019。

21　Sir Edward Coke, in *The fourth part of the institutes of the laws of England: concerning the jurisdiction of courts*, published in 1644, 该书记录了 76 个不同的英国法院，其中许多是地区性的，但也有一些法院具有专门的司法管辖权，如"监护与制服"法院（Court of 'Wards and Liveries'）、下水道排污法院和主食法院。

22　该案件的记录，见 Beckerman, 'Procedural innovation', 207–8。

23　Robert R. Pennington, *Stannary law: a history of the mining law of Cornwall and Devon*, Newton Abbot, UK: David and Charles, 1973.

24　林业法院，参见 Cyril Hart, *The verderers and the forest laws of Dean*, Newton Abbot, UK: David and Charles, 1971; Coke, *Fourth part of the institutes*, 229–37。

25　海事法庭，参见 M. J. Prichard and D. E. C. Yale, *Hale and Fleetwood on admiralty jurisdiction*, London: Selden Society, 1993; Elizabeth Wells, 'Civil litigation in the High Court of Admiralty, 1585–1595', in Brooks and Lobban, *Communities and courts*。

26 亨利八世还为肯特郡的"五港同盟"(Cinque Ports) 任命了一名管理人。该管理人可以自己主持法庭，并审理当地案件。参见 Prichard and Yale,*Hale and Fleetwood*, cxlvi。

27 Prichard and Yale,*Hale and Fleetwood*, ccxxxvii ff.

28 Wells, 'Civil litigation', 90–94.

29 Wells, 'Civil litigation', 92.

30 Prichard and Yale, *Hale and Fleetwood*, ccxliii–ccxlvii.

31 Wells, 'Civil litigation', 95.

32 W. A. Champion, 'Recourse to the law and the meaning of the great litigation decline, 1650–1750: some clues from the Shrewsbury local courts', in Brooks and Lobban, *Communities and courts*, 180.

第十一章　审判之难：发誓、神判与证据

1 Nathan Hill, 'The sku-bla rite in imperial Tibetan religion',*Cahiers d'Extrême-Asie* 24: 49–58, 2015.

2 Brandon Dotson, 'The princess and the yak: the hunt as narrative trope and historical reality in early Tibet', in B. Dotson, K. Iwao, and T. Takeuchi (eds), *Scribes, texts, and rituals in early Tibet and Dunhuang*, Wiesbaden: Dr. Ludwig Reichert Verlag, 2013.

3 部分处罚的含义十分模糊，本书作者在其他文章中对此有所分析，见 'Oaths and ordeals in Tibetan law', in D. Schuh (ed.) *Secular law and order in the Tibetan highland*, Andiast, Switzerland: International Institute for Tibetan and Buddhist Studies, 2015。

4 相关文献十分丰富，可参考 Frederick Pollock and Frederic Maitland, *The history of English law before the time of Edward I*, 2nd ed. Cambridge University Press, 1898; James Thayer, *A preliminary treatise on evidence at the common law*, Boston: Little, Brown, 1898; Thomas A. Green, 'Societal concepts of criminal liability for homicide in mediaeval England', *Speculum* 4: 669–95, 1972; Harold J. Berman, 'The background of the Western legal tradition in the folklaw of the peoples of Europe', *University of Chicago Law Review* 45: 553–97, 1978; R. H. Helmholz, 'Crime, compurgation and the courts of the medieval church', *Law and History Review* 1: 1–26, 1983; R. C. van Caenegem, *Legal history: a*

European perspective, London: Hambledon Press, 1991。

5 J. M. Kaye, 'The early history of murder and manslaughter, part 1', *Law Quarterly Review* 83: 365–95, 1967.

6 Helmholz, 'Crime, compurgation and the courts'; James Q. Whitman, *The origins of reasonable doubt: theological roots of the criminal trial*, New Haven, CT: Yale University Press, 2008.

7 Shelomo Dov Goitein, *A Mediterranean society: the Jewish communities of the Arab world as portrayed by the documents of the Cairo geniza*, vol. 2, Berkeley: University of California Press, 1971, 340.

8 Rudolph Peters, 'Murder in Khaybar: some thoughts on the origins of the *qasāma* procedure in Islamic law', *Islamic Law and Society* 9: 132–67, 2002.

9 Paul Dresch, 'Outlawry, exile, and banishment: reflections on community and justice', in F. Pirie and J. Scheele (eds), *Legalism: community and justice*, Oxford University Press, 2014, 115–16.

10 Whitman, *Origins*, 75–76. 就连卷入财产纠纷的地主阶级成员有时也不愿意宣誓证实自己的主张，他们宁愿雇用一名强者代表他们参加一场依靠身体角力来评判胜诉与否的审判。

11 John M. Roberts, 'Oaths, autonomic ordeals, and power', *American Anthropologist* 67, no. 6, pt. 2: 186–212, 1965.

12 John S. Beckerman, 'Procedural innovation and institutional change in medieval English manorial courts', *Law and History Review* 10: 197–253, 1992; John W. Baldwin, 'The crisis of the ordeal: literature, law, and religion around 1200', *Journal of Medieval and Renaissance Studies* 24: 327–53, 1994.

13 Pirie, 'Oaths and ordeals in Tibetan law', 186.

14 Richard W. Larivière, *The Divyatattva of Raghunandana Bhattācārya: ordeals in classical Hindu law*, New Delhi: Manohar, 1981.

15 可参考本书作者的另一篇文章 'Oaths and ordeals in Tibetan Law'。相关的文献记载可以追溯到 14 世纪，但这一做法的历史可能更为久远。

16 Baldwin, 'Crisis of the ordeal', 336.

17 相关文献十分丰富，参见 Robert Bartlett, *Trial by fire and water: the medieval judicial ordeal*, Oxford: Clarendon Press, 1986, ch. 2; Paul Hyams, 'Trial by ordeal: the key to proof in the early common law', in Morris S. Arnold, Thomas A. Green, Sally A. Scully, and Stephen D. White (eds), *On the laws and customs of England: essays in honor of Samuel E. Thorne*, Chapel Hill:

University of North Carolina Press, 1981; Peter Brown, 'Society and the supernatural: a medieval change', *Dedalus* 104: 133–51, 1975; Baldwin, 'Crisis of the ordeal'; Dominique Barthélmy, 'Diversité dans des ordalies médiévales', *Revue historique* (T. 280), Fasc. 1 (567): 3–25, 1988; Whitman, *Origins*。

18 Bartlett, *Trial by fire and water*.

19 Aethelstan's Ordinances II, cap. 23, edited and translated by F. L. Attenborough, *The laws of the earliest English kings*, Cambridge University Press, 1922.

20 苏珊娜的故事被收入《圣经》的《但以理书》（次正经）。

21 Pirie, 'Oaths and ordeals'.

22 William Ian Miller, 'Ordeal in Iceland', *Scandinavian Studies* 60: 189–218, 1988.

23 Roberts, 'Oaths, autonomic ordeals, and power'.

24 E. E. Evans-Pritchard, *Witchcraft, oracles, and magic among the Azande*, Oxford: Clarendon Press, 1937, 309–12.

25 Miller, 'Ordeal in Iceland'.

26 Miller, 'Ordeal in Iceland', 194–98, 200–3.

27 Whitman, *Origins*, 'Introduction' (p. 3), ch. 1.

28 Whitman, *Origins*, ch. 2.

29 Whitman, *Origins*, ch. 3.

30 Robert Thomson, *The Lawcode (Datastanagirk') of Mxit'ar Goš*, Amsterdam: Rodopi, 2000, 92–99.

31 所谓的"血腥实践"还包括外科手术。这些反对意见在根本上来自犹太教对污染的担忧，这种担忧已经渗透到基督教神学中。出于同样的原因，教会也不赞成比武、决斗和格斗审判。

32 Whitman, *Origins*, 93.

33 Whitman, *Origins*, ch. 5.

34 Whitman, *Origins*, 139–44.

35 Whitman, *Origins*, ch. 6.

36 Martin Ingram, '"Popular" and "official" justice: punishing sexual offenders in Tudor London', in Pirie and Scheele, *Legalism: community and justice*.

37 Sir Edward Coke's *Third institutes of the laws of England, Pleas of the Crown,* 137 (published in the 1640s). 感谢马克·麦克纳尔的提示。

38 E. P. Thomson, *Whigs and hunters: the origin of the Black Act*, London: Allen

Lane, 1975.

39　John H. Langbein, *The origins of adversary criminal trial*, Oxford University Press, 2005, 334–35.

40　Whitman, *Origins*, ch. 7.

41　Whitman, *Origins*, 'Conclusion'.

42　Whitman, *Origins*, ch. 4; Richard M. Fraher, 'The theoretical justification for the new criminal law of the High Middle Ages: "rei publicae interest, ne crimina remaneant impunita"', *University of Illinois Law Review*, 577–95, 1984.

43　Fraher, 'Theoretical justification', 588.

44　Paul R. Katz, *Divine justice: religion and the development of Chinese legal culture*, London: Routledge, 2009, ch. 2.

45　Michael Zimmerman, 'Only a fool becomes a king: Buddhist stances on punishment', in his *Buddhism and Violence*, Lumbini, Nepal: Lumbini International Research Institute, 2006.

46　Melvyn Goldstein, *A History of modern Tibet, 1913–1951: the demise of the lamaist state*, Berkeley: University of California Press, 1989, 199–212.

47　Donald R. Davis, Jr, *The spirit of Hindu law*, Cambridge University Press, 2010, chs. 5 and 6.

48　Vacaspatimiśra's *Vyavaharacintamani: a digest on Hindu legal procedure*, translated and edited by Ludo Rocher, Gent, 1956.

49　Intisar A. Rabb, '"Reasonable doubt" in Islamic law', *Yale Journal of International Law* 40: 41–94, 2015.

50　关于卡迪和穆夫提，参见 Brinkley Messick, 'The mufti, the text and the world: legal interpretation in Yemen', Man 21: 102–19, 1986; Brinkley Messick, *The calligraphic state: textual domination and history in a Muslim society*, Berkeley: University of California Press, 1993。

51　Rabb, '"Reasonable doubt" in Islamic law', 79–80.

52　Rabb, '"Reasonable doubt" in Islamic law', 84–85.

53　Baber Johansen, 'Vom Wort-zum Indizienbeweis: die Anermerkung der richterlichen Folter in islamischen Rechtsdoktrinen des 13. und 14. Jahrhunderts', *Ius commune* 28: 1–46, 2001.

54　David Powers, *Law, society and culture in the Maghrib, 1300–1500*, Cambridge University Press, 2002.

第十二章 从王国到帝国：欧洲与美洲的崛起

1 C. A. Bayly, *Imperial meridian: the British Empire and the world, 1780–1830*, London: Longman, 1989, 21.

2 James Q. Whitman, 'The world historical significance of European legal history: an interim report', in H. Pihlajamäki, M. D. Dubber, and M. Godfrey (eds), *The Oxford handbook of European legal history*, Oxford University Press, 2018.

3 关于神圣罗马帝国，参见 G. Dahm, 'On the reception of Roman and Italian law in Germany', in G. Strauss (ed.) *Pre-Reformation Germany*, New York: Harper and Row, 1972。

4 直到 1507 年，马克西米利安一世才成为神圣罗马帝国的皇帝，但在这之前，他就已经接替父亲成为"罗马人的国王"。

5 特别是路德派信徒腓力·墨兰顿 (Philip Melanchthon)，参见 Peter Stein, *Roman law in European history*, Cambridge University Press, 1999, 92。

6 参见 Mark Godfrey, *Civil justice in renaissance Scotland: the origins of a central court*, Leiden: Brill, 2009.

7 关于这一时期的英格兰法律，参见 J. H. Baker, *An introduction to English legal history*, London: Butterworths, 1971; Christopher W. Brooks, *Law, politics and society in early modern England*, Cambridge University Press, 2009。

8 参见 *Earl of Oxford's Case* (1615), 1 Rep Ch 1, at 6。根据记载，担任法官的埃尔斯米尔伯爵宣称，他的职责是"纠正人们对欺诈、违背信任、错误和压迫的良心，并软化和缓和法律的极端性"。

9 这一时期的英国法理学，参见 J. G. A. Pocock, *The ancient constitution and the feudal law: a study of English historical thought in the seventeenth century*, Cambridge University Press, 1987; J. W. Tubbs, *The common law mind: medieval and early modern conceptions*, Baltimore: Johns Hopkins University Press, 2000。

10 利特尔顿的《土地保有论》*(Expliciunt tenores nouelli)* 大概于 1482 年在伦敦出版。

11 即 *De Laudibus Legum Angliae.*

12 Brooks, *Law, politics and society*, 426.

13 Brooks, *Law, politics and society*, 432.

14 David Lemmings (ed.) *The British and their laws in the eighteenth century*, Woodbridge, UK: Boydell Press, 2005, 7–8; Richard J. Ross, 'The commoning

of the common law: the Renaissance debate over printing English law, 1520–1640’, *University of Pennsylvania Law Review* 146: 323–461, 1998.

15 关于这些法院及诉讼，参见 Christopher Brooks and Michael Lobban (eds), *Communities and courts in Britain, 1150–1900*, London: Hambledon Press, 1997; Brooks, *Law, politics and society*, 428。学者仍在争论这一时期诉讼数量上升及随后下降的原因。

16 Baker, *Introduction*, 207–12.

17 James S. Hart Jr, *The rule of law, 1603–1660*, Harlow, UK: Pearson Longman, 2003, 9.

18 参见 *Laws of Ecclesiastic Polity*, bk. VIII, ii, 12. 关于胡克和宪法危机，参考 Alan Cromartie, *The constitutionalist revolution: an essay on the history of England, 1450–1642*, Cambridge University Press, 2006。

19 相关争论，参见 Tubbs, *Common law mind*, ch. 6.

20 关于柯克和他与詹姆斯一世的争执，参见 David Chan Smith, *Sir Edward Coke and the reformation of the laws: religion, politics and jurisprudence, 1578–1616*, Cambridge University Press, 2014; Tubbs, *Common law mind*, ch. 7。

21 这就是著名的"禁止国王听审案"，它是事关司法权的辩论，而不是单纯的法律案件。柯克美化了自己的描述，声称他曾说过国王缺乏必要的"技术理性"，即进行法律推理的能力，因此不能做出法律判决。但是，即使他没有发表这一著名的声明，这也很可能代表着他当时的想法。参见 Roland G. Usher, ‘James I and Sir Edward Coke’, *English Historical Review* 18: 664–75, 1903。

22 Smith, *Sir Edward Coke*, 11–16.

23 这句话来自他报告的前言，该报告稍后正式出版。不过，这种隐喻框架在当时很常见。参见 Daniel J. Hulsebosch, ‘The ancient constitution and the expanding empire: Sir Edward Coke's British jurisprudence’, *Law and History Review* 21: 439–82, 2003, at p. 445。

24 捕拿抵偿法是中世纪海商法的一项原则。它规定，如果有人遭遇海盗，或者被欠债不还，那么他可以获得国王的授权，合法地报复犯罪者的同胞。参见 Kathryn L. Reyerson, ‘Commercial law and merchant disputes: Jacques Coeur and the law of marque’, *Medieval Encounters* 9: 244–55, 2003。

25 Mike Macnair, ‘Institutional taxonomy, Roman forms and English lawyers in the 17th and 18th centuries’, in Pierre Bonin, Nader Hakim, Fara Nasti, and Aldo Schiavone (eds), *Pensiero giuridico occidentale e giuristi Romani: eredita e genealogie*, Turin, Italy: G. Giappichelli Editore, 2019.

26 例见 Thomas Wood, *An institute of the laws of England, or, the laws of England in their natural order, according to common use*, published in 1720, discussed by S. F. C. Milsom in 'The Nature of Blackstone's Achievement', *Oxford Journal of Legal Studies* 1: 1–12, 1981。

27 Sir Matthew Hale, *Analysis of the civil part of the law.* 该书在 17 世纪中叶写就，其内容很可能来自他的演讲稿，但直到 1713 年，这本书才正式出版。

28 相关辩论，参见 Hulsebosch, 'Ancient constitution', 447–49。

29 该案被称为开尔文案 (Calvin's Case)，而柯克也是审理此案的法官之一。

30 关于北美殖民地的法律，参见 William M. Offutt, 'The Atlantic rules: the legalistic turn in colonial British America', in E. Mancke and C. Shammas (eds), *The creation of the British Atlantic world*, Baltimore: Johns Hopkins University Press, 2005; William E. Nelson, *The common law in colonial America*, 4 vols., New York: Oxford University Press, 2008–2018。

31 关于北美殖民地早期司法机关及其判例，参见 Warren Billings, 'The transfer of English law to Virginia, 1606–50', in K. R. Andrews, N. P. Canny, and P. E. H. Hair (eds), *The westward enterprise: English activities in Ireland, the Atlantic, and America, 1480–1650*, Liverpool University Press, 1978, 215–44; David Konig, '"Dale's Laws" and the non-common law origins of criminal justice in Virginia', *American Journal of Legal History* 26: 354–75, 1982; John M. Murrin, 'The legal transformation: the bench and bar of eighteenth-century Massachusetts', in S. N. Katz (ed.) *Colonial America: essays in politics and social development*, New York: Knopf, 1983; Mary Sarah Bilder, 'The lost lawyers: early American legal literates and transatlantic legal culture', *Yale Journal of Law and the Humanities* 11: 47– 177, 1999; James A. Henretta, 'Magistrates, common law lawyers, legislators: the three legal systems of British America', in M. Grossberg and C. Tomlins (eds), *The Cambridge history of law in America*, vol. 1, Early America (1580– 1815), Cambridge University Press, 2008。

32 David Konig, *Law and society in Puritan Massachusetts: Essex County, 1629–1692*, Chapel Hill: University of North Carolina Press, 1979, 57–88.

33 Thomas Hobbes, *Leviathan or the matter, forme and power of a common-wealth ecclesiasticall and civil*, published in 1651.

34 Alan Cromartie, *Sir Matthew Hale, 1609–1676: law, religion and natural philosophy*, Cambridge University Press, 1995, ch. 5. 他甚至将共和国的失败归

因于普通法的存续 (p. 58)。

35 J. H. Baker, 'The law merchant and the common law before 1700', *Cambridge Law Journal* 38: 295–322, 1979; J. H. Baker, 'The common lawyers and the Chancery', *The Irish Jurist* 4: 368–92, 1969; J. H. Baker, *The legal profession and the common law: historical essays*, London: Hambledon Press, 1986; Baker, *Introduction*, 108.

36 Edith G. Henderson, *Foundations of English administrative law: certiorari and mandamus in the seventeenth century*, Cambridge, MA: Harvard University Press, 1963, 39.

37 Lemmings, *The British and their laws*, 1–2.

38 David Lemmings, *Law and government in England during the long eighteenth century: from consent to command*, Basingstoke, UK: Palgrave Macmillan, 2011, 15–16.

39 这使得诉讼成本更高，并可能导致了诉讼数量在 17、18 世纪的减少。参见 W. A. Champion, 'Recourse to the law and the meaning of the great litigation decline, 1650–1750: some clues from the Shrewsbury local courts', in Brooks and Lobban, *Communities and courts*, 186。

40 相关发展，参见 Hulsebosch, 'Ancient constitution'; Offutt, 'Atlantic rules'; Nelson, *The common law in colonial America*, vols. 2 and 3; and Mary Sarah Bilder, *The transatlantic constitution: colonial legal culture and the empire*, Cambridge, MA: Harvard University Press, 2004, 'Introduction' and ch. 2。

41 Bilder, *Transatlantic constitution*, 15.

42 Offutt, 'Atlantic rules', 171.

43 Offutt, 'Atlantic rules', 168–69.

44 关于布莱克斯通对北美殖民地的意义，及其著作在北美殖民地的流传，参见 Albert W. Alschuler, 'Rediscovering Blackstone', *University of Pennsylvania Law Review* 145: 1–55, 1996, at pp. 4–19。

45 Alschuler, 'Rediscovering Blackstone', 6–7. 19 世纪初，年轻的亚伯拉罕·林肯在从某位旅行者那里买来的一堆货物中偶然发现了一本《英国法释义》。后来，林肯声称这激发了他投身政治生涯的热情。

46 关于这一时期的历史，参见 Lemmings, 'Introduction', in *The British and their laws; his Law and government in England;* and the papers in Lee Davison, T. Hitchcock, T. Keim, and R. Shoemaker (eds), *Stilling the grumbling hive: the response to social and economic problems in England, 1689–1750*, London: St.

Martin's Press, 1992。

47   Michael Lobban, 'Custom, nature, and judges: high law and low law in England and the empire', in Lemmings, *The British and their laws*, 52–57.

48   相关发展，参见 Nelson, *The common law in colonial America*, vol. 4。

49   Alschuler, 'Rediscovering Blackstone', 15–16.

50   Bilder, *Transatlantic constitution*, ch. 9.

51   Andrew P. Morriss, 'Codification and right answers', *Chicago-Kent Law Review* 74: 355–92, 1999, at p. 355.

52   Stein, *Roman law in European history*, 290.

53   Henry E. Strakosch, *State absolutism and the rule of law: the struggle for the codification of civil law in Austria, 1753–1811*, Sydney University Press, 1967.

54   关于拿破仑与法国民法典，参见 Jean-Louis Halpérin, *L'impossible Code Civil*, Paris: Presses universitaires de France, 1992; Donald R. Kelley, 'What pleases the prince: Justinian, Napoleon, and the lawyers', *History of Political Thought* 23: 288–302, 2002。

55   Kelley, 'What pleases the prince', 289.

第十三章　殖民主义：法律输出

1   Anthony Pagden, *Lords of all the world: ideologies of empire in Spain, Britain, and France, 1500–1800*, New Haven, CT: Yale University Press, 2005, 46ff.

2   Peter Stein, *Roman law in European history*, Cambridge University Press, 1999, 94–95. 维多利亚还驳斥了西班牙领土是未被占领的"无主区"（res nullius）的说法。他认为，即使这里的居民是异教徒，他们也拥有自然法意义上的权利。

3   西班牙法律对于南美洲的影响，参见 Sonya Lipsett-Rivera, 'Law', in D. Carrasco (ed.) *The Oxford encyclopedia of Mesoamerican cultures*, Oxford University Press, 2001; C. H. Haring, *The Spanish Empire in America*, New York: Oxford University Press, 1947; Ana Belem Fernández Castro, 'A transnational empire built on law: the case of the commercial jurisprudence of the House of Trade of Seville (1583–1598)', in T. Duve (ed.) *Entanglements in legal history: conceptual approaches*, Frankfurt: Max Planck Institute for European Legal History, 2014。

4   相关争论，参见 Pagden, *Lords of all the world*, 64, and his 'Law, colonization,

legitimation, and the European background', in M. Grossberg and C. Tomlins (eds), *The Cambridge history of law in America*, vol. 1, Early America (1580–1815), Cambridge University Press, 2008。

5 Daniel J. Hulsebosch, 'The ancient constitution and the expanding empire: Sir Edward Coke's British jurisprudence', *Law and History Review* 21: 439–82, 2003, at pp. 461–62.

6 北美的情况，参见 Stuart Banner, *How the Indians lost their land*, Cambridge, MA: Harvard University Press, 2005, ch. 1。

7 Emer de Vattel, *Le droit des gens, ou, principe de la loi naturelle, appliqués à la conduite et aux affaires des nations et des souverains*, London［Neuchatel］, 1758, bk. 1, ch. 3, § 81. See Pagden, *Lords of all the world*, 78–79.

8 Pagden, *Lords of all the world*, 5.

9 Bk. IX. See Peter Fitzpatrick, *The mythology of modern law*, London: Routledge, 1992, 72.

10 Jeremiah Dummer, *A defence of New England charters*, 1721, 20–21, cited in Pagden, *Lords of all the world*, 87.

11 Banner, *How the Indians lost their land*, 150–51.

12 关于这一时期英国殖民者在印度的活动，参见 C. A. Bayly, *Imperial meridian: the British Empire and the world, 1780–1830*, London: Longman, 1989; H. V. Bowen, 'British India, 1765–1813: the metropolitan context', in P. J. Marshall and A. Low (eds), *The Oxford history of the British Empire*, vol. 2, Oxford University Press, 1998; Rajat Kanta Ray, 'Indian society and the establishment of British supremacy, 1765–1818', in Marshall and Low, *Oxford history of the British Empire*, 512–15。

13 The East India Company Act of 1773. See Bowen, 'British India', 439–40.

14 Ray, 'Indian society', 521.

15 Bowen, 'British India', 547.

16 相关发展，参见 Bayly, *Imperial meridian*, chs. 3 and 4。

17 Ray, 'Indian society', 525. 更多的背景介绍可参考 Bernard S. Cohn, 'Law and the colonial state in India', in J. Starr and J. F. Collier (eds), *History and power in the study of law: new directions in legal anthropology*, Ithaca, NY: Cornell University Press, 1989, 137–39。

18 Bayly, *Imperial meridian*, 109.

19 Bayly, *Imperial meridian*, 154.

20 Pagden, *Lords of all the world*, 4.

21 Pagden, *Lords of all the world*, 61, 189.

22 Pagden, *Lords of all the world*, 6.

23 Ranajit Guha, *A rule of property for India*, Paris: Mouton, 1963, 13.

24 关于黑斯廷斯及其继任者的活动，参见 Cohn, 'Law and the colonial state'; J. Duncan M. Derrett, *Religion, law and the state in India*, London: Faber and Faber, 1968。

25 Cohn, 'Law and the colonial state', 135.

26 即 *The digest of Hindu law on contracts and succession*, Calcutta, 1798.

27 D. A. Washbrook, 'Law, state and agrarian society in colonial India', *Modern Asian Studies* 15: 649–721, 1981.

28 二者的冲突，参见 Ray, 'Indian society', 525; Radhika Singha, *A despotism of law: crime and justice in early colonial India*, Delhi: Oxford University Press, 1998。

29 印度法律的后续发展，参见 Washbrook, 'Law, state and agrarian society'; Marc Galanter, 'The displacement of traditional law in modern India', in his *Law and society in modern India*, Delhi: Oxford University Press, 1989.

30 The Indian Penal Code, 1860, and the Code of Criminal Procedure, 1861. 关于麦考利的法律和教育改革，参见 Singha, *Despotism of law*。

31 Elizabeth Kolsky, 'The colonial rule of law and the legal regime of exception: frontier "fanaticism" and state violence in British India', *American Historical Review* 120: 1218– 46, 2015.

32 参见 John Stuart Mill, *Considerations on representative government*, London: Parker, Son, and Bourne, 1861。

33 相关发展，参见 C. A. Bayly, *The birth of the modern world, 1780–1914: global connections and comparisons*, Oxford: Blackwell, 2004; Matthew Craven, 'Colonialism and domination', in B. Fassbender and A. Peters (eds), *The Oxford handbook of the history of international law*, Oxford University Press, 2012。

34 法国殖民者在阿尔及利亚的活动，参见 Wael B. Hallaq, *Sharī'a: theory, practice, transformations*, Cambridge University Press, 2009, ch. 15, 432–38。

35 法国的殖民主义，参见 Alice Conklin, *A mission to civilize: the republican idea of empire in France and West Africa, 1895–1930*, Stanford, CA: Stanford University Press, 1997。

36　Conklin, *Mission to civilize*, 51.

37　Conklin, *Mission to civilize*, 73.

38　Conklin, *Mission to civilize*, 90–93.

39　非洲的英国法及英国殖民地，参见 Martin Chanock, *Law, custom and social order: the colonial experience in Malawi and Zambia*, Cambridge University Press, 1985, ch. 4。该书的写作主要基于马拉维和赞比亚的材料，但也借鉴了其他英国在非洲殖民地的报告。

40　Chanock, *Law, custom and social order*, 72–78, 106–8.

41　O. Adewoye, *The judicial system in Southern Nigeria, 1854– 1954: law and justice in a dependency*, London: Longman, 1977; Chanock, *Law, custom and social order*, 58.

42　Eugene Cotran, 'African conference on local courts and customary law', *Journal of Local Administration Overseas* 4: 128–33, 1965.

43　印度尼西亚的情况，参见 M. B. Hooker, *Adat law in modern Indonesia*, Kuala Lumpur: Oxford University Press, 1978; Daniel S. Lev, 'Colonial law and the genesis of the Indonesian state', *Indonesia* 40: 57–74, 1985。

44　Ray, 'Indian society', 508.

45　Ray, 'Indian society', 526–28.

第十四章　在国家的阴影下：现代世界的伊斯兰教法

1　Abdullahi Ahmed An-Na 'im, *Islam and the secular state: negotiating the future of shari'a*, Cambridge, MA: Harvard University Press, 2008; Wael B. Hallaq, *The impossible state: Islam, politics, and modernity's moral predicament*, New York: Columbia University Press, 2013.

2　奥斯曼帝国的情况，参见 Marshall G.S. Hodgson, *The venture of Islam: conscience and history in a world civilization*, vol. 3, Chicago: University of Chicago Press, 1974, bk. 5, ch. 3; Wael B. Hallaq, *An introduction to Islamic law*, Cambridge University Press, 2009, ch. 6。

3　《奥斯曼帝国民法典》，参见 Brinkley Messick, *The calligraphic state: textual domination and history in a Muslim society*, Berkeley: University of California Press, 1993, ch. 3, 54–56。

4　埃及的情况，参见 Hodgson, *Venture of Islam*, bk. 6, ch. 1。

5　伊朗的情况，参见 Hodgson, *Venture of Islam*, bk. 5, ch. 1, and bk. 6, ch. 5; Hallaq, *Introduction*, 106–9, 152。

6　瓦哈比派的情况，参见 Hodgson, *Venture of Islam*, vol. 3, bk. 5, ch. 4; Hallaq, *Introduction*, ch. 9。

7　改革派的情况，参见 Wael B. Hallaq, *Shariʿa: theory, practice, transformations*, Cambridge University Press, 2009; Nathan J. Brown and Mara Revkin, 'Islamic law and constitutions', in A. M. Emon and R. Ahmed (eds), *The Oxford handbook of Islamic law*, Oxford University Press, 2018, 790。

8　Messick, *Calligraphic state*, 63–64.

9　桑胡里及其影响，参见 Nabil Saleh, 'Civil codes of Arab countries: the Sanhuri codes', *Arab Law Quarterly* 8: 161–67, 1993。

10　伊朗的情况，参见 Hodgson, *Venture of Islam*, bk. 5, ch. 1, and bk. 6, ch. 5; Hallaq, *Introduction*, 106–9, 152。

11　沙特阿拉伯的情况，参见 Frank E. Vogel, *Islamic law and legal system: studies of Saudi Arabia*, Leiden: Brill, 2000。

12　也门的情况，参见 Messick, *Calligraphic state*, ch. 3。

13　Hallaq, *Shariʿa*, ch. 15.

14　Mark Fathi Massoud, 'How an Islamic state rejected Islamic law', *American Journal of Comparative Law* 68: 579–602, 2018; Brown and Revkin, 'Islamic law and constitutions', 781–83.

15　阿尔及利亚的情况，参见 Hallaq, *Shariʿa*, ch. 15。

16　Messick, *Calligraphic state*, ch. 3.

17　Joseph Schacht, 'Problems of modern Islamic legislation', *Studia Islamica* 12: 99–129, 1960; Joseph Schacht, *An introduction to Islamic law*, Oxford: Clarendon Press, 1964, ch. 15.

18　An-Na'im, *Islam and the secular state*; Hallaq, *Impossible state*.

19　Haider Ala Hamoudi, 'The death of Islamic law', *Georgia Journal of International and Comparative Law* 38: 293–338, 2010.

20　穆斯林兄弟会的情况，参见 Hallaq, *Introduction*, 143–47; Saba Mahmood, *Politics of piety: the Islamic revival and the feminist subject*, Princeton, NJ: Princeton University Press, 2005, 62–64。

21　Baber Johansen, 'The constitution and the principles of Islamic normativity against the rules of fiqh: a judgment of the Supreme Constitutional Court of Egypt', in M. K. Masud, R. Peters, and D. S. Powers (eds), *Dispensing justice in Islam: qadis and their judgements*, Leiden: Brill, 2006.

22　Hallaq, *Impossible state*, 172.

23　伊朗的情况，参见 Hallaq, *Introduction*, ch. 9。

24　伊斯兰教法及其资金情况，参见 Anver M. Emon, 'Islamic law and finance', in Emon and Ahmed, *Oxford handbook of Islamic law*。

25　Vogel, *Islamic law and legal system*, 306ff.

26　Mara Revkin, 'Does the Islamic state have a "social contract"? Evidence from Iraq and Syria', Working paper no. 9, Program on Governance and Local Development, University of Gothenburg, 2016.

27　Hamoudi, 'Death of Islamic law', 318.

28　Jeffrey Adam Sachs, 'Seeing like an Islamic state: shari'a and political power in Sudan', *Law and Society Review* 52: 630–51, 2018.

29　关于沙里亚法庭的研究文件十分丰富，相关梳理可参见 John R. Bowen, 'Anthropology and Islamic law', in Emon and Ahmed, *Oxford handbook of Islamic law*; Morgan Clarke, 'The judge as tragic hero: judicial ethics in Lebanon's shari'a courts', *American Ethnologist* 39: 106–21, n. 6, 2012。

30　关于黎巴嫩的沙里亚法庭，参见 Clarke, 'Judge as tragic hero'。

31　Clarke, 'Judge as tragic hero', 112.

32　John A. Chesworth and Franz Kogelmann (eds), *Shari'a in Africa today: reactions and responses*, Leiden: Brill, 2013. 肯尼亚的情况，参见 Susan F. Hirsch, *Pronouncing and persevering: gender and the discourses of disputing in an African Islamic court*, Chicago: University of Chicago Press, 1998. On Zanzibar, see Erin E. Stiles, *An Islamic court in context: an ethnographic study of judicial reasoning*, London: Palgrave Macmillan, 2009。

33　Katherine Lemons, *Divorcing traditions: Islamic marriage law and the making of Indian secularism*, Ithaca, NY: Cornell University Press, 2019.

34　John R. Bowen, *On British Islam: religion, law, and everyday practice in shari'a councils*, Princeton, NJ: Princeton University Press, 2018.

35　Arzoo Osanloo, *The politics of women's rights in Iran*, Princeton, NJ: Princeton University Press, 2009, ch. 4.

36　Jakob Skovgaard-Petersen, *Defining Islam for the Egyptian state: muftis and fatwas of the Dār al-Iftā*, Leiden: Brill, 1997.

37　关于马尔贾，参见 Morgan Clarke, 'Neo-calligraphy: religious authority and media technology in contemporary Shiite Islam', *Comparative Studies in*

Society and History 52: 351–83, 2010。

38　也门的穆夫提的情况，参见 Messick, *Calligraphic state*, ch. 7; 'The mufti, the text, and the world: legal interpretation in Yemen', Man 21: 102–19, 1986; and 'Media muftis: radio fatwas in Yemen', in M. K. Masud, B. Messick, and D. S. Powers (eds), *Islamic legal interpretation: muftis and their fatwas*, Cambridge, MA: Harvard University Press, 1996。

39　关于这场以开罗为中心的伊斯兰女性主义运动，参见 Mahmood, *Politics of piety*。

第十五章　背道而驰：部族、村镇、网络与帮派

1　相关细节基于本书作者于 2003—2007 年在该地区的人种学实地调查。参见 'Legal dramas on the Amdo grasslands: abolition, transformation or survival?', in K. Buffetrille (ed.) *Revisiting rituals in a changing Tibetan world*, Leiden: Brill, 2012; 'Rules, proverbs, and persuasion: legalism and rhetoric in Tibet', in P. Dresch and J. Scheele (eds), *Legalism: rules and categories*, Oxford University Press, 2015; 'The limits of the state: coercion and consent in Chinese Tibet', *Journal of Asian Studies* 72: 69– 89, 2013。尽管存在争议，但"部族"（tribe）这一术语仍非常实用。它在此指代游牧民的社群。

2　Robert B. Ekvall, 'The nomadic pattern of living among the Tibetans as preparation for war', *American Anthropologist* 63: 1250–63, 1961.

3　Robert Ekvall, 'Peace and war among the Tibetan nomads', *American Anthropologist* 66: 1119–48, 1964; Robert Ekvall, *Fields on the hoof*, Prospect Heights, IL: Waveland, 1968.

4　Fernanda Pirie, 'The making of Tibetan law: the *Khrims gnyis lta ba'i me long*', in J. Bischoff, P. Maurer, and C. Ramble (eds), *On a day of a month of the fire bird year*, Lumbini, Nepal: Lumbini International Research Institute, 2020.

5　P. K. Kozloff, 'Through eastern Tibet and Kam', *Geographical Journal* 31: 522–34, 1908.

6　Paul Dresch, *The rules of Barat: tribal documents from Yemen*, Sanaa, Yemen: Centre Français de d'Archéologie et de Sciences Sociales, 2006.

7　柏柏尔人，参见 Judith Scheele, 'A taste for law: rule-making in Kabylia (Algeria)', *Comparative Studies in Society and History* 50: 895–919, 2008; Judith Scheele,

'Community as an achievement: Kabyle customary law and beyond', in F. Pirie and J. Scheele (eds), *Legalism: community and justice*, Oxford University Press, 2014。

8   Ruth Behar, *The presence of the past in a Spanish village: Santa María del Monte,* Princeton, NJ: Princeton University Press, 1986.

9   Patrick Lantschner, 'Justice contested and affirmed: jurisdiction and conflict in late medieval Italian cities', in Pirie and Scheele, *Legalism: community and justice.*

10   John Sabapathy, 'Regulating community and society at the Sorbonne in the late thirteenth century', in Pirie and Scheele, *Legalism: community and justice.*

11   Alan Watson, *Sources of law, legal change, and ambiguity*, Edinburgh: T&T Clark, 1985, 31–39.

12   从 1999 年开始，本书作者在拉达克地区进行了为期 18 个月的民族志田野调查。直到 2012 年，才有道路到达该村。参见 *Peace and conflict in Ladakh: the construction of a fragile web of order*, Leiden: Brill, 2007。

13   其他例子，参见 James C. Scott, *The art of not being governed: an anarchist history of upland Southeast Asia*, New Haven, CT: Yale University Press, 2009.

14   Sally Falk Moore, 'Law and social change: the semi-autonomous social field as an appropriate subject of study', *Law and Society Review* 7: 719–46, 1973.

15   Lisa Bernstein, 'Opting out of the legal system: extralegal contractual relations in the diamond industry', *Journal of Legal Studies* 21: 115–57, 1992. 作者没有描述她的消息来源，这多少有点奇怪。不过，她提到了 1989 年的一次采访。

16   黑手党的相关情况，参见 Diego Gambetta, *The Sicilian mafia: the business of private protection*, Cambridge, MA: Harvard University Press, 1993; Letizia Paoli, *Mafia brotherhoods: organized crime, Italian style,* New York: Oxford University Press, 2003。

17   Gambetta, *Sicilian mafia*, 118–26; Paoli, *Mafia brotherhoods*, ch. 3.

18   Paoli, *Mafia brotherhoods*, 112.

19   Diego Gambetta, *Codes of the underworld: how criminals communicate*, Princeton, NJ: Princeton University Press, 2009.

20   Paoli, *Mafia brotherhoods*, 136–40.

第十六章　超越国界：国际法

1   Avner Greif, 'Reputation and coalitions in medieval trade: evidence on the

Maghribi traders', *Journal of Economic History* 49: 857–82, 1989.

2　M. M. Postan, *Medieval trade and finance*, Cambridge University Press, 1973; Robert S. Lopez and Irving W. Raymond, *Medieval trade in the Mediterranean world: illustrative documents*, London: Geoffrey Cumberlege, 1955.

3　Rosser H. Brockman, 'Commercial contract law in late nineteenth-century Taiwan', in Jeremy Alan Cohen, R. Randle Edwards, and Fu-Mei Chang Chen (eds), *Essays on China's legal tradition*, Princeton, NJ: Princeton University Press, 1980.

4　Gordon Bannerman and Anthony Howe (eds), *Battles over free trade*, vol. 2, *The consolidation of free trade, 1847– 1878*, London: Routledge, 2008, 73ff.

5　当时的相关协议，参见 Craig N. Murphy, *International organization and industrial change: global governance since 1850*, Cambridge: Polity, 1994。

6　参见国际电信联盟官方网站，www.itu.int。

7　该网站地址，www.antislavery.org。

8　Markku Ruotuola, 'Of the working man: labour liberals and the creation of the ILO', *Labour History Review* 67: 29–47, 2002.

9　Martii Koskenniemi, *The gentle civilizer of nations: the rise and fall of international law, 1870–1960*, Cambridge University Press, 2001.

10　尽管美国总统伍德罗·威尔逊(任期为 1913—1921 年)主导了国际联盟的建立，且美国确实派代表参加了重要会议，但美国从未加入国联。

11　Albert Roper, 'The organization and program of the international commission for air navigation (C.I.N.A.)', *Journal of Air Law and Commerce* 3: 167–78, 1932.

12　Lena Peters, 'UNIDROIT', in the *Max Planck Encyclopedia of International Law*, 2017, https://opil.ouplaw.com/view/10.1093/law:epil/9780199231690/law-97801992 31690-e536.

13　相关网址，参见 www.unidroit.org。

14　Jean S. Pictet, 'The new Geneva Conventions for the Protection of War Victims', *American Journal of International Law* 45: 462–75, 1951.

15　关于德国正当化其发动侵略战争行为的尝试，参见 Jacques Schuhmacher, 'The war criminals investigate,' DPhil. diss., University of Oxford, 2017。

16　Martii Koskenniemi, 'What is international law for?' in Malcom Evans (ed.) *International law*, Oxford University Press, 2003.

17　Samuel Moyn, *The last utopia: human rights in history*, Cambridge, MA:

Harvard University Press, 2001, ch. 5.

18 该简称是海牙会议的英文名称 (Hague Conference) 和法文名称（Conférence de La Haye) 的分别缩写，见其网站 www.hcch.net。

19 参见其网站 www.cites.org。

20 总体回顾，参见 David Zaring, 'Finding legal principle in global financial regulation', *Virginia Journal of International Law* 52: 683–722, 2012。

21 Joost Pauwelyn, Ramses A. Wessel, and Jan Wouters, 'An introduction to informal international lawmaking', in *Informal international lawmaking*, Oxford University Press, 2012.

22 Terence C. Halliday and Gregory Shaffer, *Transnational legal orders*, Cambridge University Press, 2015; Susan Block-Lieb and Terence C. Halliday, *Global lawmakers: international organizations in the crafting of world markets*, Cambridge University Press, 2017.

23 Peters, 'UNIDROIT'. 海牙国际私法会议网站在 2016 年公布的一份文件，列明了海牙国际私法会议、国际统一私法协会、国际贸易法委员会所缔结的公约及相关指导意见。这实际承认了三者追求的是共同的目标。

24 参见 'The 1995 UNIDROIT Convention', UNESCO, www.unesco.org/new/en/culture/themes/illicit-trafficking-of-cultural-property/1995-unidroit-convention, 以及国际博物馆协会的官方网站，https://icom .museum.

25 Martii Koskenniemi, 'Fragmentation of international law: difficulties arising from the diversification and expansion of international law, a report of the study group of the UN's International law commission', 2006. 然而，部分学者质疑它们能算作法律，参见 Zaring, 'Finding legal principle', 684: '无论是法律传统主义者，还是他们的批评者，都倾向于否定任何没有条约和法院伴随的国际安排。'

26 域名系统，参见 Gianpaolo Maria Ruotolo, 'Fragments of fragments: the domain name system regulation. Global law or informalisation of the international legal order?', *Computer Law and Security Review* 33: 159–70, 2017.

27 David Lindsay, *ICANN and international domain law*, Oxford: Hart, 2007.

28 Ruotolo, 'Fragments of fragments', 161.

29 Roxana Radu, *Negotiating Internet governance*, Oxford University Press, 2019, ch. 6.

30 Radu, *Negotiating Internet governance*, ch. 7.

31 Franck Latty, *La lex sportiva: recherche sur le droit transnational*, Leiden:

Brill, 2007.

32 The Lausanne Declaration on Doping in Sport, issued on February 4, 1999.

33 相关网址，参见 www.tas-cas.org。

34 Halliday and Shaffer, *Transnational legal orders*, 30.

35 Michael Hardt and Antonio Negri, *Empire*, Cambridge, MA: Harvard University Press, 2000.

36 Moyn, *Last utopia*.

37 Moyn, *Last utopia*; Martii Koskenniemi, 'Expanding histories of international law', *American Journal of Legal History* 56: 104–12, at p. 106. 亦可参见 the Office of the UN High Commissioner for Human Rights, www.ohchr.org/EN/pages/home.aspx。

38 Tobias Kelly, 'Prosecuting human rights violations: universal jurisdiction and the crime of torture', in M. Goodale (ed.) *Human rights at the crossroads*, Oxford University Press, 2013. 该法第 134(1) 条规定，"公职人员或以公职身份行事的人，无论其国籍为何，如果在联合王国或其他地方，在履行或声称履行公务时故意给他人造成严重痛苦，即构成酷刑罪"。

39 Moyn, *Last utopia*, 215–16.

40 Anthony Pagden, 'Human rights, natural rights, and Europe's imperial legacy', *Political Theory* 31: 171–99, 2003.

41 R. A. Wilson, *Human rights, culture and context: anthropological perspectives*, London: Pluto Press, 1997.

42 参见 Yash Ghai, 'Human rights and governance: the Asia debate', *Australian Year Book of International Law* 15: 1–34, 1994; Amartya Sen, 'Human rights and Asian values: what Kee Kuan Yew and Li Peng don't understand about Asia', *New Republic* 217, nos. 2–3: 33–40, 1997.

43 指路易斯 · 亨金 (Louis Henkin) 在 1977 年的言论。参见 Moyn, *Last utopia*, 205–6。

44 Steven King, *Writing the lives of the English poor, 1750s–1830s*, Montreal: McGill-Queen's University Press, 2019.

45 Fernanda Pirie, 'Community, justice, and legalism: elusive concepts in Tibet', in F. Pirie and J. Scheele (eds), *Legalism: community and justice*, Oxford University Press, 2014.

46 Lauren Leve, '"Secularism is a human right": double binds of Buddhism, democracy and identity in Nepal', in M. Goodale and Sally E. Merry (eds), *The

practice of human rights: tracking law between the global and the local, Cambridge University Press, 2007.

47 Sally Engle Merry, 'Legal pluralism and transnational culture: the Ka Ho'okolokolonui Manaka Maoli tribunal, Hawai'i, 1993', in Wilson, *Human rights, culture and context*.

48 即查尔斯·马力克 (Charles Malik)。参见 Kelly, 'Prosecuting human rights violations', 95–96。

49 Richard Ashby Wilson, 'Judging history: the historical record of the International Criminal Tribunal for the Former Yugoslavia', *Human Rights Quarterly* 27: 908–42, 2005.

50 网址参见 www.ictj.org。

51 Lionel Nichols, *The international criminal court and the end of impunity in Kenya*, New York: Springer, 2015.

52 Rosalind Shaw, 'Linking justice with reintegration? Ex-combatants and the Sierra Leone experiment', in R. Shaw and L. Waldorf (eds), *Localizing transitional justice: interventions and priority after mass violence*, Stanford, CA: Stanford University Press, 2010.

53 相关回顾，参见 Martin Wählisch, 'Normative limits of peace negotiations: questions, guidance and prospects', *Global Policy* 7: 261–66, 2016。

54 Christine Bell, *On the law of peace: peace agreements and the lex pacificatoria*, Oxford University Press, 2008.

结论　众法之治

1 Thomas Hobbes's Leviathan was published in London in 1651.

2 2019 年 8 月，英国政府要求女王下令推迟议会召开时间，而此举后来被英国最高法院认定为违法。R (on the application of Miller) (Appellant) v. The Prime Minister (Respondent); Cherry and others (Respondents) v. Advocate General for Scotland (Appellant) (Scotland), [2019] UKSC 41.

3 Taisu Zhang and Tom Ginsburg, 'China's turn toward law', *Virginia Journal of International Law* 59: 306–389, 2019, explaining, at p. 317.

参考文献

Ackerman-Lieberman, Phillip I. *The business of identity: Jews, Muslims and economic life in medieval Egypt*, Stanford, CA: Stanford University Press, 2014.

Adewoye, O. *The judicial system in Southern Nigeria, 1854 – 1954: law and justice in a dependency*, London: Longman, 1977.

Alschuler, Albert W. 'Rediscovering Blackstone', *University of Pennsylvania Law Review* 145: 1–55, 1996.

Ames, Glen. *Em nome de deus: the journal of the first voyage of Vasco da Gama to India, 1497–1499*, Leiden: Brill, 2009. Ando, Clifford. *Imperial ideology and provincial loyalty in the Roman Empire*, Berkeley: University of California Press, 2000.

——. *Law, language, and empire in the Roman tradition*, Philadelphia: University of Pennsylvania Press, 2011.

——. 'Pluralism and empire: from Rome to Robert Cover', *Critical Analysis of Law* 1: 1–22, 2014.

——. *Citizenship and empire in Europe, 200 –1900: the An- tonine constitution after 1800 years*, Stuttgart: Franz Steiner Verlag, 2016.

Andrews, A. 'The growth of the Athenian state', in J. Boardman and N. G. L. Hammond (eds), *The Cambridge ancient his-tory*, 2nd ed. vol. 3, pt. 3, Cambridge University Press, 1982.

An-Na 'im, Abdullahi Ahmed. *Islam and the secular state: ne- gotiating the future of Shari'a*, Cambridge, MA: Harvard University Press, 2008.

Attenborough, F. L. *The laws of the earliest English kings*, Cam- bridge University Press, 1922.

Baker, J. H. 'The common lawyers and the Chancery' , *Irish Ju- rist* 4: 368–92, 1969.

——. *An introduction to English legal history*, London: But- terworths, 1971.

——. 'The Inns of Court in 1388' , *Law Quarterly Review* 92: 184–87, 1976.

——. 'The law merchant and the common law before 1700' , *Cambridge Law Journal* 38: 295–322, 1979.

——. *The legal profession and the common law: historical essays*, London: Hambledon Press, 1986.

Baldwin, John W. 'The crisis of the ordeal: literature, law, and religion around 1200' , *Journal of Medieval and Renaissance Studies* 24: 327–53, 1994.

Banner, Stuart. *How the Indians lost their land*, Cambridge, MA: Harvard University Press, 2005.

Bannerman, Gordon, and Anthony Howe (eds). *Battles over free trade*, vol. 2, *The consolidation of free trade, 1847–1878*, London: Routledge, 2017.

Barbieri-Low, Anthony J., and Robin D.S. Yates. *Law, state, and society in early imperial China: a study with critical edition and translation of the legal texts from Zhangjiashan tomb numbers 247*, Leiden: Brill, 2015.

Barthélmy, Dominique. 'Diversité dans des ordalies médiévales' , *Revue historique* (T. 280), Fasc. 1 (567): 3–25, 1988. Bartlett, Robert. *Trial by fire and water: the medieval judicial ordeal*, Oxford: Clarendon Press, 1986.

Barton, John. *A history of the Bible: the book and its faiths*, London: Allen Lane, 2019.

Bauman, Richard A. *Crime and punishment in ancient Rome*, London: Routledge, 1996.

Bayly, C. A. *Imperial meridian: the British Empire and the world, 1780 –1830*, London: Longman, 1989.

——. *The birth of the modern world, 1780 –1914: global con- nections and comparisons*, Oxford: Blackwell, 2004.

Beard, Mary. *SPQR: a history of ancient Rome*, London: Profile Books, 2015.

Beckerman, John S. 'Procedural innovation and institutional change in medieval

English manorial courts', *Law and His- tory Review* 10: 197–253, 1992.

Behar, Ruth. *The presence of the past in a Spanish village: Santa Maria del Monte*, Princeton, NJ: Princeton University Press, 1986.

Bell, Christine. *On the law of peace: peace agreements and the* lex pacificatoria, Oxford University Press, 2008.

Berman, Harold J. 'The background of the Western legal tradi- tion in the folklaw of the peoples of Europe', *University of Chicago Law Review* 45: 553–97, 1978.

Bernard, Seth. *Building mid-republican Rome: labor, archi- tecture, and the urban economy*, Oxford University Press, 2014.

——. 'Debt, land, and labor in the early Republican economy', *Phoenix* 70: 317–38, 2016.

Bernstein, Lisa. 'Opting out of the legal system: extralegal con- tractual relations in the diamond industry', *Journal of Legal Studies* 21: 115–57, 1992.

Bilder, Mary Sarah. 'The lost lawyers: early American legal lit- erates and transatlantic legal culture', *Yale Journal of Law and the Humanities* 11: 47–177, 1999.

——. *The transatlantic constitution: colonial legal culture and the empire*, Cambridge, MA: Harvard University Press, 2004.

Billings, Warren. 'The transfer of English law to Virginia, 1606–50', in K. R. Andrews, N. P. Canny, and P. E. H. Hair (eds), *The westward enterprise: English activities in Ireland, the Atlantic, and America, 1480 –1650*, Liverpool University Press, 1978.

Binchy, D. A. (ed.) *Corpus iuris hibernici: ad fidem codicum manuscriptorum recognovit*, Dublin: Institute for Advanced Studies, 1978.

Bloch, Howard. *Medieval French literature and law*, Berkeley: University of California Press, 1977.

Block-Lieb, Susan, and Terence C. Halliday. *Global lawmakers: international organizations in the crafting of world mar- kets*, Cambridge University Press, 2017.

Bodde, Derk, and Clarence Morris. *Law in Imperial China: exemplified by 190 Ch'ing dynasty cases (translated from the Hsing-an hui-lan)*, Cambridge, MA: Harvard University Press, 1967.

Bonfield, Lloyd. 'What did English villagers mean by "custom- ary law"', in Z. Razi and R. M. Smith (eds), *Medieval soci- ety and the manor court*, Oxford:

Clarendon Press, 1996.

Bottéro, Jean. *Mesopotamia: writing, reasoning, and the gods*, trans. Z. Bahrani and M. Van De Mieroop, Chicago: Uni- versity of Chicago Press, 1992.

Bourgon, Jérôme. 'Chinese law, history of, Qing dynasty', *The Oxford international encyclopedia of legal history*, Oxford University Press, 2009.

Bowen, H. V. 'British India, 1765–1813: the metropolitan con- text', in P. J. Marshall and A. Low (eds), *The Oxford history of the British Empire*, vol. 2, Oxford University Press, 1998.

Bowen, John R. 'Anthropology and Islamic law', in A. M. Emon and R. Ahmed (eds), *The Oxford handbook of Islamic law*, Oxford University Press, 2018.

——. *On British Islam: religion, law, and everyday practice in shari'a councils*, Princeton, NJ: Princeton University Press,2018.

Brand, Paul. 'Legal education in England before the Inns of Court', in A. Bush and Alain Wijffels (eds), *Learning the law: teaching and the transmission of law in England,1150 –1900*, London: Hambledon Press, 1999.

——. *The origins of the English legal profession*, Oxford: Blackwell, 1992.

Bratishenko, Elena. 'On the authorship of the 1229 Smolensk– Riga trade treaty', *Russian Linguistics* 26: 345– 61, 2002.

Brennan, T. Corey. *The praetorship in the Roman Republic*, Ox-ford University Press, 2000.

Brockman, Rosser H. 'Commercial contract law in late nineteenth-century Taiwan', in Jeremy Alan Cohen, R. Randle Edwards, and Fu-Mei Chang Chen (eds), *Essays on China's legal tradition*, Princeton, NJ: Princeton Univer- sity Press, 1980.

Brooks, Christopher. *Law, politics and society in early modern England*, Cambridge University Press, 2009.

Brooks, Christopher, and Michael Lobban (eds). *Communities and courts in Britain, 1150 –1900*, London: Hambledon Press, 1997.

Brown, Nathan J., and Mara Revkin. 'Islamic law and consti- tutions', in A. M. Emon and R. Ahmed (eds), *The Oxford handbook of Islamic law*, Oxford University Press, 2018.

Brown, Peter. 'Society and the supernatural: a medieval change',*Dedalus* 104: 133–51, 1975.

Bryen, Ari Z. 'Responsa', in S. Stern, M. del Mar, and B. Meyler (eds), *The*

Oxford handbook of law and humanities, Oxford University Press, 2019.

Byrne, Francis. *Irish kings and high kings*, London: B. Y. Bats- ford, 1973.

Caenegem, R. C. van. *Legal history: a European perspective*, London: Hambledon Press, 1991.

Calder, Norman. *Islamic jurisprudence in the classical era*, Colin Imber (ed.) Cambridge University Press, 2010.

Caldwell, Ernest. 'Social change and written law in early Chinese legal thought', *Law and History Review* 32: 1–30, 2014.

——. *Writing Chinese laws: the form and function of legal statutes found in the Qin Shuihudi corpus*, London: Rout- ledge, 2018.

Champion, W. A. 'Recourse to the law and the meaning of the great litigation decline, 1650 –1750: some clues from the Shrewsbury local courts', in Christopher Brooks and Michael Lobban (eds), *Communities and courts in Britain,1150 –1900*, London: Hambledon Press, 1997.

Chanock, Martin. *Law, custom and social order: the colonial experience in Malawi and Zambia*, Cambridge University Press, 1985.

Charles-Edwards, T. M. Review of the 'Corpus Iuris Hibernici', *Studia Hibernica* 20: 141– 62, 1980.

——. 'A contract between king and people in early medie- val Ireland? *Críth Gablach* on kingship', *Peritia* 8: 107–19, 1994.

——. 'Law in the western kingdoms between the fifth and seventh century', in A. Cameron, R. Ward-Perkins, and M. Whitby (eds), *The Cambridge ancient history*, vol. 14, *Late antiquity: empire and successors, a.d. 425– 600*, Cambridge University Press, 2001.

Charles-Edwards, T. M., and Fergus Kelly. *Bechbretha*, Dublin: Institute for Advanced Study, 1983.

Chattopadhyaya, Bajadulal. '"Autonomous spaces" and the au- thority of the state: the contradiction and its resolution in theory and practice in early India', in B. Kölver (ed.) *Recht, Staat und Verwaltung im klassischen Indien*, Munich: R. Oldenbourg Verlag, 1997.

Chesworth, John A., and Franz Kogelmann (eds), *Shari'a in Af- rica today: reactions and responses*, Leiden: Brill, 2013. Cheyette, Fredric L. 'Suum cuique tribuere', *French Historical Studies* 6: 287–99, 1970.

Clanchy, Michael. 'Law and love in the Middle Ages', in J. Bossy (ed.) *Disputes and settlements: law and human relations in the West*, Cambridge University Press, 1983.

Clarke, Morgan. 'Neo-calligraphy: religious authority and me- dia technology in contemporary Shiite Islam', *Comparative Studies in Society and History* 52: 351–83, 2010.

——. 'The judge as tragic hero: judicial ethics in Lebanon's shari'a courts', *American Ethnologist* 39: 106–21, 2012.

Cohen, Esther. *The crossroads of justice: law and culture in late medieval France*, Leiden: Brill, 1993.

Cohen, Mark R. *Jewish self-government in medieval Egypt: the origins of the office of Head of the Jews, ca. 1065–1126*, Princeton, NJ: Princeton University Press, 1980.

Cohn, Bernard S. 'Law and the colonial state in India', in J. Starr and J. F. Collier (eds), *History and power in the study of law: new directions in legal anthropology*, Ithaca, NY: Cor- nell University Press, 1989.

Conklin, Alice. *A mission to civilize: the republican idea of em- pire in France and West Africa, 1895–1930*, Stanford, CA: Stanford University Press, 1997.

Coogan, Michael. *The Old Testament: a very short introduc- tion*, Oxford University Press, 2008.

Cooper, Jerrold S. *Sumerian and Akkadian royal inscriptions*, vol. 1, New Haven, CT: American Oriental Society, 1986.

Cornell, Tim. *The beginnings of Rome: Italy and Rome from the Bronze Age to the Punic Wars (c. 1000 –264 bc)*, London: Routledge, 1995.

Cotran, Eugene. 'African conference on local courts and cus- tomary law', *Journal of Local Administration Overseas* 4: 128–33, 1965.

Cowe, Peter. 'Medieval Armenian Literary and Cultural Trends', in R. Hovannisian (ed.) *The Armenian people from ancient to modern times*, vol. 1, Los Angeles: University of Califor- nia Press, 1997.

Craven, Matthew. 'Colonialism and domination', in B. Fass- bender and A. Peters (eds), *The Oxford handbook of the history of international law*, Oxford University Press, 2012. Crawford, M. H. *Roman statutes*, vol. 2, London: Institute of Classical Studies, School of Advanced Study, University of London, 1996.

Cromartie, Alan. *Sir Matthew Hale, 1609–1676: law, religion and natural philosophy*, Cambridge University Press, 1995.

——. *The constitutionalist revolution: an essay on the his- tory of England, 1450 –1642*, Cambridge University Press, 2006.

Dahm, G. 'On the reception of Roman and Italian law in Ger- many', in G. Strauss (ed.) *Pre-Reformation Germany*, New York: Harper and Row, 1972.

Davis, Donald R., Jr. 'Recovering the indigenous legal traditions of India: classical Hindu law in practice in late medieval Kerala', *Journal of Indian Philosophy* 27: 159–213, 1999.

——. 'Intermediate realms of law: corporate groups and rulers in medieval India', *Journal of the Economic and Social His- tory of the Orient* 48: 92–117, 2005.

——. 'A historical overview of Hindu law', in Timothy Lubin, Donald R. Davis, and Jayanth K. Krishnan (eds), *Hinduism and law: an introduction*, Cambridge University Press, 2010.

——. *The spirit of Hindu law*, Cambridge University Press, 2010.

——. 'Centres of law: duties, rights, and jurisdictional plural- ism in medieval India', in P. Dresch and H. Skoda (eds), *Le- galism: anthropology and history*, Oxford University Press, 2012.

——. 'Responsa in Hindu law: consultation and lawmaking in medieval India', *Oxford Journal of Law and Religion* 3: 57–75, 2014.

Davison, Lee, T. Hitchcock, T. Keim, and R. Shoemaker (eds), *Stilling the grumbling hive: the response to social and eco- nomic problems in England, 1689–1750*, London: St. Mar- tin's Press, 1992.

Démare-Lafont, Sophie. 'Judicial decision-making: judges and arbitrators', in K. Radner and E. Robson (eds), *The Oxford handbook of cuneiform culture*, Oxford University Press, 2011.

——. 'Law I', in *Encyclopedia of the Bible and its reception*, vol. 15, Berlin: de Gruyter, 2017.

Derrett, J. Duncan. *Religion, law and the state in India*, Lon- don: Faber and Faber, 1968.

——. 'Two inscriptions concerning the status of Kammalas and the application of Dharmas´āstra', in J. Duncan Der- rett (ed.) *Essays in classical and modern Hindu law*, vol. 1, Leiden: E. J. Brill, 1976.

de Vattel, Emer. *Le droit des gens, ou, principe de la loi na- turelle, appliqués à la conduite et aux affaires des nations et des souverains*, London [Neuchâtel],

1758.

Doniger, Wendy. *The Hindus: an alternative history*, Oxford University Press, 2009.

Dotson, Brandon. 'Divination and law in the Tibetan Empire', in M. Kapstein and B. Dotson (eds), *Contributions to the cultural history of early Tibet*, Leiden: Brill, 2007.

——. 'The princess and the yak: the hunt as narrative trope and historical reality in early Tibet', in B. Dotson, K. Iwao, and T. Takeuchi (eds), *Scribes, texts, and rituals in early Ti- bet and Dunhuang*, Wiesbaden: Dr. Ludwig Reichert Verlag, 2013.

Douglas, Mary. 'The abominations of Leviticus', in *Purity and danger: an analysis of the concepts of pollution and taboo*, London: Routledge and Kegan Paul, 1966.

Downham, Clare. *Medieval Ireland*, Cambridge University Press, 2018.

Dresch, Paul. *The rules of Barat: tribal documents from Yemen*, Sanaa, Yemen: Centre Français de d'Archéologie et de Sci- ences Sociales, 2006.

——. 'Outlawry, exile, and banishment: reflections on com- munity and justice', in F. Pirie and J. Scheele (eds), *Legalism: community and justice*, Oxford University Press, 2014.

Drew, Katherine Fischer. *The Lombard laws*, London: Variorum Reprints, 1988.

——. *The laws of the Salian Franks*, Philadelphia: University of Pennsylvania Press, 1991.

Duggan, Anne J. 'Roman, canon, and common law in twelfth century England: the council of Northampton (1164) re- examined', *Institute of Historical Research* 83: 379– 408, 2009.

Ebrey, Patricia Buckley. *Cambridge illustrated history of China*, 2nd ed. Cambridge University Press, 2010.

Ekvall, Robert B. 'The nomadic pattern of living among the Ti- betans as preparation for war', *American Anthropologist* 63: 1250 – 63, 1961.

——. 'Peace and war among the Tibetan nomads', *American Anthropologist* 66: 1119– 48, 1964.

——. *Fields on the hoof*, Prospect Heights, IL: Waveland,1968.

Emon, Anver M. 'Islamic law and finance', in A. M. Emon and R. Ahmed (eds), *The Oxford handbook of Islamic law*, Ox- ford University Press, 2018.

Evans-Pritchard, E. E. *Witchcraft, oracles, and magic among the Azande*, Oxford:

Clarendon Press, 1937.

Eyre, Christopher. *The use of documents in Pharaonic Egypt*, Oxford University Press, 2013.

Faulkner, Thomas. *Law and authority in the early Middle Ages*, Cambridge University Press, 2016.

Fernández Castro, Ana Belem. 'A transnational empire built on law: the case of the commercial jurisprudence of the House of Trade of Seville (1583–1598)', in T. Duve (ed.) *Entangle- ments in legal history: conceptual approaches*, Frankfurt: Max Planck Institute for European Legal History, 2014.

Fitzpatrick, Peter. *The mythology of modern law*, London: Rout- ledge, 1992.

Fraher, Richard M. 'The theoretical justification for the new criminal law of the High Middle Ages: "rei publicae interest, ne crimina remaneant impunita"', *University of Illinois Law Review*, 577–95, 1984.

Franklin, Simon. *Writing, society and culture in early Rus, c. 950 –1300*, Cambridge University Press, 2002.

——. 'On meanings, functions and paradigms of law in early Rus', *Russian History* 34: 63–81, 2007.

Franklin, Simon, and Jonathan Shepard. *The emergence of Rus, 750 –1200*. London: Longman, 1996.

Frier, Bruce W. *The rise of the Roman jurists: studies in Cice- ro's* 'pro Caecina', Princeton, NJ: Princeton University Press, 1985.

——. 'Finding a place for law in the high empire', in F. de Angelis (ed.) *Spaces of justice in the Roman world*, Leiden: Brill, 2010.

Galanter, Marc. 'The displacement of traditional law in modern India', in *Law and society in modern India*, Delhi: Oxford University Press, 1989.

Gambetta, Diego. *The Sicilian mafia: the business of private pro-tection*, Cambridge, MA: Harvard University Press, 1993.

——. *Codes of the underworld: how criminals communicate*, Princeton, NJ: Princeton University Press, 2009.

Gammer, Moshe. *Muslim resistance to the tsar: Shamil and the conquest of Chechnia and Daghestan*, London: Cass, 1994.

Geertz, Clifford. *The interpretation of cultures*, New York: Ba- sic Books, 1973.

——. 'Local knowledge: fact and law in comparative perspec- tive', in *Local knowledge*, New York: Basic Books, 1983.

Gernet, Jacques. *Daily life in China on the eve of the Mongol invasion, 1250 –1276*, London: Allen and Unwin, 1962. Gerreits, Marilyn. 'Economy and society: clientship in the Irish laws', *Cambridge Medieval Celtic Studies* 6: 43– 61, 1983.

——. 'Money in early Christian Ireland', *Comparative Studies in Society and History* 27: 323–39, 1985.

Ghai, Yash. 'Human rights and governance: the Asia debate', *Australian Year Book of International Law* 15: 1–34, 1994. Goddard, Richard, and Teresa Phipps. *Town courts and urban society in late medieval England*, 1250 –1500, Woodbridge, UK: Boydell and Brewer, 2019.

Godfrey, Mark. *Civil justice in renaissance Scotland: the origins of a central court*, Leiden: Brill, 2009.

Goitein, Shelomo Dov. *A Mediterranean society: the Jewish communities of the Arab world as portrayed by the docu- ments of the Cairo Geniza*, 6 vols., Berkeley: University of California Press, 1967–1993.

——. *A Mediterranean society: an abridgment in one volume*, Jacob Lassner (ed.) Berkeley: University of California Press, 1999.

Goldstein, Melvyn. *A History of modern Tibet, 1913–1951: the demise of the lamaist state*, Berkeley: University of Califor- nia Press, 1989.

Gombrich, Richard. *Theravada Buddhism: a social history from ancient Benares to modern Colombo*, London: Routledge and Kegan Paul, 1988.

Goodall, Kay. 'Incitement to racial hatred: all talk and no sub-stance?', *Modern Law Review* 70: 89–113, 2007.

Graeber, David. *Debt: the first 5,000 years*, New York: Melville House, 2011.

Green, Thomas A. 'Societal concepts of criminal liability for ho- micide in mediaeval England', *Speculum* 4: 669–95, 1972.

Greenridge, A. H. J. *The legal procedure of Cicero's time*, Ox- ford: Clarendon Press, 1901.

Greif, Avner. 'Reputation and coalitions in medieval trade: evi- dence on the Maghribi traders', *Journal of Economic His- tory* 49: 857–82, 1989.

Guha, Ranajit. *A rule of property for India*, Paris: Mouton, 1963.

Gurukhal, Rajan. 'From clan to lineage to hereditary occupa- tions and caste in early south India', *Indian Historical Re- view* 20: 22–33, 1993–1994.

Hallaq, Wael B. 'Was the gate of *ijtihad* closed?', *International Journal of Middle*

East Studies 16: 3– 41, 1984.

——. 'On the origins of the controversy about the existence of mujtahids and the gate of ijtihad', *Studia Islamica* 63: 129– 41, 1986.

——. *The origins and evolution of Islamic law*, Cambridge University Press, 2005.

——. *An introduction to Islamic law*, Cambridge University Press, 2009.

——. *Sharī'a: theory, practice, transformations*, Cambridge University Press, 2009.

——. *The impossible state: Islam, politics, and modernity's moral predicament*, New York: Columbia University Press, 2013.

Halliday, Terence C., and Gregory Shaffer. *Transnational legal orders*, Cambridge University Press, 2015.

Halpérin, Jean-Louis. *L'impossible Code Civil*, Paris: Presses universitaires de France, 1992.

Hamoudi, Haider Ala. 'The death of Islamic law', *Georgia Journal of International and Comparative Law* 38: 293–338, 2010.

Hansen, Valerie. *Negotiating daily life in traditional China: how ordinary people used contracts, 600 –1400*, New Haven, CT: Yale University Press, 1995.

Hardt, Michael, and Antonio Negri. *Empire*, Cambridge, MA: Harvard University Press, 2000.

Haring, C. H. *The Spanish Empire in America*, New York: Ox- ford University Press, 1947.

Harper, Donald. 'Resurrection in Warring States popular reli- gion', *Taoist Resources* 5, no. 2: 13–28, 1994.

Harries, Jill. *Cicero and the jurists: from citizens' law to the lawful state*, London: Duckworth, 2006.

Harrington, Hannah. 'Persian law', in B. A. Strawn (ed.) *The Oxford encyclopedia of the Bible and law*, Oxford Univer- sity Press, 2015.

Harrison, Christopher. 'Manor courts and the governance of Tu- dor England', in Christopher Brooks and Michael Lobban (eds), *Communities and courts in Britain, 1150 –1900*, Lon- don: Hambledon Press, 1997.

Hart, Cyril. *The verderers and the forest laws of Dean*, Newton Abbot, UK: David and Charles, 1971.

Hart, James S. *The rule of law, 1603–1660*, Harlow, UK: Pear- son Longman, 2003.

Heather, Peter. *The fall of the Roman Empire: a new history of Rome and the barbarians*, Oxford University Press, 2005. Hecht, N. S., B. S. Jackson, S.

M. Passamaneck, D. Piattelli, and A. M. Rabello (eds), *An introduction to the history and sources of Jewish law*, Oxford: Clarendon Press, 1996.

Helmholz, R. H. 'Crime, compurgation and the courts of the medieval church', *Law and History Review* 1: 1–26, 1983.

Henderson, Edith G. *Foundations of English administrative law: certiorari and mandamus in the seventeenth century*, Cambridge, MA: Harvard University Press, 1963.

Henretta, James A. 'Magistrates, common law lawyers, legisla- tors: the three legal systems of British America', in M. Gross- berg and C. Tomlins (eds), *The Cambridge history of law in America*, vol. 1, *Early America (1580 –1815)*, Cambridge University Press, 2008.

Hill, Nathan. 'The *sku-bla* rite in imperial Tibetan religion', *Cahiers d'Extrême-Asie* 24: 49–58, 2015.

Hirsch, Susan F. *Pronouncing and persevering: gender and the discourses of disputing in an African Islamic court*, Chi- cago: University of Chicago Press, 1998.

Hodgson, Marshall G.S. *The venture of Islam: conscience and history in a world civilization*, 3 vols., Chicago: University of Chicago Press, 1974.

Honoré, Tony. *Emperors and lawyers*, 2nd ed. Oxford: Claren- don Press, 1994.

——. *Law in the crisis of empire, 379– 455 ad: the Theodosian dynasty and its quaestors*, Oxford: Clarendon Press, 1998.

——. 'Roman law ad 200 – 400: from cosmopolis to Recht- staat?', in S. Swain and M. Edwards (eds), *Approaching late antiquity: the transformation from early to late empire*, Ox- ford University Press, 2006.

Hooker, M. B. *Adat law in modern Indonesia*, Kuala Lumpur: Oxford University Press, 1978.

Huang, Philip. *Civil justice in China: representation and prac- tice in the Qing*, Stanford, CA: Stanford University Press, 1996.

——. 'The past and present of the Chinese civil and criminal justice systems: the Sinitic legal tradition from a global per- spective', *Modern China* 42: 227–72, 2016.

Hudson, John. *The formation of the English common law: law and society in England from the Norman conquest to Magna Carta*, London: Longman, 1996.

Hulsebosch, Daniel J. 'The ancient constitution and the expand- ing empire: Sir

Edward Coke's British jurisprudence', *Law and History Review* 21: 439–82, 2003.

Hutton, Jeremy M., and C. L. Crouch. 'Deuteronomy as a trans- lation of Assyrian treaties', *Hebrew Bible and Ancient Israel* 7: 201–52, 2018.

Hyams, Paul. 'Trial by ordeal: the key to proof in the early com- mon law', in Morris S. Arnold, Thomas A. Green, Sally A. Scully, and Stephen D. White (eds), *On the laws and customs of England: essays in honor of Samuel E. Thorne*, Chapel Hill: University of North Carolina Press, 1981.

——. 'What did Edwardian villagers understand by "law"?', in Z. Razi and R. M. Smith, *Medieval society and the manor court*, Oxford: Clarendon Press, 1996.

——. 'Due process versus the maintenance of order in Euro- pean law: the contribution of the *ius commune*', in P. Coss (ed.) *The moral world of the law*, Cambridge University Press, 2000.

Ibbetson, David. 'Sources of law from the Republic to the Dom- inate', in D. Johnston (ed.) *The Cambridge companion to Roman law*, Cambridge University Press, 2015.

Ingram, Martin. '"Popular" and "official" justice: punishing sexual offenders in Tudor London', in F. Pirie and J. Scheele (eds), *Legalism: community and justice*, Oxford University Press, 2014.

Innes, Matthew. 'Charlemagne' s government', in J. Storey (ed.) *Charlemagne: empire and society*, Manchester University Press, 2005.

Jackson, Bernard S. *Wisdom laws: a study of the Mishpatim of Exodus 21:1–22:16*, Oxford University Press, 2006. Jóhannesson, Jón. *A history of the old Icelandic commonwealth: Islendinga saga*, trans. H. Bessason, Winnipeg: University of Manitoba Press, 1974.

Johansen, Baber. 'Vom Wort-zum Indizienbeweis: die Aner- merkung der richterlichen Folter in islamischen Rechts- doktrinen des 13. und 14. Jahrhunderts', *Ius commune* 28: 1– 46, 2001.

——. 'The constitution and the principles of Islamic norma- tivity against the rules of fiqh: a judgment of the Supreme Constitutional Court of Egypt', in M. K. Masud, R. Peters, and D. S. Powers (eds), *Dispensing justice in Islam: qadis and their judgements*, Leiden: Brill, 2006.

Johnson, Wallace. *The T'ang code*, 2 vols., Princeton, NJ: Princ- eton University Press, 1979–1997.

Kaiser, Daniel H. *The laws of Rus': tenth to fifteenth centuries*, Salt Lake City: C. Schlacks, 1992.

Katz, Paul R. *Divine justice: religion and the development of Chinese legal culture*, London: Routledge, 2009.

Kay, Philip. *Rome's economic revolution*, Oxford University Press, 2014.

Kaye, J. M. 'The early history of murder and manslaughter, part 1', *Law Quarterly Review* 83: 365–95, 1967.

Kelley, Donald R. 'What pleases the prince: Justinian, Napoleon, and the lawyers', *History of Political Thought* 23: 288–302, 2002.

Kelly, Fergus. *A guide to early Irish law*, Dublin: Institute for Advanced Studies, 1988.

——. *Early Irish farming: a study based mainly on the law- texts of the 7th and 8th centuries ad*, Dublin: Institute for Advanced Studies, 1997.

——. *Marriage disputes: a fragmentary Old Irish law-text*, Dublin: Institute for Advanced Studies, 2014.

Kelly, Tobias. 'Prosecuting human rights violations: universal jurisdiction and the crime of torture', in M. Goodale (ed.) *Human rights at the crossroads*, Oxford University Press, 2013.

Kemper, Michael. 'Communal agreements (*ittifāqāt*) and *ʿādāt*- books from Daghestani villages and confederacies (18th–19th centuries)', *Der Islam: Zeitschrift für Geschichte und Kultur des islamischen Orients* 81: 115– 49, 2004.

——. '*Adat* against *shariʿa*: Russian approaches toward Dagh- estani "customary law" in the 19th century', *Ab Imperio* 3: 147–72, 2005.

King, Steven. *Writing the lives of the English poor, 1750s–1830s*, Montreal: McGill-Queen's University Press, 2019.

Kolsky, Elizabeth. 'The colonial rule of law and the legal regime of exception: frontier "fanaticism" and state violence in British India', *American Historical Review* 120: 1218– 46, 2015.

Konig, David. *Law and society in Puritan Massachusetts: Essex County, 1629–1692*, Chapel Hill: University of North Car- olina Press, 1979.

——. '"Dale's Laws" and the non-common law origins of criminal justice in Virginia', *American Journal of Legal His-tory* 26: 354–75, 1982.

Koskenniemi, Martii. *The gentle civilizer of nations: the rise and fall of international law, 1870 –1960*, Cambridge University Press, 2001.

——. 'What is international law for?', in Malcom Evans (ed.) *International law*, Oxford University Press, 2003.

——. 'Fragmentation of international law: difficulties arising from the diversification and expansion of international law, a report of the study group of the UN's International law commission', 2006.

——. 'Expanding histories of international law', *American Journal of Legal History* 56: 104–12, 2016.

Kozloff, P. K. 'Through eastern Tibet and Kam', *Geographical Journal* 31: 522–34, 1908.

Krakowski, Eve, and Marina Rustow, 'Formula as content: me- dieval Jewish institutions, the Cairo geniza, and the new diplomatics', *Jewish Social Studies: History, Culture, Soci- ety* 20: 111– 46, 2014.

Kulke, Hermann, and Dietmar Rothermund. *A history of India*, London: Routledge, 1986.

Lambert, Tom. *Law and order in Anglo-Saxon England*, Ox- ford University Press, 2017.

Lane Fox, Robin. *The classical world: an epic history of Greece and Rome*, London: Folio Society, 2013.

Langbein, John H. *The origins of adversary criminal trial*, Ox- ford University Press, 2005.

Lantschner, Patrick. 'Justice contested and affirmed: jurisdiction and conflict in late medieval Italian cities', in F. Pirie and J. Scheele (eds), *Legalism: community and justice*, Oxford University Press, 2014.

Lariviere, Richard W. *The Divyatattva of Raghunandana Bhat- tācārya: ordeals in classical Hindu law*, New Delhi: Mano- har, 1981.

——. 'A Sanskrit jayapattra from 18th century Mithil ā ', in R. W. Lariviere (ed.) *Studies in dharmas'āstra*, Calcutta: Firma KLM, 1984.

Latty, Franck. *La lex sportiva: recherche sur le droit transna-tional*, Leiden: Brill, 2007.

Lau, Ulrich, and Thies Staack. *Legal practice in the formative stages of the Chinese Empire: an annotated translation of the exemplary Qin criminal cases from the Yuelu Academy collection*, Leiden: Brill, 2016.

Lavan, Myles. 'Slavishness in Britain and Rome in Tacitus' *Agri- cola*', *Classical Quarterly* 61: 294–305, 2011.

——. 'The spread of Roman citizenship, 14–212 ce: quantifi- cation in the face of high uncertainty', *Past and Present* 230: 3–46, 2016.

Legge, James. *The Chinese classics*, vol. 3, Hong Kong: Hong Kong University Press, 1960.

Lemmings, David (ed.) *The British and their laws in the eigh- teenth century*, Woodbridge, UK: Boydell Press, 2005.

——. *Law and government in England during the long eigh- teenth century: from consent to command*, Basingstoke, UK: Palgrave Macmillan, 2011.

Lemons, Katherine. *Divorcing traditions: Islamic marriage law and the making of Indian secularism*, Ithaca, NY: Cornell University Press, 2019.

Lev, Daniel S. 'Colonial law and the genesis of the Indonesian state', *Indonesia* 40: 57–74, 1985.

Leve, Lauren. '"Secularism is a human right" : double binds of Buddhism, democracy and identity in Nepal', in M. Goodale and S. E. Merry (eds), *The practice of human rights: track- ing law between the global and the local*, Cambridge University Press, 2007.

Libson, Gideon. 'Halakhah and law in the period of the Geonim', in N. S. Hecht, B. S. Jackson, S. M. Passamaneck, D. Piat- telli, and A. M. Rabello (eds), *An introduction to the history and sources of Jewish law*, Oxford: Clarendon Press, 1996.

Lindsay, David. *ICANN and international domain law*, Oxford: Hart, 2007.

Lingat, Robert. *The classical law of India*, trans. D. Derrett, Berkeley: University of California Press, 1973.

Lintott, Andrew. *The constitution of the Roman Republic*, Ox-ford: Clarendon Press, 1999.

Lippert, Sandra. 'Law (definitions and codification)', in E. Frood and W. Wendrich (eds), *UCLA Encyclopedia of Egyptol- ogy*, Los Angeles, 2012, https:// escholarship.org/uc/item /0mr4h4fv.

Lipsett-Rivera, Sonya. 'Law', in D. Carrasco (ed.) *The Oxford encyclopedia of Mesoamerican cultures*, Oxford University Press, 2001.

Liu, Yongping. *Origins of Chinese law: penal and administra- tive law in its early development*, Hong Kong: Oxford Uni- versity Press, 1998.

Lobban, Michael. 'Custom, nature, and judges: high law and low law in England and the empire', in D. Lemmings (ed.) *The British and their laws in the eighteenth century*, Wood- bridge, UK: Boydell Press, 2005.

Lomas, Kathryn. *The rise of Rome: from the Iron Age to the Punic Wars (1000 –264 bc)*, London: Profile Books, 2017. Lopez, Robert S., and Irving W. Raymond. *Medieval trade in the Mediterranean world: illustrative documents*, London: Geoffrey Cumberlege, 1955.

Lubin, Timothy. 'Punishment and expiation: overlapping do- mains in Brahmanical law', *Indologica Taurinensia* 33: 93–122, 2007.

Lubin, Timothy, Donald R. Davis, and Jayanth K. Krishnan (eds), *Hinduism and law: an introduction*, Cambridge Uni- versity Press, 2010.

MacCormack, Geoffrey. 'Law and punishment in the earliest Chinese thought', *Irish Jurist* 20: 335–51, 1985.

——. 'The transmission of penal law from the Han to the Tang', *Revue des droits de l'antiquité* 51: 47–83, 2004. Macnair, Mike. 'Institutional taxonomy, Roman forms and En-glish lawyers in the 17th and 18th centuries', in Pierre Bonin, Nader Hakim, Fara Nasti, and Aldo Schiavone (eds), *Pensiero giuridico occidentale e giuristi Romani: eredita e genealogie*, Turin, Italy: Giappichelli, 2019.

Mahmood, Saba. *Politics of piety: the Islamic revival and the feminist subject*, Princeton, NJ: Princeton University Press, 2005.

Mahsoudian, Krikor. 'Armenian communities in eastern Eu- rope', in R. Hovannisian (ed.) *The Armenian people from ancient to modern times*, vol. 1, Los Angeles: University of California Press, 1997.

Maier, Pauline. *American scripture: making the Declaration of Independence*, New York: Knopf, 1997.

Maitland, F. W. *Select pleas in manorial and other seignorial courts*, vol. 1, *Reigns of Henry III and Edward I*, Selden Society, London: B. Quaritch, 1889.

Massoud, Mark Fathi. 'How an Islamic state rejected Islamic law', *American Journal of Comparative Law* 68: 579– 602, 2018.

McKitterick, Rosamond. *The Carolingians and the written word*, Cambridge University Press, 1989.

McKnight, Brian E. *The quality of mercy: amnesties and tra- ditional Chinese justice*, Honolulu: University of Hawaii Press, 1981.

——. 'From statute to precedent', in *Law and the state in tra- ditional East Asia: six studies on the sources of East Asian law*, Honolulu: University of Hawaii

Press, 1987.

———. *Law and order in Sung China*, Cambridge University Press, 1992.

McKnight, Brian E., and James T.C. Liu, *The enlightened judg- ments: Ch'ing-ming Chi. The Sung dynasty collection*, Al- bany: State University of New York Press, 1999.

Merry, Sally Engle. 'Legal pluralism and transnational culture: the Ka Ho'okolokolonui Manaka Maoli tribunal, Hawai'i, 1993', in R. A. Wilson (ed.) *Human rights, culture and con- text: anthropological perspectives*, London: Pluto Press, 1997.

Messick, Brinkley. 'The mufti, the text and the world: legal in- terpretation in Yemen', *Man* 21: 102–19, 1986.

———. *The calligraphic state: textual domination and history in a Muslim society*, Berkeley: University of California Press, 1993.

———. 'Media muftis: radio fatwas in Yemen', in M. K. Masud, B. Messick, and D. S. Powers (eds), *Islamic legal interpre-tation: muftis and their fatwas*, Cambridge, MA: Harvard University Press, 1996.

Meyer, Elizabeth A. *Legitimacy and law in the Roman world*, Cambridge University Press, 2004.

Miller, William Ian. 'Ordeal in Iceland', *Scandinavian Studies* 60: 189–218, 1988.

———. *Bloodtaking and peacemaking: feud, law, and society in saga Iceland*, University of Chicago Press, 1990.

Millon, David. 'Ecclesiastical jurisdiction in medieval England', *University of Illinois Law Review* 1984: 621–38.

Milsom, S. F. C. 'The Nature of Blackstone' s Achievement', *Ox- ford Journal of Legal Studies* 1: 1–12, 1981.

Mitchell, Richard E. *Patricians and plebeians: the origin of the Roman state*, Ithaca, NY: Cornell University Press, 1990. Miyazaki, Ichisada. 'The administration of justice during the Sung dynasty', in J. R. Cohen, R. R. Edwards, and F-M. C. Chen (eds), *Essays on China's legal tradition*, Princeton, NJ: Princeton University Press, 1980.

Molyneaux, George. *The formation of the English kingdom in the tenth century*, Oxford University Press, 2015.

Moore, Sally Falk. 'Law and social change: the semi-autonomous social field as an appropriate subject of study', *Law and So- ciety Review* 7: 719– 46, 1973.

Morriss, Andrew P. 'Codification and right answers', *Chicago- Kent Law Review*

74: 355–92, 1999.

Moyn, Samuel. *The last utopia: human rights in history*, Cam- bridge, MA: Harvard University Press, 2001.

Murphy, Craig N. *International organization and industrial change: global governance since 1850*, Cambridge: Polity, 1994.

Murrin, John M. 'The legal transformation: the bench and bar of eighteenth-century Massachusetts', in S. N. Katz (ed.) *Co- lonial America: essays in politics and social development*, New York: Knopf, 1983.

Musson, Anthony. *Medieval law in context: the growth of legal consciousness from Magna Carta to the peasants' revolt*, Manchester University Press, 2001.

Musson, Anthony, and Edward Powell, *Crime, law, and soci- ety in the later Middle Ages*, Manchester University Press, 2013.

Myers, David N. *Jewish history: a very short introduction*, Ox- ford University Press, 2017.

Nelson, William E. *The common law in colonial America*, 4 vols., New York: Oxford University Press, 2008–2018.

Nichols, Lionel. *The international criminal court and the end of impunity in Kenya*, New York: Springer, 2015.

Offutt, William M. 'The Atlantic rules: the legalistic turn in co- lonial British America', in E. Mancke and C. Shammas (eds), *The creation of the British Atlantic world*, Baltimore: Johns Hopkins University Press, 2005.

Olivelle, Patrick. 'Manu and the Arthaśāstra: a study in Śāstric intertextuality', *Journal of Indian Philosophy* 32: 281–91, 2004.

——. 'Dharmasʹāstra: a textual history', in Timothy Lubin, Donald R. Davis, and Jayanth K. (eds), *Hinduism and law: an introduction*, Cambridge University Press, 2010.

Olivelle, Patrick, with the editorial assistance of Suman Olivelle.

Manu's code of law: a critical edition and translation of the Mānava-Dharmasʹāstra, South Asia Research, Oxford Uni- versity Press, 2004.

Osanloo, Arzoo. *The politics of women's rights in Iran*, Prince- ton, NJ: Princeton University Press, 2009.

Pagden, Anthony. 'Human rights, natural rights, and Europe's imperial legacy', *Political Theory* 31: 171–99, 2003.

——. *Lords of all the world: ideologies of empire in Spain, Britain, and France,*

1500 –1800, New Haven, CT: Yale University Press, 2005.

——. 'Law, colonization, legitimation, and the European background', in M. Grossberg and C. Tomlins (eds), *The Cambridge history of law in America*, vol. 1, Cambridge University Press, 2008.

Paoli, Letizia. *Mafia brotherhoods: organized crime, Italian style*, New York: Oxford University Press, 2003.

Pauwelyn, Joost, Ramses A. Wessel, and Jan Wouters. 'An intro- duction to informal international lawmaking', in *Informal international lawmaking*, Oxford University Press, 2012.

Pennington, Robert R. *Stannary law: a history of the mining law of Cornwall and Devon*, Newton Abbot, UK: David and Charles, 1973.

Peters, Lena. 'UNIDROIT', in the *Max Planck Encyclopedia of In- ternational Law*, 2017, https://opil.ouplaw.com/view/10.1093/law:epil/9780199231690/law-9780199231690-e536.

Peters, Rudolph. 'Murder in Khaybar: some thoughts on the or- igins of the *qasāma* procedure in Islamic law', *Islamic Law and Society* 9: 132– 67, 2002.

Pictet, Jean S. 'The new Geneva Conventions for the Protection of War Victims', *American Journal of International Law* 45: 462–75, 1951.

Pirie, Fernanda. *Peace and conflict in Ladakh: the construction of a fragile web of order*, Leiden: Brill, 2007.

——. 'Legal dramas on the Amdo grasslands: abolition, trans- formation or survival?', in K. Buffetrille (ed.) *Revisiting rit- uals in a Changing Tibetan World*, Leiden: Brill, 2012.

——. 'The limits of the state: coercion and consent in Chinese Tibet', *Journal of Asian Studies* 72: 69–89, 2013.

——. 'Community, justice, and legalism: elusive concepts in Tibet', in F. Pirie and J. Scheele (eds), *Legalism: community and justice*, Oxford University Press, 2014.

——. 'Oaths and ordeals in Tibetan law', in D. Schuh (ed.) *Secular law and order in the Tibetan Highland*, Andiast, Switzerland: International Institute for Tibetan and Bud- dhist Studies, 2015.

——. 'Rules, proverbs, and persuasion: legalism and rhetoric in Tibet', in P. Dresch and J. Scheele (eds), *Legalism: rules and categories*, Oxford University Press, 2015.

——. 'The making of Tibetan law: the *Khrims gnyis lta ba'i me long*', in J.

Bischoff, P. Maurer, and C. Ramble (eds), *On a day of a month of the fire bird year*, Lumbini, Nepal:Lumbini International Research Institute, 2020.

Pocock, J. G. A. *The ancient constitution and the feudal law: a study of English historical thought in the seventeenth cen- tury*, Cambridge University Press, 1987.

Podamy, Amanda H. *The ancient Near East: a very short intro- duction*, Oxford University Press, 2014.

Pollock, Frederick, and Frederic Maitland. *The history of En- glish law before the time of Edward I*, 2nd ed. Cambridge University Press, 1898.

Pollock, Sheldon. *The language of the gods in the world of men: Sanskrit, culture, and power in premodern India*, Berkeley: University of California Press, 2006.

Polo, Marco. *The description of the world*, vol. 1, trans.

A. C. Moule, compiler Paul Pelliot, London: Routledge, 1938.

Poos, L. R. 'Sex, lies and the church courts of pre-Reformation England', *Journal of Interdisciplinary History* 25: 585– 607, 1995.

Postan, M. M. *Medieval trade and finance*, Cambridge Univer- sity Press, 1973.

Potts, Charlotte R. 'The development and architectural signifi- cance of early Etrusco-Italic podia', *BABESCH* 86: 41–52, 2011.

Powers, David S. *Law, society, and culture in the Maghrib, 1300 –1500*, Cambridge University Press, 2002.

——. 'Wael B. Hallaq on the origins of Islamic law: a review essay', *Islamic Law and Society* 17: 126–57, 2010.

Prichard, M. J., and D. E. C. Yale. *Hale and Fleetwood on ad- miralty jurisdiction*, London: Selden Society, 1993.

Rabb, Intisar A. '"Reasonable doubt" in Islamic law', *Yale Jour- nal of International Law* 40: 41–94, 2015.

Radding, Charles M. *The origins of medieval jurisprudence: Pa- via and Bologna, 850 –1150*, New Haven, CT: Yale Univer- sity Press, 1988.

Radu, Roxana. *Negotiating Internet governance*, Oxford Uni- versity Press, 2019.

Ray, Rajat Kanta. 'Indian society and the establishment of Brit-ish supremacy, 1765–1818', in P. J. Marshall and A. Low (eds), *The Oxford history of the British Empire*, vol. 2, Ox- ford University Press, 1998.

Razi, Zvi, and Richard M. Smith. 'The origins of the English manorial court rolls as a written record: a puzzle', in Z. Razi and R. M. Smith, *Medieval society and the manor court*, Oxford: Clarendon Press, 1996.

Renard, Étienne. 'Le pactus legis Salicae, règlement militaire Ro- main ou code de lois compilé sous Clovis?', *Bibliotèque de l'École des chartes* 167: 321–52, 2009.

Revkin, Mara. 'Does the Islamic state have a "social contract"?

Evidence from Iraq and Syria', Working paper no. 9, Pro- gram on Governance and Local Development, University of Gothenburg, 2016.

Reyerson, Kathryn L. 'Commercial law and merchant disputes: Jacques Coeur and the law of marque', *Medieval Encounters* 9: 244–55, 2003.

Richardson, M. E. J. *Hammurabi's laws: text, translation, glos- sary*, Sheffield, UK: Sheffield Academic Press, 2000.

Rio, Alice. *Legal practice and the written word in the early Mid- dle Ages: Frankish formulae, c. 500 –1000*, Cambridge Uni- versity Press, 2009.

Roberts, John M. 'Oaths, autonomic ordeals, and power', *Amer- ican Anthropologist* 67, no. 6, pt. 2: 186–212, 1965.

Roebuck, Derek, and Bruno de Loynes de Fumichon. *Roman arbitration*, Oxford: Holo Books, 2004.

Roper, Albert. 'The organization and program of the interna- tional commission for air navigation (C.I.N.A.)', *Journal of Air Law and Commerce* 3: 167–78, 1932.

Ross, Richard J. 'The commoning of the common law: the Re- naissance debate over printing English law, 1520 –1640', *Uni- versity of Pennsylvania Law Review* 146: 323– 461, 1998.

Rossabi, Morris. *A history of China*, Chichester, UK: Wiley Blackwell, 2014.

Roth, Martha (ed.) *Law collections from Mesopotamia and Asia Minor*, Atlanta, GA: Scholars Press, 1995.

Ruotolo, Gianpaolo Maria. 'Fragments of fragments: The do- main name system regulation. Global law or informalisation of the international legal order?', *Computer Law and Secu- rity Review* 33: 159–70, 2017.

Ruotuola, Markku. 'Of the working man: labour liberals and the creation of the ILO', *Labour History Review* 67: 29– 47, 2002.

Rustow, Marina. *Heresy and the politics of community: the Jews of the Fatimid caliphate*, Ithaca, NY: Cornell Univer- sity Press, 2008.

——. *The lost archive: traces of a caliphate in a Cairo syna- gogue*, Princeton, NJ: Princeton University Press, 2020. Sabapathy, John. 'Regulating community and society at the Sor-bonne in the late thirteenth century', in F. Pirie and J. Scheele (eds), *Legalism: community and justice*, Oxford University Press, 2014.

Sachs, Jeffrey Adam. 'Seeing like an Islamic state: shari 'a and political power in Sudan', *Law and Society Review* 52: 630 –51, 2018.

Saleh, Nabil. 'Civil codes of Arab countries: the Sanhuri codes', *Arab Law Quarterly* 8: 161– 67, 1993.

Schacht, Joseph. *An introduction to Islamic law*, Oxford: Clar- endon Press, 1964.

——. 'Problems of modern Islamic legislation', *Studia Islamica* 12: 99–129, 1960.

Scheele, Judith. 'A taste for law: rule-making in Kabylia (Alge- ria)', *Comparative Studies in Society and History* 50: 895–919, 2008.

——. 'Rightful measures: irrigation, land, and the shari 'ah in the Algerian Touat', in P. Dresch and H. Skoda (eds), *Le- galism: anthropology and history*, Oxford University Press, 2012.

——. 'Community as an achievement: Kabyle customary law and beyond', in F. Pirie and J. Scheele (eds), *Legalism: com- munity and justice*, Oxford University Press, 2014.

Scheidel, Walter. 'Italian manpower', *Journal of Roman Archae- ology* 26: 678– 87, 2013.

Schuhmacher, Jacques. 'The war criminals investigate', DPhil. diss., University of Oxford, 2017.

Scott, James C. *The art of not being governed: an anarchist his- tory of upland Southeast Asia*, New Haven, CT: Yale Uni- versity Press, 2009.

Secret Barrister. *Fake law: the truth about justice in an age of lies*, London: Pan Macmillan, 2020.

Segal, Peretz. 'Jewish law during the Tannaitic period', in N. S. Hecht, B. S. Jackson, S. M. Passamaneck, D. Piattelli, and A. M. Rabello (eds), *An introduction to the history and sources of Jewish law*, Oxford: Clarendon Press, 1996.

Seidel, Anna. 'Traces of Han religion in funerary texts found in tombs', in Akizuki Kanei (ed.) *Dōkyō to shūkyō bunka*, Tokyo: Hirakawa, 1987.

Sen, Amartya. 'Human rights and Asian values: what Kee Kuan Yew and Li Peng don't understand about Asia', *New Repub- lic* 217, nos. 2–3: 33– 40, 1997.

Sharpe, Richard. 'Dispute settlement in medieval Ireland', in Wendy Davies and Paul Fouracre (eds), *Settlement of dis- putes in early medieval Europe*,

Cambridge University Press, 1986.

Shaw, Rosalind. 'Linking justice with reintegration? Ex- combatants and the Sierra Leone experiment', in R. Shaw and L. Waldorf (eds), *Localizing transitional justice: inter- ventions and priority after mass violence*, Stanford, CA: Stanford University Press, 2010.

Sherman, Charles. 'A brief history of medieval Roman canon law in England', *University of Pennsylvania Law Review* 68: 223–58, 1920.

Sherwin-White, A. N. 'The *Lex Repetundarum* and the politi- cal ideas of Gaius Gracchus', *Journal of Roman Studies* 72: 18–31, 1982.

Silverstein, Adam J. *Islamic history: a very short introduction*, Oxford University Press, 2010.

Singha, Radhika. *A despotism of law: crime and justice in early colonial India*, Delhi: Oxford University Press, 1998.

Skosey, Laura. 'The legal system and legal traditions of the West- ern Zhou (ca. 1045–71 B.C.E.)', PhD diss., University of Chicago, 1996.

Skovgaard-Petersen, Jakob. *Defining Islam for the Egyptian state: muftis and fatwas of the Dār al-Iftā*, Leiden: Brill, 1997.

Smith, David Chan. *Sir Edward Coke and the reformation of the laws: religion, politics and jurisprudence, 1578–1616*, Cambridge University Press, 2014.

Sommer, Matthew H. *Polyandry and wife-selling in Qing dy- nasty China: survival strategies and judicial interventions*, Berkeley: University of California Press, 2015.

Stacey, Robin Chapman. *The road to judgment: from custom to court in medieval Ireland and Wales*, Philadelphia: Univer- sity of Pennsylvania Press, 1994.

Stein, Aurel. *Ruins of desert Cathay: personal narrative of ex- plorations in Central Asia and westernmost China*, London: Macmillan, 1912.

Stein, Peter. *Roman law in European history*, Cambridge Uni- versity Press, 1999.

Stevenson, Jane. 'The beginnings of literacy in Ireland', *Proceed- ings of the Royal Irish Academy of Archaeology, Culture, History, and Literature* 89C: 127–65, 1989.

Stiles, Erin E. *An Islamic court in context: an ethnographic study of judicial reasoning*, London: Palgrave Macmillan, 2009.

Strakosch, Henry E. *State absolutism and the rule of law: the struggle for the codification of civil law in Austria, 1753–1811*, Sydney University Press, 1967.

Summerson, H. R. T. 'The structure of law enforcement in thir- teenth century England', *American Journal of Legal History* 23: 313–27, 1979.

Tarwacka, Anna J.W. 'Lex Aebutia', in the *Oxford classical dic- tionary*, 5th ed. Oxford University Press, 2019.

Thapar, Romila. *From lineage to state: social formations of the mid-first millennium bc in the Ganga Valley*, Bombay: Ox- ford University Press, 1984.

Thayer, James. *A preliminary treatise on evidence at the com- mon law*, Boston: Little, Brown, 1898.

Thomas, Yan. 'Fictio Legis: L' empire de la fiction Romaine et ses limites Médiévales', *Droits* 21: 17– 63, 1995.

Thomson, E. P. *Whigs and hunters: the origin of the Black Act*, London: Allen Lane, 1975.

Thomson, Robert. *The Lawcode (Datastanagirk') of Mxit'ar Goš*, Amsterdam: Rodopi, 2000.

Tubbs, J. W. *The common law mind: medieval and early mod- ern conceptions*, Baltimore: Johns Hopkins University Press, 2000.

Usher, Roland G. 'James I and Sir Edward Coke', *English His- torical Review* 18: 664–75, 1903.

Vajpey, Ananya. 'Excavating identity through tradition: Who was Shivaji?', in S. Saberwal and S. Varma (eds), *Traditions in Motion*, Oxford University Press, 2005.

——. '*Śudradharma* and legal treatments of caste', in Timo- thy Lubin, Donald R. Davis, and Jayanth K. Krishnan (eds), *Hinduism and law: an introduction*, Cambridge University Press, 2010.

Van Gulik, R. H. *T'ang-yin-pi-shih: 'parallel cases from under the pear tree'*, Leiden: Brill, 1956.

Vogel, Frank E. *Islamic law and legal system: studies of Saudi Arabia*, Leiden: Brill, 2000.

Wählisch, Martin. 'Normative limits of peace negotiations: questions, guidance and prospects', *Global Policy* 7: 261–66, 2016.

Walbank, F. W. 'A Greek looks at Rome: Polybius VI revisited', in *Polybius, Rome and the Hellenistic world: essays and re- flections*, Cambridge University Press, 2002.

Wansharisi, Ahmad al-. *Al-mi'yar al-mu'rib wa-l-jami' al-mughrib 'an fatawi 'ulama' Ifriqiya wa-l-Andalus wa-l- Maghrib*, M. Hajji (ed.) Rabat, Morocco: Wizarat al-Awqaf wa-l-Shu'un al-Islamiyah lil-Mamlakah al-Maghribiyah, 1981–1983.

Washbrook, D. A. 'Law, state and agrarian society in colonial India', *Modern Asian Studies* 15: 649–721, 1981.

Watson, Alan. *Law making in the later Roman Republic*, Ox- ford: Clarendon Press, 1974.

——. *Legal transplants: an approach to comparative law*, Charlottesville: University Press of Virginia, 1974.

——. *The evolution of Western private law*, Baltimore: Johns Hopkins University Press, 1985.

——. *Sources of law, legal change, and ambiguity*, Edinburgh: T&T Clark, 1985.

——. *The spirit of Roman law*, Athens: University of Georgia Press, 1995.

Wells, Elizabeth. 'Civil litigation in the High Court of Admi- ralty, 1585–1595', in Christopher Brooks and Michael Lob- ban (eds), *Communities and courts in Britain, 1150 –1900*, London: Hambledon Press, 1997.

Westbrook, Raymond. *Rome of the XII Tables: persons and property*, Princeton, NJ: Princeton University Press, 1975.

——. *Sources of law, legal change, and ambiguity*, Edinburgh: T&T Clark, 1985.

——. 'The nature and origins of the Twelve Tables', *Zeitschrift der Savigny- Stiftung für Rechtsgeschichte* 105: 74–121, 1988.

——. 'Barbarians at the gates: Near Eastern law in ancient Greece', in Westbrook, *Ex Oriente lex: Near Eastern influ- ences on ancient Greek and Roman law*, ed. D. Lyons and K. Raaflaub, Baltimore: Johns Hopkins University Press, 2015.

Wezler, Albrecht. 'Dharma in the Veda and the Dharmas'āstras', *Journal of Indian Philosophy* 32: 629–54, 2004.

Whitman, James Q. *The origins of reasonable doubt: theologi- cal roots of the criminal trial*, New Haven, CT: Yale Univer- sity Press, 2008.

——. 'The world historical significance of European legal his- tory: an interim report', in H. Pihlajamäki, M. D. Dubber, and M. Godfrey (eds), *The Oxford handbook of European legal history*, Oxford University Press, 2018.

Wickham, Chris. 'Land disputes and their social framework in Lombard-Carolingian Italy, 700 –900', in W. Davies and P. Fouracre (eds), *The settlement of disputes in early medieval Europe*, Cambridge University Press, 1986.

Williamson, Callie. *The laws of the Roman people: public law in the expansion and decline of the Roman Republic*, Ann Arbor: University of Michigan Press, 2005.

Wilson, Richard A. *Human rights, culture and context: anthro- pological perspectives*, London: Pluto Press, 1997.

——. 'Judging history: the historical record of the Interna- tional Criminal Tribunal for the Former Yugoslavia', *Hu- man Rights Quarterly* 27: 908– 42, 2005.

Wormald, Patrick. 'Lex scripta and *verbum regis*: legislation and Germanic kingship from Euric to Cnut', in P. H. Sawyer and I. N. Wood (eds), *Early medieval kingship*, Leeds: University of Leeds, School of History, 1977.

——. *The making of English law: King Alfred to the twelfth century*, Oxford: Blackwell, 1999.

Zaring, David. 'Finding legal principle in global financial regu- lation', *Virginia Journal of International Law* 52: 683–722, 2012.

Zhang, Taisu, and Tom Ginsburg. 'China's turn toward law', *Virginia Journal of International Law* 59: 306–389, 2019. Zimmerman, Michael. 'Only a fool becomes a king: Buddhist stances on punishment', in *Buddhism and violence*, Lumbini, Nepal: Lumbini International Research Institute, 2006.

插图声明

作者要感谢所有的博物馆、画廊和其他版权所有者，感谢他们同意让我在这本书中复制他们持有的图片。我们已尽一切努力追踪版权所有者，同时也为任何无意的遗漏深表歉意。

Calicut, from the 1572 volume of the *Civitates Orbis Terrarum*, edited by Georg Braun and engraved by Franz Hogenberg.

Paul Pelliot, Magite Historic / Alamy Stock Photo.

Chronicle of Wa, British Library Or.8210/S.9498A.

Law stone, now housed in the Louvre.

Ashurbanipal, Lanmas / Alamy Stock Photo.

Dharmashastra text, Sarah Welch: CC BY-SA 4.0.

Shivaji, Historic Images / Alamy Stock Photo.

Taizong, painting by Yen Liben.

Tang dynasty exam paper, courtesy of the East Asian Library and the Gest Collection, Princeton University Library.

Pompeian fresco, The Yorck Project (2002) 10.000 Meisterwerke der Malerei.

Cicero, Bertel Thorvaldsen, 1799 copy of a Roman original, Thorvaldsens Museum, Copenhagan.

Papyrus, courtesy of The Leon Levy Dead Sea Scrolls Digital Library; Israel

Antiquities Authority. Photo by Shai Halevi.

Baghdad library, Bibliothèque nationale de France

Jewish scholars, David Solomon Sassoon, 'A History of the Jews in Baghdad'.

Alfonso X, Album / Alamy Stock Photo.

Charlemagne denarius, World Imaging.

Laws of Aethelstan, © The University of Manchester. Creative Commons Licence CC BY-NC 40.

King Alfred aestal, The Ashmolean Museum/ Heritage Image Partnership Ltd / Alamy Stock Photo.

Thingvellir, courtesy of Nina Thorkelsdottir.

Grágás, The Arni Magnusson Institute for Icelandic Studies.

Russian Primary Chronicle, Sputnik/TopFoto.

Tatev monastery, Mirzoyan's Ads and Marketing.

Geniza legal manual, © The University of Manchester. Creative Commons Licence CC BY-NC 40.

Algerian irrigation channels, Sergey Strelkov / Alamy Stock Photo.

Tindi, Moriz von Déchy.

Song banquet, Taipei, National Palace Museum.

Song hydraulic grain mill, Palace Museum, Beijing.

English commonplace book, © The University of Manchester. Creative Commons Licence CC BY-NC 40.

Manorial court roll, reproduced with permission from Lancashire Archives, Lancashire County Council, ref. DDHCL/7/56.

Lostwithiel Palace, Antiqua Print Gallery / Alamy Stock Photo.

Hans Hegenheim, Diebold Schilling, from the Lucerne chronicle, Zentralbibliothek Lucerne.

Kunigunde of Luxembourg, INTERFOTO / Alamy Stock Photo.

Iron ordeal, Stiftsbibliothek Lambach Cml LXXIII f64v.

Lenape wampum belt, FLHC A29 / Alamy Stock Photo.

Articles of Peace, Swem Special Collections Research Center, William and Mary Libraries.

Sir William Blackstone, Everett Collection Inc / Alamy Stock Photo.

"Collared!!", by Tenniel. British satirical journal, *Punch*, 22nd October 1881.

Warren Hastings, Album / Alamy Stock Photo.

King Leopold II cartoon, by François Maréchal. Belgian satirical journal, *Le Frondeur*, 20th December 1884.

Nigerian court clerk, Pitt Rivers Museum: 1998.336.16.

Abu al-Sa'ud, by Mahmud 'Abd al-Baqi. Metropolitan Museum of Art. Gift of George D. Pratt, 1925: 25.83.9.

Afghan qadi and mufti, Pitt Rivers Museum: 2013.3.1280 1960.

Ayatollah and Pope, UPI / Alamy Stock Photo.

Seyh Suleyman Kaslioglu, Rivers Museum: 2013.3.16322.

Ladakh, courtesy of the author.

Tibetan mediators, courtesy of the author.

望 MOUNTAIN
登自己的山

主　　编｜谭宇墨凡
责任编辑｜谭宇墨凡
特约编辑｜王　偲

营销总监｜张　延
营销编辑｜狄洋意　　许芸茹　　韩彤彤

版权联络｜rights@chihpub.com.cn
品牌合作｜tanyumofan@chihpub.com.cn

野 SPRING 望
MOUNTAIN

Room 216, 2nd Floor, Building 1, Yard 31,
Guangqu Road, Chaoyang, Beijing, China